高校思想政治理论课重点教材

人大芸窗
RENDAYUNCHUANG

毛泽东思想概论

肖贵清 主编

中国人民大学出版社
·北京·

内容提要

本教材以毛泽东著作、党的历史上通过的三个历史决议关于毛泽东思想的论述为基础，吸收了学界关于毛泽东思想研究的最新成果，系统阐述了毛泽东思想的科学内涵、科学体系，毛泽东思想形成和发展的历史过程，毛泽东思想的基本原理及当代价值。本教材可供高校马克思主义理论专业、思想政治教育专业、中共党史专业本科生以及广大毛泽东思想研究者、学习者参考使用。

主编简介

肖贵清，清华大学习近平新时代中国特色社会主义思想研究院常务副院长，中共党史党建研究院副院长，马克思主义学院教授、博士生导师，《高校马克思主义理论研究》执行主编。中央马克思主义理论研究和建设工程首席专家，国家“万人计划”教学名师，享受国务院政府特殊津贴专家，国家社科基金学科评审组专家，教育部高等学校马克思主义理论类专业教学指导委员会副主任委员，北京市、中国社会科学院习近平新时代中国特色社会主义思想研究中心特约研究员，北京市中共党史学会副会长，北京市高校首批思想政治理论课特级教授。2007 年获“全国优秀教师”“全国高校优秀思想政治理论课教师”荣誉称号。主持多项国家社科基金重大项目、重点项目、一般项目和省部级科研项目。在《求是》《政治学研究》《马克思主义研究》《中共党史研究》《人民日报》《光明日报》等报刊发表 150 多篇论文，多篇论文被《新华文摘》、《中国社会科学文摘》、中国人民大学复印报刊资料转载，出版学术著作 10 多部，多次获省部级以上奖励。

目　录

第九章
党的建设理论

第十章
实事求是

第十一章
群众路线

第十二章
独立自主

第一章

毛泽东思想的科学体系和历史地位

毛泽东思想是马克思主义中国化的第一次历史性飞跃，是以毛泽东为主要代表的中国共产党人，在领导中国人民进行革命和建设的实践中，把马克思列宁主义基本原理同中国革命和建设实际相结合、同中华优秀传统文化相结合，对中国革命和建设的一系列独创性经验做出的理论概括。毛泽东思想是一个科学完整的理论体系，在马克思主义中国化史上具有极其重要的历史地位，是党必须长期坚持的指导思想。

一、马克思主义中国化的提出及其科学内涵

马克思主义传入中国并成为中国革命的指导思想，是近代以来中国历史和人民的选择。马克思主义要在中国发挥指导作用，必须实现马克思主义中国化。中国共产党在把马克思主义基本原理同中国具体实际相结合、同中华优秀传统文化相结合的过程中，实现了马克思主义中国化的第一次历史性飞跃，形成了毛泽东思想。

（一）马克思主义中国化的提出

中华民族创造了绵延五千多年的灿烂文明，为人类文明进步做出了重大贡献。1840年鸦片战争以后，由于西方列强入侵和封建统治腐败，中国逐步沦为半殖民地半封建社会，国家蒙辱、人民蒙难、文明蒙尘，中华民族遭受了前所未有的劫难。为了挽救民族危亡，近代中国的仁人志士进行了各种各样的尝试，先后进行了太平天国农民运动、洋务运动、戊戌变法、辛亥革命，试图找到一条救国道路，却都以失败而告终。中国迫切需要新的思想引领救亡运动，迫切需要新的组织凝聚革命力量。

十月革命一声炮响，给中国送来了马克思列宁主义。近代中国的先进知识分子从马克思列宁主义的科学真理中看到了解决中国问题的出路。五四运动促进了马克思列宁主义在中国的广泛传播。在中国人民和中华民族的伟大觉醒中，在马克思列宁主义同中国工人运动的紧密结合中，1921 年 7 月中国共产党应运而生。中国共产党从成立之日起，就明确把马克思列宁主义作为指导思想。但是，党找到这个思想武器，并不意味着能够自然而然地解决中国革命所面临的问题。马克思主义基本原理同各国具体实际相结合，是马克思主义创新性发展的重要特点。对于如何把马克思主义基本原理同中国具体实际

相结合，即如何实现马克思主义中国化的问题，中国共产党的认识经历了一个不断探索发展过程。

> 马克思列宁主义来到中国之所以发生这样大的作用，是因为中国的社会条件有了这种需要，是因为同中国人民革命的实践发生了联系，是因为被中国人民所掌握了。任何思想，如果不和客观的实际的事物相联系，如果没有客观存在的需要，如果不为人民群众所掌握，即使是最好的东西，即使是马克思列宁主义，也是不起作用的。
>
> 毛泽东选集：第4卷.2版.北京：人民出版社，1991：1515.

党的早期领导人李大钊早在五四新文化运动时期与胡适进行的“问题与主义”之争中就指出：“一个社会主义者，为使他的主义在世界上发生一些影响，必须要研究怎么可以把他的理想尽量应用于环绕着他的实境。”[①] “我们只要把这个那个的主义，拿来作工具，用以为实际的运动，他会因时、因所、因事的性质情形生一种适应环境的变化。”[②]在论争中李大钊对于主义与问题关系的阐释，引起了人们对于如何使马克思主义基本原理与中国具体实际相结合这一马克思主义中国化实质问题的重视和思考。

中国共产党在成立之初和大革命时期，努力把马克思列宁主义基本原理运用于中国革命的具体实际，提出了民主革命纲领、建立革命统一战线、坚持无产阶级革命领导权和农民同盟军等思想，发动了轰轰烈烈的国民革命。但由于党处在幼年时期，理论准备和实践经验都不足，缺乏对马克思列宁主义和中国革命实践完整统一的了解，还不善于把马克思列宁主义基本原理同中国革命实际相结合，因此在统一战线、武装斗争和党的建设等方面的认识与处理上还不够成熟，致使大革命遭遇失败。

1927年大革命失败后，以毛泽东为主要代表的中国共产党人坚持把马克思列宁主义基本原理同中国革命实际相结合，开辟了适合中国国情的革命新道路，形成了农村包围城市、武装夺取政权的革命道路理论。但是由于当时党内盛行把马克思主义教条化、把共产国际决议和苏联经验神圣化的错误倾向，中国革命道路的探索受到严重影响。对于这些错误认识的根源，毛泽东坚持和运用马克思主义的认识论和辩证法，撰写和发表《反对本本主义》（原篇名为《调查工作》），对党的斗争经验进行了科学总结。毛泽东强调了调查研究的极端重要性，提出了“没有调查，没有发言权”[③] 的著名论断。毛泽东对本本主义的批评，实际上是解决如何把马克思列宁主义基本原理同中国具体实际相结合的问题，对于端正党和红军的思想路线和工作作风具有重要指导作用。

1935年1月，遵义会议实际上确立了毛泽东在党中央和红军中的领导地位，成为党的历史上一个生死攸关的转折点。以毛泽东为主要代表的中国共产党人从此开启了独立自主探索中国革命正确道路、实现马克思主义中国化的新征程。1935年7月至8月召开的共产国际第七次代表大会提出，改变过去由共产国际集中统一领导各国共产党的工作

---

① 中国李大钊研究会．李大钊全集：第3卷．北京：人民出版社，2013：51.

② 中国李大钊研究会．李大钊全集：第3卷．北京：人民出版社，2013：51.

③ 毛泽东选集：第1卷．2版．北京：人民出版社，1991：109.

方法和领导方法，也为马克思主义中国化创造了有利的外部条件。这一时期中国学术界也掀起了“学术中国化”的讨论热潮，对于中国共产党提出“马克思主义的中国化”这一命题具有启示意义。全面抗战爆发后，毛泽东发表《实践论》《矛盾论》等著作，从哲学层面深刻剖析了教条主义、经验主义的错误，为提出马克思主义中国化的命题奠定了思想基础。

1938 年 10 月，毛泽东在党的六届六中全会做了《论新阶段》的政治报告，进一步强调了学习马克思主义的科学态度和方法，正式提出“马克思主义的中国化”这一命题。毛泽东指出：“马克思主义必须通过民族形式才能实现。没有抽象的马克思主义，只有具体的马克思主义。所谓具体的马克思主义，就是通过民族形式的马克思主义，就是把马克思主义应用到中国具体环境的具体斗争中去，而不是抽象地应用它”，“马克思主义的中国化，使之在其每一表现中带着中国的特性，即是说，按照中国的特点去应用它，成为全党亟待了解并亟须解决的问题”①，表明中国共产党对马克思主义同中国具体实际相结合的认识达到了新的高度。

党的六届六中全会之后，全党大力开展马克思列宁主义理论学习教育，同时进一步研究总结中国革命的基本经验和规律。毛泽东于 1939 年和 1940 年，先后发表了《〈共产党人〉发刊词》《中国革命和中国共产党》《新民主主义论》等重要著作，系统阐述了新民主主义革命理论，从而使毛泽东思想逐渐成熟，进一步推进了马克思主义中国化。

从 1941 年到 1945 年，全党开展的反对主观主义、宗派主义、党八股的整风运动，从根本上纠正了党的历史上的“左”倾和右倾错误，破除了党内把马克思主义教条化、把共产国际决议和苏联经验神圣化的错误倾向，马克思主义的思想路线在全党范围内深入人心。通过这场思想和精神洗礼，毛泽东对马克思列宁主义的发展在党内有了共识，毛泽东把马克思列宁主义基本原理同中国革命具体实际相结合所形成的马克思主义中国化的理论成果也在党内得到普遍接受和广泛认同。1945 年党的七大对马克思主义中国化的发展历程做了系统总结，并将中国化的马克思主义——毛泽东思想确立为党的指导思想。

（二）马克思主义中国化的科学内涵

毛泽东指出：“我们要把马、恩、列、斯的方法用到中国来，在中国创造出一些新的东西。只有一般的理论，不用于中国的实际，打不得敌人。但如果把理论用到实际上去，用马克思主义的立场、方法来解决中国问题，创造些新的东西，这样就用得了。”②“解决中国问题”和“创造些新的东西”实际上指明了马克思主义中国化的科学内涵。

> 马克思主义能不能在实践中发挥作用，关键在于能否把马克思主义基本原理同中国具体实际和时代特征结合起来。
>
> 习近平．习近平谈治国理政：第 4 卷．北京：外文出版社，2022：30.

---

① 中共中央文献研究室，中央档案馆．建党以来重要文献选编（1921—1949）：第 15 册．北京：中央文献出版社，2011：651.

② 中共中央文献研究室．毛泽东文集：第 2 卷．北京：人民出版社，1993：408.

第一，马克思主义中国化就是把马克思主义基本原理同中国具体实际和时代特征相结合，即把马克思主义基本原理同中国革命、建设和改革的实际相结合，用马克思主义的立场、观点和方法分析、研究和解决中国革命、建设和改革的具体问题，从而形成指导中国革命、建设和改革的理论。习近平指出："中国共产党坚持马克思主义基本原理，坚持实事求是，从中国实际出发，洞察时代大势，把握历史主动，进行艰辛探索，不断推进马克思主义中国化时代化，指导中国人民不断推进伟大社会革命。"① 正是由于党坚持马克思主义基本原理，紧密结合中国国情和时代条件，及时回答中国革命、建设和改革实践中的重大理论和实践问题，马克思主义才能不断彰显其生命力，才能指导中国革命、建设和改革不断取得胜利。

第二，马克思主义中国化就是把马克思主义基本原理同中华优秀传统文化相结合，使中国化的马克思主义具有中国作风、中国气派和中国风格。马克思主义基本原理同中华优秀传统文化相结合，实际上是两种文化的相互融合。一方面，马克思主义与中华优秀传统文化在很多方面具有相通性或相融性，这是马克思主义基本原理同中华优秀传统文化结合的基础。中华优秀传统文化蕴含了丰富的关于认识论、辩证法、唯物论的思想精华，为马克思主义植根于中国大地奠定了重要基础。另一方面，马克思主义作为一种外来文化，与中国文化有很大的差异。这种差异使得马克思主义只有中国化，只有和中华民族的特点相结合，才能在中国落地生根并使其根深叶茂。中华优秀传统文化是中华文明的智慧结晶和精华所在，是中华民族的根和魂。马克思主义基本原理同中国具体实际相结合离不开中华优秀传统文化的滋养。中国共产党人把马克思主义植根于中华优秀传统文化的沃土之中，用人民群众喜闻乐见的形式传播马克思主义，推进了中华优秀传统文化的创造性转化、创新性发展。

第三，马克思主义中国化就是系统总结党领导中国革命、建设和改革的实践经验，并使之上升为理论，丰富和发展马克思主义，形成中国化的马克思主义。毛泽东强调，"使中国革命丰富的实际马克思主义化"②。中国共产党在运用马克思主义基本原理回答和解决时代所面临的历史性课题中，产生了许多具有独创性的实践经验，党将这些实践经验加以总结和提炼，创造性地形成了中国化马克思主义理论，为马克思主义理论宝库增添了新的内容。总之，"只要我们勇于结合新的实践不断推进理论创新、善于用新的理论指导新的实践，就一定能够让马克思主义在中国大地上展现出更强大、更有说服力的真理力量"③。

二、毛泽东思想的科学内涵和理论体系

毛泽东思想是由一系列相互联系的重要观点构成的一个完整的科学理论体系。科学认

---

① 习近平．在庆祝中国共产党成立 100 周年大会上的讲话．北京：人民出版社，2021：12－13.
② 中共中央文献研究室．毛泽东文集：第 2 卷．北京：人民出版社，1993：374.
③ 中共中央关于党的百年奋斗重大成就和历史经验的决议．北京：人民出版社，2021：67.

识和掌握毛泽东思想，需要完整、准确地理解和把握毛泽东思想的科学内涵和理论体系。

（一）毛泽东思想的科学内涵

从中国共产党成立到抗日战争时期，毛泽东思想经历了一个从萌芽、形成到成熟的发展过程，党对毛泽东思想的认识也经历了一个比较长的历史过程。

1. 毛泽东思想的科学概念

毛泽东思想的科学概念是 20 世纪 40 年代，中国共产党在开展延安整风的过程中正式提出的，并在 1945 年的党的七大上被确立为全党的指导思想。

1941 年 3 月，党的理论工作者张如心在《论布尔什维克的教育家》一文中使用了“毛泽东同志的思想”的提法①；1942 年 7 月 1 日，《晋察冀日报》发表了由主编邓拓撰写的社论《纪念“七一”全党学习掌握毛泽东主义》，该社论使用了“毛泽东主义”的概念，提出马列主义的中国化就是毛泽东主义②；1943 年 7 月 6 日，刘少奇在《解放日报》发表《清算党内的孟什维主义思想》一文，使用了“毛泽东同志的思想”和“毛泽东同志的思想体系”这两个概念③。王稼祥在同年 7 月 8 日《解放日报》发表的《中国共产党与中国民族解放的道路》一文中，首次提出了“毛泽东思想”这个概念，指出：“毛泽东思想就是中国的马克思列宁主义，中国的布尔什维主义，中国的共产主义。”“它是创造的马克思列宁主义，它是马克思列宁主义在中国的发展。”④ 1945 年 6 月，刘少奇在党的七大上所做的关于修改党章的报告中，正式提出并进一步阐述了毛泽东思想的科学概念：“毛泽东思想，就是马克思列宁主义的理论与中国革命的实践之统一的思想，就是中国的共产主义，中国的马克思主义。”⑤ 党的七大把毛泽东思想作为全党的指导思想写进了党章，使它作为党的指导思想正式确定下来。

1981 年 6 月，党的十一届六中全会通过的《中国共产党中央委员会关于建国以来党的若干历史问题的决议》（以下简称“第二个历史决议”），对毛泽东思想的科学概念做出新的科学概括：“毛泽东思想是马克思列宁主义在中国的运用和发展，是被实践证明了的关于中国革命的正确的理论原则和经验总结，是中国共产党集体智慧的结晶。”⑥ 1982 年党的十二大通过的《中国共产党章程》，把第二个历史决议中关于毛泽东思想科学内涵的界定做了进一步完善，其中第二句表述为“是被实践证明了的关于中国革命和建设的正确的理论原则和经验总结”，增加了“和建设”三个字，使其内容更加准确完整。

2021 年 11 月，党的十九届六中全会通过的《中共中央关于党的百年奋斗重大成就和历史经验的决议》（以下简称“第三个历史决议”），又在此基础上将毛泽东思想界定为“马克思列宁主义在中国的创造性运用和发展，是被实践证明了的关于中国革命和建设的

---

① 张如心．论布尔什维克的教育家．共产党人，1941－03－20.

② 邓拓．纪念“七一”全党学习掌握毛泽东主义．晋察冀日报，1942－07－01.

③ 刘少奇．清算党内的孟什维主义思想．解放日报，1943－07－06.

④ 王稼祥．中国共产党与中国民族解放的道路．解放日报，1943－07－08.

⑤ 中共中央文献研究室，中央档案馆．建党以来重要文献选编（1921—1949）：第 22 册．北京：中央文献出版社，2011：390.

⑥ 中国共产党中央委员会关于建国以来党的若干历史问题的决议．北京：人民出版社，1981：40.

正确的理论原则和经验总结，是马克思主义中国化的第一次历史性飞跃”①。其中，“马克思列宁主义在中国的创造性运用和发展”增加了“创造性”三个字，进一步突出了毛泽东思想的独创性贡献；“马克思主义中国化的第一次历史性飞跃”的概括彰显了毛泽东思想在马克思主义中国化史上的奠基性地位。

2. 毛泽东思想的内涵

党对毛泽东思想内涵的概括，既从总体上说明了毛泽东思想是马克思列宁主义与中国革命和建设的具体实际相结合而形成的理论成果，又从毛泽东思想与马克思列宁主义、中国革命和建设实践、党的集体智慧等关系方面，科学地阐明了毛泽东思想的内涵。

第一，毛泽东思想是马克思列宁主义基本原理同中国具体实际相结合而形成的理论成果。

毛泽东思想贯穿着马克思列宁主义基本原理与中国革命、建设具体实际相结合的原则，是马克思列宁主义基本原理与中国革命、建设实际相结合的结果。毛泽东思想坚持马克思主义的立场、观点和方法，坚持马克思列宁主义的基本原理，始终把实事求是作为理论和实践活动的思想基础，始终用实践的观念、辩证的观点和群众的观点观察分析问题，始终用生产力与生产关系相统一的标准衡量社会的发展进步，始终运用马克思列宁主义的立场、观点和方法分析、研究和解决中国革命的具体问题，始终以马克思列宁主义基本原理为指导，从中国国情和中国革命、建设的特殊性出发，进行理论创新和发展，使马克思列宁主义在中国这一古老的东方大国里焕发出新的生机和活力。

第二，毛泽东思想是马克思列宁主义在中国的创造性运用和发展。

马克思列宁主义是毛泽东思想形成的理论基础，毛泽东思想属于马克思列宁主义的思想体系。马克思列宁主义是关于世界无产阶级革命的科学理论，为世界无产阶级革命政党提供了如何正确认识世界和改造世界的理论武器。马克思列宁主义不是千古不变的教条，而是指导人们认识世界和改造世界的科学方法。随着实践的发展，马克思主义也需要适应时代的要求而增加新的内容。只有把马克思列宁主义基本原理运用到中国革命和建设的具体实践中去，并根据新的实践在新的历史条件下加以发展，才能引导中国革命和建设取得胜利。毛泽东思想是马克思列宁主义基本原理同中国具体实际相结合而形成的理论成果，它与马克思主义是“分店”与“总店”的关系，是“枝干”与“根基”的关系。毛泽东思想属于马克思列宁主义思想体系，不能“把毛泽东思想同马克思列宁主义割裂开来，好像它是另外一个东西”②。

第三，毛泽东思想是被实践证明了的关于中国革命和建设正确的理论原则和经验总结。

毛泽东思想是在马克思列宁主义指导下，根据中国国情，依靠党领导中国人民革命斗争的丰富经验，经过科学缜密地分析而形成和发展起来的。它是运用马克思列宁主义的立场、观点和方法，在概括中国革命和建设实践经验的基础上创造出来的，是从客观实际中产生出来，又在客观实际中获得了证明的真理。毛泽东思想不是毛泽东本人全部

① 中共中央关于党的百年奋斗重大成就和历史经验的决议．北京：人民出版社，2021：13.
② 邓小平．邓小平文选：第1卷．2版．北京：人民出版社，1994：283.

思想和言论的总汇，那些脱离毛泽东思想科学轨道的错误的内容，包括毛泽东晚年的错误理论，不属于毛泽东思想的科学原理。我们坚持和当作行动指南的是毛泽东思想的基本原理，以及贯穿其中的立场、观点和方法。

第四，毛泽东思想是中国共产党集体智慧的结晶。

毛泽东思想是在党和人民群众的集体奋斗中形成和发展起来的，是以毛泽东为主要代表的中国共产党人把马克思列宁主义基本原理同中国革命和建设具体实际相结合的智慧结晶。这包括中国共产党领导中国各族人民进行革命和建设的智慧，党的领导集体的智慧，特别是毛泽东的智慧。毛泽东思想是党和人民群众伟大革命斗争实践经验的科学总结。毛泽东经常把自己和中央领导机关形象地比喻为创造精神产品的加工厂，其原料或者半成品均来自人民群众的革命实践。在毛泽东思想的形成和发展过程中，我们党的许多卓越领导人做出了重要贡献。邓小平指出："毛泽东同志的事业和思想，都不只是他个人的事业和思想，同时是他的战友、是党、是人民的事业和思想，是半个多世纪中国人民革命斗争经验的结晶。"① 只有认识到毛泽东思想是党的集体智慧的结晶，才能更好地区分毛泽东思想与毛泽东的思想，才能在新的历史条件下坚持并发展毛泽东思想。

（二）毛泽东思想的理论体系

毛泽东思想是一个科学的理论体系。邓小平指出："毛泽东思想不是在个别的方面，而是在许多领域发展了马克思列宁主义。毛泽东思想是个体系，是发展了的马克思主义。"② 在中国共产党的历史上，党对毛泽东思想的科学体系的概括也经历了一个发展过程。

1945 年 4 月党的六届七中全会通过的《关于若干历史问题的决议》，从批判"左"倾教条主义错误入手，在政治、军事、组织和思想四个方面对毛泽东思想科学体系的基本框架进行了初步概括。在政治上，科学分析了中国革命的基本特点和规律，在革命任务和阶级关系、革命战争和革命根据地、进攻和防御的策略指导等问题上，运用马克思列宁主义规定了中国革命的正确的政治路线；在军事上，运用马克思列宁主义规定了服务于这一政治路线的正确的军事路线；在组织上，规定了服务于代表人民群众利益这一政治路线的联系党内党外群众的组织路线；在思想上，运用马克思列宁主义的普遍真理以从事于对中国社会实际情况的调查研究，强调"没有调查，没有发言权"，反对教条主义和主观主义的危害。

刘少奇在党的七大所做的关于修改党章的报告中，对毛泽东思想的理论体系首次进行了系统概括，把毛泽东思想的内容概括为九个方面，即"关于现代世界情况及中国国情的分析，关于新民主主义的理论与政策，关于解放农民的理论与政策，关于革命统一战线的理论与政策，关于革命战争的理论与政策，关于革命根据地的理论与政策，关于建设新民主主义共和国的理论与政策，关于建设党的理论与政策，关于文化的理论与政策等"③。

---

① 邓小平．邓小平文选：第 2 卷．2 版．北京：人民出版社，1994：172.

② 邓小平．邓小平文选：第 2 卷．2 版．北京：人民出版社，1994：43.

③ 中共中央文献研究室，中央档案馆．建党以来重要文献选编（1921—1949）：第 22 册．北京：中央文献出版社，2011：391.

1981 年 6 月，党的第二个历史决议主要从以下六个方面对毛泽东思想的科学体系进行系统和完整的概括：一是关于新民主主义革命的理论，包括无产阶级领导的，以工农联盟为基础的人民大众的反对帝国主义、封建主义和官僚资本主义革命的总路线；农村包围城市，武装夺取政权，最后夺取全国胜利的道路；以及统一战线、武装斗争和党的建设这三个主要法宝。二是关于社会主义革命和社会主义建设的理论，包括由新民主主义到社会主义的转变；建立人民民主专政的国家制度；对农业、手工业和私人资本主义工商业的社会主义改造；正确区分和处理两类不同性质的社会矛盾；探索中国的工业化道路；调动一切积极因素，化消极因素为积极因素，团结全国各族人民建设社会主义强国的战略思想。三是关于革命军队建设和军事战略的理论，包括建设一支新型的人民军队，进行人民战争，实行人民战争的战略战术，以及建设现代化国防的思想。四是关于政策和策略的理论，包括政策和策略是党的生命；对敌斗争的策略方针和原则；在统一战线中领导同盟者的基本政策。五是关于思想政治工作和文化工作的理论，包括思想政治工作是经济工作和一切工作的生命线；文化工作的方针；知识分子在革命和建设中的地位与作用的科学思想。六是关于党的建设的理论，包括着重从思想上建党；加强党的优良作风建设；在党内正确开展思想斗争的方法和目的；保持执政党的廉洁和加强自身建设的思想原则。

第二个历史决议还将贯穿于上述各个组成部分的立场、观点和方法，概括为毛泽东思想的活的灵魂，指出它们有三个基本方面，即实事求是、群众路线和独立自主。实事求是是毛泽东思想的基本点，是毛泽东思想的精髓。实事求是，就是一切从实际出发，理论联系实际，坚持在实践中检验真理和发展真理。这是中国共产党人认识世界、改造世界的根本要求，是中国共产党的思想路线。群众路线是毛泽东思想的出发点，是以毛泽东为主要代表的中国共产党人，把马克思主义关于人民群众是历史创造者的基本原理系统运用到党的全部实践活动之中形成的根本工作路线，其主要内容是一切为了群众，一切依靠群众，从群众中来，到群众中去，要把党的正确主张变为群众的自觉行动。独立自主是毛泽东思想关于中国革命和建设的立足点，是无产阶级革命和建设的基本原则，其基本内容就是依靠本国人民自己的力量，自力更生，发扬艰苦奋斗的革命精神，把中国革命和建设事业推向前进。

> 毛泽东思想具有多方面的内容。在以下几个方面，它以独创性的理论丰富和发展了马克思主义。一、关于新民主主义革命。二、关于社会主义革命和社会主义建设。三、关于革命军队的建设和军事战略。四、关于政策和策略。五、关于思想政治工作和文化工作。六、关于党的建设。毛泽东思想的活的灵魂，是贯串于上述各个组成部分的立场、观点和方法，它们有三个基本方面，即实事求是，群众路线，独立自主。
>
> 参见中国共产党中央委员会关于建国以来党的若干历史问题的决议．北京：人民出版社，1981：40－47.

毛泽东思想作为党的指导思想，是一个由政治、经济、文化、军事等一系列基本原理所构成的科学理论体系。这些基本原理不是零碎的，而是系统的；不是片面的，而是完整的；不是前后矛盾的，而是首尾一贯的。学习和掌握毛泽东思想，就是要完整、准确地掌握毛泽东思想的科学体系，而不能只学一些只言片语，或是个别结论，要从毛泽东思想的整个体系中去获得理解。

> 要对毛泽东思想有一个完整的准确的认识，要善于学习、掌握和运用毛泽东思想的体系来指导我们各项工作。只有这样，才不至于割裂、歪曲毛泽东思想，损害毛泽东思想。
>
> 邓小平．邓小平文选：第2卷．2版．北京：人民出版社，1994：42.

（三）毛泽东思想的主要特征

毛泽东思想秉承马克思主义的理论特质，又与中国具体实际紧密结合，创造性地回答了中国革命和建设面临的重大理论和现实问题，呈现出一系列鲜明的特征。

1. 科学性

科学性即真理性，凡是正确、真实地反映客观事物及其发展必然性、规律性的理论，即为真理性的认识，亦称为科学的理论。毛泽东思想的科学性首先表现在体现了马克思主义科学的世界观和方法论。马克思主义是在实践基础上产生并不断经过实践检验的真理性认识。马克思主义的伟力就在于其科学性，它用真理的力量征服世界，用真理的力量改造世界。毛泽东思想坚持马克思主义的立场、观点和方法，在世界观、历史观、阶级基础等方面与马克思主义是完全一致的，始终把实事求是作为理论和实践活动的思想基础，始终用实践的、辩证的观点和群众的观点观察分析问题，坚持马克思列宁主义基本原理同中国具体实际和时代特征相结合，丰富和发展了马克思主义。

毛泽东思想的科学性还表现为揭示了新民主主义革命的规律，是被实践证明了的科学真理，实现了马克思主义中国化的第一次历史性飞跃，解决了中国革命道路和其他一系列基本问题，创建了新中国，完成了社会主义改造，为当代中国一切发展进步，为实现中华民族伟大复兴，奠定了根本政治前提和制度基础。正确认识和把握毛泽东思想的科学性，还应注意将毛泽东晚年的错误观点与毛泽东思想的科学体系区分开来。邓小平指出："我们坚持的和要当作行动指南的是马列主义、毛泽东思想的基本原理，或者说是由这些基本原理构成的科学体系。至于个别的论断，那末，无论马克思、列宁和毛泽东同志，都不免有这样那样的失误。但是这些都不属于马列主义、毛泽东思想的基本原理所构成的科学体系。"①

2. 实践性

实践性是马克思主义的鲜明特征。马克思指出："全部社会生活在本质上是实践的。"② 毛泽东指出："实践的观点是辩证唯物论的认识论之第一的和基本的观点。"③ 理

① 邓小平．邓小平文选：第2卷．2版．北京：人民出版社，1994：171.
② 马克思，恩格斯．马克思恩格斯选集：第1卷．3版．北京：人民出版社，2012：135.
③ 毛泽东选集：第1卷．2版．北京：人民出版社，1991：284.

论来源于实践，是对实践经验的概括和总结。毛泽东思想是在中国革命实践的基础上形成的。马克思指出："一切划时代的体系的真正的内容都是由于产生这些体系的那个时期的需要而形成起来的。"① 以毛泽东为主要代表的中国共产党人在深刻把握马克思主义理论品质，清醒认识中国国情的基础上，把马克思列宁主义基本原理同中国具体实际相结合，不断推进马克思主义中国化和时代化，形成了毛泽东思想。毛泽东思想源于党和人民群众的历史活动与社会实践。毛泽东不断总结中国革命和建设胜利和挫折的经验教训，探寻中国革命和建设规律，开辟了中国革命和建设新道路。毛泽东思想是对中国革命、建设实践经验的概括和总结。同时，毛泽东思想又在指导中国革命和建设的实践中不断丰富和发展。毛泽东思想的基本原理从实践中来，又回到实践中去，接受检验，指导实践，实现了科学理论与具体实践的良性互动。

> 时代的条件、人民的实践孕育了毛泽东思想，毛泽东思想指引和推动了中国社会前进。
>
> 胡锦涛．胡锦涛文选：第2卷．北京：人民出版社，2016：135.

3. 时代性

恩格斯指出："每一个时代的理论思维，包括我们这个时代的理论思维，都是一种历史的产物，它在不同的时代具有完全不同的形式，同时具有完全不同的内容。"② 任何一个伟大的思想体系的产生都有着特定的时代背景，反映时代精神的精华，随着时代和实践的发展而不断发展。毛泽东思想是在帝国主义矛盾加剧和无产阶级革命的时代，着眼于解决帝国主义与中华民族、封建主义与人民大众两大矛盾，适应战争与革命的时代主题，开辟中国特色革命道路的过程中所创立的理论体系。毛泽东科学地分析了世界革命的新特点，明确区分了世界历史的时代，划分了两种世界革命。十月革命的胜利，建立了第一个无产阶级领导的社会主义国家，开辟了人类历史新纪元。毛泽东指出，在这种时代所发生的反对帝国主义、资本主义的革命都不再属于旧的世界资产阶级民主主义革命的范畴，而是无产阶级社会主义世界革命的一部分。正是由于对时代特征的深刻分析，以毛泽东为主要代表的中国共产党人顺应时代发展的潮流，科学认识半殖民地半封建社会这一近代中国的最大国情，进行了无产阶级领导的新式的资产阶级革命，在解决时代重大课题的过程中不断推进理论创新。

4. 开放性

毛泽东思想不是一个孤立、封闭的理论体系，而是一个不断发展的开放的理论体系。开放性是毛泽东思想的理论品质和重要特征。毛泽东思想在坚持马克思列宁主义基本原理的同时，以海纳百川的胸怀，从中华优秀传统文化中汲取养料，在各种思想文化的融合、碰撞中发展完善，在总结历史经验中不断升华，成为中国共产党和中华民族的精神支柱。毛泽东思想向中华优秀传统文化开放。毛泽东指出："我们是马克思主义的历史主义者，我们不应当割断历史。从孔夫子到孙中山，我们应当给以总结，承继这一份珍贵

① 马克思，恩格斯．马克思恩格斯全集：第3卷．北京：人民出版社，1960：544.
② 马克思，恩格斯．马克思恩格斯选集：第3卷．3版．北京：人民出版社，2012：873.

的遗产。”[①] 毛泽东思想是马克思列宁主义同中国具体实际相结合、同中华优秀传统文化相结合而产生的理论成果，具有鲜明的中国特色。毛泽东思想向世界一切优秀文明成果开放。毛泽东多次强调，每个民族都有它的长处，“我们的方针是，一切民族、一切国家的长处都要学，政治、经济、科学、技术、文学、艺术的一切真正好的东西都要学”[②]，毛泽东思想正是在吸收借鉴人类文明优秀成果的基础上形成和发展起来的。毛泽东思想向历史经验开放。毛泽东指出，从党的建立到抗日战争时期，中间有北伐战争和十年土地革命战争。我们经过了两次胜利、两次失败。毛泽东思想的形成和发展正是在科学总结这些正反两个方面实践经验教训的基础上得以不断丰富和发展的。

三、毛泽东思想的历史地位和当代价值

毛泽东思想以其独创性的理论丰富和发展了马克思列宁主义，指导中国革命和建设取得了伟大胜利，具有重要的历史地位。毛泽东思想不仅是中国革命、建设和改革的指导思想，也对新时代建设和发展中国特色社会主义，实现中华民族伟大复兴具有重要的指导意义，是中国共产党和中华民族宝贵的精神财富。

（一）毛泽东思想的历史地位

毛泽东思想作为党和国家长期坚持的指导思想，无论是在马克思主义发展史上还是在指导中国革命和建设的实践中都具有极其重要的历史地位。

1. 马克思主义中国化的第一次历史性飞跃

中国共产党的历史是一部不断推进马克思主义中国化的历史。中国共产党人在把马克思主义与中国革命、建设和改革各个时期的具体实际相结合的过程中，不断进行理论创新，形成了马克思主义中国化时代化的理论。党的第三个历史决议把毛泽东思想定位为“马克思主义中国化的第一次历史性飞跃”，充分彰显了毛泽东思想在马克思主义中国化史上的重要地位。

> 毛泽东思想是马克思列宁主义在中国的创造性运用和发展，是被实践证明了的关于中国革命和建设的正确的理论原则和经验总结，是马克思主义中国化的第一次历史性飞跃。
>
> 中共中央关于党的百年奋斗重大成就和历史经验的决议．北京：人民出版社，2021：13.

毛泽东是马克思主义中国化的开拓者，第一次明确提出了马克思主义中国化的科学命题，开创了适合中国实际的新民主主义革命道路。在革命斗争的实践中，以毛泽东为主要代表的中国共产党人，把马克思列宁主义基本原理同中国具体实际相结合，对一系列独创性经验做了理论概括，开辟了农村包围城市、武装夺取政权的正确革命道路，创

① 毛泽东选集：第2卷．2版．北京：人民出版社，1991：534.

② 中共中央文献研究室．毛泽东文集：第7卷．北京：人民出版社，1999：41.

立了毛泽东思想，为夺取新民主主义革命胜利指明了正确方向。习近平在纪念毛泽东同志诞辰120周年座谈会的讲话中，高度评价了毛泽东在领导新民主主义革命过程中对马克思主义中国化做出的伟大贡献：“毛泽东同志创造性地解决了马克思列宁主义基本原理同中国实际相结合的一系列重大问题，深刻分析中国社会形态和阶级状况，经过不懈探索，弄清了中国革命的性质、对象、任务、动力，提出通过新民主主义革命走向社会主义的两步走战略，制定了新民主主义革命总路线，开辟了以农村包围城市、最后夺取全国胜利的革命道路。毛泽东同志创造性地解决了在中国这种特殊的社会历史条件下建设马克思主义政党的一系列重大问题，把党建设成为用科学理论和革命精神武装起来的、同人民群众有着血肉联系的、思想上政治上组织上完全巩固的马克思主义政党。毛泽东同志创造性地解决了缔造一个在党的绝对领导下的人民武装力量的一系列重大问题，建成一支具有一往无前精神、能压倒一切敌人而决不被敌人所屈服的新型人民军队。毛泽东同志创造性地解决了团结全民族最大多数人共同奋斗的革命统一战线的一系列重大问题，为党和人民事业凝聚了一支最广大的同盟军。毛泽东同志带领我们党创造性地提出和实施了一系列正确的战略策略，及时解决了中国革命进程中一道道极为复杂的难题，引导中国革命航船不断乘风破浪前进。”①

新中国成立后，以毛泽东为主要代表的中国共产党人带领中国人民迅速医治战争创伤、恢复国民经济，不失时机地提出了党在过渡时期的总路线，创造性地完成了由新民主主义向社会主义的转变，确立了社会主义基本制度，成功实现了中国历史上最深刻最伟大的社会变革，为当代中国一切发展进步奠定了根本政治前提和制度基础。社会主义基本制度确立后，面对在中国如何建设社会主义的崭新课题，毛泽东对适合中国情况的社会主义建设道路进行了艰辛探索。他以苏联的经验教训为鉴戒，提出要创造新的理论、写出新的著作，把马克思列宁主义基本原理同中国实际进行“第二次结合”，探索适合中国特点的社会主义建设的正确道路，制定把我国建设成一个强大的社会主义国家的发展战略，毛泽东思想得以进一步丰富和发展。毛泽东思想所确立的马克思主义中国化时代化的发展方向、基本原则和基本方法，指导我们党不断开辟马克思主义中国化时代化的新境界。

2. 中国革命和建设的科学指南

毛泽东思想是指导中国革命和建设取得胜利的科学理论，它将长期指导我们的行动。刘少奇在1945年党的七大所做的关于修改党章的报告中指出：“过去有无数历史事实证明：当着革命是在毛泽东同志及其思想的指导之下，革命就胜利，就发展；而当着革命是脱离了毛泽东同志及其思想的指导时，革命就失败，就后退。”② 毛泽东思想“指导了与正在指导着中国人民去获得彻底的解放，并对各国人民的解放事业，特别是东方各民族的解放事业，作了有益的贡献”③。这是总结建党二十四年历史经验所做出的历史性结

---

① 中共中央文献研究室．十八大以来重要文献选编：上．北京：中央文献出版社，2014：689－690.

② 中共中央文献研究室，中央档案馆．建党以来重要文献选编（1921—1949）：第22册．北京：中央文献出版社，2011：391.

③ 中共中央文献研究室，中央档案馆．建党以来重要文献选编（1921—1949）：第22册．北京：中央文献出版社，2011：391.

论。中国革命只有以毛泽东思想为指导，才能取得胜利。这是党和全国各族人民在经历了艰难曲折的探索之后，经过胜利和失败的比较，在长期的革命实践检验的基础上得出的科学结论。

邓小平指出，没有毛主席，至少我们中国人民还要在黑暗中摸索更长时间。在毛泽东思想的指引下，党领导全国人民开辟了新民主主义革命的正确革命道路，为夺取新民主主义革命胜利指明了正确方向。推翻了帝国主义、封建主义、官僚资本主义的统治，夺取了新民主主义革命胜利，实现了民族独立和人民解放，中国发展开启了新纪元；新中国成立后，开辟了一条从新民主主义向社会主义过渡的道路，创造性地完成了由新民主主义革命向社会主义革命的转变，实现了中华民族有史以来最为广泛而深刻的社会变革，实现了一穷二白、人口众多的东方大国大步迈进社会主义社会的伟大飞跃；在社会主义建设道路的探索中，取得了独创性理论成果和巨大成就，为在新的历史时期开创中国特色社会主义提供了宝贵经验、理论准备、物质基础。邓小平指出："这个思想，从历史上证明了是好的。中国的革命，不是由别的思想引导到胜利的，而是由毛泽东思想引导到胜利的。革命胜利以后，也正是在毛泽东思想的指导下，我们的社会主义建设才获得了这样伟大的成就，并且继续胜利地前进着。"① 在中国特色社会主义新时代，毛泽东思想及其蕴含的立场观点和方法对于建设和发展中国特色社会主义、建设社会主义现代化国家、实现中华民族伟大复兴，仍然具有长远的指导作用。

3. 中国共产党和中国人民宝贵的精神财富

毛泽东思想是中国人民无比宝贵的精神财富。邓小平指出："毛泽东思想永远是我们全党、全军、全国各族人民的最宝贵的精神财富。我们要完整地准确地理解和掌握毛泽东思想的科学原理，并在新的历史条件下加以发展。"② 习近平在纪念毛泽东同志诞辰120周年座谈会上的讲话中，明确向全党提出要坚定不移地坚持毛泽东思想不动摇。

> 毛泽东思想这个旗帜丢不得，丢掉了实际上就否定了我们党的光辉历史；任何时候都不能动摇高举毛泽东思想旗帜的原则，我们将永远高举毛泽东思想的旗帜前进。
>
> 中共中央文献研究室．十八大以来重要文献选编：上．北京：中央文献出版社，2014：692.

毛泽东追求和倡导的同敌人血战到底的革命气概，在自力更生的基础上光复旧物的坚定决心，中华民族重新自立于世界民族之林的远大理想，"乱云飞渡仍从容"的战略定力，"不到长城非好汉"的进取精神，永远是激励中国人民克服困难挑战、不断奋勇前进的强大精神动力。毛泽东思想之所以具有强大的生命力，还在于它有着与时俱进的理论品质。在新的历史条件下，我们坚持毛泽东思想的同时，更要发展毛泽东思想。邓小平指出："如果只是毛泽东同志讲过的才能做，那我们现在怎么办？马克思主义要发展嘛！毛泽东思想也要发展嘛！否则就会僵化嘛！"③ 改革开放40多年来，党的几代领导集体在

① 邓小平．邓小平文选：第1卷.2版．北京：人民出版社，1994：298.

② 邓小平．邓小平文选：第2卷.2版．北京：人民出版社，1994：149.

③ 邓小平．邓小平文选：第2卷.2版．北京：人民出版社，1994：128.

毛泽东所开辟的把马克思列宁主义基本原理同中国具体实际相结合的历史进程中，不断进行理论创新。紧密结合我国改革开放和社会主义现代建设的实际，紧密结合新的时代条件和实践要求，围绕什么是社会主义、怎样建设社会主义，建设什么样的党、怎样建设党，新形势下实现什么样的发展、怎样发展，新时代坚持和发展什么样的中国特色社会主义、怎样坚持和发展中国特色社会主义，建设什么样的社会主义现代化强国、怎样建设社会主义现代化强国，建设什么样的长期执政的马克思主义政党、怎样建设长期执政的马克思主义政党这些重大时代课题，创造性地提出了一系列新思想、新观点、新论断，形成了邓小平理论、"三个代表"重要思想、科学发展观和习近平新时代中国特色社会主义思想，进一步丰富和发展了马克思列宁主义、毛泽东思想，形成了一脉相承而又与时俱进的中国化马克思主义理论体系，为全面建成社会主义现代化强国、实现中华民族伟大复兴提供了正确思想指引。

> 中国共产党人从长期奋斗的历史中深切地认识到，我们党所以能够承担起历史的重任，所以能够得到人民拥护和成为领导中国革命和建设事业的核心力量，就是因为我们党经过艰苦斗争的反复锤炼和理论的创造，形成并不断地丰富和发展了毛泽东思想，坚定地把毛泽东思想作为党的指导思想。
>
> 江泽民．江泽民文选：第1卷．北京：人民出版社，2006：345.

（二）毛泽东思想的当代价值

中国特色社会主义新时代的国内外形势任务与毛泽东思想形成和发展的历史条件相比发生了显著变化，但毛泽东思想并没有因此而褪色，其基本原理、科学方法、价值立场等对指导新时代中国特色社会主义建设仍具有重要的指导意义。

1. 毛泽东思想的立场、观点、方法在新时代仍然具有重要指导作用

> 毛泽东思想以独创性理论丰富和发展了马克思列宁主义。毛泽东思想教育了几代中国共产党人，它培养的大批骨干，不仅在新民主主义革命、社会主义革命、社会主义建设时期发挥了重要作用，也为新的历史时期开创和建设中国特色社会主义发挥了重要作用。
>
> 中共中央文献研究室．十八大以来重要文献选编：上．北京：中央文献出版社，2014：692.

习近平指出："掌握和运用马克思主义立场观点方法来研究和解决中国的实际问题，是以毛泽东同志为主要代表的中国共产党人留给我们的传家宝。"① 毛泽东思想中不仅包括具体的科学原理，而且包括科学的世界观和方法论，它是最有普遍意义的东西，无论过去、现在和将来，都是我们的出发点、根本点和立足点，在新民主主义革命中依靠它，新时代建设和发展中国特色社会主义事业中仍然依靠它。毛泽东把辩证唯物主义和历史唯物主义与中国具体实际相结合形成了具有中国共产党人鲜明特色的立场、观点和方法，

① 习近平．深入学习中国特色社会主义理论体系 努力掌握马克思主义立场观点方法．求是，2010（7）.

丰富和发展了马克思主义。党的第二个历史决议将其集中概括为实事求是、群众路线、独立自主三个方面，并称之为毛泽东思想的活的灵魂，指出："我们必须继续坚持毛泽东思想，认真学习和运用它的立场、观点和方法来研究实践中出现的新情况，解决新问题。"① 邓小平、江泽民、胡锦涛分别结合变化发展的实际，对坚持毛泽东思想活的灵魂做了具体论述，指出新的历史时期最重要的是始终坚持贯穿这个科学思想体系的活的灵魂。习近平在纪念毛泽东同志诞辰 120 周年座谈会上，尤其着重阐述了新时代坚持和发展毛泽东思想活的灵魂的重要意义，并结合新的客观实际，赋予其新的时代内涵。强调坚持实事求是，就要深入实际了解事物的本来面貌，正确把握初级阶段的基本国情，使思想和行动更加符合客观规律、时代要求和人民愿望，不断推进理论创新；坚持群众路线，就要坚持人民主体地位，全心全意为人民服务，保持党同人民群众的血肉联系，让人民评判我们的工作；坚持独立自主，就要坚持中国的事情由中国人民自己主张、处理，坚定不移走中国特色社会主义道路，坚定不移走和平发展之路。党的十九届六中全会通过的第三个历史决议，重申了毛泽东思想活的灵魂，彰显了新时代党对坚持中国化马克思主义方法论引领的高度重视。

除此之外，毛泽东思想其他方面所体现的辩证唯物主义和历史唯物主义的立场、观点和方法，推动了新民主主义革命、社会主义革命和建设不断取得胜利，同样具有长远的指导意义。在中国特色社会主义新时代，需要我们从中不断学习和掌握科学的世界观和方法论，提高对中国特色社会主义建设规律的认识水平。

2. 毛泽东思想基本原理在新时代仍然具有重要价值和意义

毛泽东思想基本原理尤其是关于社会主义建设的基本原理，不仅为探索和发展中国特色社会主义提供了重要的理论依据、理论来源和理论支撑，而且在新时代仍然具有重要的指导作用。

毛泽东提出的"建设强大的社会主义国家"的战略思想为建设社会主义现代化国家提供重要指导。实现社会主义现代化，是毛泽东探索社会主义道路的主题。进入改革开放和社会主义现代化建设新时期，迈向中国特色社会主义新时代，社会主义现代化国家的内涵在不断丰富和发展，实现现代化的战略安排也在不断向前推进。从邓小平提出的"三步走"战略目标，到十五大提出的新"三步走"战略目标，从全面建成小康社会到基本实现现代化，再到全面建成社会主义现代化强国，这是新时代中国特色社会主义发展的战略安排，建成社会主义现代化强国始终是中国共产党带领人民不懈奋斗的方向。毛泽东在《论十大关系》报告中提出的调动一切积极因素为社会主义服务，是党关于社会主义建设的极为重要的指导方针，对于最大限度地团结人民、凝聚力量，实现中华民族伟大复兴的中国梦，具有长远指导意义；毛泽东提出的关于社会主义社会是一个很长的历史阶段的思想，对于我们充分认识社会主义建设的长期性和复杂性具有重要指导作用；毛泽东在《关于正确处理人民内部矛盾的问题》报告中，系统阐述的正确认识和处理社会主义社会基本矛盾、两类不同性质的矛盾尤其是人民内部矛盾的思想，科学揭示了社会主义社会发展的动力，为正确处理新时代各种社会矛盾，维护社会和谐稳定，提供了

---

① 中国共产党中央委员会关于建国以来党的若干历史问题的决议．北京：人民出版社，1981：51.

基本的理论依据，也为新时代全面深化改革奠定了理论基础；毛泽东提出的以农业为基础，以工业为主导，以农、轻、重为序发展国民经济的方针和走中国工业化道路的思想以及关于所有制结构调整、经济体制和运行机制改革、尊重价值规律等思想内容，符合中国人口多、底子薄的国情，对于优化经济结构、建设现代化经济体系具有重要意义；毛泽东在社会主义文化建设中提出文学艺术要为人民服务、为社会主义服务，实行“百花齐放、百家争鸣”和“古为今用，洋为中用”，推陈出新的方针，仍然是中国特色社会主义文化建设的根本指针；毛泽东关于加强执政党建设的“两个务必”思想，反对脱离群众的官僚主义以及反腐倡廉等思想，在党与民主党派的关系上实行“长期共存、互相监督”的方针，对于新时代改善和加强党的领导，抵御各种复杂环境和风险考验，永葆党的先进性和纯洁性，具有长远指导作用。此外，毛泽东在国防建设和军队建设、实现祖国统一、外交和国际战略等方面，也提出了一系列重要思想观点，同样具有长期的指导意义。

3. 毛泽东思想是新时代中华民族团结奋斗的精神支柱

毛泽东思想是我们立党立国的根本指导思想，是我们一切工作的行动指南，也是新时代激励全党全国各族人民为实现中华民族伟大复兴而团结奋斗的精神支柱。“毛泽东同志的革命精神具有强大的凝聚力，他的伟大品格具有动人的感染力，他的科学思想具有非凡的号召力。”① 毛泽东思想蕴含和彰显的精神力量，将长期指引我们不断开拓前进。江泽民在纪念毛泽东同志诞辰100周年座谈会的讲话中指出：“毛泽东思想永远是中国共产党人的理论宝库和中华民族的精神支柱，永远是我们建设社会主义现代化国家的行动指南。”②

毛泽东思想形成、发展并指导中国革命不断取得胜利的过程，也是激励和形成中国革命精神的过程。100多年前，毛泽东等中国共产党的先驱们创建了中国共产党，形成了坚持真理、坚守理想，践行初心、担当使命，不怕牺牲、英勇斗争，对党忠诚、不负人民的伟大建党精神，这是中国共产党的精神之源。新民主主义革命时期，毛泽东以“星星之火，可以燎原”的信念带领党和人民探索中国革命走向胜利的新道路，实现了从大革命失败到土地革命战争兴起的转折；以“革命理想高于天”的顽强意志和艰苦卓绝的斗争赢得了红军长征的伟大胜利，实现了党和革命事业从挫折中走向胜利的伟大转折；以“为有牺牲多壮志，敢教日月换新天”的英雄气概，实现了民族独立、人民解放。革命胜利前夕，毛泽东提出的“我们决不当李自成”，深刻警示我们牢记“两个务必”，牢记“生于忧患，死于安乐”的古训，着力解决“其兴也勃焉，其亡也忽焉”的历史性课题。新中国成立后，毛泽东带领党和人民在社会主义革命和建设事业中坚持独立自主地探索适合自己国情的建设道路，由此培养起来的自强自立、不依附于人、不怕鬼、不信邪的精神，对于维护国家的主权和民族的尊严，巩固和发展社会主义制度，发挥了巨大作用。毛泽东提出的“中国人民有志气，有能力，一定要在不远的将来，赶上和超过世

① 江泽民．江泽民文选：第1卷．北京：人民出版社，2006：346.
② 江泽民．江泽民文选：第1卷．北京：人民出版社，2006：345.

界先进水平”①，展现了敢于斗争、敢于胜利的意志品质，永远是党和人民不可战胜的强大精神力量。毛泽东思想形成和发展过程中以伟大建党精神为源头形成的中国共产党人的精神谱系，包括井冈山精神、苏区精神、长征精神、抗美援朝精神、“两弹一星”精神等，培育了几代中国共产党人和中国人民，成为激励中国人民为实现中华民族伟大复兴而团结奋斗的强大精神支柱和不竭动力。

思考题

1. 如何理解毛泽东思想实现了马克思主义中国化的第一次历史性飞跃？
2. 如何理解毛泽东思想的科学理论体系？
3. 如何科学认识毛泽东思想的历史地位？

参考书目

1. 邓小平．对起草《关于建国以来党的若干历史问题的决议》的意见//中共中央文献研究室．三中全会以来重要文献选编：上．北京：人民出版社，1982.
2. 江泽民．在毛泽东同志诞辰一百周年纪念大会上的讲话．人民日报，1993-12-27.
3. 胡锦涛．在纪念毛泽东同志诞辰110周年座谈会上的讲话．北京：人民出版社，2003.
4. 习近平．在纪念毛泽东同志诞辰120周年座谈会上的讲话．北京：人民出版社，2013.
5. 习近平．在纪念毛泽东同志诞辰130周年座谈会上的讲话．北京：人民出版社，2023.

① 中共中央文献研究室．十八大以来重要文献选编：上．北京：中央文献出版社，2014：701.

第二章

毛泽东思想形成和发展的历史进程

毛泽东思想是以毛泽东为主要代表的中国共产党人在领导中国人民进行新民主主义革命、社会主义革命和社会主义建设的过程中，在总结中国革命和建设正反两方面历史经验教训的基础上，逐步形成和发展起来的。毛泽东思想形成于土地革命战争前期，成熟于土地革命战争后期和抗日战争时期，丰富和发展于解放战争时期、社会主义革命和建设时期，在改革开放和社会主义现代化建设新时期以及中国特色社会主义新时代继续得到创新发展。

一、毛泽东思想产生的社会历史条件

毛泽东思想的产生具有深厚的社会历史条件。以毛泽东为主要代表的中国共产党人适应近代以来中华民族救亡复兴的时代大势，把马克思列宁主义基本原理同中国具体实际相结合、同中华优秀传统文化相结合，在领导中国人民进行革命的伟大实践中创立了毛泽东思想。

> 中华民族，具有五千多年绵延不绝的文明历史，为人类文明进步作出了不可磨灭的贡献。但是，由于封建制度的腐朽没落，中国在近代被世界快速发展的浪潮甩在了后面。一八四〇年鸦片战争以后，在西方列强坚船利炮轰击下，中国危机四起、人民苦难深重，陷入半殖民地半封建社会的黑暗深渊。
>
> 中共中央文献研究室．十八大以来重要文献选编：上．北京：中央文献出版社，2014：687－688.

（一）时代背景

1840年英国发动侵略中国的鸦片战争，中国逐步沦为半殖民地半封建社会，中华民族遭受了前所未有的劫难。近代中国社会的矛盾有中华民族与帝国主义的矛盾、农民阶级与地主阶级的矛盾、资产阶级与地主阶级的矛盾、无产阶级与资产阶级的矛盾等。其中，占支配地位的主要矛盾是帝国主义和中华民族的矛盾、封建主义和人民大众的矛盾，而帝国主义和中华民族的矛盾是最主要的矛盾。为了解决这些矛盾，挽救民族危亡，中国人民奋起反抗，仁人志士奔走呐喊，进行了可歌可泣的斗争，但是无一例外都以失败告终。1911 年爆发的辛亥革命是中国近代史上一次比较完全意义上的资产阶级民主革命，推翻了清王朝的统治，结束了统治中国两千多年的封建君主专制制度，建立了中华民国，但未能改变中国半殖民地半封建的社会性质和中国人民的悲惨命运。近代中国历史充分说明，中国迫切需要新的思想引领救亡运动，迫切需要新的组织凝聚革命力量，这为毛泽东思想的产生提供了历史条件。

1917 年俄国十月革命的胜利，开辟了世界无产阶级社会主义革命的新时代。十月革命是人类历史上第一次取得胜利的社会主义革命，它使工人、农民、士兵、劳动知识分子从赤贫中解放出来，建立了无产阶级政权。社会主义国家的建立对整个世界社会主义运动是一个开创性的贡献，尤其是在资本主义世界体系中撕开一个大口子，结束了资本主义制度一统天下的局面，开创了世界历史的新纪元。毛泽东在《矛盾论》中指出，“十月社会主义革命不只是开创了俄国历史的新纪元，而且开创了世界历史的新纪元”①。俄国十月革命不但在国际共产主义运动史上开辟了新时代，而且在人类历史上开辟了一个新时代。“有两种世界革命，第一种是属于资产阶级和资本主义范畴的世界革命。这种世界革命的时期早已过去了，还在一九一四年第一次帝国主义世界大战爆发之时，尤其是在一九一七年俄国十月革命之时，就告终结了。从此以后，开始了第二种世界革命，即无产阶级的社会主义的世界革命。这种革命，以资本主义国家的无产阶级为主力军，以殖民地半殖民地的被压迫民族为同盟军。”② 十月革命的胜利也建构了世界反帝国主义的革命战线。毛泽东指出：“以苏联为首的世界革命统一战线，战胜了法西斯主义的德意日。这是十月革命的结果。假如没有十月革命，假如没有苏联共产党，没有苏联，没有苏联领导的西方和东方的反对帝国主义的革命统一战线，还能设想战胜法西斯德意日及其走狗们吗？……每一个国家内部的一切革命力量必须团结起来，一切国家的革命力量必须团结起来，必须组成以苏联为首的反对帝国主义的统一战线，并遵循正确的政策，否则就不能胜利。”③

（二）理论基础

马克思列宁主义是毛泽东思想产生的理论基础。马克思列宁主义揭示了人类社会发展规律，是无产阶级认识世界、改造世界的科学理论。近代以来由农民、小资产阶级和资产阶级领导的革命运动之所以不能成功，其根本原因在于没有无产阶级及其政党的正确领导，没有马克思列宁主义的科学指导。毛泽东指出：“从一八四〇年的鸦片战争到一九一九年的五四运动的前夜，共计七十多年中，中国人没有什么思想武器可以抗御帝国主义。旧的顽固的封建主义的思想武器打了败仗了，抵不住，宣告破产了。不得已，中国人被迫从帝国主义的老家即西方资产阶级革命时代的武器库中学来了进化论、天赋人权论和资产阶级共和国等项思想武器和政治方案，组织过政党，举行过革命，以为可以

---

① 毛泽东选集：第 1 卷 . 2 版 . 北京：人民出版社，1991：303.

② 毛泽东选集：第 2 卷 . 2 版 . 北京：人民出版社，1991：671.

③ 毛泽东选集：第 4 卷 . 2 版 . 北京：人民出版社，1991：1357 - 1358.

外御列强，内建民国。但是这些东西也和封建主义的思想武器一样，软弱得很，又是抵不住，败下阵来，宣告破产了。”① 十月革命一声炮响，给中国送来了马克思列宁主义，五四运动进一步促进了马克思列宁主义在中国的广泛传播。马克思列宁主义给中国人民带来了认识世界、改造世界的新的思想武器，中华民族伟大复兴从此进入新的发展历程。

> 革命需要被动因素，需要物质基础。理论在一个国家实现的程度，总是取决于理论满足这个国家的需要的程度。
>
> 马克思，恩格斯．马克思恩格斯选集：第1卷．3版．北京：人民出版社，2012：11.

只有以马克思列宁主义武装起来的无产阶级及其政党，才能担负起领导中国人民实现民族和社会解放的历史使命。在中国人民和中华民族的伟大觉醒中，在马克思列宁主义同中国工人运动的紧密结合中，中国共产党应运而生。中国共产党的成立是开天辟地的大事变，从此中国革命的面貌焕然一新。在一个半殖民地半封建的东方大国进行革命，必然会遇到许多特殊的复杂问题，只靠照抄照搬马克思列宁主义基本原理和外国革命经验，不可能解决这些问题。20世纪20年代后期和30年代前期在党内盛行的把马克思主义教条化、把共产国际决议和苏联经验神圣化的错误倾向，一度使中国革命几乎陷于绝境。中国无产阶级及其政党只有真正掌握马克思列宁主义基本原理，并同中国具体实际相结合、同中华优秀传统文化相结合，才能为中国革命指明真正的出路，才能带领中国人民赢得革命胜利，实现国家富强、民族复兴、人民幸福。毛泽东思想就是以毛泽东为主要代表的中国共产党人把马克思列宁主义基本原理同中国具体实际相结合，并同党内外各种错误倾向作斗争的过程中逐渐形成和发展起来的。

（三）实践基础

中国共产党领导中国人民进行革命和建设的成功实践，是毛泽东思想产生和发展的实践基础。革命理论来源于革命实践，没有革命实践就不可能产生指导革命的理论。中国共产党成立后，为中国人民谋幸福，为中华民族谋复兴，经历了千辛万苦的奋斗历程，有成功的宝贵经验，也有失败的惨痛教训。毛泽东思想就是在总结这些经验教训的基础上形成的。

> 在民主革命时期，经过胜利、失败，再胜利、再失败，两次比较，我们才认识了中国这个客观世界。在抗日战争前夜和抗日战争时期，我写了一些论文，例如《中国革命战争的战略问题》、《论持久战》、《新民主主义论》、《〈共产党人〉发刊词》，替中央起草过一些关于政策、策略的文件，都是革命经验的总结。那些论文和文件，只有在那个时候才能产生，在以前不可能，因为没有经过大风大浪，没有两次胜利和两次失败的比较，还没有充分的经验，还不能充分认识中国革命的规律。
>
> 中共中央文献研究室．毛泽东文集：第8卷．北京：人民出版社，1999：299.

---

① 毛泽东选集：第4卷．2版．北京：人民出版社，1991：1513－1514.

建党之初和大革命时期，毛泽东等党的早期领导人在参加革命斗争、深入进行社会调查的实践中，科学分析了中国社会各阶级的经济地位及其对革命的态度，阐述了无产阶级领导农民斗争的极端重要性。大革命失败后，毛泽东在领导秋收起义、建立井冈山革命根据地、开展土地革命和游击战争的实践中，不断深化对中国革命特点和规律的认识，解决了在农村如何建设党领导的人民军队，如何建立和巩固红色政权等一系列问题，创立了农村包围城市、武装夺取政权的革命道路理论；在同"左"倾教条主义的斗争中，毛泽东提出了"没有调查，没有发言权"的著名论断。在土地革命战争后期和抗日战争时期，毛泽东系统地总结中国革命的经验教训，正确地把握中国革命的特点和规律，系统阐发了中国革命的性质、任务、对象、动力、前途等问题，创立了新民主主义革命理论，为夺取新民主主义革命胜利指明了正确方向。

新中国成立后，以毛泽东为主要代表的中国共产党人坚持社会主义工业化和社会主义改造同时并举的方针，完成对生产资料私有制的社会主义改造，建立起社会主义经济制度。同时，确立人民代表大会制度、中国共产党领导的多党合作和政治协商制度、民族区域自治制度等政治制度，为人民当家作主提供了制度保证。此后，党领导人民开展全面的大规模的社会主义建设，建立起独立的比较完整的工业体系和国民经济体系，农业生产条件显著改变，教育、科学、文化、卫生、体育事业有很大发展。在此过程中，毛泽东又提出关于社会主义建设的一系列重要思想，结合新的实际丰富和发展了毛泽东思想。毛泽东思想就是在党领导中国人民进行革命和建设的伟大实践中形成和发展起来的。

（四）文化渊源

中华优秀传统文化是毛泽东思想产生的文化渊源。以毛泽东为主要代表的中国共产党人在把马克思列宁主义基本原理同中国具体实际相结合的过程中，不仅对中华优秀传统文化创新和发展产生重大影响，也吸取了中华优秀传统文化的思想精华。

中华民族在五千多年的文明史上，创造和延续了灿烂辉煌的中华优秀传统文化。中华优秀传统文化是中华文明的智慧结晶和精华所在，是中华民族的根和魂。毛泽东十分重视对中华传统文化的借鉴和吸收，注重学习和研究中国历史和民族文化，从中获取有益的思想资料。毛泽东好读古书，经史子集、稗史笔记、诗词歌赋、志怪小说，涉猎面极广。他所读过的传统典籍有"四书五经"等经典古籍，有"二十四史"、《资治通鉴》《御批历代通鉴辑览》等史学著作，也有《红楼梦》《西游记》《三国演义》等古典小说，还包括从先秦诸子到明清许多著名思想家的著作。毛泽东明确指出："我们是马克思主义的历史主义者，我们不应当割断历史。从孔夫子到孙中山，我们应当给以总结，承继这一份珍贵的遗产。"① 比如，在精神品格方面，毛泽东继承了"苟利国家生死以，岂因祸福避趋之"的家国情怀，将其发展为无产阶级的爱国主义思想。在政治思想方面，批判地吸取了中国传统文化中的"民本"思想，创立了党的群众路线。他还在继承中国历史上"自强不息""人定胜天"等的基础上，吸取了中国历史上劳动人民与自然抗争、英勇

① 毛泽东选集：第2卷.2版.北京：人民出版社，1991：534.

抗击外来敌人入侵的斗争精神，提出了独立自主这一具有鲜明的中国文化特色的思想。在哲学思想方面，毛泽东对“实事求是”这一民族话语进行了新的诠释，并赋予其深刻的思想内涵，使之成为党的思想路线的核心。中国传统哲学思想对毛泽东的《实践论》《矛盾论》等著作，以及军事辩证法思想的形成，也都产生了重要的影响。在军事思想方面，毛泽东批判地总结了中国战争史上的经验以及中国古代兵法，为创立农村革命根据地、提出“工农武装割据”的红色政权理论提供了思想材料，也为后来创立游击战争的理论和战略战术原则奠定了重要基础。

> 中国的长期封建社会中，创造了灿烂的古代文化。清理古代文化的发展过程，剔除其封建性的糟粕，吸收其民主性的精华，是发展民族新文化提高民族自信心的必要条件；但是决不能无批判地兼收并蓄。
>
> 毛泽东选集：第2卷.2版.北京：人民出版社，1991：707-708.

二、毛泽东思想的形成

20世纪20年代后期和30年代前期，在国际共产主义运动中和我们党内盛行的把马克思主义教条化、把共产国际决议和苏联经验神圣化的错误倾向，曾使中国革命几乎陷于绝境。毛泽东思想是在同这种错误倾向作斗争并深刻总结这方面的历史经验的过程中逐渐形成和发展起来的。

（一）毛泽东思想形成的背景

1921年7月，中国共产党第一次全国代表大会召开。中国共产党一经成立，就把实现共产主义作为党的最高理想和最终目标，义无反顾地肩负起实现中华民族伟大复兴的历史使命。中国人民由此踏上了争取民族独立、自身解放的道路，开启了实现国家富强、人民富裕的历史征程。中国共产党的诞生，是近现代中国历史发展的必然，是中国人民在救亡图存斗争中顽强求索的必然产物，是中华民族发展史上开天辟地的大事变。

> 在中国人民和中华民族的伟大觉醒中，在马克思列宁主义同中国工人运动的紧密结合中，中国共产党应运而生。中国产生了共产党，这是开天辟地的大事变，深刻改变了近代以后中华民族发展的方向和进程，深刻改变了中国人民和中华民族的前途和命运，深刻改变了世界发展的趋势和格局。
>
> 习近平.在庆祝中国共产党成立100周年大会上的讲话.北京：人民出版社，2021：3.

与此同时，为重新瓜分第一次世界大战后远东、太平洋地区的殖民地和势力范围，美、英、日、法等帝国主义列强于1921年11月至1922年2月在华盛顿举行国际会议，史称“华盛顿会议”。中国的北洋政府也派代表参加了此次会议。经过了几个月的讨价还价后，各国签订了《四国条约》《五国海军条约》《九国公约》等条约。其中，与中国问题最直接相关的《九国公约》，肯定了美国提出的“各国在华机会均等”和“中国门户开放”等原则，以此来遏制日本独占中国的企图，实际上使中国恢复到被几个帝国主义国家共同支配的局面。在不同帝国主义势力的控制下，中国各派军阀抢夺“地盘”的斗争日益白热化，于20世纪20年代初期先后爆发了直皖、直奉等军阀战争，使民众生活更加困苦、政治局面更加混乱。

为了分析革命形势、制定革命纲领，中国共产党于1922年7月在上海召开了第二次全国代表大会。这次大会最重要的一个成果，就是明确了中国共产党的最低纲领和最高纲领。会议明确了中国共产党的最高纲领，就是要“组织无产阶级，用阶级斗争的手段，建立劳农专政的政治，铲除私有财产制度，渐次达到一个共产主义的社会”。同时提出了党在民主革命时期的奋斗目标，即“消除内乱，打倒军阀，建设国内和平”，“推翻国际帝国主义的压迫，达到中华民族完全独立”，“统一中国本部（东三省在内）为真正民主共和国”等①。在中国共产党的领导、组织、推动下，从1922年1月到1923年2月先后发动了香港海员罢工、安源路矿工人罢工、京汉铁路工人罢工等大小罢工100多次，参加人数在30万以上②，一度在全国掀起了工人运动的高潮。罢工运动充分显示出中国工人阶级的坚定革命性和坚强战斗力，扩大了中国共产党在全国的政治影响力。但由于北洋军阀的统治力量太过强大，在1923年吴佩孚残酷镇压、屠杀京汉铁路工人的“二七惨案”之后，全国范围的工人运动转入低潮。

1923年6月，中国共产党第三次全国代表大会通过了《关于国民运动及国民党问题的决议案》，决定中国共产党须与中国国民党合作，中国共产党党员应加入国民党。这大大推动了国民党的改组和国共合作统一战线的形成。1924年1月，国民党第一次全国代表大会在广州举行。大会通过的宣言对三民主义做出了新的解释，确定了联俄、联共、扶助农工三大革命政策，成为国共合作的政治基础，标志着国共合作的正式确立和全国各革命阶级统一战线的基本形成。为了加强对日益高涨的革命运动的领导，中国共产党于1925年1月召开了第四次全国代表大会，重点讨论了无产阶级在民主革命中的领导权问题，提出“中国的民族革命运动，必须最革命的无产阶级有力的参加，并且取得领导的地位，才能够得到胜利”③。关于工农联盟问题，大会指出中国革命需要“工人农民及城市中小资产阶级普遍的参加”，农民阶级是革命的“重要成分”，“天然是工人阶级之同盟者”④。这些都体现出中国共产党对中国革命问题认识的进一步深化，但对于如何实现无产阶级的领导权和武装斗争的重要性，此时还并不十分明了。在国共两党共同努力下，“打倒列强，除军阀”的国民革命思想迅速在全国传播，新的革命高潮也处于酝酿之中。1925年5月，以五卅运动为起点，掀起了全国范围的大革命高潮。

---

① 中共中央文献研究室，中央档案馆．建党以来重要文献选编（1921—1949）：第1册．北京：中央文献出版社，2011：133.

② 中国共产党的九十年：新民主主义革命时期．北京：中共党史出版社，2016：46.

③ 中共中央文献研究室，中央档案馆．建党以来重要文献选编（1921—1949）：第2册．北京：中央文献出版社，2011：219.

④ 中共中央文献研究室，中央档案馆．建党以来重要文献选编（1921—1949）：第2册．北京：中央文献出版社，2011：218.

1927 年，国民党内的蒋介石集团和汪精卫集团相继发动政变，大规模捕杀共产党员和革命群众，由国共两党合作发动的大革命也宣告失败。1927 年 8 月 7 日，为了总结党在大革命后期的严重错误，制定新的路线和政策，中共中央在汉口召开紧急会议，史称“八七会议”。毛泽东在会议发言中，从国共合作、农民问题、军事问题和党的组织四个方面批评陈独秀的右倾机会主义错误。他还对党不做军事运动专做民众运动提出批评意见，着重指出，秋收暴动非有军事不可，党要非常注意军事问题，“须知政权是由枪杆子中取得的”①。八七会议纠正了陈独秀的右倾机会主义错误，确定了土地革命和武装斗争的总方针。

从 1927 年 8 月到 1928 年夏，除了南昌起义、广州起义、秋收起义三次影响较大的武装起义外，中国共产党人还在江西、湖南、湖北、广东、广西、江苏、安徽、福建等十多个省份，组织发动了上百次不同规模的武装起义，但由于敌我力量悬殊，这些起义大多数失败了。事实证明，在当时的客观条件下，不可能像俄国十月革命那样通过首先占领中心城市来取得革命在全国的胜利，党迫切需要找到适合中国国情的革命道路。

秋收起义失败后，毛泽东率领部队来到湘赣边界敌人统治比较薄弱的井冈山地区，领导当地人民打土豪、分田地，开启了创建农村革命根据地的伟大进程。几个月间，宁冈、茶陵、遂川等县区都建立了中共县委和县工农兵政府，部分县区还组织了地方武装，井冈山革命根据地已经初具规模。从进攻大城市转为向农村进军，是中国革命具有决定意义的新起点。随着斗争的发展，党创建了中央革命根据地和湘鄂西、海陆丰、鄂豫皖、琼崖、闽浙赣、湘鄂赣、湘赣、广西左右江、川陕、陕甘、湘鄂川黔等根据地。党在国民党统治区也发展了党和其他革命组织，开展了群众革命斗争。

（二）毛泽东思想的萌芽

从 1921 年中国共产党成立到 1927 年大革命失败，是毛泽东思想的萌芽阶段。这一时期，李大钊、陈独秀、邓中夏、蔡和森、瞿秋白、周恩来等中国共产党的早期领导人，先后发表了一系列文章和演讲，从不同角度探讨了中国革命的基本理论问题。早在中国共产党成立以前，毛泽东就提出要改造中国和世界的主张，赞成组织共产党，走俄国式的革命道路。他还强调唯物史观是党的哲学根基，要不断深入工农民众进行调查研究，努力探索和寻求适合中国国情的革命道路。

国民革命时期，毛泽东深入实际调查研究，先后写出了《中国社会各阶级的分析》《湖南农民运动考察报告》等著作，集中了全党的正确主张，科学分析了中国革命的一系列基本问题，成为这一时期马克思列宁主义基本原理同中国革命实际相结合的代表性理论成果。在《中国社会各阶级的分析》中，毛泽东以马克思主义阶级分析方法，逐一分析了中国社会各阶级的经济地位和政治态度，指出中国革命应该以无产阶级为领导者，团结全国绝大多数人口的半无产阶级（主要是贫农）、小资产阶级（主要是中农），争取中产阶级（即民族资产阶级的左翼），打倒帝国主义、封建军阀、官僚地主和买办阶级的黑暗统治，建立无产阶级和各革命阶级联合统治的政权。

---

① 中共中央文献研究室．毛泽东年谱（1893—1949）：上卷．修订本．北京：中央文献出版社，2013：206.

为了纠正当时党内存在的认为农民运动是“过火”“幼稚”行为的错误倾向，毛泽东于1927年1月至2月在湖南省的湘潭、湘乡、衡山、醴陵、长沙等县区进行了实地调查，根据在当地的所见所闻，写下了著名的《湖南农民运动考察报告》，有力批驳了非难农民运动的种种谬论，明确指出农民问题是国民革命的中心问题，农民问题主要是贫农问题，而贫农问题则主要是土地问题。毛泽东在文中还深刻地指出：“革命不是请客吃饭，不是做文章，不是绘画绣花，不能那样雅致，那样从容不迫，文质彬彬，那样温良恭俭让。革命是暴动，是一个阶级推翻一个阶级的暴烈的行动。农村革命是农民阶级推翻封建地主阶级的权力的革命。”① 这些都充分说明，毛泽东已经认识到了中国革命的中心问题是农民问题，形成了新民主主义革命的基本思想。

处在幼年时期的中国共产党人，此时还不能独立自主地运用马克思主义的立场、观点和方法分析、研究和解决中国革命的实际问题，存在着照抄照搬外国经验的问题。对于共产国际的主张缺乏正确的分析，特别是对于共产国际在大革命后期的错误指导，中国共产党人也缺乏有效地抵制。正是由于党在幼年时期还没有很好地把马克思列宁主义基本原理同中国具体实际相结合，独立自主地解决中国革命问题，所以毛泽东思想尚处于萌芽阶段。

> 然而这时的党终究还是幼年的党，是在统一战线、武装斗争和党的建设三个基本问题上都没有经验的党，是对于中国的历史状况和社会状况、中国革命的特点、中国革命的规律都懂得不多的党，是对于马克思列宁主义的理论和中国革命的实践还没有完整的、统一的了解的党。因此，党的领导机关中占统治地位的成分，在这一阶段的末期，在这一阶段的紧要关头中，没有能够领导全党巩固革命的胜利，受了资产阶级的欺骗，而使革命遭到失败。
>
> 毛泽东选集：第2卷.2版.北京：人民出版社，1991：610.

（三）毛泽东思想的基本形成

从1927年大革命失败到1935年1月遵义会议召开这一时期，是毛泽东思想的形成阶段。秋收起义后，毛泽东在井冈山开辟革命根据地，在开展革命斗争中，坚持把马克思列宁主义基本原理同中国具体实际相结合，同党内盛行的把马克思主义教条化、把共产国际决议和苏联经验神圣化的错误倾向进行坚决斗争，开辟了农村包围城市、武装夺取政权的革命道路，形成了中国革命道路理论，标志着毛泽东思想的形成。

第一，农村包围城市、武装夺取政权革命道路理论的基本形成。针对党内“红旗到底打得多久”的疑问和共产国际认为农村斗争超过城市斗争会不利于中国革命的担心，毛泽东从1928年10月到1930年初先后写下了一系列理论文章，集中回答了红色政权能否存在和发展，怎样坚持和发展这一重大问题。在《中国的红色政权为什么能够存在?》中，毛泽东论证了在四周白色政权的包围中，小块红色政权区域能够长期存在和发展的

① 毛泽东选集：第1卷.2版.北京：人民出版社，1991：17.

原因和条件。在《井冈山的斗争》中，毛泽东系统阐述了“工农武装割据”的思想。在《星星之火，可以燎原》中，毛泽东进一步阐述了以农村为革命的重心，先占乡村、后取城市的思想，提出中国革命的发展规律是将党的工作重点从城市转入农村，在农村开展游击战争，深入进行土地革命，建立红色政权，把落后的农村变成先进的根据地，以农村包围城市，最后夺取中国革命的胜利。这标志着中国革命道路理论的基本形成。

> 在这样的敌人面前，革命的根据地问题也就发生了。因为强大的帝国主义及其在中国的反动同盟军，总是长期地占据着中国的中心城市，……那就必须把落后的农村造成先进的巩固的根据地，造成军事上、政治上、经济上、文化上的伟大的革命阵地，借以反对利用城市进攻农村区域的凶恶敌人，借以在长期战斗中逐步地争取革命的全部胜利。
>
> 毛泽东选集：第2卷.2版.北京：人民出版社，1991：635.

第二，土地革命路线的基本形成。解决农民的土地问题是中国革命的一项基本任务，也是农村革命根据地建设的中心内容。党的土地革命路线的形成经历了一个发展过程。1928年12月，毛泽东主持制定了井冈山《土地法》，规定没收一切土地归苏维埃政府所有；分配土地，主要以人口为标准，男女老幼平均分配；一般以乡为单位进行分配，遇到特别情形时得以几乡或以区为单位；分配后，主要归农民个别耕种①。井冈山《土地法》虽然存在一些缺陷，但这是中国共产党领导农民在几个县的范围内实行土地改革的第一次尝试，提高了贫苦农民革命和生产的积极性。1929年4月，毛泽东主持制定了兴国《土地法》，规定“没收一切公共土地及地主阶级土地归兴国工农兵代表会议政府所有，分给无田地及少田地的农民耕种使用”②。相对于井冈山《土地法》来说，这无疑是一个正确的原则性的改动。同年7月，在毛泽东指导下，闽西召开的第一次党的代表大会通过了《土地问题决议案》，规定在土地革命中要依靠贫雇农，团结中农，区别对待大小地主与富农，不打击富农，集中攻击目标于地主，保护大小商店；在土地分配上，以乡为单位，在原耕地基础上“抽多补少”，“按人口平均分配”。1930年6月，红四军前委和闽西特委在福建长汀县召开会议，通过了《富农问题》决议，规定在分配土地时，应在“抽多补少”之外加上“抽肥补瘦”的原则。1931年2月，毛泽东进一步总结根据地土地革命的经验，要求各地各级工农民主政府发布公告，明确规定农民已经分得的土地归农民个人私有，可以自主租借买卖，别人不得侵犯；生产的产品，除向政府缴纳土地税外，均归农民个人私有，任凭自由买卖。随着土地革命的深入开展，党的土地革命路线逐步形成，即依靠贫雇农，联合中农，限制富农，保护中小工商业者，消灭地主阶级，变封建半封建的土地所有制为农民的土地所有制。

---

① 中共中央文献研究室，中央档案馆.建党以来重要文献选编（1921—1949）：第5册.北京：中央文献出版社，2011：814-815.

② 中共中央文献研究室，中央档案馆.建党以来重要文献选编（1921—1949）：第6册.北京：中央文献出版社，2011：184.

第三，人民军队建设理论和红军作战原则的初步形成。由于长期处于分散的农村游击战争环境中，党领导的红军的主要成分是农民阶级和其他小资产阶级，各种非无产阶级思想不可避免地要反映到红军和党内来，因此，如何在农村环境中建设党和军队的问题就显得日益突出。1929 年 12 月，红四军党的第九次代表大会在福建上杭县古田村召开，史称“古田会议”。大会一致通过了毛泽东起草的古田会议决议，确立了思想建党、政治建军原则，规定红军是一个执行革命的政治任务的武装集团，必须绝对服从共产党的领导，必须担负打仗、筹款和做群众工作的任务，必须加强政治工作；强调必须加强思想和政治路线的教育，纠正党内的错误思想。古田会议决议创造性地解决了在农村环境中、在党组织和军队以农民为主要成分的环境下，如何从加强思想建设入手，保持党的无产阶级先锋队性质和建设党领导的新型人民军队的问题。

关于红军的作战原则，毛泽东认为在敌强我弱的情况下，要想实现以弱胜强就必须采用游击战术。1929 年 5 月，毛泽东在给中共中央的回信中正式提出“敌进我退，敌驻我扰，敌疲我打，敌退我追”的十六字诀。这些原则在后来的反“围剿”中得到了运用和发展。到 1931 年秋天，红军的作战原则基本形成，即以游击战和带游击性的运动战为主要作战形式，实行积极防御的方针，诱敌深入，慎重初战，着眼于消灭敌人有生力量，集中优势兵力，打速决战、歼灭战。这些人民军队建设和作战原则构成了党的军事路线的基本内容。

第四，实事求是的思想路线和工作方法的初步形成。1930 年 5 月，毛泽东撰写了《反对本本主义》一文，批判了不进行社会调查、照抄照搬马克思主义的“本本主义”，集中阐释了什么是调查工作，为什么要开展调查工作，以及怎样开展调查工作等问题。毛泽东指出：“马克思主义的‘本本’是要学习的，但是必须同我国的实际情况相结合。我们需要‘本本’，但是一定要纠正脱离实际情况的本本主义。”① 毛泽东还提出：“中国革命斗争的胜利要靠中国同志了解中国情况”②，强调“没有调查，没有发言权”③。正是在正确思想的指引下，党逐渐锤炼出一整套科学的工作方法：极端重视对实际事实的周密调查，坚持从当时当地的具体情况出发，充分考虑到客观事物方方面面的复杂因素和变动状况，集中群众智慧又经过审慎的深思熟虑，找出切实可行的解决问题的办法，用来指导工作，而不是根据想当然或不合实际的第二手材料，轻率地决定政策④。这也为毛泽东思想的三个基本点——实事求是、群众路线和独立自主的形成奠定了基础，基本形成了马克思主义的思想路线。

在大革命失败到土地革命战争兴起的历史转折关头，毛泽东在开辟和建设农村革命根据地的实践基础上，提出了农村包围城市、武装夺取政权的中国革命道路理论和反对教条主义等正确主张，反映了马克思列宁主义基本原理同中国具体实际相结合达到了新的高度，标志着毛泽东思想的初步形成。

---

① 毛泽东选集：第 1 卷 . 2 版 . 北京：人民出版社，1991：111 - 112.

② 毛泽东选集：第 1 卷 . 2 版 . 北京：人民出版社，1991：115.

③ 毛泽东选集：第 1 卷 . 2 版 . 北京：人民出版社，1991：109.

④ 中共中央文献研究室 . 毛泽东传：1893—1976. 北京：中央文献出版社，2010：226.

三、毛泽东思想的成熟

在土地革命战争后期和抗日战争时期，以毛泽东为主要代表的中国共产党人进一步把马克思列宁主义基本原理同中国具体实际相结合，充分认识和掌握了中国革命的发展规律，把中国革命实践中的一系列独创性经验做了理论概括，形成了适合中国国情的新民主主义革命理论、路线、方针和政策，毛泽东思想得到系统总结和多方面展开而达到成熟。

（一）毛泽东思想成熟的背景

毛泽东思想在土地革命战争后期到抗日战争时期达到成熟，与这一时期党面临的革命形势和发展条件是紧密相关的。

第一，经过中国革命两次胜利、两次失败的反复对比，党对中国革命客观规律有了更为充分的认识。什么是“两次胜利、两次失败”呢？毛泽东指出：“从党的建立到抗日时期，中间有北伐战争和十年土地革命战争。我们经过了两次胜利，两次失败。北伐战争胜利了，但是到一九二七年，革命遭到了失败。土地革命战争曾经取得了很大的胜利，红军发展到三十万人，后来又遭到挫折”[①]。毛泽东所讲的“后来又遭到挫折”，主要指的是王明“左”倾教条主义在党内的错误领导，导致中央革命根据地第五次反“围剿”失败，使得红军不得不进行战略转移。

1931年党的六届四中全会后，王明“左”倾教条主义错误路线逐渐在全党获得统治地位。这一路线的错误以不折不扣地全面执行“国际路线”为号召，打着“百分之百的布尔什维克”的旗号，把毛泽东关于农村包围城市、武装夺取政权的中国革命道路理论称为所谓“枪杆子主义”和所谓“农民意识的地方观念与保守观念”，不顾中国的具体情况，固执地推行“以城市为中心”的武装夺取政权模式，一味追求在大城市准备武装起义，幻想达到所谓“一省数省的首先胜利”。1933年1月，临时中央由上海陆续迁至中央苏区，将“左”倾错误进一步扩大到整个苏区，不切实际地号召全党采取进攻路线，提出了“革命的新高潮”“进攻中心城市”“反对一切帝国主义”“武装保卫苏联”等口号。面对国民党军队的第五次“围剿”，博古等中央领导人和共产国际军事顾问李德不顾敌强我弱的基本形势，采取了阵地战、分兵作战、“短促突击”、“御敌于国门之外”的军事冒险主义，造成红军接连失利，损失惨重，使党中央和中央红军被迫于1934年10月进行战略转移，开启了漫漫长征之路。“左”倾路线的错误给革命根据地和国民党统治区的革命力量造成极大损失。

从遵义会议开始，以毛泽东为主要代表的中国共产党人已经着手系统总结中国革命两次胜利、两次失败的经验教训。毛泽东相继写下了《论反对日本帝国主义的策略》《中国革命战争的战略问题》等著作，使党对于中国革命的客观规律有了更深的认识。正如

① 中共中央文献研究室．毛泽东文集：第8卷．北京：人民出版社，1999：299.

毛泽东后来所指出的："在民主革命时期，经过胜利、失败，再胜利、再失败，两次比较，我们才认识了中国这个客观世界。""在抗日时期，我们才制定了合乎情况的党的总路线和一整套具体政策。这时候，中国民主革命这个必然王国才被我们认识，我们才有了自由。"①

> 一九三五年一月，中央政治局在长征途中举行遵义会议，事实上确立了毛泽东同志在党中央和红军的领导地位，开始确立以毛泽东同志为主要代表的马克思主义正确路线在党中央的领导地位，开始形成以毛泽东同志为核心的党的第一代中央领导集体，开启了党独立自主解决中国革命实际问题新阶段，在最危急关头挽救了党、挽救了红军、挽救了中国革命，并且在这以后使党能够战胜张国焘的分裂主义，胜利完成长征，打开中国革命新局面。这在党的历史上是一个生死攸关的转折点。
>
> 中共中央关于党的百年奋斗重大成就和历史经验的决议．北京：人民出版社，2021：6.

第二，抗日战争的复杂环境与丰富实践，为毛泽东思想的成熟提供了现实条件。全面抗战爆发后，党实行正确的抗日民族统一战线政策，坚持全面抗战路线，提出和实施持久战的战略总方针和一整套人民战争的战略战术，开辟广大敌后抗日根据地，领导八路军、新四军、东北抗日联军和其他人民抗日武装英勇作战，成为全民族抗战的中流砥柱。相比之前的国民革命和土地革命战争，抗日战争的规模更为宏大、任务更为艰巨、环境更为复杂。首先，抗日战争是一个大而弱的半殖民地中国反抗一个小而强的帝国主义日本侵略的民族解放战争。怎样打败日本侵略者、完成民族解放的任务，这是新的斗争实践向中国共产党人提出的新课题。中国共产党为适应抗日战争的需要，及时完成了在军事战略上由土地革命战争后期带游击性的运动战向独立自主的抗日游击战的战略转变，领导中国人民以抗日游击战为基本形式，进行了持久的人民战争，从而为大而弱的被压迫民族战胜强大帝国主义国家的侵略在军事上提供了宝贵的经验。其次，抗日战争是在以国共两党再次合作为基础的抗日民族统一战线的旗帜下进行的。这个统一战线不仅包括广大工农、小资产阶级，也包括民族资产阶级以及赞成或不反对抗日的地主买办阶级，各种力量的发展很不平衡。这决定了统一战线内部矛盾的复杂性和斗争的曲折性，也决定了坚持统一战线的艰巨性，使党对统一战线特点和规律的认识更加深刻，关于统一战线的理论和政策也得以更加完备。最后，抗日战争对中国共产党自身的发展也起了巨大的推动作用。一方面，党的组织得到迅速发展，党担负了领导抗日的重任；另一方面，党的建设又面临许多新的情况和任务。党密切联系抗日战争的实践，认识和掌握党的建设的特点和规律，使党在作为中国工人阶级先锋队的同时，也成为中国人民和中华民族的先锋队，推动了党在思想上和理论上的成熟。

第三，全党进行了较为系统的马克思列宁主义教育，为毛泽东思想的成熟提供了思想条件。没有大量的真正精通马克思列宁主义理论的干部，要完成革命任务是不可能的。全面抗战时期，以延安为中心的陕甘宁边区社会环境相对稳定。中央在延安设立了第一

① 中共中央文献研究室．毛泽东文集：第8卷．北京：人民出版社，1999：299，300.

个编译马克思列宁主义经典著作的专门机构——马列学院翻译部，专门负责马列主义著作的编辑和翻译工作，大批马克思列宁主义经典著作的翻译出版；创办了许多文化教育机构，如中央党校、中国人民抗日军政大学、陕北公学、马列学院等学校，把马克思列宁主义作为重要教学内容，强调系统化学习马克思列宁主义，为中国革命培养出一批马克思列宁主义理论队伍，在全党形成了学习马克思列宁主义的浓厚氛围。同时，这一时期，毛泽东也得以有机会深入研读马克思主义理论特别是马克思主义哲学。据统计，毛泽东在刚到陕北和延安时批阅较多的哲学著作就有十几种，除马恩列斯的以外，还有苏联和中国学者的。现在保存下来的，有西洛可夫、爱森堡等合著的《辩证法唯物论教程》、米丁主编的《辩证唯物论与历史唯物论》（上册）、李达著的《社会学大纲》、艾思奇著的《思想方法论》等。此外，在革命圣地延安，还聚集了艾思奇、范文澜、张如心、何干之等一大批马克思主义理论工作者，对宣传和普及马克思列宁主义发挥了重要作用。

第四，毛泽东在全党的领导核心地位的确立，为毛泽东思想达到成熟提供了组织保证。遵义会议在批判、纠正王明“左”倾教条主义在军事指挥上错误的同时，以中央决议的形式肯定了毛泽东从中国革命战争特点出发提出的正确的战略战术原则，事实上确立了毛泽东在党中央和红军的领导地位，开始确立以毛泽东为主要代表的马克思主义正确路线在党中央的领导地位，开始形成以毛泽东为核心的党的第一代中央领导集体，这在毛泽东思想发展史上具有特别重要的意义，表明党已经在很大程度上开始摆脱当时党内盛行的把马克思主义教条化、把共产国际决议和苏联经验神圣化的错误倾向，确立了作为毛泽东思想根本点的实事求是原则。毛泽东在中央领导地位的确立，使毛泽东担负了更大的领导责任，更有条件立足全党观察问题、分析问题、解决问题，使毛泽东所代表的正确的创造性运用马克思主义的方向为越来越多的领导干部所了解和认识，对毛泽东思想达到成熟也起了重要推动作用。同时，遵义会议之后，共产国际“七大”决定改变共产国际的工作方式和领导方法，为毛泽东思想的成熟提供了有利的外部条件。

（二）毛泽东思想成熟的标志

毛泽东思想达到成熟主要是指，以毛泽东为主要代表的中国共产党人能够自觉运用马克思列宁主义基本原理同中国具体实际相结合的原则，深刻揭示中国革命的基本特点及其发展的客观规律，对中国革命的一系列基本问题作出了马克思主义的回答。毛泽东思想已经形成了既完全属于马克思主义又具有中国特色的比较系统完整的理论体系。

第一，新民主主义革命理论的系统阐释。随着中国革命的发展，党和毛泽东对于中国民主革命基本问题的认识也进一步深化。毛泽东在《五四运动》一文中，提出五四运动是“中国反帝反封建的资产阶级民主革命已经发展到了一个新阶段”① 的重要标志。他在《青年运动的方向》的演讲中，把正在进行着的中国革命进一步称为“我们中国反对帝国主义和封建主义的人民民主革命”②。在《〈共产党人〉发刊词》一文中，毛泽东把中国革命的基本经验概括为统一战线、武装斗争和党的建设三个问题，并称之为“中国共

① 毛泽东选集：第2卷．2版．北京：人民出版社，1991：558.

② 毛泽东选集：第2卷．2版．北京：人民出版社，1991：561.

产党在中国革命中战胜敌人的三个法宝”①。在 1939 年 12 月发表的《中国革命和中国共产党》中，毛泽东第一次明确提出了“新民主主义的革命”这一科学概念，在科学分析中国社会的性质、特点、主要矛盾的基础上，明确了中国革命的性质、革命对象、任务、动力、前途等重大问题。1940 年 1 月，毛泽东在《新民主主义论》中，深刻分析了中国革命的时代特点和发展规律，论述了新民主主义革命的政治、经济和文化纲领，系统地概括了新民主主义革命的理论。《论联合政府》等著作又进一步丰富和发展了新民主主义革命理论的科学内容。新民主主义革命理论的系统阐述，是毛泽东思想成熟的主要标志。

第二，革命军队建设和军事战略理论的持续发展。毛泽东在《中国革命战争的战略问题》《抗日游击战争的战略问题》《论持久战》《战争和战略问题》等著作中，系统总结了中国长期革命战争的经验，完整提出了建设人民军队和进行人民战争的思想，强调全心全意为人民服务是人民军队的唯一宗旨，人民军队的根本原则是党指挥枪而决不容许枪指挥党；强调要以人民军队为骨干，依靠广大人民群众，建立农村革命根据地，进行人民战争；要求把游击战争提到抗日战争的战略地位，并为人民军队制定了在敌强我弱形势下实行战略的持久战和战役战斗的速决战，把战略上的劣势变为战役、战斗上的优势，集中优势兵力、各个歼灭敌人等一系列人民战争的战略战术。毛泽东关于人民军队建设的思想和革命战争的战略战术的理论是对马克思主义军事理论的发展，极大地丰富了马克思主义军事理论的宝库。

第三，统一战线理论的系统阐释。为了适应建立、巩固和发展抗日民族统一战线的需要，毛泽东在这一时期先后发表的《论反对日本帝国主义的策略》《统一战线中的独立自主问题》《目前抗日统一战线中的策略问题》《论政策》《关于打退第二次反共高潮的总结》，科学阐述了党建立统一战线的历史必然性，以及统一战线在不同历史阶段的特点，系统提出了巩固和发展抗日民族统一战线的方针、政策和策略。毛泽东特别强调要正确处理统一战线中的统一性和独立性、民族矛盾和阶级矛盾的关系，在统一战线中要坚持独立自主的原则，反对民族投降主义和阶级投降主义，实行“利用矛盾、争取多数、反对少数、各个击破”的策略，以及同顽固派斗争时应坚持的“有理、有利、有节”原则。这些都是马克思列宁主义的战略策略思想在中国的运用和发展，也是无产阶级政党原则的坚定性和策略的灵活性相结合的范例。

第四，党的建设理论的丰富发展。为了提高全党的马克思列宁主义理论水平，用马克思主义与中国革命实际之统一的思想武装全党，毛泽东发表了《中国共产党在民族战争中的地位》《反对自由主义》《〈共产党人〉发刊词》《改造我们的学习》《整顿党的作风》《反对党八股》《论联合政府》等，提出把党的建设作为一个“伟大工程”，着重从思想上建党的原则，努力建设全国范围的、广大群众性的、思想上政治上组织上完全巩固的马克思主义政党，强调民主集中制的基本原则，确立了全心全意为人民服务的根本宗旨，明确了党的三大作风是中国共产党区别于其他任何政党的显著标志，还开创了以整风进行马克思主义思想教育的形式。毛泽东的党的建设思想，丰富和发展了马克思主义党建理论。

---

① 毛泽东选集：第 2 卷 . 2 版 . 北京：人民出版社，1991：606.

第五，毛泽东哲学思想的日益成熟。这一时期，毛泽东先后发表了《实践论》《矛盾论》等，系统阐述了马克思列宁主义基本原理同中国具体实际相结合的哲学基础，揭示了党内“左”的和右的错误的思想根源。在这些著作中，毛泽东强调了实践的观点是辩证唯物论的认识论之第一的与基本的观点，真理的标准只能是社会的实践；突出了矛盾的特殊性和内因的重要地位，认为矛盾的特殊性主要表现为不同的事物有不同的矛盾，以及同一事物在不同的发展阶段体现出不同的矛盾；还创造性地辨析了“主要矛盾”和“矛盾的主要方面”概念，提出主要矛盾规定或影响其他矛盾的存在与发展。《实践论》《矛盾论》作为马克思主义哲学中国化的经典著作，既吸收和凝练了马克思主义哲学的思想内核，又通过独具特色的民族思维予以创新发展，标志着毛泽东哲学思想的成熟。

此外，毛泽东关于根据地政权建设、文艺问题、工作方法和领导方法等问题，也提出了许多独创性的理论观点，包括民主集中制的组织形式、“三三制”的政权人员分配原则、“发展经济，保障供给”的经济工作总方针、文艺为工农兵服务的思想、一般号召与深入实施相结合的工作方法、正确确定工作中心和工作秩序的方法等。这些都是马克思列宁主义同中国具体实际相结合的生动体现，成为毛泽东思想走向成熟的重要标志。

（三）毛泽东思想指导地位的确立

随着毛泽东思想逐步走向成熟，全党认识也逐步达到统一，毛泽东思想最终在党的七大上被正式确立为党的指导思想。在这个过程中，延安整风运动起了关键性作用。

在毛泽东思想的形成时期，由于党内还盛行把马克思主义教条化、把共产国际决议和苏联经验神圣化的错误倾向，因而对毛泽东提出的农村包围城市、武装夺取政权的革命道路理论，以及贯穿这一理论中的马克思列宁主义基本原理同中国具体实际相结合的原则，都还没有得到正确认识和广泛接受。经过从大革命失败到土地革命战争兴起再到第五次反“围剿”失败的曲折发展，党和红军干部特别是高级干部对毛泽东思想有了新的认识。遵义会议结束了教条主义在党中央的统治，肯定了毛泽东军事思想的正确性，标志着全党对毛泽东思想的认识进入新的阶段。1938 年 10 月，毛泽东在党的六届六中全会上明确提出“马克思主义的中国化”这一科学命题，号召全党学习马克思主义，并按照中国的特点去应用它，使全党对毛泽东思想的认识大大提高了一步。

1942 年开始的整风运动，是一场马克思主义思想教育运动，也是一次党内思想大解放。整风运动的主要内容是：反对主观主义以整顿学风，反对宗派主义以整顿党风，反对党八股以整顿文风。其中，反对主观主义以整顿学风是整风运动最主要的任务。通过这次全党范围的整风运动，广大党员干部认真学习马克思主义著作和党的整风运动文献，联系党的历史、个人思想状况和工作实际，开展了深刻的批评与自我批评，增强了运用马克思主义的立场、观点、方法解决中国革命实际问题的自觉性和能力，从而使全党对毛泽东思想达到了认识的高度一致。邓小平在中共中央北方局党校第八期讲话中指出：“我党自从一九三五年一月遵义会议之后，在以毛泽东为首的党中央领导下，彻底克服了党内‘左’右倾机会主义，一扫主观主义、宗派主义和党八股的气氛，把党的事业完全放在中国化的马列主义，即毛泽东思想的指导下，直到现在已经九年的时间，不但没有犯过错误，而且一直是胜利地发展着。”[①]

> 扩大的六届七中全会欣幸地指出：我党经过了自己的各种成功和挫折，终于在毛泽东同志领导下，在思想上、政治上、组织上、军事上，第一次达到了现在这样高度的巩固和统一。这是快要胜利了的党，这是任何力量也不能战胜了的党。
>
> 中共中央文献研究室，中央档案馆．建党以来重要文献选编（1921—1949）：第 22 册．北京：中央文献出版社，2011：88.

1944 年 5 月到 1945 年 4 月召开的党的六届七中全会，原则上通过了《关于若干历史问题的决议》。它总结了建党以来特别是党的六届四中全会至遵义会议前这一段党的历史及其基本经验教训，阐述了“左”倾错误在政治、军事、组织、思想方面的表现和造成的严重危害，高度评价了毛泽东运用马克思列宁主义基本原理解决中国革命问题的杰出贡献，肯定了确立毛泽东在全党的领导地位的重大意义。该决议最后总结指出：“二十四年来中国革命的实践证明了，并且还在证明着，毛泽东同志所代表的我们党和全国广大人民的奋斗方向是完全正确的。……到了今天，全党已经空前一致地认识了毛泽东同志的路线的正确性，空前自觉地团结在毛泽东的旗帜下了。以毛泽东同志为代表的马克思列宁主义的思想更普遍地更深入地掌握干部、党员和人民群众的结果，必将给党和中国革命带来伟大的进步和不可战胜的力量。”[②] 这充分表明，全党对毛泽东思想的认识已经达到一致。

1945 年 4 月至 6 月，中国共产党第七次全国代表大会在延安举行。党的七大总结中国新民主主义革命 20 多年历史经验，将毛泽东思想正式确立为党的指导思想。党的七大之后，全党同志在毛泽东思想的指引下，团结一致，为夺取抗日战争的最后胜利和新民主主义革命在全国的胜利英勇奋斗。

> 毛泽东思想，就是马克思主义在目前时代的殖民地、半殖民地、半封建国家民族民主革命中的继续发展，就是马克思主义民族化的优秀典型。它是从中国民族与中国人民长期革命斗争中，在中国伟大的三次革命战争——北伐战争、土地革命战争和现在的抗日战争中，生长和发展起来的。它是中国的东西，又是完全马克思主义的东西。
>
> 刘少奇选集：上卷．北京：人民出版社，1981：333－334.

四、毛泽东思想的继续发展

在解放战争与社会主义革命和建设时期，以毛泽东为主要代表的中国共产党人根据

① 中共中央文献研究室．邓小平年谱（1904—1974）：上．北京：中央文献出版社，2009：495.

② 毛泽东选集：第 3 卷．2 版．北京：人民出版社，1991：998－999.

解放战争与社会主义革命和建设实践，提出一系列新思想新观点，使毛泽东思想得到继续发展。在改革开放和社会主义现代化建设新时期和中国特色社会主义新时代，党不断深化对毛泽东思想的认识，形成了中国特色社会主义理论体系，创立了习近平新时代中国特色社会主义思想，进一步创新和发展了毛泽东思想。

（一）解放战争时期毛泽东思想的发展

抗日战争胜利后，中国人民渴望建立一个独立、和平、民主、统一和富强的新中国。但是，国民党蒋介石集团坚持独裁、内战、卖国的方针，在美国的支持下，抢夺抗战胜利果实，准备发动反革命内战。国民党反动统治集团同中国人民之间的矛盾上升为社会主要矛盾。中国共产党代表广大人民的根本利益，制定了争取和平民主、反对内战独裁的方针，领导和团结全国人民，争取和平民主，反对内战独裁，经过重庆谈判和政治协商会议，取得了重大胜利。

1946 年 6 月，国民党蒋介石集团在美国的支持下，悍然发动全面内战。毛泽东为中国人民解放军制定了打败蒋介石的政治方针和军事原则，粉碎了国民党的全面进攻和重点进攻，并在 1947 年 6 月转入战略进攻。与此同时，党还领导了解放区的土地改革运动，为人民解放战争的胜利发展创造了条件。国民党统治区以学生运动为先导的人民民主运动日益高涨，形成反对国民党统治的第二条战线。在中国革命新高潮的形势下，1947 年党中央十二月会议提出“打倒蒋介石，建立新中国”的行动纲领，为夺取新民主主义革命在全国的胜利做了重要准备。1948 年，中共中央先后组织了辽沈、淮海、平津三大战役，取得了战略决战的重大胜利。党中央又发出“将革命进行到底”的号召，发起渡江战役，解放南京，宣告了蒋家王朝的覆灭。1949 年 3 月，中共中央在河北省平山县西柏坡村召开党的七届二中全会，为夺取新民主主义革命在全国的胜利和新民主主义向社会主义的转变，在理论上和政策上做了准备。

毛泽东思想在这一时期的继续发展，主要表现在以下几个方面：

第一，提出了政策和策略是党的生命的思想。解放战争转入战略进攻后，正确地执行党的政策和策略，成为夺取革命在全国胜利的关键。1948 年 2 月，毛泽东在起草的党内指示中指出：“政策是革命政党一切实际行动的出发点，并且表现于行动的过程和归宿。一个革命政党的任何行动都是实行政策。”① 在《关于情况的通报》中，毛泽东再次指出：“只有党的政策和策略全部走上正轨，中国革命才有胜利的可能。政策和策略是党的生命，各级领导同志务必充分注意，万万不可粗心大意。”② 他还强调，党必须根据革命斗争实际情况的需要，制定自己的政策，要注意把原则的坚定性和策略的灵活性结合起来；以革命的两手反对反革命两手，在战略上藐视敌人，在战术上重视敌人，以及敢于斗争、敢于胜利，善于斗争、善于胜利等战略战术思想。同年 4 月，毛泽东在《在晋绥干部会议上的讲话》中，提出了新民主主义革命总路线的完整表述，即无产阶级领导的，人民大众的，反对帝国主义、封建主义和官僚资本主义的革命。根据新民主主义革

---

① 毛泽东选集：第 4 卷．2 版．北京：人民出版社，1991：1286.

② 毛泽东选集：第 4 卷．2 版．北京：人民出版社，1991：1298.

命的总路线，党制定了各项具体工作的路线、方针和政策。

第二，提出“十大军事原则”。为适应人民解放战争发展的需要，毛泽东先后发表《集中优势兵力，各个歼灭敌人》《目前形势和我们的任务》等文章，系统总结了党领导的几次革命战争特别是解放战争以来的经验，提出了著名的“十大军事原则”：（1）先打分散和孤立之敌，后打集中和强大之敌；（2）先取小城市、中等城市和广大乡村，后取大城市；（3）以歼灭敌人有生力量为主要目标，不以保守或夺取城市和地方为主要目标；（4）每战集中绝对优势兵力，四面包围敌人，力求全歼，不使漏网；（5）不打无准备之仗，不打无把握之仗，每战都应力求有准备，力求在敌我条件对比下有胜利的把握；（6）发扬勇敢战斗、不怕牺牲、不怕疲劳和连续作战的作风；（7）力求在运动中歼灭敌人；（8）在攻城问题上，一切敌人守备薄弱的据点和城市，坚决夺取之；（9）以俘获敌人的全部武器和大部人员，补充自己；（10）善于利用两个战役之间的间隙，休息和整训部队①。“十大军事原则”对于人民解放军打败国民党反动派，对于解放战争的胜利发展，起到了重要的指导作用。

第三，提出由新民主主义革命向社会主义革命转变和建立人民民主专政的理论。1949 年 3 月，毛泽东在党的七届二中全会的报告中，系统分析了党在全国胜利后在政治、经济、外交方面应当采取的基本政策，指出了中国由农业国转变为工业国、由新民主主义社会转变为社会主义社会的发展方向。他强调，在全国胜利的局面下，党的工作重心必须由乡村转移到城市，党在城市工作的中心任务是恢复和发展生产。在政治方面，要巩固和加强人民民主专政的国家政权。在经济方面，要建立和发展社会主义性质的国营经济，使之成为整个国民经济的领导力量；对私人资本主义经济采取利用和限制的政策；对个体农业和手工业要谨慎、逐步而又积极地引导他们走合作化道路，同时必须逐步地实现社会主义工业化。在外交方面，按照平等原则同一切国家建立外交关系。在党的建设方面，号召全党要继续保持谦虚、谨慎、不骄、不躁的作风，继续保持艰苦奋斗的作风，警惕资产阶级思想的侵蚀和糖衣炮弹的进攻。1949 年 6 月，毛泽东发表了《论人民民主专政》一文，集中论述了建立工人阶级（经过共产党）领导的工农联盟为基础的人民民主专政的历史必然性。这是党领导新民主主义革命的主要经验，丰富了马克思列宁主义关于无产阶级专政的学说。

（二）新中国成立后毛泽东思想的丰富和发展

中华人民共和国的成立，标志着中国已经从半殖民地半封建社会进入新民主主义社会。面对新中国成立初期百废待兴、百业待举，各项工作纷繁复杂的局面，党制定了正确的方针政策，完成了民主革命遗留的历史任务；领导全国人民基本完成三大改造的任务，实现了从新民主主义向社会主义的转变；把马克思列宁主义基本原理与中国社会主义建设的实际相结合，探索适合中国实际的社会主义道路。毛泽东思想在社会主义革命和建设实践中不断丰富和发展。

---

① 毛泽东选集：第 4 卷 .2 版 . 北京：人民出版社，1991：1247－1248.

> 新中国成立后，以毛泽东同志为核心的党的第一代中央领导集体带领人民，在迅速医治战争创伤、恢复国民经济的基础上，不失时机提出了过渡时期总路线，创造性地完成了由新民主主义革命向社会主义革命的转变，使中国这个占世界四分之一人口的东方大国进入了社会主义社会，成功实现了中国历史上最深刻最伟大的社会变革。新民主主义革命的胜利，社会主义基本制度的确立，为当代中国一切发展进步奠定了根本政治前提和制度基础。
>
> 中共中央文献研究室．十八大以来重要文献选编：上．北京：中央文献出版社，2014：690-691.

第一，提出党在过渡时期的总路线，形成具有中国特色的社会主义改造理论。党的七届二中全会提出了由新民主主义向社会主义过渡的问题，到 1952 年底，国民经济恢复任务已基本完成，根据毛泽东的建议，党中央从中国的实际情况出发，提出了党在过渡时期总路线，作为过渡时期各项工作的指南。1953 年 6 月，毛泽东在中央政治局扩大会议上首次提出党在过渡时期总路线的基本内容，后来正式表述为："从中华人民共和国成立，到社会主义改造基本完成，这是一个过渡时期。党在这个过渡时期的总路线和总任务，是要在一个相当长的时期内，逐步实现国家的社会主义工业化，并逐步实现国家对农业、对手工业和对资本主义工商业的社会主义改造。"① 这条社会主义工业化和社会主义改造同时并举的总路线，实质是把生产资料私有制改造成社会主义公有制，使之成为我国社会主义的经济基础。

以过渡时期总路线为指导，毛泽东在《关于农业互助合作的两次谈话》、《关于农业合作化问题》、《中国农村的社会主义高潮》的按语以及《改造资本主义工商业的必经之路》等文献中，基本形成了对农业、手工业和资本主义工商业进行社会主义改造的原则和方法。特别是对资本主义工商业的社会主义改造，采取和平赎买政策。在和平赎买的过程中，党创造了一系列由低级到高级的国家资本主义形式，如委托加工、计划订货、统购包销、委托经销代销的初级形式，以及个别行业的公私合营和全行业的公私合营的高级形式，并把对企业的改造和对人的改造结合起来，把资本家改造成为自食其力的劳动者。这在社会主义发展史上是一个创举，发展了马克思主义关于和平赎买的理论。

第二，提出把马克思列宁主义基本原理同中国具体实际进行"第二次结合"。1956 年 2 月，苏联领导人赫鲁晓夫在苏共二十大上做了全盘否定斯大林的秘密报告，在整个社会主义阵营引发极大的政治震动和思想混乱。为避免苏联模式暴露出来的弊端，以毛泽东为主要代表的中国共产党人结合中国具体实际，总结新中国成立以来的经验教训，对中国社会主义建设道路做了更为深入的思考。1956 年 4 月，毛泽东召集刘少奇、周恩来、彭真、邓小平等，讨论修改《关于无产阶级专政的历史经验》。毛泽东在会上发言指出，最重要的是要独立思考，把马克思列宁主义的基本原理同中国革命和建设的具体实际相结合。新民主主义革命时期，我们吃了大亏之后才成功地实现了这种结合，取得了新民主主义革命的胜利。现在是社会主义革命和建设时期，我们要进行第二次结合，找

① 中共中央文献研究室．建国以来重要文献选编：第 4 册．北京：中央文献出版社，2011：602.

出在中国怎样建设社会主义的道路[①]。"第二次结合"的提出，为中国共产党以苏联社会主义建设的经验教训为借鉴，在新的历史条件下自主探索适合中国国情的发展道路，提供了基本原则和正确方向。

第三，阐明了关于社会主义建设的若干重大理论原则。

一是提出社会主义发展阶段的理论。1957 年 2 月，毛泽东在《关于正确处理人民内部矛盾的问题》中区分了社会主义的"建立"与"建成"两个不同发展阶段，认为"我国的社会主义制度还刚刚建立，还没有完全建成，还不完全巩固"[②]。1959 年底至 1960 年初，毛泽东在《读苏联〈政治经济学教科书〉的谈话》中又进一步提出："社会主义这个阶段，又可能分为两个阶段，第一个阶段是不发达的社会主义，第二个阶段是比较发达的社会主义。后一阶段可能比前一阶段需要更长的时间。"[③] 也就是说，中国在一个很长时期内都将处在"不发达的社会主义"阶段，为社会主义初级阶段理论奠定了思想基础。

二是提出社会主义社会矛盾学说，特别强调要严格区分和正确处理敌我矛盾和人民内部矛盾。毛泽东在《关于正确处理人民内部矛盾的问题》中指出，社会主义社会的基本矛盾仍然是生产关系和生产力之间、上层建筑和经济基础之间的矛盾，正是这些矛盾推动着社会主义社会的发展，而这些矛盾又可以经过社会主义制度本身不断地得到解决。在此基础上，毛泽东强调必须正确区分和处理敌我矛盾和人民内部矛盾两类性质根本不同的矛盾，并且把正确处理人民内部矛盾作为国家政治生活的主题。

三是提出正确处理我国社会主义建设的十大关系。毛泽东在《论十大关系》中，号召以苏为鉴，根据中国情况走自己的路，提出调动一切积极因素，建设社会主义的基本方针。《论十大关系》重点讨论经济问题，同时也包括同经济建设密切相关的国家政治生活中的一些重大问题。毛泽东把这些问题，概括成十大关系，即重工业和轻工业、农业的关系；沿海工业和内地工业的关系；经济建设和国防建设的关系；国家、生产单位和生产者个人的关系；中央和地方的关系；汉族和少数民族的关系；党和非党的关系；革命和反革命的关系；是非关系；中国和外国的关系。《论十大关系》的发表，标志着党和毛泽东对中国社会主义建设道路的探索开始形成一个初步的然而又是比较系统的思路。

四是提出发展商品生产，遵守价值规律的思想。毛泽东在纠正"大跃进"和人民公社化错误的过程中，针对取消商品、货币和否定价值规律作用等错误观点，提出了发展商品生产，利用价值规律的思想。

第四，明确了中国社会主义经济、政治、文化等方面建设的重要指导方针。

一是经济建设方面，毛泽东将"四个现代化"和"两步走"作为社会主义现代化建设的奋斗目标和战略步骤；提出要走一条适合我国国情的工业化道路，把"以农业为基础，以工业为主导"作为发展国民经济的总方针；提出社会主义经济建设要注意搞好综合平衡；对经济体制改革问题进行探索，提出发挥中央和地方两个积极性、推行"两参一改三结合"的鞍钢宪法、在社会主义经济占优势的条件下可以消灭了资本主义又搞资

---

① 中共中央文献研究室．毛泽东年谱（1949—1976）：第 2 卷．北京：中央文献出版社，2013：557.

② 中共中央文献研究室．毛泽东文集：第 7 卷．北京：人民出版社，1999：214.

③ 中共中央文献研究室．毛泽东文集：第 8 卷．北京：人民出版社，1999：116.

本主义等思想。

二是政治建设方面，毛泽东在政府机关与人民群众的关系上，提出要坚持民主集中制原则，努力克服政府机关的官僚主义；在共产党与各民主党派和无党派人士的关系上，提出“长期共存、互相监督”的基本方针；在国家政治生活的目标上，强调要“造成一个又有集中又有民主，又有纪律又有自由，又有统一意志、又有个人心情舒畅、生动活泼，那样一种政治局面”①。

三是文化建设方面，毛泽东强调在思想文化领域必须坚持马克思主义的指导地位，确立了“百花齐放、百家争鸣”的方针；提出思想政治工作是经济工作和其他一切工作的生命线；提出了“向科学进军”的口号，实行重点发展、迎头赶上的科技发展战略，努力赶超世界先进水平。

这一时期，党的其他领导人在探索社会主义建设道路的过程中，也为毛泽东思想的丰富和发展做出了贡献。刘少奇提出了生产资料可以作为商品进行流通和社会主义社会要有两种劳动制度、两种教育制度的观点；周恩来提出了我国知识分子绝大多数已经是劳动人民的知识分子，科学技术在我国现代化建设中具有关键性作用等观点；陈云提出了“三个主体，三个补充”等观点；邓小平提出了关于整顿工业企业、改善和加强企业管理、实行职工代表大会制等观点；朱德提出了要注意发展手工业和农业多种经营等观点。这些思想和观点是党的老一辈无产阶级革命家运用马克思列宁主义基本原理，探索我国社会主义建设道路的积极成果，也是毛泽东思想的重要组成部分。

> 在这个时期，毛泽东同志提出把马克思列宁主义基本原理同中国具体实际进行“第二次结合”，以毛泽东同志为主要代表的中国共产党人，结合新的实际丰富和发展毛泽东思想，提出关于社会主义建设的一系列重要思想，包括社会主义社会是一个很长的历史阶段，严格区分和正确处理敌我矛盾和人民内部矛盾，正确处理我国社会主义建设的十大关系，走出一条适合我国国情的工业化道路，尊重价值规律，在党与民主党派的关系上实行“长期共存、互相监督”的方针，在科学文化工作中实行“百花齐放、百家争鸣”的方针等。这些独创性理论成果至今仍有重要指导意义。
>
> 中共中央关于党的百年奋斗重大成就和历史经验的决议．北京：人民出版社，2021：12-13.

遗憾的是，党对社会主义建设道路探索的正确路线方针未能完全坚持下去，先后出现反右扩大化、“大跃进”运动、人民公社化运动等错误，甚至出现了“文化大革命”的严重错误，使党和国家遭到新中国成立以来最严重的挫折和损失，教训极其惨痛。

（三）改革开放以来毛泽东思想的新发展

毛泽东思想是我们党宝贵的精神财富，它将长期指导我们的行动。1978 年 12 月，党的十一届三中全会开启了改革开放和社会主义现代化建设新时期，实现了党的历史上

① 建国以来毛泽东文稿：第 6 册．北京：中央文献出版社，1992：543.

具有深远意义的伟大转折。党的十一届六中全会通过的《关于建国以来党的若干历史问题的决议》，阐明了毛泽东思想的科学内涵，阐释了毛泽东思想的科学体系，明确了毛泽东思想的历史地位，使毛泽东思想的本来面目得以恢复。在随后的40多年里，党紧密结合改革开放和社会主义现代化建设以及新时代伟大实践，不断推进理论创新，创立了邓小平理论，形成了“三个代表”重要思想、科学发展观，创立了习近平新时代中国特色社会主义思想，实现了毛泽东思想的新发展。

在改革开放和社会主义现代化建设新时期，以邓小平同志为主要代表的中国共产党人，深刻总结新中国成立以来正反两方面经验教训，围绕什么是社会主义、怎样建设社会主义这一根本问题，深刻揭示社会主义本质，确立社会主义初级阶段基本路线，明确提出走自己的路、建设中国特色社会主义，科学回答了建设中国特色社会主义的一系列基本问题，创立了邓小平理论。党的十三届四中全会以后，以江泽民同志为主要代表的中国共产党人，面对严峻复杂的国内外形势，提出了发展是党执政兴国的第一要务、建立社会主义市场经济体制、全面建设小康社会、建设社会主义政治文明、推进党的建设新的伟大工程等重大判断，加深了对什么是社会主义、怎样建设社会主义和建设什么样的党、怎样建设党的认识，形成了“三个代表”重要思想。党的十六大以后，以胡锦涛同志为主要代表的中国共产党人，在全面建设小康社会进程中，强调坚持以人为本、全面协调可持续发展，着力保障和改善民生，促进社会公平正义，推进党的执政能力建设和先进性建设，深刻认识和回答了新形势下实现什么样的发展、怎样发展等重大问题，形成了科学发展观。这一时期，党从新的实践和时代特征出发坚持和发展马克思主义，科学回答了建设中国特色社会主义的发展道路、发展阶段、根本任务、发展动力、发展战略、政治保证、祖国统一、外交和国际战略、领导力量和依靠力量等一系列基本问题，形成中国特色社会主义理论体系，实现了马克思主义中国化新的飞跃。

党的十八大以来，以习近平为主要代表的中国共产党人，就新时代坚持和发展什么样的中国特色社会主义、怎样坚持和发展中国特色社会主义，建设什么样的社会主义现代化强国、怎样建设社会主义现代化强国，建设什么样的长期执政的马克思主义政党、怎样建设长期执政的马克思主义政党等重大时代课题，提出一系列原创性的治国理政新理念新思想新战略，深刻总结并充分运用党成立以来的历史经验，从新的实际出发，创立了习近平新时代中国特色社会主义思想。党的二十大报告，把党的十九大、党的十九届六中全会提出的“十个明确”“十四个坚持”“十三个方面成就”概括为习近平新时代中国特色社会主义思想的主要内容。习近平新时代中国特色社会主义思想坚持把马克思主义基本原理同中国具体实际相结合、同中华优秀传统文化相结合，坚持毛泽东思想、邓小平理论、“三个代表”重要思想、科学发展观，深化了党对共产党执政规律、社会主义建设规律、人类社会发展规律的认识，是当代中国马克思主义、二十一世纪马克思主义，是中华文化和中国精神的时代精华，实现了马克思主义中国化新的飞跃。习近平新时代中国特色社会主义思想与毛泽东思想、中国特色社会主义理论体系一脉相承、与时俱进，实现了对毛泽东思想在新时代的新发展。

思考题

1. 毛泽东思想形成和发展的社会历史条件是什么？
2. 毛泽东思想达到成熟的主要标志是什么？
3. 如何理解毛泽东思想在新中国成立以后的继续发展？

参考书目

1. 关于若干历史问题的决议//中共中央文献研究室，中央档案馆．建党以来重要文献选编（1921—1949）：第22册．北京：中央文献出版社，2011.

2. 中国共产党中央委员会关于建国以来党的若干历史问题的决议//中共中央文献研究室．三中全会以来重要文献选编：下．北京：人民出版社，1982.

3. 中共中央关于党的百年奋斗重大成就和历史经验的决议．北京：人民出版社，2021.

第三章

新民主主义革命理论

新民主主义革命时期，以毛泽东为主要代表的中国共产党人，根据中国国情和中国革命的具体实际，创造性地运用和发展马克思列宁主义，解决了中国革命面临的一系列问题，系统回答了在一个经济文化落后的东方大国如何进行新民主主义革命的重大课题，带领全党全国各族人民成功开辟了中国革命的正确道路，形成了系统的新民主主义革命理论。新民主主义革命理论不仅涵盖了中国革命的领导、动力、对象、任务、性质和前途等具体问题，还包括党的建设、统一战线、人民战争理论等内容，是马克思列宁主义同中国革命具体实际相结合的伟大理论创造。

一、近代中国国情及主要特征

认清中国国情，是解决中国革命问题的基本前提。不了解近代中国国情及主要特征，便不可能提出符合中国实际的革命理论，也就无法正确领导中国革命。毛泽东指出："认清中国社会的性质，就是说，认清中国的国情，乃是认清一切革命问题的基本的根据。"①

（一）近代中国的国情

中华民族在五千多年的历史进程中，创造了光辉灿烂的中华文明。鸦片战争后，由于西方列强的入侵和封建统治阶级的腐败，中国由封建社会逐步沦为半殖民地半封建社会，这是近代中国最基本的国情。

> 什么是中国的国情呢？中国的国情就是半殖民地半封建社会。所以，问起中国国情是什么？回答就是"半殖民地半封建"这几个字。这是经过中外许多社会科学家，研究了几十年所得出的结论。半殖民地半封建，这是病症，就是说我们中国有两种病：一种是帝国主义的压迫，一种是封建势力的压迫。
>
> 毛泽东．坚持国共长期合作．党的文献，1995（4）．

一方面，帝国主义列强侵略中国，促使中国封建社会解体，促使中国产生了资本主

---

① 毛泽东选集：第2卷.2版.北京：人民出版社，1991：633.

义因素，把一个封建社会变成了一个半封建社会；另一方面，它们又残酷地统治了中国，把一个独立的中国变成了一个半殖民地的中国。近代中国半殖民地半封建的社会性质，决定了它存在着多种社会矛盾，包括帝国主义和中华民族的矛盾、封建主义和人民大众的矛盾、资产阶级和无产阶级的矛盾、统治阶级内部的矛盾等。在诸多社会矛盾中，占支配地位的主要矛盾是帝国主义和中华民族的矛盾、封建主义和人民大众的矛盾，帝国主义和中国封建势力结成的反动同盟是中国贫穷落后的总根源。帝国主义和中华民族的矛盾，又是各种矛盾中最主要的矛盾。这决定了近代中国革命的根本任务是对外推翻帝国主义压迫以实现民族独立和解放，对内推翻封建主义压迫以实现国家民主和富强。

（二）近代中国国情的主要特征

半殖民地半封建社会是中国社会经历的一个特殊社会形态，既不同于鸦片战争前的封建社会，也有别于一般的资本主义社会，具有如下几个方面的主要特征：

第一，帝国主义不仅侵犯了中国的主权，逐渐控制了中国的财政和经济命脉，并且操纵了中国的政治和军事的力量。在经济上，帝国主义列强勒索巨额战争赔款，控制了中国的海关、通商口岸和现代交通业；同时，它们将大量商品倾销到中国，把中国变成它们的工业品市场，又使中国的农业生产服从于帝国主义的需要；帝国主义列强还通过在中国办工厂、开商店、开矿山、修铁路、开银行、发钞票，操纵中国的经济命脉。在政治上，帝国主义通过不平等条约，割占了中国的大片领土，取得了在中国驻扎海军和陆军的权利，取得了领事裁判权，中国被划分为几个帝国主义国家的势力范围。在文化上，帝国主义列强利用传教、办医院、办学校、办报纸等，进行精神麻醉和文化侵略。这一切都表明中国的经济、政治、文化被严重地殖民化了，中国已是一个半殖民地国家。

第二，中国的封建势力与帝国主义相勾结，构成统治中国的社会和政治基础。辛亥革命后，皇帝和贵族的专制政权被推翻了，代之而起的先是地主阶级的军阀官僚的统治，继而是地主阶级和大资产阶级的联合专政，它们依然是近代中国最黑暗最反动的势力。帝国主义侵略中国的目的，是要将中国变成它们的殖民地。但是，中国人民不甘屈服的反抗斗争，以及帝国主义列强之间无法消弭的矛盾，使得帝国主义国家不能直接占有和统治中国，不能使中国完全变成它们的殖民地。帝国主义为了对中国实行有效的统治，就必须培植买办阶级，并使中国的封建地主阶级变为它们统治中国的工具。与此同时，中国的买办阶级和封建地主阶级为了自身的利益，甘愿成为帝国主义统治中国人的工具。

第三，民族资本主义有了某些发展，并在中国的社会生活中起了一定的作用，但是，它没有成为中国社会经济的主要形式。封建剥削制度的根基——地主阶级对于农民的剥削，不但依旧保持着，而且同买办资本和高利贷资本的剥削结合在一起，在中国的社会经济生活中占据优势。中国民族资本主义是在外国资本主义势力、本国封建势力和官僚买办资本势力的夹缝中艰难地产生和发展起来的，它既受到以上三种势力的打击和压抑，又与它们有着千丝万缕的联系。因此，近代中国总体说来还是一个经济文化极其落后的农业国，封建地主土地所有制依然构成广大农村生产关系的主要基础。这种以封建主义同帝国主义相结合为特征的经济基础和上层建筑，成为中国经济和政治发展的严重障碍。

第四，由于中国处在多个帝国主义国家的统治之下，帝国主义国家之间的矛盾造成了中国统治阶级内部的矛盾和争斗，中国处于长期的不统一状态。这种不统一状态，加上中国的幅员辽阔，造成了中国的经济、政治和文化发展的极端不平衡，以及地区之间的极端不平衡。这种不平衡又决定了近代中国革命发展的不平衡，制约着中国共产党领导的中国革命的发展，规定着中国革命的特殊性。

第五，由于帝国主义和封建主义的双重压迫，特别是由于日本帝国主义的大举进攻，中国的广大人民，尤其是农民，日益贫困化以致大批地破产，过着饥寒交迫和毫无政治权利的生活。中国人民的贫困和不自由的程度，是世界所少见的。压迫愈深，反抗愈烈，对于纷纷走向破产、失去基本生活保障的农民和手工业者来说，对于深受帝国主义、封建主义和官僚资本主义三重压迫的工人阶级来说，除了奋起抗争之外，没有别的出路。这是近代中国革命发生与发展的社会基础。

二、新民主主义革命的总路线

总路线是相对于具体路线而言的根本指导路线。1939 年 12 月，毛泽东在《中国革命和中国共产党》一文中，第一次提出了“新民主主义革命”的科学概念。1948 年 4 月，他在《在晋绥干部会议上的讲话》中完整、准确地概括了新民主主义革命总路线的内容，即无产阶级领导的，人民大众的，反对帝国主义、封建主义和官僚资本主义的革命。新民主主义革命总路线反映了中国革命的基本规律，指明了新民主主义革命的领导力量、革命的动力、革命的对象、革命的任务、革命的性质和前途。

（一）新民主主义革命的领导力量

> 使无产阶级跟随资产阶级呢，还是使资产阶级跟随无产阶级呢？这个中国革命领导责任的问题，乃是革命成败的关键。
>
> 毛泽东选集：第 1 卷 . 2 版 . 北京：人民出版社，1991：262.

无产阶级的领导权是中国革命的中心问题。区别新旧两种不同范畴的民主主义革命的根本标志是：革命的领导权是掌握在无产阶级手中还是掌握在资产阶级手中。以毛泽东为主要代表的中国共产党人根据马克思列宁主义基本原理，结合中国革命的具体实际，坚持和发展了马克思列宁主义关于无产阶级参加并领导资产阶级民主革命的理论。

由于帝国主义不允许中国民族资产阶级建立独立的资产阶级共和国，而是要把中国变成它们的殖民地和半殖民地；由于中国民族资产阶级的软弱性和妥协性，它们不愿意也不能够彻底推翻帝国主义和封建势力；由于中国无产阶级的先进性和革命的彻底性，领导中国革命的重任，历史地落到了中国无产阶级及其政党的肩上。在中国，“离开了工人阶级的领导，要完成反帝反封建的民主革命是不可能的”①。无产阶级及其政党的领导，是中国革命取得胜利的根本保证。新民主主义革命不能由任何别的阶级和任何别的政党充当领导者，只能是和必然是由无产阶级及其政党充当领导者。

中国无产阶级能够领导革命。这是因为，中国无产阶级除了具有一般无产阶级的基本优点，即与先进的生产方式相联系、没有私人占有的生产资料、富于组织纪律性以外，还具有自身的特点和优点。一是它从诞生之日起，就身受外国资本主义、本国封建势力和资产阶级的三重压迫，而这些压迫的严重性和残酷性，是世界各民族中少见的。因此，中国无产阶级在革命斗争中比任何别的阶级都坚决和彻底。二是它分布集中，有利于无产阶级队伍的组织和团结，有利于革命思想的传播和强大革命力量的形成。三是它的成员中的大部分出身于破产农民，和广大的农民有着天然的联系，这使得无产阶级便于和农民结成亲密的联盟，共同团结战斗。中国无产阶级的这些特点和优点，使其从走上革命舞台开始，就在本阶级的革命政党——中国共产党领导之下，成为中国社会里最有觉悟的阶级，从而使它能够成为中国革命的领导力量。无产阶级及其政党——中国共产党的领导，是中国革命取得胜利的根本保证。

无产阶级如何经过它的政党实现对各革命阶级的政治领导。第一，根据历史发展行程提出基本的政治口号，和为了实现这种口号而提出关于每一发展阶段和每一重大事变的动员口号。第二，按照这种具体目标在全国行动起来时，无产阶级，特别是它的先锋队——共产党，应该成为实现这些具体目标的模范，共产党员应该做到最有远见，最富于牺牲精神，最坚定，而又最能依靠群众的多数，得到群众的拥护。第三，在不失掉确定的政治目标的原则上，建立与同盟者的适当的关系，发展和巩固这个同盟。其中最重要的是建立巩固的工农联盟，无产阶级的领导权主要是对农民的领导。同时要正确处理同资产阶级的关系，坚持独立自主的原则和又联合又斗争的方针，这是坚持领导权的基本策略。第四，共产党队伍的发展，思想的统一性，纪律的严格性。建立一支无产阶级领导的以农民为主体的强大的革命武装，是保证领导权的坚强支柱；加强无产阶级政党的建设，是实现领导权的根本保证。1948 年 1 月，毛泽东在《关于目前党的政策中的几个重要问题》中又精辟地指出：“领导的阶级和政党，要实现自己对于被领导的阶级、阶层、政党和人民团体的领导，必须具备两个条件：（甲）率领被领导者（同盟者）向着共同敌人作坚决的斗争，并取得胜利；（乙）对被领导者给以物质福利，至少不损害其利益，同时对被领导者给以政治教育。没有这两个条件或两个条件缺一，就不能实现领导。”②

（二）新民主主义革命的动力

革命的动力问题也是新民主主义革命的一个基本问题。基于对中国社会各阶级的深刻分析，毛泽东指出，新民主主义革命的动力包括无产阶级、农民阶级、城市小资产阶级和民族资产阶级。

---

① 毛泽东选集：第 2 卷 . 2 版 . 北京：人民出版社，1991：559.

② 毛泽东选集：第 4 卷 . 2 版 . 北京：人民出版社，1991：1273.

无产阶级是中国革命最基本的动力。中国无产阶级是新的社会生产力的代表，是近代中国最进步的阶级，是中国革命的领导力量。近代中国因经济落后，现代工业无产阶级人数不多，主要为铁路、矿山、海运、纺织、造船五种产业的工人，而其中很大一个数量是在外资产业的奴役下①。由于中国无产阶级人数比较少，力量还比较弱小，因此，中国无产阶级虽然是一个最有觉悟性和最有组织性的阶级，但如果单凭自己一个阶级的力量，是不能取得胜利的。无产阶级要取得胜利就必须在各种不同的情形下团结一切可以团结的革命的阶级和阶层，组织革命的统一战线。在这个统一战线中，“农民是工人阶级的坚固的同盟军，城市小资产阶级也是可靠的同盟军，民族资产阶级则是在一定时期中和一定程度上的同盟军”②。

> 在中国社会的各个阶级和各个阶层中，有些什么阶级有些什么阶层可以充当反对帝国主义和封建主义的力量呢？这就是现阶段上中国革命的动力问题。认清这个革命的动力问题，才能正确地解决中国革命的基本策略问题。
>
> 毛泽东选集：第2卷.2版.北京：人民出版社，1991：638.

农民是中国革命的主力军。“农民在全国总人口中大约占百分之八十，是现时中国国民经济的主要力量。”③ 农民阶级内部又分为富农、中农和贫农。其中，富农约占农村人口百分之五左右，被称为农村中的资产阶级，“富农一般地在农民群众反对帝国主义的斗争中可能参加一分力量，在反对地主的土地革命斗争中也可能保持中立。因此，我们不应把富农看成和地主无分别的阶级，不应过早地采取消灭富农的政策”④。中农在中国农村人口中占百分之二十左右，一般不剥削人，在经济上能自给自足，受帝国主义、地主阶级和资产阶级的剥削。“中农不但能够参加反帝国主义革命和土地革命，并且能够接受社会主义。因此，全部中农都可以成为无产阶级的可靠的同盟者，是重要的革命动力的一部分。”⑤ 贫农连同雇农在内约占农村人口百分之七十。“贫农是没有土地或土地不足的广大的农民群众，是农村中的半无产阶级，是中国革命的最广大的动力，是无产阶级的天然的和最可靠的同盟者，是中国革命队伍的主力军”⑥。在这里，毛泽东所说的农民“主要地是指贫农和中农”⑦。贫农和中农都只有在无产阶级的领导下，才能得到解放，无产阶级也只有和贫农、中农结成坚固的联盟，才能领导革命达到胜利。

城市小资产阶级是无产阶级的可靠同盟者。城市小资产阶级，包括广大的知识分子、小商人、手工业者和自由职业者，同样受帝国主义、封建主义和官僚资本主义的压迫，日益走向破产和没落的境地。“因此，这些小资产阶级是革命的动力之一，是无产阶级的

---

① 毛泽东选集：第1卷.2版.北京：人民出版社，1991：7-8.
② 毛泽东选集：第2卷.2版.北京：人民出版社，1991：645.
③ 毛泽东选集：第2卷.2版.北京：人民出版社，1991：642.
④ 毛泽东选集：第2卷.2版.北京：人民出版社，1991：643.
⑤ 毛泽东选集：第2卷.2版.北京：人民出版社，1991：643.
⑥ 毛泽东选集：第2卷.2版.北京：人民出版社，1991：643.
⑦ 毛泽东选集：第2卷.2版.北京：人民出版社，1991：644.

可靠的同盟者。这些小资产阶级也只有在无产阶级领导之下，才能得到解放。”[①] 其中，知识分子和青年学生并不是一个阶级或阶层，但从其家庭出身、生活条件和政治立场来看，他们多数可以归入小资产阶级范畴。这部分人群中，除去一部分接近帝国主义和大资产阶级并为其服务的知识分子以外，一般是受到帝国主义、封建主义和大资产阶级的压迫，因此具有很大的革命性。他们在中国革命中常常起着先锋和桥梁的作用。“革命力量的组织和革命事业的建设，离开革命的知识分子的参加，是不能成功的。”[②] 但是，知识分子在未和革命的群众打成一片的时候，也常常具有主观主义和个人主义的倾向，往往产生妥协动摇，这些缺点需要在长期的群众斗争中才能加以克服。

民族资产阶级也是中国革命的动力之一。半殖民地半封建社会的民族资产阶级是一个带有两面性的阶级。一方面，民族资产阶级既受帝国主义的压迫，又受封建主义的束缚，它同帝国主义和封建主义有矛盾，是革命的力量之一。另一方面，由于它在经济上和政治上与帝国主义和封建主义有着千丝万缕的联系，没有彻底的反帝反封建的勇气，在革命的关键时刻表现出明显的动摇性和妥协性。民族资产阶级的这种两重性，决定了它在一定时期内和一定程度上能够参加反帝反封建的革命，而在另一时期，又有跟在官僚资产阶级后面反对革命的危险。因此，它既不可能充当革命的主要力量，更不可能是革命的领导力量。中国共产党对民族资产阶级在经济上实行保护的政策，在政治上争取它，对其动摇性和妥协性采取既斗争又联合的策略。

（三）新民主主义革命的对象

分清敌友，这是革命的首要问题。近代中国社会的性质和主要矛盾，决定了中国革命的主要敌人就是帝国主义、封建主义和官僚资本主义。

帝国主义是中国革命的首要对象。近代中国所遭受的最大的压迫是来自帝国主义的民族压迫。帝国主义发动的一系列侵略战争，给中华民族带来了无尽的战乱和灾难，使近代中国由独立的封建社会变成半殖民地半封建社会。帝国主义是中国社会进步和发展的最大障碍，是近代中国贫困落后和一切灾难祸害的总根源。推翻帝国主义的压迫是中国走向独立和富强的前提。

> 新民主主义革命所要消灭的对象，只是封建主义和垄断资本主义，只是地主阶级和官僚资产阶级（大资产阶级），而不是一般地消灭资本主义，不是消灭上层小资产阶级和中等资产阶级。
>
> 毛泽东选集：第4卷.2版.北京：人民出版社，1991：1254.

封建主义是中国革命的又一个主要对象。封建地主阶级是帝国主义统治中国和封建军阀实行专制统治的社会基础。地主阶级是用封建制度剥削和压迫农民的阶级，是在政治上、经济上、文化上阻碍中国社会前进而没有丝毫进步作用的阶级。正如毛泽东所指出的，地主阶级“残酷的剥削和压迫所造成的农民的极端的穷苦和落后，就是中国社会

---

① 毛泽东选集：第2卷.2版.北京：人民出版社，1991：641.

② 毛泽东选集：第2卷.2版.北京：人民出版社，1991：641.

几千年在经济上和社会生活上停滞不前的基本原因"①。反对封建主义，从根本上说，就是要在经济上消灭封建制度，在政治上消灭军阀的专制统治，消灭地主阶级。

官僚资本主义也是中国革命的对象。官僚资本主义是依靠帝国主义、勾结封建势力、利用国家政权力量而发展起来的买办的封建的国家垄断资本主义。官僚资本主义背靠帝国主义，通过国家垄断金融机构，滥发纸币和国债而疯狂侵吞社会财富，通过建立国家专卖制度控制大量商品和物资而大肆牟取暴利，通过超经济的特权垄断一些行业的经营权而压迫和兼并私人资本主义企业。官僚资本主义对广大劳动人民的残酷剥削和对民族工商业的巧取豪夺，严重束缚了中国社会生产力的发展，因此也是中国革命的对象。

从总体上说，中国革命的对象是帝国主义、封建主义和官僚资本主义，它们是压在中国人民头上的三座大山。但是，在不同历史阶段，随着社会主要矛盾的变化，革命的主要对象有所不同。在国共合作的大革命时期，革命的主要对象是帝国主义支持下的北洋军阀；在土地革命战争时期，革命的主要对象是国民党新军阀；在抗日战争时期，革命的主要对象是日本帝国主义；在解放战争时期，革命的主要对象是美帝国主义支持下的国民党反动派。中国共产党领导中国人民，经过长期艰苦卓绝的斗争，推翻了帝国主义、封建主义和官僚资本主义的统治，取得了新民主主义革命的伟大胜利。

（四）新民主主义革命的任务

中国革命的对象主要是帝国主义和封建地主阶级，规定了中国革命的任务"主要地就是打击这两个敌人，就是对外推翻帝国主义压迫的民族革命和对内推翻封建地主压迫的民主革命，而最主要的任务是推翻帝国主义的民族革命"②。

反对帝国主义，指的是"废除一切不平等条约，推翻帝国主义在中国的一切特权为其主要目的"③。在整个新民主主义革命时期，反对帝国主义的侵略和压迫的斗争是贯彻始终的。由于各个阶段的形势不同，主要的斗争对象是不断发生变化的；由于各个阶段帝国主义侵略和压迫中国的形式不同，中国人民反对帝国主义的形式也不完全一样。当帝国主义向中国举行侵略战争的时候，中国人民是"举行民族战争去反对帝国主义"④。抗日战争时期，就属于这种情况。"当着帝国主义不是用战争压迫而是用政治、经济、文化等比较温和的形式进行压迫的时候，半殖民地国家的统治阶级就会向帝国主义投降，二者结成同盟，共同压迫人民大众。这种时候，人民大众往往采取国内战争的形式，去反对帝国主义和封建阶级的同盟，而帝国主义则往往采取间接的方式去援助半殖民地国家的反动派压迫人民，而不采取直接行动，显出了内部矛盾的特别尖锐性。"⑤ 大革命时期、土地革命战争时期和解放战争时期就属于这种情况。这些时期中国人民进行的直接反对北洋军阀和国民党反动派的斗争，间接地也就是反对帝国主义的斗争。

反对封建主义，从根本上说，就是要在经济上消灭封建的剥削制度，主要是封建的

---

① 毛泽东选集：第2卷.2版.北京：人民出版社，1991：624.

② 毛泽东选集：第2卷.2版.北京：人民出版社，1991：637.

③ 中央档案馆.中共中央文件选集（1921—1925）：第1册.北京：中共中央党校出版社，1989：421.

④ 毛泽东选集：第1卷.2版.北京：人民出版社，1991：321.

⑤ 毛泽东选集：第1卷.2版.北京：人民出版社，1991：321.

土地所有制，在政治上消灭封建的军阀官僚的专制统治，就是要把地主阶级作为一个阶级加以消灭。在整个新民主主义革命时期，反对封建主义的斗争，如同反对帝国主义的斗争一样，也是贯彻始终的。但是由于政治形势不断发生变化，各个阶段反对封建主义斗争的具体内容和形式也是有所不同的。大革命失败以后，党领导了以土地革命为旗帜的革命战争，在革命根据地内开展了“打土豪，分田地”的伟大的群众运动。这个时期的反封建斗争，无论就其广度和深度来说，在中国历史上都是空前的。在反对日本侵略的时候，为了集中力量反对当前的主要敌人，中国共产党暂时改变了没收地主土地的政策而改为实行减租减息的政策，以利于争取地主阶级抗日。鉴于社会主要矛盾的变化，在解放战争时期，党重新调整了土地改革的政策，在一亿多人口的解放区完成了反封建的土地改革的任务。这个时期的反封建斗争是很彻底的，但在具体实施时，党又要求“对大、中、小地主，对地主富农中的恶霸和非恶霸，在平分土地的原则下，也应有所区别”①。这样做的目的是减少土地改革的阻力，有利于彻底消灭封建势力。

中国革命反帝反封建的两大任务是互相关联不可分离的。由于帝国主义是封建地主阶级的靠山，所以不推翻帝国主义的统治，就不能消灭封建地主阶级的统治；又由于地主阶级是帝国主义统治中国的主要社会基础，而农民则是中国革命的主力军，所以不推翻封建地主阶级，就不能彻底铲除封建制度的根基，以及组织起强大的革命队伍，就不能推翻帝国主义在中国的统治。所以，“民族革命和民主革命这样两个基本任务，是互相区别，又是互相统一的”②，构成了中国革命全部的历史使命。

（五）新民主主义革命的性质

近代中国半殖民地半封建社会的性质和中国革命的历史任务，决定了中国革命的性质不是无产阶级社会主义革命，而是资产阶级民主主义革命。

毛泽东指出，中国还是一个封建经济占明显优势的半殖民地半封建社会，现阶段的革命是为了终结这个半殖民地半封建社会形态；中国革命的对象主要是帝国主义和封建主义势力，革命的任务就是推翻这两个主要敌人；这个革命还有资产阶级参加，它还曾经领导过这个革命；这个革命的经济政策不是一般地废除私有财产，而是一般地保护私有财产，具体地说，就是要把封建地主土地私有制变为农民土地所有制，为民族资本主义的发展扫清道路并保护之。既然如此，现阶段中国革命的性质，就不是无产阶级社会主义革命，而是资产阶级民主主义革命。但是，中国革命已不是旧式的、一般的资产阶级民主主义的革命，而是新式的、特殊的资产阶级民主主义的革命，即新民主主义革命。

新民主主义革命与旧民主主义革命相比有新的内容和特点：其一，新民主主义革命处于世界无产阶级社会主义革命的时代，从革命的阵线上来说，属于世界无产阶级社会主义革命的一部分。其二，新民主主义革命的领导力量是中国无产阶级及其先锋队——中国共产党，中国共产党在中国历史上第一次明确提出了“打倒帝国主义的口号和整个

① 毛泽东选集：第4卷．2版．北京：人民出版社，1991：1271.

② 毛泽东选集：第2卷．2版．北京：人民出版社，1991：637.

中国资产阶级民主革命的彻底的纲领”[①]。其三，新民主主义革命的指导思想是马克思主义。马克思主义是无产阶级的宇宙观和方法论，以马克思主义作为理论指导是新民主主义革命的重要特点。其四，新民主主义革命的目的不再是建立资本主义的社会和资产阶级专政的国家，而是建立新民主主义的社会和各革命阶级联合专政的国家。其五，新民主主义革命的前途是要发展到社会主义方向去的，为社会主义的发展扫清更广阔的道路。

新民主主义革命也不同于社会主义革命。新民主主义革命仍然属于资产阶级民主主义革命的范畴。它推翻帝国主义、封建主义和官僚资本主义的反动统治，在政治上争取和联合民族资产阶级去反对共同的敌人，在经济上保护民族工商业，容许有利于国计民生的私人资本主义发展。它要建立的是无产阶级领导的各革命阶级的联合专政，而不是无产阶级专政。社会主义革命是无产阶级性质的革命，它所要实现的目标是消灭资本主义剥削制度和改造小生产的私有制。新民主主义革命任务不完成，就不能进行社会主义革命，正如毛泽东所指出的：“如果说，民主革命没有自己的一定任务，没有自己的一定时间，而可以把只能在另一个时间去完成的另一任务，例如社会主义的任务，合并在民主主义任务上面去完成，这个叫做‘毕其功于一役’，那就是空想，而为真正的革命者所不取的。”“这种观点，混淆革命的步骤，降低对于当前任务的努力，也是很有害的。”[②]

（六）新民主主义革命的前途

新民主主义革命的前途是社会主义。一般地说，资产阶级民主革命的前途是建立资产阶级专政的资本主义制度。但列宁多次强调过，无产阶级应当参加资产阶级民主革命，并在革命胜利后，争取非资本主义前途，即不经过资本主义阶段而达到社会主义。

> 若问一个共产主义者为什么要首先为了实现资产阶级民主主义的社会制度而斗争，然后再去实现社会主义的社会制度，那答复是：走历史必由之路。
>
> 毛泽东选集：第2卷.2版.北京：人民出版社，1991：559.

中国新民主主义革命的前途是社会主义，这是历史的必由之路。其一，中国共产党的斗争任务和奋斗目标决定了中国民主革命的前途只能是社会主义。中国共产党从成立之日起，就把实现社会主义进而实现共产主义的伟大目标写在了自己的旗帜上，领导中国人民为之进行了艰苦卓绝的斗争。中国共产党领导的革命，是包括新民主主义革命和社会主义革命在内的全部革命过程。其二，要在中国建立资产阶级专政的资本主义社会，依国际国内环境来说，都是行不通的。国际上，帝国主义不容许，社会主义国家及世界无产阶级也不容许；在国内，大地主大资产阶级不容许，无产阶级和人民大众也不容许。这样，由中国共产党和无产阶级领导的、社会主义国家和国际无产阶级援助的中国革命，“要在中国反帝反封建胜利之后，再建立资产阶级专政的资本主义社会，岂非是完全的梦呓？”[③]

新民主主义革命胜利后，中国不会走上资本主义道路，但也不是立即建立社会主义，

---

① 毛泽东选集：第2卷.2版.北京：人民出版社，1991：673.

② 毛泽东选集：第2卷.2版.北京：人民出版社，1991：685.

③ 毛泽东选集：第2卷.2版.北京：人民出版社，1991：680.

而是经过新民主主义逐渐过渡到社会主义。新民主主义革命的前途问题涉及怎样处理民主主义革命和社会主义革命两者之间的关系。毛泽东根据中国半殖民地半封建社会的性质，指出中国革命必须分两步走。第一步是进行新民主主义革命，改变中国半殖民地半封建的社会形态，使中国成为一个独立的新民主主义国家；第二步是使革命向前发展，进行社会主义革命，建立一个社会主义的社会。中国革命分为两步走是由中国社会的性质，中国革命的动力、任务、对象和性质所决定的。这两步革命互相联系、紧密衔接，中间不容横插一个资产阶级专政。毛泽东把新民主主义革命和社会主义革命形象地比喻为文章的上篇和下篇，认为“两篇文章，上篇与下篇，只有上篇做好，下篇才能做好。坚决地领导民主革命，是争取社会主义胜利的条件”①。“民主主义革命是社会主义革命的必要准备，社会主义革命是民主主义革命的必然趋势。”② 只有认清新民主主义革命和社会主义革命的区别，又认清两者的联系，才能正确地领导中国革命。

三、新民主主义的基本纲领

一个政党的纲领，是公开树立起来的一面旗帜，是表明党的性质的重要标志。1940年1月，毛泽东在《新民主主义论》中阐述了新民主主义的政治、经济和文化特征。1945年4月，他在党的七大所做的政治报告《论联合政府》中，系统阐述了新民主主义革命的政治、经济和文化纲领。新民主主义基本纲领是新民主主义革命总路线的进一步展开和体现，为新民主主义革命指明了具体奋斗目标。

（一）新民主主义的政治纲领

> 我们现在要的民主政治，是什么民主政治呢？是新民主主义的政治，是新民主主义的宪政。它不是旧的、过了时的、欧美式的、资产阶级专政的所谓民主政治；同时，也还不是苏联式的、无产阶级专政的民主政治。
>
> 毛泽东选集：第2卷.2版.北京：人民出版社，1991：732.

新民主主义的政治纲领，是中国共产党在新民主主义革命时期关于政治问题的基本主张和斗争目标。新民主主义的政治纲领是：推翻帝国主义和封建主义的统治，建立一个无产阶级领导的、以工农联盟为基础的、各革命阶级联合专政的新民主主义的共和国。新民主主义共和国既不同于欧美式的资产阶级专政的共和国，又和苏联式的无产阶级专政的社会主义共和国相区别。

新民主主义国家的国体是无产阶级领导的以工农联盟为基础的，包括小资产阶级、民族资产阶级和其他反帝反封建的人们在内的各革命阶级的联合专政。毛泽东指出：“全世界多种多样的国家体制中，按其政权的阶级性质来划分，基本地不外乎这三种：（甲）

① 毛泽东选集：第1卷.2版.北京：人民出版社，1991：276.

② 毛泽东选集：第2卷.2版.北京：人民出版社，1991：651.

资产阶级专政的共和国；（乙）无产阶级专政的共和国；（丙）几个革命阶级联合专政的共和国。”① 资产阶级共和国的道路已被实践证明在中国行不通，而中国社会的性质决定了中国革命的历史进程必须分两步走，第一步是建立新民主主义共和国，无产阶级专政的共和国是将来才能实现的目标。

国体需要相应的政体来体现，政体应与国体相适应。毛泽东指出："至于还有所谓'政体'问题，那是指的政权构成的形式问题，指的一定的社会阶级取何种形式去组织那反对敌人保护自己的政权机关。"② 与新民主主义国体相适应的政体，就是实行民主集中制的人民代表大会制度。新民主主义国家的国体决定了人民当家作主，由人民行使管理国家的一切权力，这是新民主主义国家制度的核心内容和基本准则，而人民代表大会制度能够最直接、最全面地体现这一核心内容和准则。总之，国体——各革命阶级的联合专政，政体——民主集中制的人民代表大会制度，这就是新民主主义的政治，这就是新民主主义的共和国。

在《论联合政府》中，毛泽东又把政治纲领分为一般纲领和具体纲领，并结合抗战胜利前后的实际对一般纲领做了深入的阐述：在打败日本侵略者之后，将要建立一个以全国绝大多数人民为基础而在工人阶级领导之下的统一战线的民主联盟的国家制度，即新民主主义的国家制度。在这个国家中，"我们主张的新民主主义的政治，就是推翻外来的民族压迫，废止国内的封建主义的和法西斯主义的压迫，并且主张在推翻和废止这些之后不是建立一个旧民主主义的政治制度，而是建立一个联合一切民主阶级的统一战线的政治制度"③。"新民主主义的政权组织，应该采取民主集中制，由各级人民代表大会决定大政方针，选举政府。它是民主的，又是集中的，就是说，在民主基础上的集中，在集中指导下的民主。只有这个制度，才既能表现广泛的民主，使各级人民代表大会有高度的权力；又能集中处理国事，使各级政府能集中地处理被各级人民代表大会所委托的一切事务，并保障人民的一切必要的民主活动"④。

同时，毛泽东还分析了党在各个时期中的具体纲领。他指出，在整个资产阶级民主革命阶段中，我们的新民主主义的一般纲领是不变的。但在这个大阶段的各个小阶段中，随着情况的变化，具体纲领不能不有所变化。比如，在全面抗战初期的1937年，党提出了打倒日本帝国主义；全国军事的总动员；全国人民的总动员；改革政治机构；实行抗日的外交政策；实行战时的财政经济政策；改良人民生活；实行抗日的教育政策；肃清汉奸卖国贼亲日派，巩固后方；建立以抗日的民族团结为内容的抗日救国十大纲领。1945年党的七大，又根据情况的变化，提出了彻底打败日本侵略者，废止国民党一党专政，建立民主的联合政府、使人民获得充分的自由权利等新的要求。这些具体纲领都是对一般纲领的丰富和具体化。

---

① 毛泽东选集：第2卷．2版．北京：人民出版社，1991：675.
② 毛泽东选集：第2卷．2版．北京：人民出版社，1991：677.
③ 毛泽东选集：第3卷．2版．北京：人民出版社，1991：1056.
④ 毛泽东选集：第3卷．2版．北京：人民出版社，1991：1057.

（二）新民主主义的经济纲领

新民主主义的经济纲领，是中国共产党在新民主主义革命时期关于经济问题的基本主张和斗争目标。1947 年 12 月，毛泽东在《目前形势和我们的任务》的报告中，明确提出了新民主主义革命的三大经济纲领，即没收封建阶级的土地归农民所有，没收官僚资产阶级的垄断资本归新民主主义的国家所有，保护民族工商业。

没收封建地主阶级的土地归农民所有，是新民主主义革命的主要内容。近代中国社会的主要矛盾之一，就是封建主义和人民大众的矛盾。因而新民主主义革命的主要任务就是要消灭国内封建地主阶级对农民的压迫和剥削，必然要求在经济上消灭封建土地所有制，没收地主的土地分配给无地或少地的农民，把土地变为农民的私产，实现"耕者有其田"，以解放农村生产力，发展农业生产，并为国家工业化和农业现代化开辟道路。党在新民主主义革命时期土地革命的实践中，逐步探索形成了一条土地革命路线，即依靠贫农、团结中农，有步骤、有分别地消灭地主阶级和旧式富农的封建的和半封建的剥削制度。

没收帝国主义和官僚资本的大银行、大工业、大商业归新民主主义国家所有，是新民主主义革命的题中应有之义。在近代中国，依附和服务于帝国主义的官僚资本主义，与封建专制的反动国家政权结合在一起，构成大地主大资产阶级专政的经济基础。官僚资本主义是近代中国社会中最腐朽最反动的生产关系，严重阻碍中国社会生产力的发展。没收官僚资本包含着双重革命性质：一方面，没收官僚资本是反对帝国主义对中国的经济剥削，因而具有新民主主义革命的性质；另一方面，没收官僚资本也是反对大资产阶级，因而又具有社会主义革命的性质。通过没收官僚资本建立起来的具有社会主义性质的国营经济，在新民主主义社会的多种经济成分中居于领导地位，从而为实现社会主义改造，向社会主义转变奠定了坚实的基础。

> 拿资本主义的某种发展去代替外国帝国主义和本国封建主义的压迫，不但是一个进步，而且是一个不可避免的过程。它不但有利于资产阶级，同时也有利于无产阶级，或者说更有利于无产阶级。现在的中国是多了一个外国的帝国主义和一个本国的封建主义，而不是多了一个本国的资本主义，相反地，我们的资本主义是太少了。
>
> 毛泽东选集：第 3 卷 . 2 版 . 北京：人民出版社，1991：1060.

保护民族工商业是新民主主义经济纲领中具有鲜明特色的一项重要内容。新民主主义革命要求推翻帝国主义、封建主义和官僚资本主义的反动统治，但并不是一般地消灭资本主义、上层小资产阶级和民族资产阶级。因而这就要严格区分近代中国资产阶级的两个部分，即官僚买办资产阶级和民族资产阶级。同官僚买办资产阶级相比，民族资产阶级与帝国主义联系较少。民族资本主义经济是一种与新生产力相联系的先进的生产方式和经济成分，对于发展现代技术、发展社会生产力具有积极作用。因此，新民主主义制度就要保障民族资本主义经济在不能"操纵国民生计"的范围内获得发展的便利，使其有益于社会向前发展。

总之，新民主主义革命决不能建立欧美式的资本主义社会，也决不能是旧的半殖民地半封建社会。毛泽东指出，国营经济是社会主义性质的，合作社经济是半社会主义性质的，加上私人资本主义，加上个体经济，加上国家和私人合作的国家资本主义经济，这些就是人民共和国的几种主要的经济成分，这些就构成了新民主主义的经济形态。他又指出，新民主主义国民经济的指导方针是发展生产，繁荣经济，公私兼顾，劳资两利，一切离开这个总目标的方针、办法都是错误的。

（三）新民主主义的文化纲领

新民主主义的文化纲领，是中国共产党在新民主主义革命时期关于文化问题的基本主张和建设目标。新民主主义的政治和经济，必然要有与之相适应的新民主主义文化。新民主主义文化，就是无产阶级领导的人民大众的反帝反封建的文化，即民族的科学的大众的文化。

新民主主义文化是民族的，就其内容说是反对帝国主义压迫，主张中华民族的尊严和独立；就其形式说是具有鲜明的民族风格、民族形式和民族特色，要有中国作风和中国气派。中国应该吸收外国的进步文化，作为新文化的借鉴和文化食粮的原料。但这种吸收不能生吞活剥毫无批判地进行，更不能搞所谓的“全盘西化”，而要把它分为精华和糟粕两部分，剔除其糟粕，吸收其精华，以达到消化吸收之目的。

新民主主义文化是科学的文化，反对一切封建思想和迷信思想，主张实事求是、客观真理，以及理论和实践的一致性。对于封建时代创造的文化，应以辩证唯物主义为指导，采取批判继承的态度，剔除其封建性的糟粕，吸收其民主性的精华。同时，要尊重中国的历史，反对民族虚无主义，以历史唯物主义的态度对待古今中外文化，发展民族新文化，提高民族自信心。

> 一切革命的文学家艺术家只有联系群众，表现群众，把自己当作群众的忠实的代言人，他们的工作才有意义。只有代表群众才能教育群众，只有做群众的学生才能做群众的先生。
>
> 毛泽东选集：第 3 卷 . 2 版 . 北京：人民出版社，1991：864.

新民主主义文化是人民大众的文化，也就是民主的文化。“它应为全民族中百分之九十以上的工农劳苦民众服务，并逐渐成为他们的文化。”[①] 为达此目的，文化工作者必须首先解决好为什么人服务的根本问题，站在“人民大众”的立场上，用文化教育和武装人民大众，使它成为人民大众的有力思想武器；同时以人民群众的实践作为创作的源泉，坚持为人民大众服务的方向。

（四）最低纲领和最高纲领的关系

毛泽东在《论联合政府》中阐述新民主主义的政治、经济、文化纲领时，曾明确指出，新民主主义的三大纲领，“就是我们共产党人在现阶段上，在整个资产阶级民主革命

① 毛泽东选集：第 2 卷 . 2 版 . 北京：人民出版社，1991：708.

的阶段上所主张的一般纲领，或基本纲领。对于我们的社会主义和共产主义制度的将来纲领或最高纲领说来，这是我们的最低纲领”①。最高纲领指明党的理论、信仰和终极目标，最低纲领体现了对党所处社会历史阶段的任务和目标的规定。

中国共产党人是最高纲领和最低纲领的统一论者。新民主主义革命时期，毛泽东明确对最高纲领和最低纲领的关系进行系统阐述：“我们共产党人从来不隐瞒自己的政治主张。我们的将来纲领或最高纲领，是要将中国推进到社会主义社会和共产主义社会去的，这是确定的和毫无疑义的”②，所有的共产党人心中都要有这样一个明确的目标。但是，基于现阶段的主要矛盾和主要任务，又必须为着现阶段的目标而奋斗。这个“最低纲领”就是，“为着反对民族压迫和封建压迫，为着使中国人民脱离殖民地、半殖民地、半封建的悲惨命运，和建立一个在无产阶级领导下的以农民解放为主要内容的新民主主义性质的，亦即孙中山先生革命三民主义性质的独立、自由、民主、统一和富强的中国而奋斗”③。在毛泽东看来，“如果不为这个目标奋斗，如果看不起这个资产阶级民主革命而对它稍许放松，稍许怠工，稍许表现不忠诚、不热情，不准备付出自己的鲜血和生命，而空谈什么社会主义和共产主义，那就是有意无意地、或多或少地背叛了社会主义和共产主义，就不是一个自觉的和忠诚的共产主义者”④。

因此，毛泽东指出：中国革命的第一步是新民主主义，第二步才是社会主义，而且第一步的时间相当地长，决不是一朝一夕所能成就的。只有在彻底改变中国半殖民地半封建的社会形态，使之变成一个独立的新民主主义社会之后，才能建立起社会主义社会。革命的步骤不能混淆，最低纲领与最高纲领不能混为一谈。但是，新民主主义革命与社会主义革命又是同一革命过程的不同阶段，新民主主义革命是社会主义革命的必要准备，社会主义革命是新民主主义革命的必然趋势。“完成中国资产阶级民主主义的革命（新民主主义的革命），并准备在一切必要条件具备的时候把它转变到社会主义革命的阶段上去，这就是中国共产党光荣的伟大的全部革命任务。每个共产党员都应为此而奋斗，绝对不能半途而废。”⑤ 毛泽东把最低纲领与最高纲领辩证统一起来，既是对中国革命经验的理论总结，也是对列宁关于民族与殖民地问题理论的发展。

四、新民主主义革命的道路

在一个以农民为主体的半殖民地半封建的国家里进行革命，应该选择什么样的道路，这是中国共产党在领导中国革命的过程中必须面对和回答的重大问题。中国共产党把马克思列宁主义基本原理同中国具体实际相结合，走出了一条不同于俄国十月革命的道路，即农村包围城市、武装夺取政权的革命道路。

---

① 毛泽东选集：第3卷．2版．北京：人民出版社，1991：1058.
② 毛泽东选集：第3卷．2版．北京：人民出版社，1991：1059.
③ 毛泽东选集：第3卷．2版．北京：人民出版社，1991：1059.
④ 毛泽东选集：第3卷．2版．北京：人民出版社，1991：1059－1060.
⑤ 毛泽东选集：第2卷．2版．北京：人民出版社，1991：651.

（一）新民主主义革命道路的探索

中国革命应该走什么样的道路，党对这一问题的认识，经过了一个逐步探索的过程。党成立初期，首先把工作重心放在城市，领导工人阶级，开展工人运动，这样有利于扩大党的阶级基础。当时党对于发动农民参加革命、建立农村革命根据地的重要性也缺乏足够的认识。从 1927 年 8 月 1 日南昌起义到 1929 年春中国共产党在各地发动和领导了百余次武装起义，但大都由于企图占据中心城市而归于失败。

1927 年大革命失败后，党的工作重心开始转向农村。毛泽东领导湘赣边界秋收起义后，改变了攻打中心城市的计划，率领起义部队向敌人力量薄弱的农村地区进军，在井冈山建立了农村革命根据地，在实践上为中国革命找到了一条取得胜利的新道路。1928 年 10 月到 1930 年 1 月，毛泽东在总结井冈山和其他革命根据地实践经验的基础上，先后撰写了《中国的红色政权为什么能够存在?》《井冈山的斗争》《星星之火，可以燎原》等著作，从理论上对中国红军和根据地为什么能够存在和发展等一系列基本问题做了精辟论述，初步形成了农村包围城市、武装夺取政权的革命道路理论，回答了当时革命队伍中一些人存在的“红旗到底打得多久”的疑问。

> 红军、游击队和红色区域的建立和发展，是半殖民地中国在无产阶级领导之下的农民斗争的最高形式，和半殖民地农民斗争发展的必然结果；并且无疑义地是促进全国革命高潮的最重要因素。
>
> 毛泽东选集：第 1 卷 .2 版 . 北京：人民出版社，1991：98.

1930 年 6 月到 9 月，以李立三为代表的“左”倾冒险主义在中共中央占据了统治地位，制定了以武汉为中心的全国中心城市武装起义和集中全国红军攻打中心城市的冒险计划，结果在推行过程中遭到很大损失。实践再一次证明，“城市中心论”在中国行不通。1931 年 1 月至 1935 年 1 月，以王明为代表的“左”倾教条主义在中共中央领导机关内进行了长达四年的统治。教条主义者不懂得中国国情，把共产国际决议和苏联经验神圣化，机械地照搬十月革命的经验，结果导致中国革命几乎陷入绝境。1935 年 1 月，中共中央政治局在长征途中举行遵义会议，事实上确立了毛泽东在党中央和红军的领导地位，开始形成以毛泽东为核心的党的第一代中央领导集体，开启了党独立自主解决中国革命问题的新阶段，在最危急关头挽救了党、挽救了红军、挽救了中国革命。

艰难曲折的斗争历程，使中国共产党人对革命道路问题有了更深刻的认识。1936 年到 1939 年，毛泽东先后发表了《中国革命战争的战略问题》《论新阶段》《战争和战略问题》《〈共产党人〉发刊词》等著作，基于对近代中国所处的时代特点和国情的分析，系统总结了中国革命的经验，丰富和完善了农村包围城市、武装夺取政权的革命道路理论。1938 年 11 月，毛泽东在党的六届六中全会上明确指出：“共产党的任务，基本地不是经过长期合法斗争以进入起义和战争，也不是先占城市后取乡村，而是走相反的道路。”[①]

---

① 毛泽东选集：第 2 卷 .2 版 . 北京：人民出版社，1991：542.

（二）新民主主义革命道路理论

1930 年 1 月，毛泽东在《星星之火，可以燎原》一文中论述了农村包围城市、武装夺取政权道路的基本内容。他指出，“有根据地的，有计划地建设政权的，深入土地革命的，扩大人民武装的路线”①，就是在中国共产党的领导下，以农村为工作重心，以根据地为依托，以土地革命为基本内容，以武装斗争为主要斗争形式，夺取全国胜利的道路。中国革命走农村包围城市、武装夺取政权的道路，根本在于处理好土地革命、武装斗争、农村革命根据地建设三者之间的关系。

土地革命是中国革命的基本内容，是发动农民参加革命的有效手段，是解决农民土地问题、彻底消灭封建剥削制度的主要途径。没有土地革命，农民发动不起来，红军得不到农民的支持，就没有了人力、物力的来源，武装斗争就无法顺利进行，根据地也就不能巩固。武装斗争是中国革命的主要形式，是农村根据地建设和土地革命的强有力保证。在反革命势力掌握着强大的武装力量，对人民实行血腥屠杀政策的中国，没有武装斗争，就无法开展土地革命，就不能建立革命根据地。农村革命根据地是中国革命的战略阵地，是红军休养生息的主要场所，也是开展土地革命的主要地区。没有根据地，土地革命就没有基础，武装斗争就没有依托，就会变成流寇主义。党实现了土地革命、武装斗争、农村革命根据地建设三者的密切结合和有机统一。

> “工农武装割据”的思想，是共产党和割据地方的工农群众必须充分具备的一个重要的思想。
>
> 毛泽东选集：第 1 卷．2 版．北京：人民出版社，1991：50.

中国革命必须走农村包围城市、武装夺取政权的道路。在半殖民地半封建的中国，帝国主义、封建主义和官僚资本主义建立起对广大人民群众的反革命军事专政。因而，中国革命道路不可能像资本主义国家那样通过和平的议会民主的合法斗争形式取得胜利，而只能是建立起属于人民自己的革命武装进行斗争。而近代中国又是一个半殖民地半封建的农业大国，新民主主义革命主力军是占全国人口最大多数的农民，农村是民主革命的主要战略基地。因而在中国开展革命斗争，就必须要充分发动农民，深入广大农村区域，以农村革命斗争为中心，解决农民最关心的土地问题，将农民组织并武装起来，建立广大的农村革命根据地，实行工农武装割据，逐步积蓄和发展革命力量，经过长期的革命斗争为最后夺取全国政权奠定基础。

中国革命能够走农村包围城市、武装夺取政权的道路。这是由中国所处的时代特点和具体国情决定的。第一，近代中国政治经济发展不平衡和地方的农业经济（不统一的资本主义经济）是能够实行工农武装割据、建立红色政权的客观原因。帝国主义对中国实行分裂剥削政策造成了白色政权长期的分裂和战争，从而为革命根据地建立提供了缝隙和可能；而农村经济范围的广大和尚未形成统一的资本主义经济，使得农村革命根据

① 毛泽东选集：第 1 卷．2 版．北京：人民出版社，1991：98.

地可以不依赖于城市而长期存在。第二，近代中国特别是湖南、湖北、广东、江西等省的广大农村曾经历过轰轰烈烈的国民革命的洗礼，广大人民群众经受过民主革命的锻炼，积攒了革命斗争的经验。这为建立农村革命根据地奠定了重要的群众基础。第三，大革命失败后，帝国主义和中华民族的矛盾，封建主义和人民大众的矛盾不仅一个没有解决，反而还日益激化和发展。因而，全国革命形势必将不断向前发展，从而为建设农村革命根据地提供了客观条件。第四，相当力量正式红军的存在，是农村革命根据地创立、巩固和发展的必要条件。地方性质的赤卫队只能应对小规模的地主武装，只有正式的红军才能应对反革命政权的军队。第五，党的领导的有力量及其正确的政策，是农村革命根据地建立和发展的主观条件。

（三）新民主主义革命道路理论的意义

新民主主义革命道路理论的形成，具有重要的意义。

> “为有牺牲多壮志，敢教日月换新天。”经过二十八年浴血奋战和顽强奋斗，我们党和人民历经千辛万苦、付出巨大牺牲，在战胜日本军国主义侵略者后，经过人民解放战争，以摧枯拉朽之势推翻了帝国主义、封建主义、官僚资本主义的统治，夺取了新民主主义革命胜利，实现了几代中国人梦寐以求的民族独立和人民解放。
>
> 中共中央文献研究室．十八大以来重要文献选编：上．北京：中央文献出版社，2014：690.

第一，指导中国新民主主义革命取得了最后胜利。以毛泽东为主要代表的中国共产党人，从中国半殖民地半封建社会的实际出发，冲破教条主义的束缚，开辟了一条具有中国特色的革命道路，创造性地形成了有关工农武装割据、建立红色政权、在农村环境下建党建军、实行土地革命和应采取的战略方针等系统完整的农村包围城市、武装夺取政权的革命道路理论，揭示了中国革命发展的客观规律。在这一理论指导下，中国共产党发动农民、建立农村革命根据地，有效地保存和发展了革命力量，并最后取得了中国革命的胜利。

第二，丰富和发展了马克思列宁主义的理论宝库。以毛泽东为主要代表的中国共产党人，依据马克思列宁主义关于无产阶级暴力革命、国家政权、工农联盟以及帝国主义国家政治经济发展不平衡等一系列基本原理，克服了共产国际“城市中心”战略的影响，突破了十月革命的模式，创造性地提出了适合中国实际的农村包围城市、武装夺取政权的革命道路理论，科学回答了中国革命向何处去的问题。这一理论，不仅实现了马克思列宁主义基本原理同中国具体实际的有机结合，也极大地丰富和发展了马克思列宁主义的理论宝库。

第三，为殖民地、半殖民地国家的人民解放斗争提供了重要经验。农村包围城市、武装夺取政权的革命道路，是以毛泽东为主要代表的中国共产党人继俄国十月革命之后，在经济落后的半殖民地半封建的东方大国开辟的一条崭新的革命道路。中国新民主主义革命的胜利，是20世纪继俄国十月革命以后改变世界面貌的伟大历史事件，既有力地推动了世界被压迫民族和被压迫人民争取解放的斗争，极大地增强了他们反帝斗争的胜利信心，也有力地推动了维护国际和平事业的斗争，增强了世界人民争取和平的力量。

五、新民主主义革命的三大法宝

统一战线和武装斗争是新民主主义革命的两个基本特点。中国共产党的建设和发展，与党同资产阶级的关系和党同武装斗争的关系紧密相连。毛泽东在《〈共产党人〉发刊词》中指出："统一战线问题，武装斗争问题，党的建设问题，是我们党在中国革命中的三个基本问题。正确地理解了这三个问题及其相互关系，就等于正确地领导了全部中国革命。"①

（一）统一战线

> 建立最广泛的统一战线，是党克敌制胜的重要法宝，也是党执政兴国的重要法宝。
>
> 中共中央关于党的百年奋斗重大成就和历史经验的决议．北京：人民出版社，2021：70.

统一战线，就是要解决无产阶级的同盟军问题，就是无产阶级及其政党为了反对主要敌人，在一定条件下同一切可能团结的阶级、阶层、政党、社会集团或个人所结成的联盟。统一战线是中国共产党领导人民进行革命和建设的一个极其重要的策略，是中国共产党政治路线的重要组成部分。以毛泽东为主要代表的中国共产党人，从中国的国情出发，在长期的革命实践中，创造性地发展了马克思主义关于统一战线的思想，形成了一套完整的具有中国特色的统一战线理论。

第一，建立统一战线的必要性和可能性。联合一切可以联合的力量，建立广泛的革命统一战线，是马克思列宁主义的基本策略原则。在中国革命过程中正确实行这一策略原则更有着特殊的重要性。在半殖民地半封建的中国，无产阶级人数很少，最广大的人民群众是农民，还有相当数量的城市小资产阶级及民族资产阶级和其他中间力量。而革命的敌人则异常强大，不但有强大的封建势力，而且有国际帝国主义和勾结帝国主义、封建势力的买办资产阶级。毛泽东指出："中国社会是一个两头小中间大的社会，无产阶级和地主大资产阶级都只占少数，最广大的人民是农民、城市小资产阶级以及其他的中间阶级。"② 作为无产阶级先锋队的中国共产党所领导的革命力量，要战胜作为地主阶级和官僚资产阶级集中代表的国民党所领导的强大的反革命力量，就必须把农民、城市小资产阶级以及其他中间阶级都团结在自己的周围，结成最广泛的统一战线。

中国革命也能够形成广泛的统一战线。首先，虽然帝国主义和封建阶级的力量异常强大，但它们维护的是中国最腐朽、最落后的生产关系，代表着极少数反动阶级的利益，与广大人民群众的利益是根本对立的。这就决定了在反帝反封建问题上，除了反动阶级的代表外，其他人都会达成一致。其次，敌人的营垒也会分化。各帝国主义为争夺利益

① 毛泽东选集：第2卷．2版．北京：人民出版社，1991：605－606.

② 毛泽东选集：第3卷．2版．北京：人民出版社，1991：808.

时常有矛盾，统治集团内部也存在亲美、亲日等派别冲突。这些矛盾和派别冲突，在特殊条件下，也会促使敌人营垒中的一部分人成为参加统一战线的对象。这两点决定了新民主主义革命统一战线具有广大的阵容，参加统一战线的不仅有无产阶级、农民阶级和城市小资产阶级，还有中间动摇势力民族资产阶级、开明绅士等，甚至有时还包括某些大地主大资产阶级。无产阶级政党需要根据各个时期的革命任务、性质和各个阶层、阶级、党派、政治集团和各界人士的政治态度进行具体分析，把一切可以团结和利用的力量尽可能团结在自己的周围，以逐步从根本上改变敌强我弱的态势，夺取中国革命的最终胜利。

第二，统一战线中的两个联盟。新民主主义革命时期，中国共产党领导的统一战线，先后经历了第一次国共合作的统一战线、工农民主统一战线、抗日民族统一战线、人民民主统一战线等几个阶段，为新民主主义革命的胜利发挥了重要作用。从总体上讲，党领导的革命统一战线，包含着两个联盟：一个是工人阶级同农民阶级、广大知识分子及其他劳动者的联盟，主要是工农联盟；另一个是工人阶级和非劳动人民的联盟，主要是与民族资产阶级的联盟。两个联盟中，第一个联盟是统一战线的基础。毛泽东一再强调，工人阶级和农民阶级是推翻帝国主义、封建主义的主要力量，这两个阶级能不能结成巩固的联盟，关系到中国革命的成败。工人阶级如果不与农民阶级结成联盟，就失去了中国社会最广泛的力量支持，也就无从体现对中国革命的领导；农民阶级如果不与工人阶级结成联盟，就难以实现翻身解放的要求。第二个联盟也是统一战线必不可少的。毛泽东非常重视与资产阶级联盟的问题，把正确处理同资产阶级的关系看作中国革命的重要问题。这种同非劳动者之间的联盟，由于阶级利益的矛盾，基础比较薄弱，经常随着国内主要矛盾的变化和革命形势的发展呈现出易变性、脆弱性和暂时性的特征。因此，既不能放弃第二个联盟，也不能忽视与非劳动者建立统一战线时的复杂性。正确处理两个联盟的关系，可以达到相互促进、共同发挥作用，实现壮大统一战线的目的。

第三，统一战线中对资产阶级实行又联合又斗争的方针。毛泽东基于资产阶级两面性特征的分析，阐述了无产阶级与资产阶级结成统一战线时必须处理好联合和斗争的关系。一方面，不应该将资产阶级排斥在统一战线的大门之外。在帝国主义、封建主义的压迫下，他们有反帝反封建的要求，具备拥护和一定程度上参加革命的基础，无产阶级不去联合他们，于革命不利。另一方面，资产阶级由于其自身的弱点，又常常在革命深入发展的关键时刻发生动摇，经济上和政治上的软弱和妥协容易使他们在关键时刻动摇。因此，要稳固和发展统一战线，必须坚决地同资产阶级的妥协倾向作斗争。特别是当统一战线中包括一部分大资产阶级代表的时候，这种斗争显得尤其重要。放弃斗争，就会削弱以至破坏统一战线。联合的时候不能放弃斗争，斗争的时候不能忘记联合，联合与斗争是辩证统一的。只讲联合不讲斗争，或者只强调斗争不注意联合，都是错误的。

第四，统一战线中始终坚持独立自主原则。新民主主义革命时期的统一战线是一种反帝反封建的联盟，参加对象是广泛的，它包括多个阶级、多个阶层乃至多个政党。这些阶级、阶层和政党各自代表的利益存在很大的差异，有时甚至相互冲突、相互对立。

毛泽东从中国革命的需要出发，在坚持维护、巩固和扩大统一战线的同时，一再强调中国共产党在统一战线中必须保持政治上、思想上和组织上的独立性。有时，为了服从统一战线的需要，做出某些妥协和让步是必要的，但原则不能丢，政治上的大是大非问题不可含糊。毛泽东指出，决不能因为合作和统一，牺牲党派和阶级的必要权利，统一不是混一。如果放弃自己鲜明的政治立场，不顾无产阶级和广大人民群众的利益，就没有统一战线的存在。

（二）武装斗争

> 在中国，离开了武装斗争，就没有无产阶级的地位，就没有人民的地位，就没有共产党的地位，就没有革命的胜利。
>
> 毛泽东选集：第2卷.2版.北京：人民出版社，1991：610.

以武装的革命反对武装的反革命，既是中国革命的特点之一，也是中国革命的优点之一。在半殖民地半封建的中国，一方面，内无民主制度而受封建主义的压迫，外无民族独立而受帝国主义的压迫；另一方面，帝国主义、封建主义和官僚资本主义凭借强大的反动武装力量对革命群众实行暴力镇压。因此，中国人民只有武装起来，以革命的暴力反对反革命的暴力。这就要求建立一支由中国共产党领导的与广大人民群众血肉相连的新型人民军队，通过长期的人民战争推翻帝国主义和封建主义的反动统治。

毛泽东不仅从理论上阐述了武装斗争的深刻含义，而且还十分注重人民军队的建设。他强调，革命的武装是属于人民的，是为着人民的解放事业而建立的，决不容许被利用来为少数人或狭隘集团的私利服务。人民军队既是一支作战的部队，还应该担负起组织群众、宣传群众的任务。他还强调，必须坚持党对军队的绝对领导，提出把党的支部建在连上，班排设党小组，连以上各级设党代表，营团建立党的委员会，以便从政治上和组织上体现党对军队的领导。在《战争和战略问题》中，毛泽东明确指出“我们的原则是党指挥枪，而决不容许枪指挥党”①。他强调要建立人民军队的政治工作制度，提出了政治工作是人民军队生命线的重要观点，从而确立了政治工作在人民军队中的地位。毛泽东还为人民军队的建设创立了一系列的原则和制度。如军民一致、官兵一致和瓦解敌军的政治工作三大原则；政治民主、经济民主和军事民主的军队三大民主制度；三大纪律、八项注意的军队言行准则；等等。

依靠群众开展人民战争，是毛泽东关于武装斗争思想的又一重要内容。毛泽东指出：革命战争，群众的战争，只有动员和依靠群众，才能进行战争。这是共产党的群众路线在革命武装斗争上的体现。战争不只是武力的较量，更是人心向背的较量。革命武装力量在弱小和极端困难的时候，仍然能够坚持下来和发展壮大起来，原因是有人民群众作为坚强的后盾。中国人民之所以最后赢得抗日战争的胜利，就在于陷日本帝国主义于人民战争的汪洋大海。任何革命战争，没有人民群众的支持和参加，要想取得胜利是不可

---

① 毛泽东选集：第2卷.2版.北京：人民出版社，1991：547.

能的。从人民战争的观点出发，毛泽东主张实行主力兵团与地方兵团相结合、正规军与群众武装组织相结合、武装群众与非武装群众相结合的武装力量体制，互相配合，使革命武装斗争显示出人民战争的整体威力。同时，毛泽东还强调，人民军队必须以全心全意为人民服务为唯一宗旨。坚持这一宗旨，是建设新型人民军队的基本前提，也是人民军队一切行动的根本准则和一切工作的出发点与归宿。它集中体现了人民军队的本质，是人民军队立于不败之地的根本所在。

毛泽东关于武装斗争的思想还体现在他提出的人民战争的战略战术。由于中国革命战争长期处于敌强我弱的特殊历史条件下，面对无论在数量上还是装备上都占绝对优势的强大敌人，毛泽东在深入研究中国革命战争的特点和规律的基础上，形成了一整套以少胜多、以弱胜强的人民战争的理论和一系列的战略战术原则。早在井冈山时期，毛泽东就提出了游击战争的基本原则，即“敌进我退，敌驻我扰，敌疲我打，敌退我追”① 的十六字诀。中央苏区时期在反“围剿”战争中，毛泽东又提出了一系列带游击性的运动战战略战术原则，比如：诱敌深入、待机破敌；以不断袭扰、迟滞行动消耗敌人，掩护主力隐蔽集中；在战役战斗上集中优势兵力，各个歼灭敌人，速战速决；乘胜前进，并准备打破敌人新的“围剿”；等等。抗日战争时期，毛泽东不仅提出了“基本的是游击战，但不放松有利条件下的运动战”② 的战略方针，创造性地将战术层面的游击战提高到战略层面，使之成为指导敌后抗战的战略方针。他还全面分析了中日战争所处的时代和中日双方的基本特点，预见了持久抗战经历的三个阶段，阐述了中国抗日战争的持久战总方针和具体的战略战术。解放战争时期，毛泽东提出了以集中兵力打歼灭战为核心的“十大军事原则”，标志着人民军队战略战术理论的日臻完善。

（三）党的建设

> 我们党历经千锤百炼而朝气蓬勃，一个很重要的原因就是我们始终坚持党要管党、全面从严治党，不断应对好自身在各个历史时期面临的风险考验，确保我们党在世界形势深刻变化的历史进程中始终走在时代前列，在应对国内外各种风险挑战的历史进程中始终成为全国人民的主心骨！
>
> 习近平．在庆祝中国共产党成立100周年大会上的讲话．北京：人民出版社，2021：19.

党的建设对于中国革命具有决定性意义。毛泽东指出：“既要革命，就要有一个革命党。没有一个革命的党，没有一个按照马克思列宁主义的革命理论和革命风格建立起来的革命党，就不可能领导工人阶级和广大人民群众战胜帝国主义及其走狗。”③ 毛泽东非常重视党的建设。他在《〈共产党人〉发刊词》中提出了把中国共产党建设成为“全国范围的、广大群众性的、思想上政治上组织上完全巩固”的布尔什维克化党的历史任务，

① 毛泽东选集：第1卷．2版．北京：人民出版社，1991：204.
② 毛泽东选集：第2卷．2版．北京：人民出版社，1991：441.
③ 毛泽东选集：第4卷．2版．北京：人民出版社，1991：1357.

并把党的建设称为一个“伟大的工程”[①]。

把党的思想建设放在首位。重视从思想上建设党，始终把党的思想建设放在首位，是毛泽东党的建设思想的突出特点。党的思想建设的重点是增强无产阶级思想意识的问题，即解决党员从思想上入党的问题。毛泽东认为，共产党员不仅要在组织上入党，而且要从思想上入党。只有从思想上入了党，才能真正成为无产阶级的英勇战士，才能自觉地抵制各种非无产阶级思想的影响。为了使党在农民和小资产阶级成分占大多数的情况下，克服非无产阶级思想的影响，为了使党在农村的落后环境下始终能够保持无产阶级政党的先进性，毛泽东主张坚持用马克思列宁主义武装全体党员的头脑，“教育党员使党员的思想和党内的生活都政治化，科学化”，“教育党员用马克思列宁主义的方法去作政治形势的分析和阶级势力的估量”[②]。他号召共产党员应该研究马克思主义理论，形成全党的学习运动，并倡议全党开展学习竞赛，“看谁学的更多一点，更好一点”[③]。

党的建设同党的政治路线密切联系。党的政治路线是党的纲领在一定历史时期的具体体现，是完成党在一定历史阶段的政治任务的总政策，为全党的团结统一奠定政治基础。党的建设的基本目的是为实现政治路线所规定的目标，所以它必须围绕着如何实现党的政治路线来进行。贯彻党的政治路线的过程就是加强党的建设的过程。党的政治路线正确与否，决定着党的建设的前进与倒退。因此，制定正确的政治路线本身也是衡量党的建设的标准。反过来说，如果党的自身建设没有搞好，就不可能制定出正确的政治路线，即使有了正确的政治路线，也不可能得到贯彻执行。毛泽东曾针对红四军的党内受各种非无产阶级思想影响的情况，明确地指出，这对于执行党的正确路线妨碍极大。这就是说，党的建设与党的政治路线是相辅相成的。党的政治路线的制定和实现，有赖于党的思想上的成熟、党的组织上的巩固和发展；而党的正确的政治路线在实际斗争中贯彻执行，又能促进党的发展，促进党在政治上、思想上的成熟。

党的组织建设是实现党的各项任务的可靠保证。加强党的组织建设，根本的是要贯彻民主集中制这一组织原则。民主和集中对于马克思主义政党来说，是辩证统一的。集中是民主基础上的集中，只有在充分发扬民主的基础上才能实行正确的集中；民主是集中指导下的民主，只有在正确集中的指导下才能实现健全的民主生活。“党内民主的集中制，即是党的领导骨干与广大党员群众相结合的制度，即是从党员群众中集中起来，又到党员群众中坚持下去的制度，即是反映党内的群众路线。”[④] 只有按照民主集中制原则来建设党，才能把各个分散的组织和全体党员组织起来；才能正确处理党内的各种关系，建立党内正常的政治生活秩序；才能建立起科学的领导制度和工作制度，实现决策的民主化和科学化。离开民主讲集中，或离开集中讲民主，都会破坏党组织的巩固和发展。民主集中制要求个人服从组织、少数服从多数、下级服从上级、全党服从中央。

党的作风集中体现着党的形象。毛泽东一贯重视党的作风建设，认为党的作风的好坏对于社会风气有直接影响。党的作风包括思想作风、工作作风和生活作风。思想作风

① 毛泽东选集：第2卷．2版．北京：人民出版社，1991：602.

② 毛泽东选集：第1卷．2版．北京：人民出版社，1991：92.

③ 毛泽东选集：第2卷．2版．北京：人民出版社，1991：533.

④ 刘少奇选集：上卷．北京：人民出版社，1981：359.

主要指党员的思想风貌，尤其是学风。我们党是一个有理论指导的党，它以马克思主义理论为指导，并联系中国具体实际，形成了中国化的马克思主义理论成果。从这方面说，党的思想作风就是理论与实际相结合，特别是把马克思主义普遍原理与中国具体实际相结合的学风。这种学风体现在文风上，就是中国人民喜闻乐见的中国作风和中国气派。党的工作作风指党在工作中表现出来的风格，主要是密切联系群众的作风，批评与自我批评的作风，以及谦虚谨慎、戒骄戒躁、艰苦奋斗的作风。党的生活作风是党员干部在生活方面的作风和风气，主要是艰苦朴素、吃苦在前、享受在后的作风。毛泽东在党的七大上所做的《论联合政府》的报告中，概括出了理论联系实际、密切联系群众、批评与自我批评的三大作风，这是中国共产党区别于其他政党的显著标志。

（四） 三大法宝之间的关系

中国共产党对统一战线、武装斗争和党的建设这三个基本问题的认识是逐步深入的。大革命时期，处于幼年时期的党对于中国的历史状况和社会状况、中国革命的特点、中国革命的规律都懂得不多，在统一战线、武装斗争和党的建设三个基本问题上都没有经验。因此，党在这一阶段的紧要关头，没有能够巩固革命的胜利；党的组织虽然有过很大的发展，但是没有巩固；党的手里有了一批革命武装，但是没有掌握住。

大革命失败后，党对武装斗争的认识有了提高，发动了武装起义，建立了党领导的人民军队，开展了农村游击战争，开辟了建立人民政权的道路。党创造了人民军队，逐渐掌握了战争的艺术。但在这一时期，党内“左”倾教条主义者仍主张“城市中心论”，特别是对统一战线的重要性缺乏认识，在同国民党反动派进行斗争时，把中间势力当作最危险的敌人，把反对资本主义同反帝反封建相提并论，而在革命战争的指导上又犯了“左”倾教条主义错误。其直接结果是红军被迫进行长征，革命事业遭受严重挫折。

抗日战争时期，党总结了前两个阶段的经验教训，建立了抗日民族统一战线，进行了伟大的抗日战争。党的组织已经从狭小的圈子里走了出来，变成了全国性的大党。毛泽东系统地论述了统一战线、武装斗争和党的建设三者之间的关系。他指出：“统一战线和武装斗争，是战胜敌人的两个基本武器。统一战线，是实行武装斗争的统一战线。而党的组织，则是掌握统一战线和武装斗争这两个武器以实行对敌冲锋陷阵的英勇战士。”[①] 党的建设是核心。没有党的建设，武装斗争就没有了领导的核心，统一战线就失去了主导力量。武装斗争是关键。在新民主主义革命时期，没有武装斗争，就没有共产党的地位。统一战线是保证。革命是人民大众的事业，只有团结一切可以团结的力量，争取一切可以争取的势力，尽可能减少阻力，才能在最大程度上保证革命的成功。

1949 年，毛泽东在《论人民民主专政》一文中，对新民主主义革命的基本经验做了集中总结和概括：“一个有纪律的，有马克思列宁主义的理论武装的，采取自我批评方法的，联系人民群众的党。一个由这样的党领导的军队。一个由这样的党领导的各革命阶级各革命派别的统一战线。这三件是我们战胜敌人的主要武器。这些都是我们区别于前

① 毛泽东选集：第 2 卷．2 版．北京：人民出版社，1991：613.

人的。依靠这三件，使我们取得了基本的胜利。”[①]

思考题

1. 什么是新民主主义革命的总路线？
2. 中国革命为什么必须走农村包围城市、武装夺取政权的道路？
3. 如何理解新民主主义革命的三大法宝及其相互关系？

阅读书目

1. 毛泽东．中国社会各阶级的分析//毛泽东选集：第1卷．2版．北京：人民出版社，1991.
2. 毛泽东．星星之火，可以燎原//毛泽东选集：第1卷．2版．北京：人民出版社，1991.
3. 毛泽东．《共产党人》发刊词//毛泽东选集：第2卷．2版．北京：人民出版社，1991.
4. 中国革命和中国共产党//毛泽东选集：第2卷．2版．北京：人民出版社，1991.
5. 毛泽东．新民主主义论//毛泽东选集：第2卷．2版．北京：人民出版社，1991.

① 毛泽东选集：第4卷．2版．北京：人民出版社，1991：1480.

第四章

社会主义改造理论

新中国成立后，我国进入从新民主主义社会向社会主义社会转变的时期。以毛泽东为主要代表的中国共产党人，坚持把马克思主义基本原理同中国具体实际相结合，创造性地解决了在中国这样一个人口众多、经济文化落后的大国进行社会主义革命的一系列基本问题，形成了具有中国特色的社会主义改造理论。社会主义改造的完成和社会主义基本制度的确立，实现了中国历史上最为广泛而深刻的社会变革，为实现中华民族伟大复兴奠定了坚实的制度基础。

一、新民主主义社会向社会主义社会的转变

中华人民共和国的成立，标志着新民主主义革命已经取得了基本胜利，中国进入了新民主主义社会，并开始了向社会主义社会转变的时期。这一时期，以毛泽东为主要代表的中国共产党人，对新民主主义社会的性质以及如何实现由新民主主义社会向社会主义社会的转变进行了较为系统的阐述。

（一）新民主主义社会是一个过渡性质的社会

马克思主义认为，人类社会发展的历史，就是社会形态由低级向高级不断演进的历史。马克思主义把人类社会的发展划分为原始社会、奴隶社会、封建社会、资本主义社会和社会主义社会五种依次演进的社会形态。中国社会的发展遵循了马克思主义关于人类社会形态演进的一般规律，但也表现出了一定的特殊性，这主要表现为新民主主义革命胜利后，中国没有直接进入社会主义社会，而是以新民主主义社会为过渡，实现向社会主义社会的转变。

早在 1940 年提出“新民主主义社会”的概念后不久，毛泽东就在陕甘宁边区党政联席会议上讲道：“新民主主义是暂时的，过渡的，是一个楼梯，将来还要上楼，和苏联一样。”① 刘少奇也指出，新民主主义社会是一种特殊的历史形态，“过渡性，就是新民主主

① 中共中央文献研究室．毛泽东年谱（1893—1949）：中卷．修订本．北京：中央文献出版社，2013：175.

义社会也是新民主主义经济的特点”[①]。1949年3月，毛泽东在党的七届二中全会上所做的报告以及同年6月发表的《论人民民主专政》，都提到了从新民主主义社会向社会主义社会的转变问题，“转变”即“过渡”。1950年，毛泽东在谈到如何过“社会主义的一关”时又指出：“我们的国家就是这样地稳步前进，经过战争，经过新民主主义的改革，而在将来，在国家经济事业和文化事业大为兴盛了以后，在各种条件具备了以后，在全国人民考虑成熟并在大家同意了以后，就可以从容地和妥善地走进社会主义的新时期。”[②]到了1953年，毛泽东在过渡时期总路线的完整表述中做了更加明确的表述，即从新中国成立到社会主义改造基本完成是一个过渡时期。

从毛泽东和刘少奇的讲话中可以看出，新民主主义社会不是人类社会发展进程中一般意义上的社会形态，而是特指中国在经济文化落后的条件下实现社会主义必然要经历的一个特殊形态，它构成了近代以来中国社会发展进程中的一个相对独立、不可逾越的阶段。它的主要特点是过渡性，前途是社会主义，体现了中国社会历史演进规律的普遍性和特殊性、社会发展的历史决定性与主体选择性的辩证统一。

一定要努力把小农经济基础变成大工业经济基础。只有当国家实现了电气化，为工业、农业和运输业打下了现代大工业的技术基础的时候，我们才能得到最后的胜利。

列宁．列宁选集：第4卷．3版修订版．北京：人民出版社，2012：364.

把新民主主义社会作为实现社会主义的过渡阶段，这是由当时中国社会生产力不发达的状况决定的。社会主义的基础是现代大工业，不是个体农业和手工业，在半殖民地半封建社会的废墟上不可能直接建立起社会主义社会。因为就政治条件而言，新民主主义革命胜利后建立的国家政权，是工人阶级领导的、以工农联盟为基础的、各革命阶级联合专政的人民民主专政；就经济条件而言，新中国成立初期，经济领域存在五种经济成分，即社会主义性质的国营经济、半社会主义性质的合作社经济、农民和手工业者的个体经济、私人资本主义经济和国家资本主义经济。虽然个体经济在国民经济中不起决定作用，起决定作用的是国营经济，但当时中国工业化水平极低，工人阶级在全国总人口中不足百分之二，现代工业在国民经济中的比重才百分之十几。因此，中国需要一个过渡阶段，以发展现代工业，为实现社会主义做准备。从这个意义上说，“新民主主义阶段是过渡阶段也是准备阶段，即准备进入社会主义”[③]。

既然新民主主义社会是一个过渡性质的社会，那它就不会像其他独立社会形态那样经历较长的历史时期。从经济基础来看，新民主主义社会既有社会主义成分，也有资本主义成分，但在党的政策的影响下，社会主义成分会不断增长并逐步超过资本主义成分，最终结果是逐步完成向社会主义的过渡。周恩来指出：“这个过渡时期的每时每刻都在增长社会主义成分：国家经济的发展就是增加社会主义成分；半社会主义合作社的增长也

① 中共中央文献研究室．刘少奇论新中国经济建设．北京：中央文献出版社，1993：30.

② 中共中央文献研究室．毛泽东文集：第6卷．北京：人民出版社，1999：80.

③ 中共中央文献研究室．刘少奇论新中国经济建设．北京：中央文献出版社，1993：214.

在增加社会主义成分；公私合营企业的发展也是增加社会主义成分；农业里边的互助合作的增加也是增加社会主义成分；经济集体主义已有了雏形，有了胚胎。最后走完了这个过渡阶段，就到达了社会主义社会。”① 总之，新民主主义社会过渡性的特点，就是社会主义成分逐步发展，非社会主义成分逐步被改造，并在逐步实现国家工业化的基础上，把中国建成一个社会主义国家。

（二）党对从新民主主义社会向社会主义社会转变的初步认识

在中国实现社会主义是中国共产党一经成立就确定的目标。新民主主义革命时期，党创造性地提出中国革命分两步走，第一步是进行新民主主义革命，改变中国半殖民地半封建的社会性质；第二步是进行社会主义革命，建立社会主义社会。解放战争时期，随着新民主主义革命即将取得胜利，如何实现从新民主主义社会向社会主义社会的转变成为一个必须要考虑的现实问题。从新中国成立前夕到 1952 年上半年，毛泽东和党的其他领导人经过认真思考，形成了一些初步的设想，可以概括为：在新中国成立后的一个时期里，首要任务是迅速地恢复和发展国民经济，开始大规模的国家工业化建设，使新民主主义的政治、经济、文化有相当程度的发展，待条件成熟后一举进入社会主义。

在过渡的时间上，认为需要一个相当长的新民主主义建设阶段，大概是 15 年或更长的时间。毛泽东和刘少奇在不同场合对过渡时间做出了大致相同的估计。比如，在 1948 年“九月会议”上，刘少奇提到，不要过早地采取社会主义政策。毛泽东提出：“到底何时开始全线进攻？也许全国胜利后还要十五年。”② 1951 年 7 月，刘少奇在对马列学院第一班学员做报告时指出：“采取社会主义步骤，少则十年、多则十五年，二十年恐怕不要。”③ 相对于抗日战争、解放战争胜利的时间而言，这是一个相当长时间的估计，反映了当时党对于过渡问题的谨慎态度。也正因为如此，《中国人民政治协商会议共同纲领》并没有把社会主义的前途写进去。刘少奇指出，因为实现社会主义是相当长久的将来的事情，如果写上这一目标，很容易混淆党在当时所要采取的实际步骤。

在转变的条件上，认为主要看新民主主义经济的发展程度，只有在新民主主义社会实现了国家工业化，国营经济发展壮大了，才能采取社会主义的步骤。所谓社会主义的步骤，主要指资本主义工商业的国有化和个体农业、手工业的集体化。1949 年 3 月，党的七届二中全会提出了相互联系的“两个转变”，即稳步地由农业国转变为工业国，由新民主主义国家转变为社会主义国家，其中第一个转变是第二个转变的前提。毛泽东在《论人民民主专政》中也指出：“没有农业社会化，就没有全部的巩固的社会主义。农业社会化的步骤，必须和以国有企业为主体的强大的工业的发展相适应。”④ 在此，毛泽东把工业化、国营经济的发展作为合作化运动的必要条件。

在过渡的步骤和方式上，考虑先进行建设，后一举过渡。1950 年，毛泽东在中央政

---

① 金冲及．周恩来传（1898—1976）：下．北京：中央文献出版社，2008：985.

② 中共中央文献研究室，中央档案馆．建党以来重要文献选编（1921—1949）：第 25 册．北京：中央文献出版社，2011：466.

③ 中共中央文献研究室．刘少奇论新中国经济建设．北京：中央文献出版社，1993：209.

④ 毛泽东选集：第 4 卷．2 版．北京：人民出版社，1991：1477.

治局扩大会议上提出“三年准备，十年计划经济建设”[①]，建设的目的是为过渡创造基础和条件。一举过渡，指的是通过“严重的社会主义步骤”，一举实现社会主义，也就是待条件成熟后，颁布资本主义工商业国有化和个体农业、手工业集体化的法律和政策，使国家在较短时间内进入社会主义社会。

从毛泽东等人的论述以及当时的主要政策看，新中国成立之初党中央和毛泽东“要搞一段新民主主义，是真心实意的”[②]。不过从总体来说，当时对如何实现向社会主义转变的认识还是初步的。从1952年下半年开始，随着国内外形势发生很多积极的变化，党开始更加深入地思考从新民主主义社会向社会主义社会转变的具体问题，并形成了党在过渡时期的总路线。

二、党在过渡时期的总路线

新中国成立后，党领导开展了土地改革、抗美援朝、镇压反革命和“三反”“五反”等政治运动，并大力恢复和发展国民经济，社会面貌发生了显著变化。从1952年下半年始，党在之前初步设想的基础上，综合考虑社会经济生活中出现的许多新情况、新矛盾、新问题，尤其是有利于向社会主义过渡的积极因素，根据马克思主义经典作家关于过渡时期的基本理论，酝酿和提出了党在过渡时期的总路线。

（一）党在过渡时期总路线的依据

党在过渡时期的总路线，是党在不断思考如何实现向社会主义转变的过程中形成的，它的提出既有深厚的马克思主义理论基础，也适应了当时的客观现实条件。

> 中央委员会根据列宁关于过渡时期的学说，总结了中华人民共和国成立以来的经验，在我国国民经济恢复阶段将要结束的时候，即一九五二年，提出了党在过渡时期的总路线。
>
> 中共中央文献研究室．毛泽东文集：第6卷．北京：人民出版社，1999：389.

第一，马克思主义经典作家关于过渡时期的理论是党在过渡时期总路线提出的理论基础。马克思、恩格斯在创立科学社会主义理论时，就提出了从资本主义社会向社会主义社会过渡的问题。恩格斯在《共产主义信条草案》中使用了“过渡时期”的概念，认为从私有制的目前状况到财产公有社会有一个过渡时期。马克思在总结1848年欧洲革命经验教训的基础上，第一次明确地将过渡时期与无产阶级专政联系起来。1875年，马克思又在《哥达纲领批判》中明确阐述了过渡时期的理论。他指出：“在资本主义社会和共产主义社会之间，有一个从前者变为后者的革命转变时期。同这个时期相适应的也有一

① 中共中央文献研究室．毛泽东文集：第6卷．北京：人民出版社，1991：143.

② 薄一波．若干重大决策与事件的回顾：上卷．北京：人民出版社，1997：31.

个政治上的过渡时期，这个时期的国家只能是无产阶级的革命专政。”① 关于过渡时期的基本政策，马克思、恩格斯指出：无产阶级在夺取政权后，“将利用自己的政治统治，一步一步地夺取资产阶级的全部资本，把一切生产工具集中在国家即组织成为统治阶级的无产阶级手里”②，并同传统的所有制和传统的观念实行最彻底的决裂。马克思、恩格斯还提出通过和平赎买变革所有制的设想。

列宁立足俄国和世界被压迫民族解放斗争的实际，进一步丰富和发展了马克思、恩格斯提出的过渡时期理论。列宁指出：无产阶级的目的就是进入社会主义社会，但是“这个目的不是一下子可以实现的，这需要一个相当长的从资本主义到社会主义的过渡时期”③。他还分析了过渡时期的经济与社会特点，指出：“这个过渡时期不能不兼有这两种社会经济结构的特点或特性”，“社会经济的基本形式就是资本主义、小商品生产和共产主义。这些基本力量就是资产阶级、小资产阶级（特别是农民）和无产阶级”④。无产阶级政党在过渡时期的重要任务，就是必须利用自己掌握的国家政权建立社会主义经济基础。通过合作社的形式，把广大农民引上社会主义道路，把农村的个体所有制变为社会主义集体所有制；剥夺资产阶级的生产资料归国家所有，建立社会主义的全民所有制。同时，必须实现社会主义工业化。因为没有高度发达的大工业，就根本谈不上社会主义。马克思、恩格斯和列宁的这些思想，为党在过渡时期总路线的提出奠定了理论基础。

第二，不断增加的党和国家政权的威信以及人民群众的政治觉悟是重要政治条件。新中国成立后，中国共产党成为领导人民掌握全国政权的执政党。党不仅制定正确的路线、方针和政策发挥政治领导作用，还通过加强思想建设和组织建设，使一大批有经验的、经过长期斗争考验的、密切联系群众的干部和广大党员，更好地发挥先锋模范作用。随着全国解放战争的胜利，国民党在地方的反动统治被摧毁，党和国家政权组织系统在全国范围内普遍建立起来。在新解放的农村地区，通过成立农民协会、开展土地改革、废除保甲制度、调整乡村政权建制等，建立起党和国家政权的农村基层组织。在新解放的城市，通过先设立具有过渡性政权组织的军事管制委员会，再召开各界人民代表会议的方式，逐步建立国家政权的各级组织机构。党和国家政权在全国的建立尤其是组织系统基层化，使长期把持中国广大城乡政治的反动势力，让位于党领导的国家基层政权和农会、工会等群众组织，也使党和政府的威信和组织动员能力空前提高。同时，新中国成立初期的“三反”“五反”及其他一系列的社会改革运动以及经济建设工作、文化教育工作、外交和国际活动、统一战线工作等都取得了巨大成就，使中国共产党在人民中树立了极高的威信，极大提高了人民群众的政治觉悟、政治热情，人民群众对中国走社会主义道路也有了普遍认同。

第三，已经有了相对强大和迅速发展的社会主义经济成分是必要经济条件。新中国成立之初，国营经济已经有了一定的比重。在没收官僚资本，变官僚资本为国营经济的同时，社会主义性质的国营经济也进一步发展和壮大。同时，由于官僚资本在旧中国资

---

① 马克思，恩格斯．马克思恩格斯选集：第3卷．3版．北京：人民出版社，2012：373.

② 马克思，恩格斯．马克思恩格斯选集：第1卷．3版．北京：人民出版社，2012：421.

③ 列宁．列宁选集：第3卷．3版修订版．北京：人民出版社，2012：835.

④ 列宁．列宁选集：第4卷．3版修订版．北京：人民出版社，2012：59，60.

本主义中的比重很大，没收官僚资本实质上就改造了中国资本主义经济的主要部分。在国民经济恢复时期，党和政府创造了加工订货、经销代销、统购包销、公私合营等一系列从低级到高级的国家资本主义形式，从而在利用和限制资本主义工商业的同时，加强了它们同社会主义国营经济之间的联系，引起它们在生产关系上发生不同程度的变化，也在不同程度上对资本主义工商业进行了初步的社会主义改造。到 1952 年 9 月，在国家工业中，国营上升到百分之六十七点三，私营下降到百分之三十二点七①，国营经济已经超过私营经济。在农村土地改革后，互助合作事业普遍地发展起来，主要是互助组，也有一些以土地入股为主要特点的农业生产合作社，这实际上是对个体农业进行社会主义改造的最初步骤。党中央和毛泽东总结了这方面的经验，认为这些互助合作形式，不仅是帮助农民克服困难、发展生产的有效形式，也是防止农村两极分化、引导农民走上社会主义道路的适当形式。社会主义经济成分的发展壮大，以及这一时期积累起来的社会主义改造的初步经验，为党在过渡时期总路线的提出提供了重要的物质基础和宝贵经验。

第四，马克思主义在意识形态领域指导地位的初步确立是重要思想条件。毛泽东在总结中国革命的历史经验时指出："中国自有科学的共产主义以来，人们的眼界是提高了，中国革命也改变了面目。中国的民主革命，没有共产主义去指导是决不能成功的，更不必说革命的后一阶段了。"② 在新民主主义革命向社会主义革命的转变过程中，毛泽东特别强调，应该扩大共产主义思想的宣传，加强对马克思列宁主义的学习，没有这种宣传和学习，不可能引导中国革命进入社会主义。新中国成立后，党在宣传思想工作、教育改革与发展、知识分子思想改造等方面采取一系列举措，使社会主义意识形态占据优势和主导地位，确保了向社会主义过渡的前进方向。

此外，党在过渡时期总路线的提出也与当时的国际环境密不可分。新中国成立初期，美国等帝国主义国家对新中国采取孤立、封锁、禁运、遏制的政策，只有苏联等社会主义国家能够援助中国。苏联社会主义制度体现出来的巨大优势，以及他们建设社会主义的经验也对中国有很大的榜样作用。同时，朝鲜战争接近尾声，国内各种社会改革已基本完成并转入建设时期。周恩来在解释党在过渡时期总路线提出的原因时指出："毛主席指导工作有一个原则，当一个任务完成了的时候，就要赶快提出新的任务，以免松懈下来。我们现在就应该提出新的任务。"因此，"强调朝鲜停战这个原因是有一部分道理的"③。他还指出："中朝人民在朝鲜战争中的胜利把美国企图挑起世界大战的时间推迟了，这就不仅有利于促进资本主义阵营内部矛盾的增长，有利于和平民主阵营的巩固和扩大，有利于资本主义世界各国中民族民主运动力量的增长，有利于世界人民的和平民主运动的发展，同时也有利于我国进行建设工作。"④

（二）党在过渡时期总路线的提出

新中国成立后仅仅三年时间，我国在政治、经济等方面取得了显著成绩。随着国内

① 中共中央文献研究室．毛泽东年谱（1949—1976）：第 1 卷．北京：中央文献出版社，2013：603－604.
② 毛泽东选集：第 2 卷．2 版．北京：人民出版社，1991：686.
③ 周恩来选集：下卷．北京：人民出版社，1984：106，107.
④ 周恩来选集：下卷．北京：人民出版社，1984：107.

外形势的发展变化和党在实际工作中的经验积累，并在苏联社会主义建设事业取得较大成功的示范效应下，党开始酝酿和提出过渡时期的总路线，为从新民主主义向社会主义的转变提供理论指导。

1952 年 9 月召开的讨论“一五”计划的中共中央书记处会议上，毛泽东提出了关于向社会主义过渡的新设想，这是我们党酝酿提出过渡时期总路线的开始。毛泽东明确指出：我们现在就要开始用十年到十五年的时间基本上完成到社会主义的过渡，而不是十年或者以后才开始过渡。七届二中全会提出限制与反限制的斗争问题，现在这个内容就更丰富了。工业中，私营占百分之三十二点七，国营占百分之六十七点三，是三七开；商业零售是倒四六开。再发展五年，私营比例会更小，但绝对数字仍会有些发展，这还不是社会主义。五年以后如此，十年以后会怎么样，十五年以后会怎么样，要想一想①。对此，与会的其他领导人没有提出异议。这表明，与之前“一举过渡”的初步设想相比，党关于过渡的步骤和方法，开始发生变化。

苏联是最早建立社会主义政权的国家，苏联的意见对我们有很大的参考价值。1952 年 10 月刘少奇率团参加苏共十九大，毛泽东委托刘少奇就中国的过渡问题征求斯大林的意见。斯大林对此给予了充分的肯定，他说：我觉得你们的想法是对的。当我们掌握政权以后，过渡到社会主义去应该采取逐步的办法②。随后，毛泽东在一些会议上和外出调查时，又多次谈到如何向社会主义过渡的问题，听取党的其他领导人和一些地方干部群众的意见。1953 年 2 月，毛泽东在听取孝感地委书记工作汇报时指出：什么叫过渡时期？过渡时期的步骤是走向社会主义。他扳着指头解释道：类似过桥，走一步算是过渡一年，两步两年，三步三年，六步六年……十年到十五年走完了③。

经过九个多月的酝酿和准备，党在 1953 年 6 月召开政治局会议讨论对农业、手工业和资本主义工商业的改造问题。会上，毛泽东在听取并讨论李维汉《关于利用、限制和改造资本主义工商业的若干问题》的报告时，对过渡时期总路线做了一个比较完整的表述：“从中华人民共和国成立，到社会主义改造基本完成，这是一个过渡时期。党在过渡时期的总路线和总任务，是要在十年到十五年或者更多一些时间内，基本上完成国家工业化和对农业、手工业、资本主义工商业的社会主义改造。”④ 在谈到要逐步过渡时，他指出：这比较好。社会主义因素是逐年增长的，不是说到第十六个年头上突然没收资本主义工商业。我们根据过去四年的经验，资本主义企业中社会主义因素是逐年增长的，不要认为资本主义经济十五年原封不动，不要总把资本主义经济看成一块铁板，看成是不变化的⑤。这次会议委托李维汉根据会上讨论情况，对报告加以补充和修改。之后，又经过几次讨论修改，人民政协全国委员会在庆祝新中国成立四周年的口号中，向全国正式公布了过渡时期总路线。

随着过渡时期总路线的公布，宣传活动在全国兴起。为了适应学习和宣传活动的需

---

① 中共中央文献研究室．毛泽东年谱（1949—1976）：第 1 卷．北京：中央文献出版社，2013：603－604.

② 中共中央文献研究室．毛泽东传（1949—1976）：上卷．北京：中央文献出版社，2003：244.

③ 中共中央文献研究室．毛泽东年谱（1949—1976）：第 2 卷．北京：中央文献出版社，2013：31.

④ 中共中央文献研究室．毛泽东年谱（1949—1976）：第 2 卷．北京：中央文献出版社，2013：116.

⑤ 中共中央文献研究室．毛泽东年谱（1949—1976）：第 2 卷．北京：中央文献出版社，2013：116.

要，中宣部起草了一个关于党在过渡时期总路线的学习和宣传提纲。毛泽东在修改提纲草稿时，将过渡时期总路线的表述最后确定为："从中华人民共和国成立，到社会主义改造基本完成，这是一个过渡时期。党在这个过渡时期的总路线和总任务，是要在一个相当长的时期内，逐步实现国家的社会主义工业化，并逐步实现国家对农业、对手工业和对资本主义工商业的社会主义改造。"①

1954 年 2 月党的七届四中全会通过决议，正式批准了过渡时期总路线。9 月，过渡时期总路线被载入"五四宪法"，标志着党在过渡时期总路线以国家根本大法的形式确定下来，成为全国人民共同的意志和奋斗目标。党在过渡时期总路线的提出，符合新中国经济社会发展的实际和规律，反映了历史发展的必然性。

（三）党在过渡时期总路线的内容

党在过渡时期总路线，概括地说就是"一化三改"或"一体两翼"。"一化"是指实现国家的社会主义工业化，这是总路线的主体。"三改"是指实现对农业、手工业以及资本主义工商业的社会主义改造，这是总路线的两翼。发展社会主义工业和实行社会主义改造同时并举，二者彼此联系、相互促进，体现了解放生产力与发展生产力、变革生产关系与发展生产力的有机统一。

第一，过渡时期是指从中华人民共和国成立到社会主义改造基本完成。这是一个相当长的时期。国民党反动政权的灭亡和中华人民共和国的成立，是革命性质转变的标志，也是向社会主义过渡的起点。新中国成立之初，新民主主义革命任务还没有彻底完成，形势错综复杂。党除了要继续完成新民主主义革命遗留任务，在城市立即着手接收官僚资本主义企业使之变为社会主义的企业，建立社会主义的国家银行，同时在全国范围内着手建立社会主义的国营商业和合作社商业等。所以，毛泽东指出："并不是说社会主义改造这样一个伟大的任务，在人民共和国成立以后就可以立即在全国一切方面着手施行了。"② 社会主义改造的目的是确立社会主义的经济基础，因此，党把社会主义改造基本完成作为过渡时期结束的标志。整个过渡时期之所以需要这样一个相当长的时期，主要原因在于：一是我国经济和文化落后，要在一个相当长的时期内来创造为保证社会主义完全胜利所必要的经济上和文化上的前提；二是我国有极其广大的个体的农业和手工业及在国民经济中占很大比重的资本主义工商业，要在一个相当长的时期内来改造它们。

第二，工业化为整个国民经济实行社会主义改造提供物质基础。新中国成立初期，我国的工业化水平很低，许多领域还是空白，实现工业化是必须要解决的重大任务。在过渡时期总路线中，社会主义工业化处于"主体"地位，因为只有充分强大的社会主义工业才能吸引、改组和代替资本主义工业，才能支持社会主义商业，改造和代替资本主义商业，才能用新的技术来改造个体农业和手工业，才能创造保证社会主义完全胜利的经济、文化和政治前提。如何实现工业化，从历史上看主要有两条道路：一条是资本主义的，一条是社会主义的。走资本主义工业化的道路，就是按照资本主义唯利是图的法

① 中共中央文献研究室．毛泽东年谱（1949—1976）：第 2 卷．北京：中央文献出版社，2013：201.

② 中共中央文献研究室．建国以来重要文献选编：第 4 册．北京：中央文献出版社，2011：597.

则，用残酷剥削工人并使广大农民和手工业者破产的办法，亦即以极少数人剥削极大多数人的办法，来保证最大限度的资本主义利润。这是与中国革命的目标和中国人民的利益相违反的。中国的工业化只能借鉴苏联经验，走社会主义的道路。

> 总路线也可以说就是解决所有制的问题。国有制扩大——国营企业的新建、改建、扩建。私人所有制有两种，劳动人民的和资产阶级的，改变为集体所有制和国营（经过公私合营，统一于社会主义），这才能提高生产力，完成国家工业化。
>
> 中共中央文献研究室．毛泽东文集：第6卷．北京：人民出版社，1999：301.

第三，过渡时期总路线的实质，是通过社会主义改造建立社会主义的生产关系，解放和发展社会生产力。总路线规定了实现国家对农业、手工业和资本主义工商业进行社会主义改造的三大任务，要求把以农民和手工业者个体劳动为基础的个体所有制改造为社会主义集体所有制，把以占有工人阶级的剩余劳动为基础的资本主义私有制改造为全民所有制。相反，如果不对农业、手工业和资本主义工商业实行社会主义改造而任其发展，不但无法支持社会主义工业的发展，还会与社会主义工业化发生种种矛盾。毛泽东指出："党在过渡时期的总路线的实质，就是使生产资料的社会主义所有制成为我国国家和社会的唯一的经济基础。"① 通过社会主义改造，我国确立了社会主义的经济基础以及建立在经济基础上的政治、法律、意识形态等上层建筑，从而确立了社会主义的生产关系，使生产力在生产关系的变革中实现了迅速发展。

总之，"一化"和"三改"或"一体"和"两翼"是统一不可分离的整体。"要过渡到社会主义，没有主体当然不行，没有翅膀也不行。"② 实现社会主义工业化，是国家独立、富强的必然要求，而农业、手工业和资本主义工商业的改造，正是进行大规模、有计划的工业化建设的必要条件。

三、社会主义改造的道路

党在马克思主义过渡时期理论指导下，制定并实行了一整套适合中国特点的社会主义改造的方针、政策和办法，创造性地开辟了具有中国特点的社会主义改造道路，使中国确立了进入社会主义的经济基础，成功地进入社会主义社会。

（一）农业、手工业的社会主义改造

1. 农业社会主义改造的必要性和可能性

恩格斯在《法德农民问题》中指出："我们对于小农的任务，首先是把他们的私人生产和私人占有变为合作社的生产和占有，不是采用暴力，而是通过示范和为此提供社会

① 中共中央文献研究室．毛泽东文集：第6卷．北京：人民出版社，1999：316.

② 中共中央文献研究室．建国以来重要文献选编：第5册．北京：中央文献出版社，2011：2.

帮助。”[①] 俄国十月革命胜利后，列宁在《论合作制》等著作中也指出，在无产阶级掌握了国家政权和生产资料所有权以后，用组织合作社的办法，吸引农民参加社会主义事业，是无产阶级改造个体小生产的农业经济的唯一出路。党和国家对农业的社会主义改造，坚持了马克思列宁主义基本原理，反映了历史发展的必然性。

> 不使小农经济得到切实的大规模的改善，我们就没有出路，因为没有这个基础，任何经济建设都不能进行，无论多么伟大的计划都会落空。
>
> 列宁．列宁选集：第4卷．3版修订版．北京：人民出版社，2012：354.

第一，农业社会主义改造是社会主义工业化建设的需要。土地改革彻底废除了封建土地所有制，使农业生产力获得了解放。可是，农业经济中占绝对优势的还是分散和落后的小农经济。农业生产以一家一户为单位，进行小块土地的生产活动，既无法很快扩大耕地面积以增加产量，也不能使用现代化的农业机器提高单位面积产量，生产效率很低。所以，建立在农民个体所有制基础上的小农经济限制着农业生产力的提高和发展，和国家社会主义工业化之间存在着很大矛盾。解决这一矛盾就必须按照社会主义的原则逐步改造小农经济，促使农民组织起来，实现农业从个体到集体的转变。

第二，农业社会主义改造是改善农民生活的需要。农民既是劳动者又是小私有者。作为劳动者，有拥护社会主义和互助合作的积极性；作为小私有者，有个体经济的积极性，但在小农经济基础上不可避免地产生小生产的资本主义自发倾向。如果不加强对农民的教育和引导，任其发展下去，不可避免地会因为天灾、疾病等原因导致有的农民陷入贫困，进而产生严重的两极分化。引导农民走互助合作道路，就可以从根本上解决农村两极分化的问题，进而提高农业生产效率，改善农民生活，实现共同富裕。

第三，农业社会主义改造是进一步巩固工农联盟的需要。毛泽东认为，农民已不满足于过去同工人在土地革命基础上建立起来的工农联盟。土地改革后农村中正在出现新的富农，同时许多农民因为生产资料不足仍然处于贫困地位，而有些则欠了债、出卖土地。毛泽东指出：“在这种情况之下，工人和农民的同盟能够继续巩固下去吗？显然是不能够的。这个问题，只有在新的基础之上才能获得解决。”[②] 因此，要进一步巩固工农联盟，就得领导农民走社会主义道路，使他们富裕起来。同时，只有在农业社会主义改造的过程中，工人阶级同农民的联盟才能逐步地巩固起来。

> 全国大多数农民，为了摆脱贫困，改善生活，为了抵御灾荒，只有联合起来，向社会主义大道前进，才能达到目的。这种感觉，已经在广大的贫农和非富裕的农民中间迅速地发展起来。
>
> 中共中央文献研究室．毛泽东文集：第6卷．北京：人民出版社，1999：429.

实现农业社会主义改造也是完全可能的。一是我国有农民互助合作的传统。土地革

---

① 马克思，恩格斯．马克思恩格斯选集：第4卷．3版．北京：人民出版社，2012：370.

② 中共中央文献研究室．毛泽东文集：第6卷．北京：人民出版社，1999：437.

命战争时期的中央苏区、抗日战争时期的陕甘宁边区、解放战争时期的一些老解放区，都有农民为克服困难、发展生产，自发结成各种形式的互助组织。毛泽东对此充分肯定，认为这样的改革，生产工具虽然没有发生根本性的变化，但人与人之间的生产关系变化了，这是生产制度上的革命。二是有工人阶级领导的、以工农联盟为基础的国家政权和社会主义工业的领导。这种政治、经济上的优势，是改造小农经济必然取得胜利的政治保证。三是农民是工人阶级最可靠的同盟军。在工人阶级领导下，经过新民主主义革命，农民翻身做了主人，政治地位极大提高；实行土地改革，废除封建剥削的土地制度，几亿农民拥有了自己的土地。这些使得农民对党和工人阶级的领导产生强烈认同。四是农业社会主义改造也是觉悟了的农民的自发要求。一些农民在自己的体验中感受到只有走社会主义道路才能摆脱贫困，这就为农民接受社会主义改造创造了充分条件。

2. 农业社会主义改造的道路

农业社会主义改造大体上经历了三个阶段：第一阶段从新中国成立到 1953 年底，以发展互助组为中心，同时试办初级社。第二阶段从 1954 年 1 月到 1955 年下半年，大办初级社，开始试办高级社。第三阶段从 1955 年夏季到 1956 年底，合作化运动加快发展直至结束。在这个过程中，党从中国农村的实际出发，充分利用民主革命胜利后所取得的政治条件和物质基础，制定和实行适合中国特点的农业社会主义改造政策，成功地实现了对农业的社会主义改造。

第一，积极引导农民走互助合作道路。新中国成立初期，农民在土地改革基础上所发扬起来的生产积极性表现在两个方面：一方面是个体经济的积极性，另一方面是互助合作的积极性。党充分地了解农民小生产者的特点，提出既不能忽视和粗暴地挫伤农民个体经济的积极性，也要发展农民互助合作的积极性，把农民组织起来，帮助农民克服分散经营中所遇到的困难，使广大农民能够增加生产而走上丰衣足食的道路。因此，党积极引导广大农民，使他们逐步地认识劳动互助和生产合作的优越性，走由个体经济逐步地过渡到集体经济的道路。

第二，遵循自愿互利、典型示范和国家帮助的原则。对小农经济进行社会主义改造，绝不能用强迫命令的手段把贫农和中农合并到合作社里，也绝不能用剥夺的手段把农民的生产资料公有化。党根据农民的日常生活和自身经验，宣传社会主义和合作化思想，使他们认识到组织起来、搞农业合作化是农村和农民的唯一出路。在农业合作化运动中，党通过领导试办农业生产合作社，树立典型和榜样，逐步巩固与推广合作化。同时，照顾到互助合作农民和单干农民的关系，给农业生产合作社以适当的物质帮助，比如农业低息贷款、兴修水利、建立技术推广站和建立较大的新式农具站等，使农民感受到实际的利益，并自愿地联合起来进入合作社。

第三，实行积极领导、稳步前进的方针和采取循序渐进的步骤。积极领导，就是党的领导不应当落后于群众的要求和国家建设的需要。稳步前进，就是党的领导不应当超过群众的觉悟程度和忽视现实的条件。农业社会主义改造大体上经历了互助组、初级社和高级社三个发展阶段。互助组包括简单的共同劳动的临时互助组和在共同劳动基础上实行某些分工而有某些少量公共财产的常年互助组。互助组是建立在个体经济基础上的集体劳动组织，它没有触动农民的土地及其他生产资料的私有权，又可以彼此换工，互相帮助，为广大农民所接受，具有社会主义萌芽的性质。初级社是实行土地入股、统一经营而有较多公共财产的农业生产合作社，具有半社会主义性质。高级社则取消土地分红，实行按劳分配，是建立在生产资料集体所有制基础上的社会主义性质的合作组织。

第四，正确分析农村阶级关系的变化，实施正确的阶级政策。土地改革后，贫雇农由于分得了土地、农具、耕畜，有半数人迅速上升为中农，我国农村出现了中农化的趋势。在大规模进行社会主义改造时，土改时的老中农加上新中农已占农村农户的60%左右。毛泽东从我国农村的实际出发，分析土改后中农在生产中的地位、生活状况和对社会主义改造的态度，将“依靠贫农，巩固地联合中农”的口号按照新情况加以具体化，把中农分为上中农和下中农，提出首先要贫下中农组织起来，并强调“他们有一种组织合作社的积极性”[①]。贫农和下中农一起，占农村人口的60%～70%，解决了这个问题，就从根本上解决了农业合作化过程中，党在农村依靠农民的大多数和建立农村无产阶级优势的问题。在此基础上，党制定并贯彻执行了依靠贫农、下中农、团结其他中农，由限制到逐步消灭富农剥削的农村阶级政策。这就调动了占农村人口绝大多数的贫农、下中农的社会主义积极性，稳定和教育了中农，最大限度地减少了富农和未改造好的地主分子对合作化的抵触和反抗，使我国农业合作化运动有了坚实的阶级基础和群众基础，保证了农业社会主义改造的顺利进行。

我国的农业合作化运动是比较成功的。它仅用了几年时间就完成了5亿农民从个体小农经济向社会主义集体经济的转变。在合作化过程中不仅没有破坏农村生产力，导致农业产量下降，还促进了农业生产、农田水利基本建设的发展，为以后农业发展水平的提高创造了条件。

3. 手工业的社会主义改造

手工业主要是指从事小商品生产的个体手工业，也包括一部分依附于农业自然经济的手工业。中国手工业生产历史悠久，产品种类繁多，门类齐全。新中国成立初期，全国手工业工人大约有600万人。手工业是供应城乡人民生产和生活资料需要的主要来源，农村生产资料的90%，农民生活资料的70%左右都靠手工业生产，城市居民也需要大量的手工业产品。1952年，手工业产值占当年工农业总产值的8.8%。手工业的生产经营规模小，分工不细，资金短缺，工具简单，技术落后，劳动生产率很低。只有对手工业进行社会主义改造，才能提高其生产力，使之适应国家工业化建设和人民生活的需要。

手工业者与手工业资本家有本质区别。手工业者绝大多数是分散的个体生产者，他们自己从事独立的生产，一般不雇用工人，有时雇用辅助性质的助手和学徒，但仍以本人的手工业劳动为其主要生活来源。手工业资本家则雇用工人和学徒以进行手工业生产，取得利润作为收入之全部或主要来源。手工业者与个体农民则有着相同之处，二者既是劳动者，又是私有者。因此，党对手工业的社会主义改造，与对农业的社会主义改造基本类同。

党采取积极领导、稳步前进的方针，在具体改造过程中创造了从供销合作入手，逐步发展到走生产合作的道路。与此相适应，所采取的经济组织形式，是从手工业供销小

① 中共中央文献研究室．建国以来重要文献选编：第7册．北京：中央文献出版社，2011：58.

组到手工业供销合作社，再到手工业生产合作社的逐步前进的步骤。第一步，办手工业供销小组，这是初级的比较松散的手工业供销合作组织。对加入这个小组的成员，由国营商业或供销合作社供给原料，包销产品，或向手工业加工订货。这类小组，没有改变生产资料私有制性质，仍是独立进行生产、核算，自负盈亏的个体户，但已把个体手工业者组织起来了，开始脱离资本主义工商业的供销轨道，具有社会主义萌芽的性质。第二步，办手工业供销合作社，这是一种从供销合作到生产合作的过渡组织。加入者一般由供销小组合并起来，开始是统一供销业务，统一记账，分别核算，生产活动仍由各户分散独立完成，生产资料和工具仍然私有；后来逐步有部分生产资料公有，合作社对各户的生产也有一定的干预。手工业供销合作社具有较高的组织性，并接受国营经济的领导，因而已具有半社会主义的性质。第三步，办手工业生产合作社，这是以手工业者的生产资料全部归集体所有，统一经营，统负盈亏的合作组织。入社社员参加集体劳动，以工资和分红形式，采取按劳分配的原则。因此，这是社会主义性质的集体经济组织。

党采取说服教育、典型示范和国家帮助的办法，提高手工业者的社会主义觉悟，引导他们在自愿互助的基础上联合起来。毛泽东为手工业合作社规划了具体的组织规模，提出以 100 人左右为宜，多可以是几百人，少可以是几十人，这与当时中国手工业的生产力水平相适应。手工业合作社的生产经营方针是：为农业生产服务，为群众生活服务，为出口贸易服务，特别强调要为农业生产服务。毛泽东指出，下乡修理农具，这个办法很好，农民一定欢迎，中国手工业几千年来就是这样做的。组织合作社以后，提高了技术，就能更好地为农民服务。他还要求，手工业要向半机械化、机械化方向发展，努力提高劳动生产率，手工业生产要纳入国家计划等。总体来说，1955 年上半年以前的几年里，合作化运动的发展是稳步前进的。1955 年下半年开始，合作化开始加速，年底全国手工业生产合作社（组）发展到 64 000 多个，社（组）员 220 多万人，1956 年底实现了手工业的社会主义改造。

（二）资本主义工商业的社会主义改造

1. 用和平赎买的方法改造资本主义工商业

> 我们现在能够而且应该把两种办法结合起来，一方面对不文明的资本家，对那些既不肯接受任何“国家资本主义”，也不想实行任何妥协，继续以投机和收买贫民等方法来破坏苏维埃措施的资本家，无情地加以惩治；另一方面对文明的资本家，对那些肯接受并能实施“国家资本主义”，能精明干练地组织真正以产品供应千百万人的大企业而对无产阶级有益的资本家谋求妥协或向他们实行赎买。
>
> 列宁．列宁选集：第 3 卷．3 版修订版．北京：人民出版社，2012：530－531.

马克思主义认为，“剥夺者”必将被“剥夺”，这是无产阶级革命的根本原则。而实现“剥夺剥夺者”，主要有两种方式：一种是暴力的方式，通过强制性的手段进行夺取；另一种则是和平的方式，通过和平赎买实现私有财产所有制的转化。所谓赎买，就是国家有偿地将私营企业改变为国营企业，将资本主义私有制改变为社会主义公有制。具体方式，不是国家用一笔钱或者发行公债来购买资本家的生产资料，而是让资本家在一定年限内从企业经营所得中获取一部分利润。相对于暴力没收而言，这种方式是温和的、和平的。马克思、恩格斯和列宁都曾设想过，无产阶级取得国家政权以后，可以采取和平赎买的方法，把资本家占有的生产资料转变为国家和人民的财产。恩格斯曾说，马克思多次对他讲过，假如能够用赎买的办法消灭资本主义私有制，那是“最便宜不过了”①。十月革命胜利后，列宁也曾设想对肯接受国家资本主义的“文明的资本家”实行赎买，但由于俄国资产阶级勾结帝国主义进行武装叛乱，致使这一设想未能实现。

与俄国情况不同，中国有对资本主义工商业实现和平赎买的可能性。毛泽东认为，中国的民族资产阶级，不仅在民主革命时期具有两面性，而且在社会主义革命时期仍然具有两面性：“它有剥削工人阶级取得利润的一面，又有拥护宪法、愿意接受社会主义改造的一面。”民族资产阶级和工人阶级之间存在着的剥削和被剥削的矛盾，“如果处理得当，可以转变为非对抗性的矛盾，可以用和平的方法解决这个矛盾”②。而且，过渡时期民族资产阶级所处的条件，比如：国内有一个强大的以工人阶级为领导的人民民主专政的国家政权；日益增长的社会主义经济和社会主义经济在整个国民经济中的领导地位和领导作用；工人群众的觉悟和他们的高度的组织力量；农民站在工人方面，同工人结成了巩固的联盟；资产阶级在经济上已经失掉了独立存在的条件，而且本身矛盾重重，整个阶级已经陷入分崩离析；苏联的援助和强大社会主义阵营的存在；等等，都有利于实现和平赎买。因此，党中央和毛泽东明确指出，民族资产阶级“除了向工人阶级屈服，把态度放‘文明’些，比较老实地执行我们国家给予的任务，走上我们党所指出的改造的道路以外，再没有其他的出路”③。

> 我们的国家资本主义，其性质和苏联的国家资本主义是相同的，苏联是共产党领导的无产阶级专政的国家，我们也是共产党领导的国家，但实行的办法则有很多不同。列宁在一九一八年指出的这条道路，我们实行了。
>
> 中共中央文献研究室．毛泽东文集：第6卷．北京：人民出版社，1999：285.

党关于和平赎买的方案是在酝酿和提出过渡时期总路线的过程中形成的。毛泽东主张对资产阶级的不同部分采取有区别的政策，即对官僚资本实行没收，对民族资产阶级的中小资本，可以采用和平赎买的方法。毛泽东提出“新式的资本主义”。1952年9月他在中共中央书记处会议上提出的，资本主义工商业通过公私合营、加工订货、工人监督、资本公开等发生性质上的变化，变成新式的资本主义。刘少奇提出“献厂”方式。1952年10月，毛泽东委托刘少奇写给斯大林的信指出：“在征收资本家的工厂归国家所有时，我们设想在多数的情形下可能采取这样一种方式，即劝告资本家把工厂献给国家，国家保留资本家消费的财产，分配能工作的资本家以工作，保障他们的生活，有特殊情

① 马克思，恩格斯．马克思恩格斯选集：第4卷．3版．北京：人民出版社，2012：375.

② 中共中央文献研究室．毛泽东文集：第7卷．北京：人民出版社，1999：206.

③ 中共中央文献研究室．建国以来重要文献选编：第8册．北京：中央文献出版社，2011：128.

形者，国家还可付给资本家一部分代价。”[①] 周恩来提出“和平转变”，他指出：“将来用什么方法进入社会主义，现在还不能说得很完整，但总的来说，就是和平转变的道路。中国经过了反帝、反封建的流血革命后，不会再流第二次血。和平转变，是要经过一个相当长的时间，而且要转变得很自然，‘水到渠成’。”[②] 在这些探索的基础上，1953 年 2 月毛泽东明确指出：“对民族资产阶级，可以采取赎买的办法。”[③] 和平赎买的方案被确定下来，马克思关于和平赎买设想转化为中国共产党的实践。

2. 采取从低级到高级的国家资本主义的过渡形式

国家资本主义是指国家与私人资本主义合作的经济，它是“在人民政府管理之下的，用各种形式和国营社会主义经济联系着的，并受工人监督的资本主义经济。这种资本主义经济已经不是普通的资本主义经济，而是一种特殊的资本主义经济，即新式的国家资本主义经济。它主要地不是为了资本家的利润而存在，而是为了供应人民和国家的需要而存在”[④]。国家资本主义是改造资本主义工商业和逐步完成社会主义过渡的必经之路。国家资本主义有低级、中级和高级三种表现形式。

> 对资本主义工商业，是采取一九四九年对官僚资本那样全部没收、一个钱不给这个办法好呢，还是拖十五年、十八年，由工人阶级替他们生产一部分利润，而把整个阶级逐步转过来这个办法好呢？这是两个办法：一个恶转，一个善转；一个强力的转，一个和平的转。我们现在采取的这个方法，是经过许多的过渡步骤，经过许多宣传教育，并且对资本家进行安排，应当说，这样的办法比较好。
>
> 中共中央文献研究室．毛泽东文集：第 6 卷．北京：人民出版社，1999：499.

在 1953 年底以前，着重发展低、中级形式的国家资本主义。低级形式一般是私营企业的资本家购买原料、生产，国家收购其生产的所有或大部分产品。中级形式主要表现为委托加工、计划定货、统购包销、经销代销。委托加工，就是由国家向私营企业提供原料或半成品，委托私营企业加工，国家付给加工费。计划定货，就是国家向私营企业订购产品，国家预先付给定金或部分原料。统购，就是国家对资本主义企业生产的有关国计民生的重要产品统一收购，不允许资本家在市场上自由出售。包销，就是国家在资方保证产品规格、质量的条件下，将其产品全部包下来代为销售。经销，是国营公司指定产品，并按照国营公司供应计划与私营商店订立合同，私营商店以现款向国营公司进货，并按照国家统一牌价出售。代销，是国家商业委托零售代销。通过这些形式把私营工商业纳入国家资本主义轨道。低、中级形式的国家资本主义，主要是国家与私人工商业的外部联系与合作，企业基本上仍由资本家管理，劳资矛盾、公私矛盾及由此引起的其他矛盾，难以获得有效的治理。这就需要有步骤地将私营企业改造为高级形式的国家资本主义的公私合营企业。

---

① 中共中央文献研究室．毛泽东传（1949—1976）：上卷．北京：中央文献出版社，2003：243.

② 中共中央文献研究室．周恩来年谱（1949—1976）：上卷．北京：中央文献出版社，1997：266.

③ 中共中央文献研究室．毛泽东传（1949—1976）：上卷．北京：中央文献出版社，2003：248.

④ 中共中央文献研究室．毛泽东文集：第 6 卷．北京：人民出版社，1999：282.

从1954年起，改造开始转入重点发展公私合营的高级形式的国家资本主义。公私合营又分为个别企业公私合营和全行业公私合营。在个别企业公私合营阶段，国家通过投资，将私人资本主义企业转变为公私合营企业。国家在企业中占有一部分或大部分股权；派领导干部参加企业管理，实际上掌握企业的经营管理权；企业的经营管理和生产计划完全纳入国家计划。全行业公私合营以后，这些企业基本上已经是社会主义性质的经济，除资本家领取定息外，同国营企业已经没有原则上的区别。

在对资本主义工商业进行社会主义改造的过程中，企业利润分配办法有一个从“四马分肥”向“定息”过渡的过程。1952年6月，毛泽东在党内一次会议上提议采取“四马分肥”的办法，后来又委托黄炎培在全国工商联代表会议致辞中进行传达。所谓“四马分肥”，就是把利润分成四份，各有一定比例，其中国家税收占34.5%，工人福利占15%，企业公积金占30%，资方股息和红利占20.5%。1955年秋冬之际，国家加快了对资本主义工商业改造的步伐，决定在一切重要行业实行全部或大部公私合营。陈云在《资本主义工商业改造的新形势和新任务》的报告中强调：“应该推广定息的办法。定息就是把原来分给资本家的利润，改变为按照固定资产价值付给定额利息。”[①] 国家按照企业资本的股份额，每年拨付给原工商业者5%的定息，开始决定付息7年，后来又延长3年，共计10年。

3. 采取对企业的改造和对人的改造相结合的工作方法

毛泽东指出：“社会主义改造有两个方面，一方面是制度的改造，一方面是人的改造。”[②] 对企业所有制的改造和对资产家的改造是辩证统一的。只有在改造资本主义私有制企业的实践中才能改造资本家的思想，改造资本家的思想又能为企业的改造减少阻力。我国在对资本主义工商业进行社会主义改造的过程中，逐步地改造资本家，将他们由剥削者改造成自食其力的劳动者。改造的方法主要是以企业为基地，对资方在职人员和资方代理人采取“包下来”的政策，“量才使用，适当照顾”。引导他们参加生产劳动和社会政治活动，对他们进行爱国主义、社会主义教育。在政治上把同民族资产阶级的矛盾，当作人民内部矛盾来处理，不剥夺他们的选举权，承认资产阶级党派和政治团体的合法地位，对一些积极响应社会主义改造的资本家，还给予一定的政治地位。通过加强对资本家的教育改造，使他们了解由资本主义过渡到社会主义是必然的不可抵抗的历史规律，了解爱国主义和社会主义的联系，了解党和国家的政策，了解资产阶级接受社会主义改造是他们唯一可能的出路。经过努力，绝大部分资本家愿意接受工人阶级的领导，减少了改造的阻力，并且使资本家利用他们所掌握的科学知识和经营管理经验，为社会主义建设服务，从而达到了既消灭剥削阶级，又实现了团结、教育、改造资本家的目的，很大程度上避免了激烈的阶级对抗和对生产力的破坏。

（三）社会主义改造的基本经验

邓小平指出：“在搞社会主义方面，毛泽东主席的最大功劳是将马克思列宁主义的普

---

① 陈云．陈云文选：第2卷．2版．北京：人民出版社，1995：288.

② 中共中央文献研究室．毛泽东年谱（1949—1976）：第3卷．北京：中央文献出版社，2013：188.

遍真理同中国革命的具体实践结合起来。我们最成功的是社会主义改造。”① 毛泽东和党中央在领导社会主义改造过程中，制定和实行了一系列适合中国具体实际的政策和策略，也积累了丰富经验。

> 在一个几亿人口的大国中比较顺利地实现了如此复杂、困难和深刻的社会变革，促进了工农业和整个国民经济的发展，这的确是伟大的历史性胜利。
>
> 中国共产党中央委员会关于建国以来党的若干历史问题的决议．北京：人民出版社，1981：14.

第一，坚持建设与改造同时并举的方针。毛泽东指出：“我们现在不但正在进行关于社会制度方面的由私有制到公有制的革命，而且正在进行技术方面的由手工业生产到大规模现代化机器生产的革命，而这两种革命是结合在一起的。”② 实现工业化是强国之路，但在我国分散、落后的小农经济的基础上，是不可能建立起现代化大工业的。私人资本主义经济自身发展的局限性，也不可能完成国家工业化任务。因此，在建设社会主义工业化的同时，有必要对农业、手工业和资本主义工商业进行社会主义改造。社会主义改造就是通过变革生产关系，使其更好地适应社会主义工业化建设的要求，更好地发展生产力；而社会主义工业化的推进，又必然会为社会主义改造提供强大的物质技术基础。在社会主义改造过程中，党和政府所采取的实际步骤，力求使之与促进工业化进程和经济发展的要求相适应，而不允许对生产力造成破坏。经过全党和全国人民的不懈奋斗，到 1956 年底我国社会主义改造基本完成时，“一五”计划的主要指标也提前完成，到 1957 年各项指标均超额完成。经过“一五”期间的大规模工业建设，我国以重工业为重点的社会主义工业化基础已初步形成。

第二，采取积极引导、逐步过渡的方式。无论是对农业、手工业的社会主义改造，还是对资本主义工商业的社会主义改造，都是采取积极引导、逐步过渡的方式。在农业社会主义改造方面，创造出互助组、初级社、高级社等过渡形式。这种逐步过渡的方式，既能让农民逐步适应、自然地接受社会主义集体所有制，又可以避免由于生产关系突然变化而引起的农业生产力的破坏。在手工业改造方面，先从供销入手，再实行生产改造，创造出供销小组、供销合作社、生产合作社等过渡形式，既保护和促进了手工业生产的发展，又为手工业逐步进行技术改造创造了条件。在资本主义工商业改造方面，创造出从低级到高级的各种国家资本主义的过渡形式，实现了对资本主义工商业的和平赎买，避免了在改造期间可能发生的剧烈的社会震荡和经济破坏。总之，采取积极引导、逐步过渡方式，使我国生产资料所有制的社会主义改造这场深刻的社会变革，不仅没有对生产力的发展造成破坏，而且促进了生产力的发展。

第三，采用和平的方法进行改造。我国的社会主义革命走了一条与俄国社会主义革命不同的道路，即和平改造。毛泽东指出：“在我国的条件下，用和平的方法，即用说服教育的方法，不但可以改变个体的所有制为社会主义的集体所有制，而且可以改变资本

① 邓小平．邓小平文选：第 2 卷．2 版．北京：人民出版社，1994：313.

② 中共中央文献研究室．毛泽东文集：第 6 卷．北京：人民出版社，1999：432.

主义所有制为社会主义所有制。"[①] 在农业社会主义改造中，党和政府坚持农民自愿的原则，反对强迫命令和剥夺农民的手段，反对盲目急躁的冒险主义。手工业者的情况和农民基本相同。因为有农业社会主义改造的经验，手工业的社会主义改造也比较顺利。在资本主义工商业改造中，对于资产阶级人士，党和政府在同他们联合的过程中，用赎买的办法逐步地改变他们的所有制；在改造他们的同时，给他们以必要的工作安排；不剥夺他们的选举权，并且对积极拥护社会主义改造而在改造过程中有贡献的代表人物做出恰当的政治安排，进而使他们自愿接受和平改造，保证了改造的顺利进行。

在社会主义改造后期，也出现了一些问题，留下了深刻教训。这主要是："在一九五五年夏季以后，农业合作化以及对手工业和个体商业的改造要求过急，工作过粗，改变过快，形式也过于简单划一，以致在长期间遗留了一些问题。一九五六年资本主义工商业改造基本完成以后，对于一部分原工商业者的使用和处理也不很适当。"[②] 出现这些问题的原因比较复杂，有工作指导上的原因，也有认识上的一些因素。但整体来看，在一个拥有几亿人口的大国中比较顺利地实现了如此复杂、困难和深刻的社会变革，促进了工业、农业和整个国民经济的发展，这的确是伟大的历史性胜利。

（四）社会主义基本制度的确立及其重大意义

1. 社会主义基本制度的确立

新中国成立后，我国面临的主要历史任务是进行社会主义革命，实现从新民主主义到社会主义的转变，建立社会主义制度。在党的正确领导下，我国坚持党在过渡时期的总路线，发展社会主义工业，完成社会主义改造，仅用 7 年时间，就胜利实现中国历史上最伟大的生产关系变革。1956 年底，我国对农业、手工业和资本主义工商业的社会主义改造基本完成，这标志着社会主义基本制度在中国确立，中国从此进入社会主义社会。

随着社会主义改造的基本完成，我国社会经济结构发生了根本变化。至 1956 年底，我国约有 1.17 亿农户和 500 多万个手工业者的个体经济变为集体经济，7 万户的私营工业企业已经变为公私合营企业，将近 200 万家的私营大中小商店，已经变为公私合营商店、合作商店、合作小组或直接变为国营商店。1956 年的国民经济总收入同 1952 年相比，国营经济所占比重由 19.1%上升到 32.2%，合作社经济由 1.5%上升到 53.4%，公私合营经济由 0.7%上升到 7.3%，个体经济由 71.8%下降到 7.1%，资本主义经济由 6.9%下降到接近于 0。社会主义性质的国营经济、合作社经济和基本上属于社会主义性质的公私合营经济合计为 92.9%[③]。由此，社会主义经济成分在国民经济中占据主体地位，我国确立了社会主义的经济基础，并建立了社会主义公有制的基本经济制度。

随着社会主义改造的全面推进，我国在政治、法律等上层建筑领域也发生了根本变

① 中共中央文献研究室．毛泽东文集：第 7 卷．北京：人民出版社，1999：2.

② 中共中央文献研究室．三中全会以来重要文献选编：下．北京：中央文献出版社，2011：135.

③ 中共中央党史研究室．中国共产党历史：第 2 卷：上册．北京：中央党史出版社，2011：359－360.

化。1954 年 9 月，第一届全国人大召开并通过了《中华人民共和国宪法》，人民代表大会制度正式运行。宪法以国家根本大法的形式规定了人民民主专政的社会主义国家制度，确认了中国人民经过新民主主义革命和社会主义革命长期浴血奋斗所取得的民主成果。宪法规定我国是人民民主专政的社会主义国家，实行民主集中制的人民代表大会制度，坚持中国共产党领导的多党合作和政治协商制度、民族区域自治制度，初步构建了人民当家作主的制度体系。1954 年《中华人民共和国宪法》的制定和颁布施行，为逐步健全和完善我国社会主义政治制度奠定了坚实的基础，成为我国社会主义民主政治建设的里程碑。

随着生产关系的调整和经济结构的深刻变革，我国社会的阶级关系发生根本性变化。近百年来横行中国的帝国主义势力已被赶出中国大陆；外国帝国主义的工具——官僚买办资产阶级已经在中国大陆上消灭了；地主阶级已经被消灭，原来剥削农民的地主和富农，被改造成自食其力的新人；民族资产阶级分子由剥削者转变为社会主义的建设者和劳动者；广大的农民和其他个体劳动者，已经转变为社会主义的集体劳动者；工人阶级已经成为国家的领导阶级，它的队伍扩大了，它的觉悟程度和文化技术水平大大提高了；知识分子已经改变了原来的面貌，成为中国工人阶级的一部分；广大劳动人民从此摆脱了被剥削被压迫被奴役的地位，成了国家和社会的主人。

2. 社会主义基本制度确立的重大意义

> 我们进行社会主义革命，消灭在中国延续几千年的封建剥削压迫制度，确立社会主义基本制度，……实现了中华民族有史以来最为广泛而深刻的社会变革，实现了一穷二白、人口众多的东方大国大步迈进社会主义社会的伟大飞跃，为实现中华民族伟大复兴奠定了根本政治前提和制度基础。
>
> 习近平．习近平谈治国理政：第 4 卷．北京：外文出版社，2022：5.

社会主义基本制度的确立，使中国进入了社会主义社会，是世界社会主义运动史上的伟大胜利。这是以毛泽东为主要代表的中国共产党人对于经济文化落后的国家如何进行社会主义革命问题的系统回答和正确解决。中国人民在党的领导下走上社会主义道路这一事实，改变了世界政治经济格局，增强了社会主义的力量，维护和推动了世界和平与发展，同时为其他相对落后国家探索民族独立、人民解放和走符合本国国情的发展道路提供了中国智慧和中国方案。

社会主义基本制度的确立，为生产力发展开辟了广阔道路。社会主义革命的目的是解放生产力。农业和手工业由个体所有制变为社会主义的集体所有制，资本主义工商业由资本主义所有制变为社会主义所有制，必然使生产力获得极大解放和发展，并为工业和农业的生产创造了社会条件。社会主义基本制度，是随着生产力的不断解放和发展而建立起来的。1956 年，在基本完成社会主义改造的同时，有计划的经济建设也取得了巨大成就。工业方面，钢、生铁、钢材、水泥、纯碱、客车、棉纱、棉布等几十种主要工业产品的产量增长迅速。农业方面，主要农作物生产和农田水利建设，也取得了很大成绩。生产关系的变革进一步解放了生产力，发展了生产力。1956 年工业总产值为 703.6

亿元，超过了“一五”计划规定的1957年所要达到的水平；农业总产值为583亿元，接近“一五”计划规定的1957年水平；工业总产值在工农业总产值中占51.3%。毛泽东指出：“社会主义制度促进了我国生产力的突飞猛进的发展，这一点，甚至连国外的敌人也不能不承认了。”[①]

社会主义基本制度的确立，为实现中华民族伟大复兴奠定了根本制度基础。生产资料公有制占绝对优势的新的经济基础的建立，是中国进入社会主义社会的最主要标志。伴随着生产资料公有制的建立和发展，我国确立的社会主义政治制度以及党和国家工作的各个方面都得到加强和改善。中国共产党发挥着领导全国人民建设社会主义的核心作用。人民代表大会制度保证了国家沿着社会主义的道路前进，是符合中国国情和实际、体现社会主义国家性质、保证人民当家作主、保障实现中华民族伟大复兴的根本政治制度。中国共产党领导的多党合作和政治协商制度反映了社会主义制度的本质要求，是实现人民民主的重要保证。民族区域自治制度有利于保证国家的统一和民族自治权利。以1954年宪法为代表的一系列法律制度的制定、起草、完善、施行，使我国社会主义法制建设有了一个新的开端。马克思主义在全国的指导思想地位的进一步加强，促进了社会主义文化的繁荣发展，为社会主义革命和建设提供了精神动力和智力支持。总体来说，社会主义基本制度的确立，符合我国国情，有利于调动广大人民群众的积极性、主动性和创造性，有利于解放和发展社会生产力，有利于集中力量办大事。社会主义基本制度的确立，是中华民族历史上最深刻最伟大的社会变革，为我国的一切进步和发展奠定了制度基础。

思考题

1. 为什么说新民主主义社会是一个过渡性质的社会？
2. 党在过渡时期总路线的主要内容和实质是什么？
3. 如何理解我国在20世纪50年代走社会主义道路的历史必然性？
4. 如何认识我国社会主义改造的基本经验？
5. 如何理解我国确立社会主义基本制度的伟大意义？

参考书目

1. 毛泽东．在中国共产党第七届中央委员会第二次全体会议上的报告//毛泽东选集：第4卷．北京：人民出版社，1991.

2. 毛泽东．革命的转变和党在过渡时期的总路线//中共中央文献研究室．毛泽东文集：第6卷．北京：人民出版社，1999.

3. 毛泽东．关于农业互助合作的两次谈话//中共中央文献研究室．毛泽东文集：第6卷．北京：人民出版社，1999.

---

① 中共中央文献研究室．毛泽东文集：第7卷．北京：人民出版社，1999：214.

4. 毛泽东．在资本主义工商业社会主义改造问题座谈会上的讲话//中共中央文献研究室．毛泽东文集：第6卷．北京：人民出版社，1999.

5. 刘少奇．刘少奇在中国共产党第八次全国代表大会上的政治报告//中央档案馆，中共中央文献研究室．中共中央文件选集（1949年10月—1966年5月）：第24册．北京：人民出版社，2013.

第五章

社会主义建设理论

社会主义改造基本完成以后，我们党领导全国各族人民开始转入全面的大规模的社会主义建设。如何在经济文化相对落后的条件下建设社会主义，是党面临的全新的历史性课题。以毛泽东为主要代表的中国共产党人把马克思列宁主义基本原理同中国具体实际进行“第二次结合”，提出了一系列关于社会主义建设的重要思想，丰富和发展了毛泽东思想。在探索过程中，虽然经历了严重曲折，但党在社会主义建设中取得的独创性理论成果和重大成就，为在新的历史时期开创中国特色社会主义提供了宝贵经验、理论准备、物质基础。

一、马克思列宁主义与中国实际的“第二次结合”

在社会主义建设初期，党号召过“学习苏联”。这有其历史的必然性，并且有收到积极效果的一面。然而，苏联经验并不都是成功的，苏联的成功经验也并不都适合中国的情况。毛泽东提出把马克思列宁主义基本原理同中国具体实际进行“第二次结合”，探索适合中国特点的社会主义建设道路。

> 最重要的是要独立思考，把马列主义的基本原理同中国革命和建设的具体实际相结合。民主革命时期，我们吃了大亏之后才成功地实现了这种结合，取得了新民主主义革命的胜利。现在是社会主义革命和建设时期，我们要进行第二次结合，找出在中国怎样建设社会主义的道路。
>
> 中共中央文献研究室. 毛泽东年谱（1949—1976）：第 2 卷. 北京：中央文献出版社，2013：557.

（一）以苏为鉴，探索自己的建设道路

苏联作为世界上第一个社会主义国家在工业化建设中取得伟大成就，为我国社会主义建设提供了重要经验。新中国成立后不久，刘少奇在中苏友好协会总会成立大会上的报告中也指出：“我们中国人民的革命，在过去就是学习苏联，‘以俄为师’，所以能够获得今天这样的胜利。在今后我们要建国，同样也必须‘以俄为师’，学习苏联人民的建国

经验。"[1] 可以说，学习苏联的先进经验是合乎实际的必然选择。

苏联好的经验，对我国经济建设起到了有益的作用，但是任何一国的经验都不可能是十全十美的，即使成功的经验也不一定完全适合中国实际。对于当时学习苏联经验、照抄苏联的做法，毛泽东指出："在经济建设方面，我们只得照抄苏联，特别是在重工业方面，几乎一切都抄苏联，自己的创造性很少。这在当时是完全必要的，同时又是一个缺点，缺乏创造性，缺乏独立自主的能力。"[2] 后来毛泽东在《读苏联〈政治经济学教科书〉的谈话》中又指出："解放后，三年恢复时期，对搞建设，我们是懵懵懂懂的。接着搞第一个五年计划，对建设还是懵懵懂懂的，只能基本上照抄苏联的办法，但总觉得不满意，心情不舒畅。"[3] 这反映了党的领导人的共同心声，也反映出毛泽东对按照中国的情况办事，开辟适合中国具体情况的社会主义建设道路的迫切愿望。

从 1955 年 12 月开始，毛泽东抽出大量的时间，从事调查研究和听取汇报工作，明确提出"以苏为鉴"的问题。在毛泽东着手探索中国自己的社会主义建设道路的同时，1956 年 2 月，苏联共产党召开二十大，揭露了斯大林制造个人崇拜及造成的严重后果，极大地促进了各国共产党人包括中国共产党人的思想大解放（毛泽东称其为一场"解放战争"[4]），促使各国共产党人认真反思苏联模式。

在集中大家意见的基础上，1956 年 4 月 25 日，毛泽东在中共中央政治局扩大会议上做了《论十大关系》的讲话，经政治局同意后，又于 5 月 2 日向最高国务会议做了报告。报告初步总结了我国社会主义建设的经验，明确提出要以苏为鉴，独立自主地探索适合中国情况的社会主义建设道路。毛泽东指出："特别值得注意的是，最近苏联方面暴露了他们在建设社会主义过程中的一些缺点和错误，他们走过的弯路，你还想走？过去我们就是鉴于他们的经验教训，少走了一些弯路，现在当然更要引以为戒。"[5] 这就明确了中国的社会主义建设必须从中国实际国情出发、走自己的道路这一根本思想。1960 年 6 月，他在《十年总结》中又写道："前八年照抄外国的经验。但从一九五六年提出十大关系起，开始找到自己的一条适合中国的路线。"[6]

（二）按照中国的特点去应用马克思主义

马克思主义揭示了自然界、人类社会、人类思维发展的普遍规律，是人们观察世界、分析问题的思想武器。新民主主义革命时期，以毛泽东为主要代表的中国共产党人坚持以马克思列宁主义为指导，立足中国革命实际，探索出符合中国国情的革命道路。社会主义革命和建设时期，在一个社会经济文化相对落后的东方大国进行社会主义建设，仍需要按照中国的特点去应用马克思主义，探索符合中国实际的社会主义建设道路。

---

① 中共中央文献研究室，中央档案馆．建国以来刘少奇文稿：第 1 册．北京：中央文献出版社，2005：87.
② 中共中央文献研究室．毛泽东文集：第 8 卷．北京：人民出版社，1999：305.
③ 中共中央文献研究室．毛泽东文集：第 8 卷．北京：人民出版社，1999：117.
④ 中共中央文献研究室．毛泽东文集：第 7 卷．北京：人民出版社，1999：127.
⑤ 中共中央文献研究室．毛泽东文集：第 7 卷．北京：人民出版社，1999：23.
⑥ 建国以来毛泽东文稿：第 9 册．北京：中央文献出版社，1996：213.

> 实践证明，马克思主义的命运早已同中国共产党的命运、中国人民的命运、中华民族的命运紧紧连在一起，它的科学性和真理性在中国得到了充分检验，它的人民性和实践性在中国得到了充分贯彻，它的开放性和时代性在中国得到了充分彰显！
>
> 习近平. 在纪念马克思诞辰200周年大会上的讲话. 北京：人民出版社，2018：14.

了解中国特点首先要把握中国基本国情。只有科学认识中国基本国情，坚持从实际出发，党和国家才能制定正确的路线方针政策。新中国成立以后，毛泽东强调，中国是一个一穷二白的社会主义大国，“我们一为‘穷’，二为‘白’。‘穷’，就是没有多少工业，农业也不发达。‘白’，就是一张白纸，文化水平、科学水平都不高”①。这是我国的基本国情，是社会主义建设探索过程中考虑一切问题的基本出发点。虽然从发展的观点看，这并不坏，因为一张白纸，正好写字，但是要改变这样一穷二白的落后状态，社会主义建设的任务极其艰巨。在1962年七千人大会上，毛泽东又指出：中国的人口多、底子薄，经济落后，要使生产力很大地发展起来，要赶上和超过世界上最先进的资本主义国家，没有一百多年的时间，我看是不行的。这些分析对把握中国特点起到了重要作用，也为马克思主义应用于中国具体实际提供了基本前提。

认识中国的特点还需要把握中华文化的特性。中华文化经历了五千多年的历史变迁，但始终一脉相承，积淀着中华民族最深层的精神追求。中华文化代表着中华民族独特的精神标识，为中华民族生生不息、发展壮大提供了丰厚滋养，已经成为中华民族的基因，植根在中国人内心，潜移默化地影响着中国人的思想方式和行为方式。早在1942年5月，毛泽东在延安文艺座谈会上就从文化的“源”和“流”的角度阐明了“古为今用，洋为中用”的思想。1964年9月，他在回信的批示中再次提出了“古为今用，洋为中用”的文艺方针②。1960年同古巴妇女代表团和厄瓜多尔文化代表团谈话时他又强调：“对中国的文化遗产，应当充分地利用，批判地利用。中国几千年的文化，主要是封建时代的文化，但并不全是封建主义的东西，有人民的东西，有反封建的东西。”③ 这些论述为深刻认识中华文化的特性，为把马克思列宁主义基本原理同中华优秀传统文化相结合奠定了理论基础。

> 世界上没有放之四海而皆准的具体发展模式，也没有一成不变的发展道路。历史条件的多样性，决定了各国选择发展道路的多样性。人类历史上，没有一个民族、没有一个国家可以通过依赖外部力量、跟在他人后面亦步亦趋实现强大和振兴。那样做的结果，不是必然遭遇失败，就是必然成为他人的附庸。
>
> 习近平. 在纪念毛泽东同志诞辰120周年座谈会上的讲话. 北京：人民出版社，2013：21.

认识中国的特点离不开调查研究。开展调查研究是把握中国国情、了解中国特点的根本途径。毛泽东一生高度重视调查研究工作，亲自进行过许多次社会调查，留下许多调查报告和著作。他认为：“民主革命阶段，要进行调查研究，社会主义革命和社会主义

---

① 中共中央文献研究室. 毛泽东文集：第7卷. 北京：人民出版社，1999：43-44.

② 中共中央文献研究室. 毛泽东文艺论集. 北京：中央文献出版社，2002：227.

③ 中共中央文献研究室. 毛泽东思想年编（1921—1975）. 北京：中央文献出版社，2011：903.

建设阶段，还是要进行调查研究，一万年还是要进行调查研究工作。”[①] 在 1960 年底至 1961 年初的中央工作会议上，毛泽东指出，我们的同志多少年来不做调查研究，只要不做这种工作，我们的工作就没有基础。调查研究极为重要，情况明才能决心大。他要求把 1961 年搞成实事求是年，强调必须力戒空疏，力戒肤浅，扫除主观主义作风，采取具体办法，加重对于历史，对于环境，对于国内外、省内外、县内外具体情况的调查和研究。他还指出，马克思、恩格斯做了许多调查研究工作，才完成了科学的共产主义。列宁、斯大林同样做了许多调查。中国社会主义建设也需要做调查研究工作。

（三）遵循马克思主义基本原则，开展社会主义建设

探索符合中国特点的社会主义建设道路，必须把马克思主义同中国具体实际相结合，这是党在长期的革命和建设实践中总结正反两方面经验教训得出的基本结论。但是，把马克思主义同中国具体实际相结合不是照抄照搬马克思主义教条，更不是抛弃马克思主义基本原理，而是要始终在遵循马克思主义基本原则的基础上体现中国特色。

第一，要坚持社会主义方向。社会主义制度终究要代替资本主义制度，这是一个不以人的意志为转移的客观规律。我国社会主义建设探索必须以坚持社会主义为基本原则，否则就会偏离正确方向。毛泽东在谈到中国走社会主义道路，而不走资本主义道路时指出：“当人民推翻了帝国主义、封建主义和官僚资本主义的统治之后，中国要向哪里去？向资本主义，还是向社会主义？有许多人在这个问题上的思想是不清楚的。事实已经回答了这个问题：只有社会主义能够救中国。”[②] 1962 年 1 月在扩大的中央工作会议上，毛泽东指出：“我们的国家，如果不建立社会主义经济，那会是一种什么状况呢？就会变成修正主义的国家，变成实际上是资产阶级的国家，无产阶级专政就会转化为资产阶级专政，而且会是反动的、法西斯式的专政。”[③] 毛泽东所讲的社会主义经济，是社会主义原则在经济上的体现，就是说我们搞经济建设必须始终坚持社会主义基本方向。

第二，要坚持维护人民群众利益。马克思主义是人民的理论。坚持马克思主义基本原则就是要坚守以人民为中心。马克思、恩格斯在《共产党宣言》中指出：“过去的一切运动都是少数人的，或者为少数人谋利益的运动。无产阶级的运动是绝大多数人的，为绝大多数人谋利益的独立的运动。”[④] 以毛泽东为主要代表的中国共产党人把“为人民服务”作为党的根本宗旨，把党的群众路线作为党的生命线和根本工作路线。毛泽东在谈到这一点时强调：“全心全意地为人民服务，一刻也不脱离群众；一切从人民的利益出发，而不是从个人或小集团的利益出发；向人民负责和向党的领导机关负责的一致性；这些就是我们的出发点。”[⑤] 毛泽东把党群关系提到关系党和国家事业兴衰成败的高度。他指出：“如果党群关系搞不好，社会主义制度就不可能建成；社会主义制度建成了，也

① 中共中央文献研究室．毛泽东文集：第 8 卷．北京：人民出版社，1999：262.
② 中共中央文献研究室．毛泽东文集：第 7 卷．北京：人民出版社，1999：214.
③ 中共中央文献研究室．毛泽东文集：第 8 卷．北京：人民出版社，1999：297.
④ 马克思，恩格斯．马克思恩格斯选集：第 1 卷．3 版．北京：人民出版社，2012：411.
⑤ 毛泽东选集：第 3 卷．2 版．北京：人民出版社，1991：1094－1095.

不可能巩固。”① 这些深邃思想和战略考虑，对于我们仍然具有十分重要的指导意义。

> 为了为群众服务和代表他们正确地意识到的利益，先进队伍即组织必须在群众中开展自己的全部活动，毫无例外地吸收他们中间的一切优秀力量，并且要随时随地仔细客观地检查：是否同群众保持着联系，联系是否密切。这样，也只有这样，先进队伍才能教育和启发群众，代表他们的利益，教他们组织起来，使群众的全部活动沿着自觉的阶级政策的道路前进。
>
> 列宁．列宁全集：第24卷. 2版增订版．北京：人民出版社，2017：41.

第三，要坚持中国共产党的领导。坚持中国共产党的领导是社会主义的内在属性和根本要求。列宁坚持把无产阶级政党领导作为“社会主义胜利的唯一保证”②，指出国家政权的一切政治经济工作都由工人阶级觉悟的先锋队共产党领导。1954年，毛泽东在第一届全国人民代表大会上庄严地宣布：“领导我们事业的核心力量是中国共产党。”③ 社会主义制度确立以后，人民政权面临着严峻的国际和国内形势，进行社会主义建设离不开党的全面领导。离开了党的全面领导，中国就要倒退到分裂和混乱，就不可能实现现代化。1957年，毛泽东在中共中央领导人接见中国新民主主义青年团第三次全国代表大会全体代表时的讲话再次强调领导核心的问题。他指出：“中国共产党是全中国人民的领导核心。没有这样一个核心，社会主义事业就不能胜利。”④ 1962年，毛泽东在扩大的中央工作会议上又强调党的全面领导。他指出：“工、农、商、学、兵、政、党这七个方面，党是领导一切的。党要领导工业、农业、商业、文化教育、军队和政府。”⑤

二、社会主义社会矛盾理论

1957年2月，毛泽东在最高国务会议上做了《如何处理人民内部的矛盾》（后改为《关于正确处理人民内部矛盾的问题》）的报告，系统论述了社会主义社会矛盾理论，不仅对党和社会主义建设事业具有长远的指导作用，也在马克思主义发展史上具有开创性的意义。

（一）社会主义社会的基本矛盾理论

毛泽东坚持运用马克思主义立场、观点和方法，认真总结了国际国内社会主义建设的经验教训，揭示了社会主义社会基本矛盾的运动规律，形成了较为系统的社会主义社会基本矛盾理论。

---

① 建国以来毛泽东文稿：第6册．北京：中央文献出版社，1992：547.
② 列宁．列宁全集：第9卷．2版增订版．北京：人民出版社，2017：257.
③ 中共中央文献研究室．毛泽东文集：第6卷．北京：人民出版社，1999：350.
④ 中共中央文献研究室．毛泽东文集：第7卷．北京：人民出版社，1999：303.
⑤ 中共中央文献研究室．毛泽东文集：第8卷．北京：人民出版社，1999：305.

第一，社会主义社会基本矛盾概念的提出。毛泽东认为，矛盾是普遍存在的，社会主义社会同样充满着矛盾，正是这些矛盾推动着社会主义社会不断向前发展。“矛盾不断出现，又不断解决，就是事物发展的辩证规律。”① 社会主义社会的基本矛盾是客观存在的，贯穿于社会主义社会的始终，表现在社会生活的各个方面。毛泽东指出：“在社会主义社会中，基本的矛盾仍然是生产关系和生产力之间的矛盾，上层建筑和经济基础之间的矛盾。”② 这一重大论断，不仅科学地揭示了社会主义社会的客观历史进程和基本发展动力，也深刻地反映了我国社会主义基本制度确立之后的客观实际状况。

第二，社会主义社会基本矛盾的性质和特点。毛泽东指出，社会主义社会的基本矛盾，“同旧社会的生产关系和生产力的矛盾、上层建筑和经济基础的矛盾，具有根本不同的性质和情况”③。社会主义社会的基本矛盾是在生产关系与生产力、上层建筑与经济基础基本适应条件下的矛盾，是在人民根本利益一致基础上的矛盾。因此，社会主义社会的基本矛盾不是对抗性的矛盾，而是非对抗性的矛盾，这正是社会主义社会基本矛盾与旧社会基本矛盾的本质区别。毛泽东指出，社会主义社会的基本矛盾具有“又相适应又相矛盾”的特点。一方面，社会主义生产关系已经建立起来，它是和生产力的发展相适应的，它能够容许生产力以旧社会达不到的速度迅速发展，因而生产不断扩大，使人民不断增长的需要能够逐步得到满足；另一方面，它还很不完善，这些不完善的方面和生产力的发展又是相矛盾的。除了生产关系和生产力发展的这种又相适应又相矛盾的情况以外，还有上层建筑和经济基础的又相适应又相矛盾的情况。

第三，社会主义社会基本矛盾的解决途径。毛泽东指出：“社会主义社会的矛盾同旧社会的矛盾，例如同资本主义社会的矛盾，是根本不相同的。”④ 资本主义社会的矛盾主要表现为剧烈的对抗和冲突，表现为剧烈的阶级斗争，因此这一矛盾不可能由资本主义制度本身来解决，而只有社会主义革命才能够加以解决。相反，社会主义社会的矛盾“不是对抗性的矛盾，它可以经过社会主义制度本身，不断地得到解决”⑤。也就是说，不需要采取剧烈的阶级斗争和社会革命的方法，也不需要从根本上彻底改变社会制度，而是根据生产力的客观发展要求，通过社会主义制度本身的自我调节和自我完善，有秩序地调整和改革生产关系不适应生产力的方面以及上层建筑不适应经济基础的方面，从而解决社会主义社会的基本矛盾。

毛泽东关于社会主义社会基本矛盾的理论，科学地揭示了社会主义社会基本矛盾运动和发展的一般规律，以独创性的内容发展了历史唯物主义关于社会基本矛盾的理论，丰富了马克思主义理论宝库，为推进社会主义制度的自我完善与发展提供了理论依据，也为后来的社会主义改革奠定了理论基础。党的十一届三中全会以后，邓小平充分肯定了毛泽东关于社会主义社会基本矛盾的理论，他指出：“关于基本矛盾，我想现在还是按照

---

① 中共中央文献研究室．毛泽东文集：第7卷．北京：人民出版社，1999：216.
② 中共中央文献研究室．毛泽东文集：第7卷．北京：人民出版社，1999：214.
③ 中共中央文献研究室．毛泽东文集：第7卷．北京：人民出版社，1999：214.
④ 中共中央文献研究室．毛泽东文集：第7卷．北京：人民出版社，1999：213.
⑤ 中共中央文献研究室．毛泽东文集：第7卷．北京：人民出版社，1999：213-214.

毛泽东同志在《关于正确处理人民内部矛盾的问题》一文中的提法比较好。”①

（二）社会主义社会两类不同性质矛盾理论

1956年12月29日，《人民日报》发表的《再论无产阶级专政的历史经验》指出，我们面前有两种性质不同的矛盾，一种是敌我之间的矛盾，另一种是人民内部的矛盾。1957年2月，毛泽东在《关于正确处理人民内部矛盾的问题》的报告中，对社会主义社会两类不同性质的矛盾理论进行了系统论述。

社会主义社会两类不同性质的矛盾。毛泽东指出：“在我们的面前有两类社会矛盾，这就是敌我之间的矛盾和人民内部的矛盾。这是性质完全不同的两类矛盾。”② 敌我之间的矛盾是在根本利益对立基础上的对抗性的矛盾。人民内部的矛盾是在人民利益根本一致基础上的矛盾，因而人民内部的矛盾是非对抗性的矛盾。毛泽东还强调，因为我国的民族资产阶级有两面性，工人阶级和民族资产阶级之间的矛盾如果处理得当，可以转变为非对抗性的矛盾；如果处理不当，工人阶级同民族资产阶级之间的矛盾就会变成敌我之间的矛盾。虽然两类不同性质的矛盾的存在是客观的，但又不是固定不变的，在一定条件下两类不同性质的矛盾之间是可以互相转化的。在这里，起决定作用的条件就是社会主义制度和人民团结一致的奋斗。

正确处理社会主义社会两类不同性质矛盾的基本方法。毛泽东认为：“敌我之间和人民内部这两类矛盾的性质不同，解决的方法也不同。简单地说起来，前者是分清敌我的问题，后者是分清是非的问题。”③ 他提出正确处理社会主义社会两类不同性质矛盾的基本方法。他指出：“我们历来就主张，在人民民主专政下面，解决敌我之间的和人民内部的这两类不同性质的矛盾，采用专政和民主这样两种不同的方法。”④ 所谓采用专政的方法，就是为了解决国内国外敌我之间的矛盾，对人民的敌人实行专政。所谓采用民主的方法，就是采用讨论的方法、批评的方法、说服教育的方法去解决人民内部矛盾。这种教育工作是人民内部的自我教育工作，批评和自我批评的方法就是自我教育的基本方法。

正确处理人民内部矛盾的具体方针。采用民主的方法解决人民内部矛盾是一个总方针。针对人民内部矛盾在实践中的不同情况，毛泽东提出了一系列具体的方针。对于政治思想领域的人民内部矛盾，实行“团结——批评——团结”的方针，采取说服教育、讨论的方法；对于经济方面的人民内部矛盾，实行统筹兼顾、适当安排的方针，兼顾国家、集体和个人三方面的利益；对于人民群众和政府机关之间的矛盾，要坚持民主集中制原则，努力克服政府机关的官僚主义，加强对群众的思想教育；对于科学文化领域里的矛盾，实行“百花齐放、百家争鸣”的方针，通过自由讨论和科学实践、艺术实践去解决；对于共产党和民主党派之间的矛盾，在坚持社会主义道路和共产党领导的前提下，实行“长期共存、互相监督”的方针；对于汉族与少数民族之间的矛盾，实行民族平等、团结互助的方针，关键是克服大汉族主义，同时也要克服地方民族主义；等等。这些方

---

① 邓小平．邓小平文选：第2卷．2版．北京：人民出版社，1994：181-182.

② 中共中央文献研究室．毛泽东文集：第7卷．北京：人民出版社，1999：204-205.

③ 中共中央文献研究室．毛泽东文集：第7卷．北京：人民出版社，1999：206.

④ 中共中央文献研究室．毛泽东文集：第7卷．北京：人民出版社，1999：211-212.

针，都是采用民主的方法解决人民内部矛盾这一总方针的具体化，为我国社会主义社会中存在着的不同形式的人民内部矛盾提供了正确的解决途径、思路和方向。

正确处理人民内部矛盾已成为国家政治生活的主题。随着社会主义改造基本完成和社会主义制度确立，我国的社会矛盾与阶级关系发生了重大变化。但是由于我国的社会主义制度刚刚建立，"还需要有一个继续建立和巩固的过程，人民群众对于这个新制度还需要有一个习惯的过程，国家工作人员也需要一个学习和取得经验的过程"[①]。在这种情况下，无产阶级同资产阶级之间的矛盾虽然已经基本解决，但人民内部矛盾逐步成为国家政治生活中居于主导地位的矛盾。毛泽东指出："我们提出划分敌我和人民内部两类矛盾的界限，提出正确处理人民内部矛盾的问题，以便团结全国各族人民进行一场新的战争——向自然界开战，发展我们的经济，发展我们的文化，使全体人民比较顺利地走过目前的过渡时期，巩固我们的新制度，建设我们的新国家，就是十分必要的了。"[②] 这就是说，提出正确处理人民内部矛盾的问题，目的在于团结全国各族人民，发展我们的经济和文化，建设现代化的社会主义强国。

> 不同质的矛盾，只有用不同质的方法才能解决。例如，无产阶级和资产阶级的矛盾，用社会主义革命的方法去解决；人民大众和封建制度的矛盾，用民主革命的方法去解决；殖民地和帝国主义的矛盾，用民族革命战争的方法去解决；在社会主义社会中工人阶级和农民阶级的矛盾，用农业集体化和农业机械化的方法去解决；共产党内的矛盾，用批评和自我批评的方法去解决；社会和自然的矛盾，用发展生产力的方法去解决。
>
> 毛泽东选集：第1卷.2版.北京：人民出版社，1991：311.

（三）社会主义的发展阶段和主要矛盾

准确认识和把握社会主义社会所处的发展阶段以及面临的社会主要矛盾，是党制定正确的路线、方针和政策的基本依据。社会主义基本制度确立以后，毛泽东对我国社会主义所处的阶段进行了探索，并提出社会主义的主要矛盾和任务，对我国社会主义建设具有重要指导意义。

1. 社会主义的发展阶段

社会主义改造基本完成后，我国进入社会主义社会，"但是我国的社会主义制度还刚刚建立，还没有完全建成，还不完全巩固"[③]。也就是说，社会主义生产关系已经建立起来，但又很不完善，还存在着薄弱的环节。1956年1月，毛泽东在知识分子问题会议上，第一次提出我国"社会主义社会已经进入，尚未完成"的思想。1957年2月，在《关于正确处理人民内部矛盾的问题》的报告中，他又把社会主义制度的"建立"与"建成"做了明确的区分。在《一九五七年夏季的形势》一文中，他进一步指出，之所以说

① 中共中央文献研究室.毛泽东文集：第7卷.北京：人民出版社，1999：216.
② 中共中央文献研究室.毛泽东文集：第7卷.北京：人民出版社，1999：216.
③ 中共中央文献研究室.毛泽东文集：第7卷.北京：人民出版社，1999：214.

我国的社会主义社会还没有建成，一个重要的原因是我国社会主义制度的“物质基础还很不充分”，只有经过 10 年到 15 年的社会生产力的比较充分的发展，社会主义社会才算从根本上建成了。1959 年底至 1960 年初在《读苏联〈政治经济学教科书〉的谈话》中，毛泽东明确提出：“社会主义这个阶段，又可能分为两个阶段，第一个阶段是不发达的社会主义，第二个阶段是比较发达的社会主义。后一阶段可能比前一阶段需要更长的时间。经过后一阶段，到了物质产品、精神财富都极为丰富和人们的共产主义觉悟极大提高的时候，就可以进入共产主义社会了。”[①]

2. 社会主义的主要矛盾和任务

党的八大对社会主义改造基本完成以后我国阶级关系的变化做了正确的分析，对国内主要矛盾做了总体上比较准确的判断。党的八大指出，由于党领导人民取得了农业、手工业和资本主义工商业的社会主义改造的全面的决定性的胜利，我国无产阶级同资产阶级之间的矛盾已经基本上解决，几千年来的阶级剥削制度的历史已经基本上结束，社会主义的社会制度在我国已经基本上建立起来。国内的主要矛盾，已经不再是工人阶级和资产阶级的矛盾，已经是人民对于建立先进的工业国的要求同落后的农业国现实之间的矛盾，已经是人民对于经济文化迅速发展的需要同当前经济文化不能满足人民需要的状况之间的矛盾。全国人民的主要任务是集中力量发展社会生产力，实现国家工业化，逐步满足人民日益增长的物质和文化需要。1957 年 3 月，毛泽东在江苏、安徽两省及南京军区党员干部会议上讲话指出：“由阶级斗争到向自然界作斗争，由革命到建设，由过去反帝反封建的革命和后头的社会主义革命到技术革命，到文化革命。我们国家要建设，就要有技术，就要懂得科学，这是一个很大的革命。没有这样一个革命，单是政治改变了，社会制度改变了，我们国家还是一个穷国，还是一个农业国，还是一个手工业、手工技术的国家。”[②]“上半个世纪搞革命，下半个世纪搞建设。现在的中心任务是建设。”[③]这个任务是很艰巨的，我们必须在经济、政治、文化等方面采取正确的政策，团结国内外一切可能团结的力量，利用一切有利的条件，来完成这个伟大的任务。

毛泽东对我国国情和主要矛盾的这些论述的着眼点，在于把我国社会生产力发展还很落后这一基本国情突出出来，强调在生产资料私有制的社会主义改造已经基本完成的情况下，国家的主要任务已经由解放生产力变为在新的生产关系下保护和发展生产力，全党要集中力量去发展生产力。

三、社会主义经济建设理论

毛泽东在领导我国社会主义经济建设过程中，总结我国和其他社会主义国家经济建设的经验教训，提出了一系列关于我国社会主义经济建设的重要思想，为我国社会经济

① 中共中央文献研究室．毛泽东文集：第 8 卷．北京：人民出版社，1999：116.
② 中共中央文献研究室．毛泽东年谱（1949—1976）：第 3 卷．北京：中央文献出版社，2013：119.
③ 中共中央文献研究室．毛泽东年谱（1949—1976）：第 3 卷．北京：中央文献出版社，2013：120.

发展提供了理论指导，也为改革开放以后我国经济体制改革做了理论准备。

（一）社会主义经济建设方针

以毛泽东为主要代表的中国共产党人根据我国经济社会变化和生产力发展状况，在总结我国社会主义经济建设经验的基础上，提出和制定了一系列经济建设的方针，对推进我国社会主义经济建设产生了深远影响。

1. 既反保守又反冒进，在综合平衡中稳步前进

从1955年底到1956年初，我国对生产资料私有制的社会主义改造已经取得决定性胜利，“一五”计划实施三年来进展顺利，工农业生产形势喜人。同时，一个有利于我国经济建设的和平国际环境已经初步形成。在这种情况下，全国上下急于在短期内改变中国贫穷落后面貌，急躁情绪迅速滋长，使1956年我国经济建设出现“左”的急躁冒进倾向，带来了不良的后果。1956年2月8日，周恩来在国务院第二十四次会议上指出：“不要光看到热火朝天的一面。热火朝天很好，但应小心谨慎。要多和快，还要好和省，要有利于提高劳动效率。现在有点急躁的苗头，这需要注意。”[①] 1956年5月，中央会议讨论为6月召开的一届全国人大三次会议起草文件，主要是预算报告问题，决定我国经济发展要实行既反保守又反冒进，坚持在综合平衡中稳步前进的方针。所谓综合平衡，就是按比例；按比例，就平衡了。按比例是客观规律，不按比例就一定搞不好。1956年9月，党的八大重申了1956年5月党中央提出的既反保守又反冒进，在综合平衡中稳步前进的经济建设方针。这一方针是党在总结我国社会主义经济建设经验基础上提出的，对制定我国国民经济计划，特别是为60年代初“八字方针”的制定和实施奠定了理论基础。

2. 建设规模要和国力相适应

1957年1月，陈云在各省、自治区、直辖市党委书记会议上的讲话中，提出了建设规模必须同国力相适应的观点。他指出：“建设规模的大小必须和国家的财力物力相适应。适应还是不适应，这是经济稳定或不稳定的界限。像我们这样一个有六亿人口的大国，经济稳定极为重要。建设的规模超过国家财力物力的可能，就是冒了，就会出现经济混乱；两者合适，经济就稳定。”[②] 陈云所说的建设规模是指基本建设规模；所说的财力物力，是指投资和机器设备、原材料、消费物资、外汇这四个方面。他指出，为了防止经济建设规模超过国力的危险，必须寻找一些制约的办法，包括财政收支和银行信贷都必须平衡，而且应该略有节余；物资要合理分配，排队使用；人民的购买力要有所提高，但提高的程度，必须同能够供应的消费物资相适应；基本建设规模和财力物力之间的平衡，不单看当年，而且必须瞻前顾后；重视农业对经济建设规模的约束力；等等。陈云的这些思想深刻反映了社会主义经济建设的客观规律，对20世纪60年代进行的经济调整工作发挥了重要作用。

3. 统筹兼顾，适当安排

在优先发展重工业的同时，不放松农业、轻工业，对国民经济各个部门进行统筹兼

---

① 周恩来选集：下卷．北京：人民出版社，1984：190.

② 陈云．陈云文选：第3卷．2版．北京：人民出版社，1995：52.

顾，适当安排，是毛泽东对社会主义经济建设的重要思考。“一五”计划突出了发展重工业，强调建设国家工业化和国防现代化的初步基础，同时相应地发展交通运输、轻工业、农业和商业，但是随着经济社会发展，适当调整重工业、轻工业、农业等之间的投资比例，会使经济社会发展更稳健一些。1957 年 1 月 27 日，毛泽东在省市自治区党委书记会议上的讲话中提出：“我们的方针就是统筹兼顾，各得其所。”① 1957 年，他在《关于正确处理人民内部矛盾的问题》中又进一步指出：“我们的方针是统筹兼顾、适当安排。”②包括兼顾国家、集体和个人；经济建设和国防建设；沿海工业和内地工业；生活资料的生产和人自身的生产等关系。这一方针是实现社会主义现代化过程中必须长期坚持的战略方针，也是党领导社会主义经济建设探索过程中取得的重要历史经验，对当时和今后的社会主义建设都有很强的指导作用。

4. 调整、巩固、充实、提高

20 世纪 60 年代初，党中央和毛泽东吸取国民经济和人民生活严重困难的教训，决心开展调查研究，纠正错误，调整政策。1960 年 6 月上海会议期间，毛泽东面对比较严峻的国内经济形势写了《十年总结》，他指出：“管农业的同志，和管工业的同志、管商业的同志，在这一段时间内，思想方法有一些不对头，忘记了实事求是的原则，有一些片面思想（形而上学思想）。”③“我们要以第二个十年时间去调查它，去研究它，从其中找出它的固有的规律，以便利用这些规律为社会主义的革命和建设服务。”④ 同年 7 月，北戴河会议提出要对国民经济进行调整。李富春于 8 月中下旬在对 1961 年国民经济计划控制数字进行研究时，根据上海会议和北戴河会议精神，提出应以“调整、巩固、提高”的方针安排经济工作的意见。8 月底，周恩来在听取国家计委党组的汇报后提出，应在调整、巩固后面加“充实”二字，从而形成了完整的“八字方针”。1961 年 1 月，党的八届九中全会确立了对国民经济实行“调整、巩固、充实、提高”的“八字方针”。“八字方针”的提出是一个关系全局的战略转变。由此，我国国民经济由“大跃进”转入调整时期。到 1962 年，国民经济逐步得到恢复和发展，“调整、巩固、充实、提高”的“八字方针”初见成效。

（二）社会主义工业化道路

20 世纪 50 年代中期，毛泽东提出，我们已进入了“社会主义工业化”的新时期。毛泽东强调要从中国的国情出发，走适合中国情况的自己的工业化道路，并对我国社会主义工业化道路进行了探索。

1. 优先发展重工业

新中国成立后，鉴于我国重工业基础十分薄弱，交通运输业极不发达等实际情况，党中央和毛泽东提出优先发展重工业的战略。一方面，不优先发展重工业，就不可能彻底摆脱贫穷和落后；另一方面，又决不可以因此忽视生活资料尤其是粮食的生产。1952

① 中共中央文献研究室．毛泽东文集：第 7 卷．北京：人民出版社，1999：186.

② 中共中央文献研究室．毛泽东文集：第 7 卷．北京：人民出版社，1999：228.

③ 建国以来毛泽东文稿：第 9 册．北京：中央文献出版社，1996：214.

④ 建国以来毛泽东文稿：第 9 册．北京：中央文献出版社，1996：216.

年 12 月，中共中央在《关于编制一九五三年计划及五年建设计划纲要的指示》中指出，工业化的速度首先取决于重工业的发展，因此我们必须以发展重工业为大规模建设的重点，“首先保证重工业和国防工业的基本建设，特别是确保那些对国家起决定作用的，能迅速增强国家工业基础与国防力量的主要工程的完成”①。1953 年 6 月，我国在制定国民经济发展的第一个五年计划时，把建设重点放在重工业上，以增强国防力量，向社会主义前进。毛泽东的重工业优先发展思想在“一五”计划时期得到了充分体现。在“一五”期间，我国集中主要力量进行了以苏联帮助我国设计的 156 个建设项目为中心、由 694 个大中型建设项目组成的工业建设，工业总产值比 1952 年增长 128.6%，工业产值所占比重由 1949 年的 30%提高到 56.5%，重工业的比重由 26.4%提高到 48.4%，奠定了中国工业化的基础。

2. 重工业、轻工业和农业协调发展

> 在处理重工业和轻工业、农业的关系上，我们没有犯原则性的错误。我们比苏联和一些东欧国家作得好些。像苏联的粮食产量长期达不到革命前最高水平的问题，像一些东欧国家由于轻重工业发展太不平衡而产生的严重问题，我们这里是不存在的。他们片面地注重重工业，忽视农业和轻工业，因而市场上的货物不够，货币不稳定。我们对于农业、轻工业是比较注重的。我们一直抓了农业，发展了农业，相当地保证了发展工业所需要的粮食和原料。我们的民生日用商品比较丰富，物价和货币是稳定的。
>
> 中共中央文献研究室．毛泽东文集：第 7 卷．北京：人民出版社，1999：24.

重工业优先发展战略为苏联经济建设做出了巨大贡献，但是由于过度强调重工业优先发展，忽视农业、轻工业发展，导致了农业、轻工业生产无法跟上重工业生产步伐。毛泽东在借鉴苏联经验教训的基础上指出：“重工业是我国建设的重点。必须优先发展生产资料的生产，这是已经定了的。但是决不可以因此忽视生活资料尤其是粮食的生产。如果没有足够的粮食和其他生活必需品，首先就不能养活工人，还谈什么发展重工业?”② 1957 年 1 月，毛泽东在省市自治区党委书记会议上的讲话中，进一步提出了“农业就是工业”的思想，为开辟中国工业化的道路确定了重要的思想基础。1957 年 2 月，在《关于正确处理人民内部矛盾的问题》中，毛泽东把重工业、轻工业和农业的发展关系问题上升到中国工业化道路的高度。他指出：“工业化道路的问题，主要是指重工业、轻工业和农业的发展关系问题。我国的经济建设是以重工业为中心，这一点必须肯定。但是同时必须充分注意发展农业和轻工业。”③ 对于如何处理好重工业和农业、轻工业的关系，毛泽东提出：“要适当地调整重工业和农业、轻工业的投资比例，更多地发展农业、轻工业。”④ 他还强调：“我们现在发展重工业可以有两种办法，一种是少发展一些农业、轻工

---

① 中共中央文献研究室．建国以来重要文献选编：第 3 册．北京：中央文献出版社，2011：399.

② 中共中央文献研究室．毛泽东文集：第 7 卷．北京：人民出版社，1999：24.

③ 中共中央文献研究室．毛泽东文集：第 7 卷．北京：人民出版社，1999：240－241.

④ 中共中央文献研究室．毛泽东文集：第 7 卷．北京：人民出版社，1999：24.

业，一种是多发展一些农业、轻工业。从长远观点来看，前一种办法会使重工业发展得少些和慢些，至少基础不那么稳固，几十年后算总账是划不来的。后一种办法会使重工业发展得多些和快些，而且由于保障了人民生活的需要，会使它发展的基础更加稳固。”①

3. 以农业为基础、以工业为主导

三年自然灾害期间，我国经济遭遇严重困难，粮食生产无法满足人民的基本生存需要。1959 年 6 月 29 日，毛泽东在去庐山途中同各协作区主任委员的谈话和 7 月 2 日在庐山中央政治局常委扩大会议上的讲话中明确提出：“现在讲挂帅，第一应该是农业，第二是工业。”② 9 月 21 日，他在山东济南视察谈到“三五”计划建设安排时进一步强调：“要以农业为基础，农轻重为序，苏联是优先发展重工业，我们一定会比苏联搞得快搞得好。”③ 1959 年底至 1960 年初在《读苏联〈政治经济学教科书〉的谈话》中，毛泽东指出：“在优先发展重工业的条件下，实行几个同时并举；每一个并举中间，又有主导的方面。例如，中央和地方，以中央为主导；工业与农业，以工业为主导。农业上不去，许多问题得不到解决。”④ 这样，从 1959 年下半年到 1960 年初，毛泽东就完整提出了“以农业为基础、以工业为主导”的思想。1962 年 9 月党的八届十中全会正式将“以农业为基础、以工业为主导”确定为发展国民经济的总方针。“以农业为基础、以工业为主导”是以毛泽东为主要代表的中国共产党人在探索社会主义工业化道路过程中提出的独创性思想，标志着全党对我国工业化建设规律认识的深化。

（三）经济管理体制改革

在探索中国工业化道路的同时，以毛泽东为主要代表的中国共产党人觉察到新中国成立初期照搬苏联模式所带来的弊端以及经济管理体制中存在的问题，对我国高度集中的经济管理体制进行了改革探索。

1. 关于所有制结构改革

由于社会主义改造后期生产关系改变过快，形式过于简单划一，生产经营受到一定限制。对此，以毛泽东为主要代表的中国共产党人开始对我国所有制结构改革进行了深入思考。1956 年 12 月，毛泽东在同民主建国会和工商联的负责人的谈话中指出：“只要社会需要，地下工厂还可以增加。可以开私营大厂，订个协议，十年、二十年不没收。华侨投资的，二十年、一百年不要没收。可以开投资公司，还本付息。可以搞国营，也可以搞私营。可以消灭了资本主义，又搞资本主义。当然要看条件，只要有原料，有销路，就可以搞。现在国营、合营企业不能满足社会需要，如果有原料，国家投资又有困难，社会有需要，私人可以开厂。”⑤ 他称之为“新经济政策”。

1956 年 12 月，刘少奇在和有关方面负责人谈话中提出了私营企业的问题，认为：“各地地下工厂不少。天津有二百多。有些资本主义或小生产者，有什么不好呢？这对人

① 中共中央文献研究室．毛泽东文集：第 7 卷．北京：人民出版社，1999：25.
② 中共中央文献研究室．毛泽东文集：第 8 卷．北京：人民出版社，1999：78.
③ 中共中央文献研究室．毛泽东年谱（1949—1976）：第 4 卷．北京：中央文献出版社，2013：183.
④ 中共中央文献研究室．毛泽东文集：第 8 卷．北京：人民出版社，1999：124.
⑤ 中共中央文献研究室．毛泽东文集：第 7 卷．北京：人民出版社，1999：170.

民有利，是社会主义经济的补充。”[①] 1957 年 4 月 27 日，他在上海党员干部大会上讲话时又指出，“如何使我们的社会主义经济同时具有这样几个特点：既有计划性，又有多样性，又有灵活性，这就要利用自由市场。一方面自由市场可以补充当前我们社会主义经济的不足，另一方面它可以帮助我们在经济上搞多样性和灵活性”[②]。在刘少奇看来，社会主义经济既要有计划性，又要有多样性和灵活性，这样不仅能体现出社会主义制度的优越性，还能够激发社会主义经济的活力。

2. 关于“三个主体、三个补充”

1956 年 9 月 20 日，陈云在党的八大上所做的题为《关于资本主义工商业改造高潮以后的新问题》的报告中，提出了“三个主体、三个补充”的思想。他认为，我国的社会主义经济的运行将是这样的：“在工商业经营方面，国家经营和集体经营是工商业的主体，但是附有一定数量的个体经营。这种个体经营是国家经营和集体经营的补充。至于生产计划方面，全国工农业产品的主要部分是按照计划生产的，但是同时有一部分产品是按照市场变化而在国家计划许可范围内自由生产的。计划生产是工农业生产的主体，按照市场变化而在国家计划许可范围内的自由生产是计划生产的补充。因此，我国的市场，绝不会是资本主义的自由市场，而是社会主义的统一市场。在社会主义的统一市场里，国家市场是它的主体，但是附有一定范围内国家领导的自由市场。这种自由市场，是在国家领导之下，作为国家市场的补充，因此它是社会主义统一市场的组成部分。”[③] 这一经济构想突破了苏联高度集中统一的计划经济体制，是当时条件下党对社会主义经济体制改革的重大创新。

3. 关于发展商品生产，遵循价值规律

毛泽东认为，生产资料私有制的社会主义改造基本完成之后，还有不同的所有制存在，全民企业也具有相对独立性，因而要承认商品的存在和发展，尊重价值规律的作用。在纠正 1958 年刮起的“共产风”的过程中，毛泽东明确提出发展社会主义商品生产，重视价值规律的思想。针对将商品经济与资本主义混为一谈的错误观点，他指出：“商品生产，要看它是同什么经济制度相联系，同资本主义制度相联系就是资本主义的商品生产，同社会主义制度相联系就是社会主义的商品生产。”[④] “现在要利用商品生产、商品交换和价值法则，作为有用的工具，为社会主义服务。”[⑤] 这些正确主张，为党在新的历史时期进行经济体制改革做了重要理论准备。毛泽东还强调，要重视价值规律，指出价值规律是客观存在的经济规律，只有利用它，才有可能教会我们的几千万干部和几万万人民，才有可能建设我们的社会主义和共产主义，否则一切都不可能。他要求所有的经济单位，都要利用价值规律作为经济核算的工具，以便不断改善经营管理，合理地进行扩大再生产。

---

① 中共中央文献研究室．刘少奇年谱（1898—1969）：下卷．北京：中央文献出版社，1996：382.

② 中共中央文献研究室．刘少奇年谱（1898—1969）：下卷．北京：中央文献出版社，1996：399.

③ 陈云．陈云文选：第 3 卷．2 版．北京：人民出版社，1995：13.

④ 中共中央文献研究室．毛泽东文集：第 7 卷．北京：人民出版社，1999：439.

⑤ 中共中央文献研究室．毛泽东文集：第 7 卷．北京：人民出版社，1999：435.

4. 关于实行农业生产责任制

农业合作化完成后，农村集体经济应该采取什么样的经济管理体制、管理方式和分配方式才能更好地促进农业生产的发展，这是我们党长时间探索的一个重大问题。党的八大以后，党对农业集体经济的内部关系调整进行了探索。邓子恢在安徽、广西等地农民自发创新的基础上，提出包产到户、责任到人的农业生产责任制。他认为，如果不建立和实行严格的生产责任制，集体经济就没有好的结果，只会陷入无人负责管理和经营管理混乱的状态。对此，他提出农业集体经济内部关系要调整，在生产经营方面实行“大的集中，小的分散”，在生产资料处理方面实行“主要公有，次要私有”，合作社对生产队实行“包工、包产、包财务”，大活集体干，小活分开干。1962 年邓小平在谈到农业问题时强调：“生产关系究竟以什么形式为最好，恐怕要采取这样一种态度，就是哪种形式在哪个地方能够比较容易比较快地恢复和发展农业生产，就采取哪种形式；群众愿意采取哪种形式，就应该采取哪种形式，不合法的使它合法起来。”① 这些思想实际上成为新时期我国农村改革的先声。

5. 关于“两参一改三结合”

毛泽东指出，“所有制问题基本解决以后，最重要的问题是管理问题”②。他在《读苏联〈政治经济学教科书〉的谈话》中指出，规章制度有许多是同生产关系有关系的。他在《工作方法六十条（草案）》中，提出要改革束缚群众积极性的不合理的规章制度。1960 年 3 月，毛泽东在转发中共鞍山市委《关于工业战线上的技术革新和技术革命运动开展情况的报告》的批示中，认为鞍钢创造了一套不同于苏联实行的一长制的“两参一改三结合”的企业管理制度。“两参”是指企业中干部应参加劳动、工人应参与管理；“一改”是指改革不合理的规章制度；“三结合”是指采取工人群众、领导干部和技术人员三结合。在经过许多大型企业试行之后，1961 年制定的“工业七十条”正式确定了这个制度，并且把企业的职工代表大会作为实行这种制度的一种具体形式。“两参一改三结合”的企业管理制度，强调实行民主管理，尤其是扩大企业民主、吸引广大工人群众参与企业管理，建立人与人之间在劳动生产中的平等关系，成为我国企业管理制度改革的重要探索成果。

（四）社会主义现代化战略

1954 年 9 月，毛泽东在第一届全国人民代表大会的开幕词中提出：“准备在几个五年计划之内，将我们现在这样一个经济上文化上落后的国家，建设成为一个工业化的具有高度现代文化程度的伟大的国家。”③ 周恩来在会上做《政府工作报告》，明确提出：“如果我们不建设起强大的现代化的工业、现代化的农业、现代化的交通运输业和现代化的国防，我们就不能摆脱落后和贫困，我们的革命就不能达到目的。”④ 这是关于四个现代化战略目标的最早提法。1959 年底至 1960 年初，毛泽东在《读苏联〈政治经济学教

① 邓小平．邓小平文选：第 1 卷．2 版．北京：人民出版社，1994：323.
② 中共中央文献研究室．毛泽东思想年编（1921—1975）．北京：中央文献出版社，2011：894.
③ 中共中央文献研究室．毛泽东文集：第 6 卷．北京：人民出版社，1999：350.
④ 中共中央文献研究室．建国以来重要文献选编：第 5 册．北京：中央文献出版社，2011：503.

科书〉的谈话》中进一步完善了社会主义现代化的战略目标。他指出："建设社会主义，原来要求是工业现代化，农业现代化，科学文化现代化，现在要加上国防现代化。"[①] 这就形成了关于四个现代化的完整表述。1964 年 12 月，周恩来根据毛泽东的提议，在三届全国人大一次会议上宣布实现四个现代化战略目标，"在不太长的历史时期内，把我国建设成为一个具有现代农业、现代工业、现代国防和现代科学技术的社会主义强国，赶上和超过世界先进水平"[②]。至此，党中央关于我国社会主义现代化建设战略目标的设想基本形成，为全国各族人民建设社会主义指明了奋斗方向。

与此同时，党中央和毛泽东还提出了实现这一战略目标的时间和步骤。1955 年 10 月，毛泽东在党的七届六中全会上指出，大约在三个五年计划的时期内，基本上完成"一化三改"；大约在五十年到七十五年的时间内，就是十个五年计划到十五个五年计划的时间内，可能建设一个强大的社会主义国家，初步形成了"两步走"的发展战略思想。社会主义制度确立后，毛泽东针对当时国际上的反社会主义思潮，指出："关于中国的前途，就是搞社会主义。要使中国变成富强的国家，需要五十到一百年的时光。"[③] 1957 年 3 月，他在南京的一次讲话中指出："没有生产就没有生活，没有多的生产就没有好的生活。把我们的国家建设好要多少年呢？我看大概要一百年吧。要分几步来走：大概有十几年会稍微好一点；有个二三十年就更好一点；有个五十年可以勉强像个样子；有一百年那就了不起，就和现在大不相同了。"[④] 显然，毛泽东对社会主义现代化发展战略步骤的设想是基于中国国情做出的判断，具有重要的指导意义。

党中央和毛泽东经过长期的思考和酝酿，于 1964 年 12 月在三届全国人大一次会议上提出了"两步走"发展战略，即第一步，从第三个五年计划开始，经过三个五年计划时期，建立一个独立的比较完整的工业体系和国民经济体系；第二步，力争到 20 世纪末，使我国工业和国民经济走在世界前列，全面实现农业、工业、国防和科学技术的现代化。这是我们党最早提出的我国经济建设远景规划的蓝图。1975 年 1 月，周恩来在四届全国人大一次会议上所做的《政府工作报告》中，重申了四个现代化的目标和"两步走"战略。

党中央和毛泽东提出的关于社会主义现代化的战略目标和步骤，不仅为改革开放前我国社会主义经济建设提供了指导，而且为改革开放以后邓小平提出的"三步走"战略以及中国式现代化的提出等奠定了理论基础。邓小平指出，"四个现代化建设的方针和目标是毛泽东主席和周恩来总理生前提出的"[⑤]。党的二十大也指出："在新中国成立特别是改革开放以来长期探索和实践基础上，经过十八大以来在理论和实践上的创新突破，我们党成功推进和拓展了中国式现代化。"[⑥]

---

① 中共中央文献研究室．毛泽东文集：第 8 卷．北京：人民出版社，1999：116.

② 中共中央文献研究室．周恩来年谱（1949—1976）：中卷．北京：中央文献出版社，1997：696.

③ 中共中央文献研究室．毛泽东文集：第 7 卷．北京：人民出版社，1999：124.

④ 中共中央文献研究室．毛泽东年谱（1949—1976）：第 3 卷．北京：中央文献出版社，2013：119－120.

⑤ 邓小平．邓小平文选：第 2 卷．2 版．北京：人民出版社，1994：234.

⑥ 习近平．高举中国特色社会主义伟大旗帜 为全面建设社会主义现代化国家而团结奋斗：在中国共产党第二十次全国代表大会上的报告．北京：人民出版社，2022：22.

四、社会主义政治建设理论

以毛泽东为主要代表的中国共产党人把马克思列宁主义无产阶级专政理论同中国具体实际相结合，提出了以人民民主专政为核心内容的社会主义政治建设理论。同时，在扩大社会主义民主、加强社会主义法制等方面，也取得了一系列重要理论成果。

（一）人民民主专政理论

毛泽东在领导中国革命和建设过程中，创造性地提出了适合中国特点的人民民主专政理论。1949年6月30日，毛泽东发表《论人民民主专政》一文，标志着人民民主专政理论的正式形成。新中国的成立标志着工人阶级领导的、以工农联盟为基础的人民民主专政国家政权的建立。

人民民主专政是工人阶级（经过共产党）领导的以工农联盟为基础的政权。毛泽东指出："人民民主专政需要工人阶级的领导。因为只有工人阶级最有远见，大公无私，最富于革命的彻底性。整个革命历史证明，没有工人阶级的领导，革命就要失败，有了工人阶级的领导，革命就胜利了。"① 同时又指出："人民民主专政的基础是工人阶级、农民阶级和城市小资产阶级的联盟，而主要是工人和农民的联盟，因为这两个阶级占了中国人口的百分之八十到九十。推翻帝国主义和国民党反动派，主要是这两个阶级的力量。由新民主主义到社会主义，主要依靠这两个阶级的联盟。"② 因此，人民民主专政"要求我们党去认真地团结全体工人阶级、全体农民阶级和广大的革命知识分子，这些是这个专政的领导力量和基础力量。没有这种团结，这个专政就不能巩固"③。

> 只有绝大多数人民享有高度的民主，才能够对极少数敌人实行有效的专政；只有对极少数敌人实行专政，才能够充分保障绝大多数人民的民主权利。
>
> 邓小平．邓小平文选：第2卷．2版．北京：人民出版社，1994：373.

人民民主专政国家的基本职能包括民主和专政两个方面，即对占绝大多数的人民实行民主与对极少数人民的敌人实行专政的统一。毛泽东指出："对人民内部的民主方面和对反动派的专政方面，互相结合起来，就是人民民主专政。"④ "人民民主专政"这一提法不仅从实质上而且从概念上确切地表明了我国政权的阶级本质和民主性质。人民民主专政的民主与专政两个方面是辩证统一的，缺一不可。只有在人民内部实行广泛的民主，才能更好地孤立和打击极少数敌人，对他们实行有效的专政；也只有对敌人实行专政，才能保障广大人民群众享有当家作主的权利。在任何情况下都应该坚持民主和专政的统

① 毛泽东选集：第4卷．2版．北京：人民出版社，1991：1479.

② 毛泽东选集：第4卷．2版．北京：人民出版社，1991：1478－1479.

③ 毛泽东选集：第4卷．2版．北京：人民出版社，1991：1436－1437.

④ 毛泽东选集：第4卷．2版．北京：人民出版社，1991：1475.

一，把二者割裂开来或者对立起来都是错误的和有害的。那种认为加强人民民主专政会妨碍发扬民主，甚至是不要民主的看法，是片面的，是对人民民主专政本质的歪曲。

人民民主专政的历史任务是消灭阶级和阶级差别，使国家归于消亡，实现共产主义。人民民主专政的历史任务在不同的历史阶段侧重点有所不同。新民主主义革命时期，人民民主专政的主要任务是反对帝国主义和封建势力的反动统治。社会主义革命时期，人民民主专政的主要任务是继续完成新民主主义革命遗留任务，镇压反动阶级的反抗和对生产资料私有制进行社会主义改造。社会主义制度确立以后，人民民主专政的主要任务是组织和管理社会主义的经济建设和文化教育建设，建设富强、民主、文明的社会主义国家，为将来过渡到共产主义创造条件。尽管此时剥削阶级已经不存在了，人民民主专政的历史任务发生了根本变化，但由于复杂的国内国际环境，专政的职能仍然不能削弱，还将继续长期存在，如果“只有人民内部的民主，而没有对破坏分子的专政，社会就不可能保持安定团结的政治局面，就不可能把现代化建设搞成功”①。

人民民主专政实质上是无产阶级专政。1953 年 12 月 19 日，中共中央发布的《关于目前政权性质问题的指示》指出，“人民民主专政和无产阶级专政本无实质上的区别”②。之所以说人民民主专政实质上是无产阶级专政，这是因为：从经济基础方面看，两者都是与社会主义经济基础相联系的，都是建立在公有制基础之上并为之服务的；从领导力量方面看，人民民主专政是由中国工人阶级及其政党来领导的，这是无产阶级专政的根本标志；从阶级基础方面看，两者都是以工农联盟为基础的，而工农联盟是无产阶级专政的基本原则；从基本职能方面看，两者都是对人民实行民主和对敌人实行专政这两方面的结合；从历史任务方面看，两者都担负着消灭剥削阶级和剥削制度，镇压国内外敌人的反抗或侵略，发展社会生产力，建设社会主义，实现共产主义的历史使命。

> 总结我们的经验，集中到一点，就是工人阶级（经过共产党）领导的以工农联盟为基础的人民民主专政。这个专政必须和国际革命力量团结一致。这就是我们的公式，这就是我们的主要经验，这就是我们的主要纲领。
>
> 毛泽东选集：第 4 卷．2 版．北京：人民出版社，1991：1480.

人民民主专政理论从阶级构成形式、历史任务等多个方面创造性地发展了马克思列宁主义关于无产阶级专政的理论，是中国化时代化的无产阶级专政理论。在我国社会主义的整个历史阶段，坚持人民民主专政是不可动摇的政治原则。人民民主专政在我国现阶段只能加强，而不能削弱。

（二）社会主义民主政治建设

社会主义制度确立以后，以毛泽东为主要代表的中国共产党人根据中国具体实际，强调加强社会主义民主政治建设，扩大社会主义民主。

搞好民主集中制。民主集中制是我们党的根本组织原则和领导制度。党的八大指出：

① 邓小平．邓小平文选：第 3 卷．北京：人民出版社，1993：154.

② 中共中央文献研究室．建国以来重要文献选编：第 4 册．北京：中央文献出版社，2011：587.

“我们的国家制度是高度的民主和高度的集中的结合。这个制度已经在我国过去几年的历史中表现了它的优越性。”[①] 如果不充分发扬人民民主和党内民主，不充分实行无产阶级的民主制，就不可能有真正的无产阶级的集中制。没有高度的民主，不可能有高度的集中，而没有高度的集中，就不可能建立有计划、按比例发展的社会主义经济。1962 年毛泽东在七千人大会上的讲话中批判了一些同志不重视民主集中制的错误，阐述了民主集中制的重要性以及民主和集中的关系。他指出，民主集中制是上了我们的党章的，上了我们的宪法的，但是现在有些同志，很怕群众开展讨论，怕他们提出同领导机关、领导者意见不同的意见。他强调：“不论党内党外，都要有充分的民主生活，就是说，都要认真实行民主集中制。”[②] 毛泽东把民主集中制与批评和自我批评结合起来，提出：“批评和自我批评是一种方法，是解决人民内部矛盾的方法，而且是唯一的方法。除此以外，没有别的方法。但是，如果没有充分的民主生活，没有真正实行民主集中制，就不可能实行批评和自我批评这种方法。”[③]

推进政治体制改革。毛泽东借鉴苏联社会主义民主建设的经验教训，对社会主义民主政治建设进行深层次的思考，提出了一些有价值的观点。处理好中央和地方的关系对于我们这样的大国大党是一个十分重要的问题。党的八大指出：“必须适当地调整中央和地方的行政管理职权。这也是符合于扩大民主生活、克服官僚主义的要求的。”[④] 毛泽东在《论十大关系》的讲话中进一步提出：“为了建设一个强大的社会主义国家，必须有中央的强有力的统一领导，必须有全国的统一计划和统一纪律，破坏这种必要的统一，是不允许的。同时，又必须充分发挥地方的积极性，各地都要有适合当地情况的特殊。”[⑤] “应当在巩固中央统一领导的前提下，扩大一点地方的权力，给地方更多的独立性，让地方办更多的事情。”[⑥] 同时，毛泽东还提出必须反对官僚主义和机构庞大，主张对党政机构进行大精简等思想。

扩大社会主义民主。加强民主政治建设，扩大社会主义民主，是社会主义的内在要求。1956 年 7 月，周恩来指出：“现在我们的人民民主专政应该是：专政要继续，民主要扩大。”[⑦] 党的八大期间，毛泽东会见南斯拉夫共产主义者联盟代表团时说，我们社会主义国家必须想些办法来扩大民主。党的八大明确指出，在我们进入社会主义建设时期以后，进一步扩大国家的民主生活，开展反对官僚主义的斗争，有迫切的重要的意义。不论党内党外，都要有充分的民主生活。1957 年，毛泽东提出，“我们的目标，是想造成一个又有集中又有民主，又有纪律又有自由，又有统一意志、又有个人心情舒畅、生动活泼，那样一种政治局面”[⑧]。没有这样的政治局面，群众的积极性是不可能发动起来

① 中央档案馆，中共中央文献研究室．中共中央文件选集（1949 年 10 月—1966 年 5 月）：第 24 册．北京：人民出版社，2013：99.

② 中共中央文献研究室．毛泽东思想年编（1921—1975）．北京：中央文献出版社，2011：914.

③ 中共中央文献研究室．毛泽东思想年编（1921—1975）．北京：中央文献出版社，2011：914.

④ 中共中央文献研究室．建国以来重要文献选编：第 9 册．北京：中央文献出版社，2011：76.

⑤ 中共中央文献研究室．毛泽东文集：第 7 卷．北京：人民出版社，1999：32.

⑥ 中共中央文献研究室．毛泽东文集：第 7 卷．北京：人民出版社，1999：31.

⑦ 中共中央文献研究室．建国以来重要文献选编：第 8 册．北京：中央文献出版社，2011：372.

⑧ 建国以来毛泽东文稿：第 6 册．北京：中央文献出版社，1992：543.

的。毛泽东还十分重视人民群众的监督。党的八大强调，为了党和国家的民主发展，对于我们党的组织和共产党员，既要接受党的内部监督，也要接受来自人民群众和党外人士的监督。1956 年，党的八大通过的《中国共产党章程》规定了党的监察委员会作为常设机构，从而推动了党内监督的制度化。

> 要党有力量，依靠实行党的民主集中制去发动全党的积极性。在反动和内战时期，集中制表现得多一些。在新时期，集中制应该密切联系于民主制。用民主制的实行，发挥全党的积极性。
>
> 毛泽东选集：第 1 卷. 2 版. 北京：人民出版社，1991：278.

（三）加强社会主义法制建设

新中国成立前夕，毛泽东就主持制定了起临时宪法作用的《中国人民政治协商会议共同纲领》。这体现了他对创建法制的重视。1953—1954 年，毛泽东又亲自主持了新中国成立后第一部宪法的起草工作。在广泛阅读和研究世界各类宪法的基础上，规定了新中国宪法的"人民民主原则"和"社会主义原则"。1954 年 9 月颁布的《中华人民共和国宪法》是我国历史上第一部社会主义类型的宪法，为我国社会主义民主和法制建设奠定了基础。

1956 年，刘少奇在党的八大所做的政治报告中提出，我们目前在国家工作中的迫切任务之一，是着手系统地制定比较完备的法律，健全我国的法制。董必武在党的八大上就加强法制建设做了系统发言。他在肯定新中国成立以来法制工作所取得的成绩的基础上明确指出，现在的问题是，我们还缺乏一些急需的较完整的基本法规。他指出，人民民主和法制建设必须进一步加强，才能适应党和国家的中心任务，保障社会主义事业的顺利进行。在《工作方法六十条（草案）》中，毛泽东强调："上层建筑一定要适合经济基础和生产力发展的需要。政府各部门所制定的各种规章制度是上层建筑的一部分。八年来积累起来的规章制度许多还是适用的，但是有相当一部分已经成为进一步提高群众积极性和发展生产力的障碍，必须加以修改，或者废除。"① 1962 年 3 月 22 日，针对法制遭到破坏的严重后果，毛泽东指出，"刑法需要制定，民法也需要制定，没有法律不行，现在是无法无天。不仅要制定法律，还要编案例"②。在这一时期，立法机关对民法的立法做了大量工作，掀开了首次民法立法的高潮。

毛泽东在强调加强法制建设的同时，十分注意守法的重要性，尤其是干部的守法问题。1957 年 1 月，毛泽东在省市自治区党委书记会议上的讲话中指出：一定要守法，不要破坏革命的法制。法律是上层建筑，我们的法律，是劳动人民自己制定的。它是维护革命秩序，保护劳动人民利益，保护社会主义经济基础，保护生产力的。因此，应要求所有的人都遵守革命法制，不论是党内的，还是党外的。

以毛泽东为主要代表的中国共产党人"在废除旧法统的同时，积极运用新民主主义革命时期根据地法制建设的成功经验，抓紧建设社会主义法治，初步奠定了社会主义法

① 中共中央文献研究室．毛泽东文集：第 7 卷．北京：人民出版社，1999：353.
② 中共中央文献研究室．毛泽东年谱（1949—1976）：第 5 卷．北京：中央文献出版社，2013：94.

治的基础”[①]。后来，党在指导思想上发生“左”的错误，特别是“文化大革命”使法制遭到严重破坏，党和人民付出了沉重代价，教训十分惨痛。

五、社会主义国防建设和外交理论

建立巩固的社会主义现代化国防，建设一支强大的现代化、正规化的人民军队，是党在新中国成立和社会主义制度确立后的一项重大任务。以毛泽东为主要代表的中国共产党人高度重视国防和军队建设，提出了一系列关于我国国防和军队建设的战略思想。同时，毛泽东等党和国家领导人关注世界风云变幻，及时调整外交方针和原则，形成了富有鲜明特色的外交理论。

（一）建设社会主义现代化国防

国防是一个国家和民族存续发展的安全保障。1952 年 7 月，毛泽东在《对军事学院第一期毕业学员的训词》中指出，我们要建设正规化、现代化的国防军队，努力实现国防现代化。抗美援朝战争结束以后，人民解放军具备了集中时间进行各项军事建设的有利条件，加强国防现代化和军队正规化建设被提上议事日程。

实行统一的指挥、统一的制度、统一的编制、统一的纪律、统一的训练，实现诸军兵种密切的协同动作，是建设现代化国家不可缺少的重要条件之一。遵照中央军委的指令，人民解放军进行大幅度精简整编，全军总员额从 1950 年的 550 万人减少到 1955 年的 350 万人。同时，借鉴苏军领导体制，对军队领导机关的组织编制进行了调整。抗美援朝战争结束以后，人民解放军初步发展成为一支军兵种较为齐全的军队。在此期间，还创办了军事学院和一批各军兵种的高等院校、筹划军事科学院。这为建设现代化的国防奠定了基础。

为了加强国防现代化建设，1953 年 12 月至 1954 年 1 月，中央军委在北京召开全国军事系统党的高级干部会议。会议提出建设国防现代化的方针，即国防现代化必须与国家工业化的水平相适应，国家建设既不能停步不前，也不能急躁冒进。国家武装部队的总数应保持一个适当的数量，既要避免减弱我国的防御力量，又要避免增加国家的财政负担。会议提出，要用五年到十年左右的时间，逐步达到武器装备现代化、编制体制合理化、干部培养标准化、军事制度和军事训练正规化。1959 年 12 月，中共中央和国务院在《关于经济建设与国防建设关系中若干问题的指示》中指出，必须把国防建设纳入国家建设总体规划之中。

独立完整的国防工业体系是国防现代化的重要保证。新中国成立初期，我国没有多少现代工业，国防科技工业几乎是一片空白。在毛泽东和党中央的高度重视下，我国现代化国防工业体系建设在多个方面积极推进。一是大力加强国防物资技术基础建设，以迅速改善人民解放军的武器装备。“一五”计划开始后，我国先后新建和扩建了 100 多个

① 中共中央文献研究室．习近平关于社会主义政治建设论述摘编．北京：中央文献出版社，2017：83.

国防科技工业项目，初步建立了我国的国防科技和国防工业体系。随着这些项目的建成，国产的飞机、坦克、机枪、火炮及相应的弹药等，不断装备到部队，很快实现了军队武器装备制式化。与此同时，国防工程、国防交通、国防通信等基础设施建设也加速推进。二是大力发展以导弹、核武器为重点的国防尖端技术。我国克服了极大困难，突破了多个技术难关，成功研制了原子弹、氢弹、中程和远程运载火箭，发射了人造地球卫星，并且掌握了卫星回收技术，使得人民军队武器装备现代化的水平有了显著提高。尤其是国防尖端技术研究方面取得的成就，不仅增强了我国的国防战略防御能力，而且具有重大的政治意义。三是调整国防战略布局，加强国防战略大后方建设。为了改变我国国防科技工业大多集中在沿海、边疆的状况，党在 20 世纪 60 年代初期做出了加强战略大后方建设即三线建设的战略决策。经过十多年的建设，我国在西北、西南三线地区建成了一大批机械、能源、兵器、电子、航天、战略核武器等重点企业和基地，以及重要铁路、公路等配套交通基础。到 70 年代中后期，我国不仅建立起一整套的国防工业体系，还较好地完成了国防工业的合理布局，使我国国防现代化建设事业迈上了新的台阶。

国防现代化建设要处理好与经济建设的关系。1956 年 4 月，毛泽东在《论十大关系》中专门论述了国防建设和经济建设的关系。他指出："可靠的办法就是把军政费用降到一个适当的比例，增加经济建设费用。只有经济建设发展得更快了，国防建设才能够有更大的进步。"① 从毛泽东的论述中可以看出，他主张的国防建设与经济建设的关系包括三个方面的内容：一是国防建设与经济建设相互联系、不可分割，缺少其中任何一个方面，都不可能实现国家的独立和富强。二是经济建设是国防建设的基础，没有强大的经济实力，就不能建设起强大的国防力量。国防建设又是经济建设的重要保障，没有巩固的国防，经济建设就不能正常进行。三是国防建设必须服从并服务于经济建设大局。国家处于和平发展时期，经济建设是中心，国防建设首先应当服从经济建设大局，为经济建设服务。

> "两弹一星"等国防尖端科技不断取得突破，国防工业从无到有逐步发展起来。人民解放军得到壮大和提高，由单一的陆军发展成为包括海军、空军和其他技术兵种在内的合成军队，为巩固新生人民政权、确立中国大国地位、维护中华民族尊严提供了坚强后盾。
>
> 中共中央关于党的百年奋斗重大成就和历史经验的决议. 北京：人民出版社，2021：11.

（二）建立一支现代化的人民军队

新中国成立以后，党明确提出了加强军队革命化、现代化、正规化建设这一人民军队建设的总方向和总目标。为实现这一目标，中共中央和中央军委采取了一系列措施。

建立各军种和兵种，形成陆、海、空三位一体的国防体系。从 1950 年到 1954 年，人民解放军在陆军的基础上先后建立了空军、海军、炮兵、装甲兵、防空部队、公安部

① 中共中央文献研究室．毛泽东文集：第 7 卷．北京：人民出版社，1999：27.

队、工程兵、铁道兵、通信兵等，迈出了人民军队现代化正规化建设的重要一步。1953年，中央军委颁布了人民解放军《内务条令》《队列条令》《纪律条令》，统一了全军的制度，提高了全军的组织性、计划性、准确性和纪律性。1955年，根据《中华人民共和国宪法》和第一届全国人大及其常委会通过的《中华人民共和国兵役法》《中国人民解放军军官服役条例》以及国防部颁布的《中国人民解放军薪金、津贴暂行办法》，全军实行薪金制、军衔制和义务兵役制。同时，重视在军队官兵中开展大规模的文化教育，并改建和新建一批军事院校，初步形成了适应革命化、现代化、正规化建设需要的比较完整的军队院校体系。

1953年12月召开的全国军事系统党的高级干部会议确定了今后军队建设的方针和任务。一是把建设世界上优良的现代化革命军队，以保卫我国社会主义建设，防御帝国主义的侵略，作为军队建设的总方针和总任务，并提出："正规化是建设现代化军队的绝不可少的基本条件。"① 二是明确了现代化军队建设的道路，提出紧缩军队编制，减少军费开支，支持国家经济建设；要减少国外订货，选择重点建设，依靠发展自己的工业，特别是重工业，来实现军队的武器装备现代化的道路。三是明确了军队建设中长期的、经常的中心工作是训练军队，特别是训练干部，为此要办好军事院校。这次会议对于人民解放军进入全面建设现代化军队新时期，具有决定性意义。

建设正规化、现代化的人民军队，必须加强党的领导。在新的历史阶段，军队建设的内容变了，但军队的性质并没有改变，人民解放军仍然是中国共产党绝对领导的人民军队。1954年，中共中央、中央军委颁布《中国人民解放军政治工作条例总则（草案）》，对军队政治工作的性质、任务、职责、组织形式、工作作风以及各方面关系，做了明确规定。毛泽东在审批这一条例总则草案时特别强调："中国共产党在中国人民解放军中的政治工作是我军的生命线。"② 这对于保证党对军队的绝对领导，加强军队的政治工作和革命化建设，发挥人民解放军作为巩固人民民主专政坚强柱石的作用具有重要意义。

> 我们现在还没有原子弹。但是，过去我们也没有飞机和大炮，我们是用小米加步枪打败了日本帝国主义和蒋介石的。我们现在已经比过去强，以后还要比现在强，不但要有更多的飞机和大炮，而且还要有原子弹。在今天的世界上，我们要不受人家欺负，就不能没有这个东西。
>
> 中共中央文献研究室．毛泽东文集：第7卷．北京：人民出版社，1999：27.

（三）社会主义外交方针和原则

党中央和毛泽东科学判断时代特征，正确估量和把握国际形势的发展趋势，提出了外交工作的方针和原则，形成了具有鲜明特色的社会主义外交理论，为我国社会主义建设时期的外交工作奠定了理论基础。

---

① 中共中央文献研究室．建国以来重要文献选编：第5册．北京：中央文献出版社，2011：46.

② 中共中央文献研究室．毛泽东年谱（1949—1976）：第2卷．北京：中央文献出版社，2013：234.

1. 独立自主的和平外交政策

新中国成立前夕，毛泽东就提出，“中国人民革命军事委员会和人民政府愿意考虑同各外国建立外交关系，这种关系必须建立在平等、互利、互相尊重主权和领土完整的基础上”①。为了实现中国人民梦寐以求的独立自主的夙愿，给新中国的经济恢复和建设事业创造和平环境，毛泽东在深刻总结中国近代惨痛历史教训的基础上，提出了“另起炉灶”“打扫干净屋子再请客”“一边倒”三项外交方针。这三项方针符合中国人民实现国家安全、独立和维护世界和平的根本利益，为独立自主的新中国外交奠定了基础。

为了发展同新兴民族独立国家尤其是邻近的民族独立国家的关系，1953 年 12 月，我国政府在同印度就两国间存在的问题特别是印度和中国西藏地方关系问题的谈判中，首次提出和平共处五项原则，得到印度方面的赞同。其表述几经斟酌，最后确定为：互相尊重领土主权、互不侵犯、互不干涉内政、平等互利、和平共处的原则。1954 年，周恩来在应邀出访印度和缅甸时，分别与两国总理发表联合声明，一致同意以和平共处五项原则作为指导相互关系的基本原则，并倡议将和平共处五项原则作为处理国际关系的准则，在世界上产生了广泛影响。在亚洲、非洲民族解放运动不断高涨的形势下，1955 年 4 月，亚非 29 个国家的政府首脑在印度尼西亚的万隆举行会议，讨论保卫世界和平、争取民族独立、发展民族经济等各方共同关心的问题。周恩来在发言中把“互相尊重领土主权”改为“互相尊重主权和领土完整”，使和平共处五项原则从内容到表述更加完整准确。毛泽东指出：“五项原则是一个长期方针，不是为了临时应付的。这五项原则是适合我国的情况的，我国需要长期的和平环境。”②

> 坚持独立自主的和平外交政策，坚定不移走和平发展道路。我们要高举和平、发展、合作、共赢的旗帜，坚持在和平共处五项原则基础上同各国友好相处，在平等互利基础上积极开展同各国的交流合作，坚定不移维护世界和平、促进共同发展。
>
> 习近平．习近平谈治国理政：第 1 卷．2 版．北京：外文出版社，2018：30.

和平共处五项原则是对列宁关于和平共处思想的创造性发展，是新中国独立自主外交政策的集中体现，具有重大的战略意义。它是新中国在国际舞台上开展活动，突破美国的孤立和遏制政策，扩大对外交往的有力武器，不仅成为我国对外政策的基石，也逐渐在国际社会中被普遍接受。这是国际关系史上的重大创举，为推动建立公正合理的新型国际关系做出了历史性贡献。

2. “中间地带”思想

1946 年 8 月，毛泽东同美国记者安娜·路易斯·斯特朗谈话时，科学分析了战后国际格局，第一次正式提出了“中间地带”的思想。他指出：“美国和苏联中间隔着极其辽阔的地带，这里有欧、亚、非三洲的许多资本主义国家和殖民地、半殖民地国家。”③

---

① 毛泽东选集：第 4 卷．2 版．北京：人民出版社，1991：1461.

② 中共中央文献研究室．毛泽东文集：第 6 卷．北京：人民出版社，1999：374.

③ 毛泽东选集：第 4 卷．2 版．北京：人民出版社，1991：1193.

1954年，毛泽东在会见英国工党代表团时又提到了“中间地带”思想。他指出：“据我看，美国反共是把它当作个题目来做文章，以达到他们另外的目的，首先是占据从日本到英国的这个中间地带。美国在北美洲处在这个中间地带的那一边，苏联和中国处在这一边。美国的目标是占领处在这个广大中间地带的国家，欺负它们，控制它们的经济，在它们的领土上建立军事基地，最好使这些国家都弱下去，这包括日本、德国在内。”① 这里所指的中间地带，主要是指西方国家和广大的新兴独立国家。1955年毛泽东重申了这一观点：“目前美国在广大的中间地带，从东京到伦敦建立军事基地，把三百万军队中的一百多万人都钉在这些基地上，动都动弹不得。这不像是个打仗的架势。美国实行着实力政策，如果真的打起来，首先中间地带就完了。但是，这广大中间地带的人民中，亚非两大陆就有十四个亿，还有欧洲的人民，都是我们反对美国侵略的同盟者。”②

20世纪60年代，毛泽东对中间地带的认识有了新的变化。1963年9月，毛泽东在中共中央工作会议上指出：“我看中间地带有两个，一个是亚、非、拉，一个是欧洲。日本、加拿大对美国是不满意的。”③ “苏联与东欧各国的矛盾也有明显发展，关系紧张得很。”④ 1964年1月，他再次提出“两个中间地带”的观点，强调：“中间地带有两部分：一部分是指亚洲、非洲和拉丁美洲的广大经济落后的国家，一部分是指以欧洲为代表的帝国主义国家和发达的资本主义国家。这两部分都反对美国的控制。在东欧各国则发生反对苏联控制的问题。这种情况看起来比较明显。”⑤

“中间地带”思想的提出，标志着毛泽东对世界力量分化组合有了新的认识，为中国同亚非拉等“第一中间地带”国家加强团结与合作，改善和发展与“第二中间地带”的西方资本主义国家的关系，为中国在20世纪60年代打开外交工作的新局面奠定了理论基础。

3. “三个世界”划分的理论

> 毛泽东同志在他的晚年还提出了关于三个世界划分的战略思想，并且亲自开创了中美关系和中日关系的新阶段，从而为世界反霸斗争和世界政治前途创造了新的发展条件。我们能在今天的国际环境中着手进行四个现代化建设，不能不铭记毛泽东同志的功绩。
>
> 邓小平．邓小平文选：第2卷．2版．北京：人民出版社，1994：172.

20世纪60年代末至70年代初，国际形势发生了重大变化。美国深陷越南战争泥潭，苏联则四处扩张，联邦德国和日本等资本主义发达国家正在崛起，亚非拉民族解放运动蓬勃展开。这为中国外交战略的转变提供了机遇。毛泽东在坚持独立自主和平外交政策的同时，强调反对霸权主义，维护中国的民族尊严和利益，维护世界和平、民族解放和

① 中共中央文献研究室．毛泽东文集：第6卷．北京：人民出版社，1999：339.
② 中华人民共和国外交部，中共中央文献研究室．毛泽东外交文选．北京：中央文献出版社，1994：205.
③ 中共中央文献研究室．毛泽东文集：第8卷．北京：人民出版社，1999：343.
④ 中共中央文献研究室．毛泽东文集：第8卷．北京：人民出版社，1999：344.
⑤ 中共中央文献研究室．毛泽东文集：第8卷．北京：人民出版社，1999：344－345.

社会主义事业的利益，逐渐形成了“三个世界”划分的理论。

1964年1月，毛泽东在与一批美国朋友的谈话中，第一次使用了“第三世界”的概念。他指出：“美国现在在两个‘第三世界’都遇到抵抗。第一个‘第三世界’是指亚、非、拉。第二个‘第三世界’是指以西欧为主的一批资本主义高度发展的、有些还是帝国主义的国家，这些国家一方面压迫别人，另一方面又受美国压迫，同美国有矛盾。”① 这里的两个“第三世界”概念，是直接从“两个中间地带”概念演化过来的。1974年2月，毛泽东在会见赞比亚总统卡翁达时明确提出“三个世界”划分的理论。他指出：“美国、苏联是第一世界。中间派，日本、欧洲、澳大利亚、加拿大，是第二世界。咱们是第三世界。”“亚洲除了日本，都是第三世界。整个非洲都是第三世界，拉丁美洲也是第三世界。”② 第一世界是超级大国，是霸权主义者，他们拥有大量的核武器，到处扩张。第二世界是中间派，具有两面性。第三世界是发展中国家，是反对霸权主义和殖民主义的主要力量。1974年4月，邓小平在联合国大会第六届特别会议上，全面阐述了毛泽东划分三个世界的理论和我国的对外政策。他强调：中国是一个社会主义国家，也是一个发展中国家，中国属于第三世界。中国现在不是，将来也不做超级大国。

毛泽东关于“三个世界”划分的理论，超越了社会制度和意识形态的传统观念，对指导我国的外交工作，坚持反对超级大国的霸权主义和战争威胁，努力建立和发展同第三世界各国和其他类型国家的友好合作关系，包括同美国实现两国关系正常化，都发挥了重要作用。

思考题

1. 人民民主专政理论的主要内容有哪些？
2. 《论十大关系》的主要内容和意义是什么？
3. 社会主义社会矛盾理论的主要内容有哪些？
4. 毛泽东对我国社会主义经济建设探索的成果有哪些？

阅读书目

1. 毛泽东．论人民民主专政//毛泽东选集：第4卷．2版．北京：人民出版社，1991.

2. 毛泽东．论十大关系//中共中央文献研究室．毛泽东文集：第7卷．北京：人民出版社，1999.

3. 毛泽东．关于正确处理人民内部矛盾的问题//中共中央文献研究室．毛泽东文集：第7卷．北京：人民出版社，1999.

4. 刘少奇．刘少奇在中国共产党第八次全国代表大会上的政治报告//中央档案馆，

① 中共中央文献研究室．毛泽东文集：第8卷．北京：人民出版社，1999：357.

② 中共中央文献研究室．毛泽东文集：第8卷．北京：人民出版社，1999：441－442.

中共中央文献研究室．中共中央文件选集（1949 年 10 月—1966 年 5 月）：第 24 册．北京：人民出版社，2013.

5. 中国共产党第八次全国代表大会关于政治报告的决议//中央档案馆，中共中央文献研究室．中共中央文件选集（1949 年 10 月—1966 年 5 月）：第 24 册．北京：人民出版社，2013.

第六章

革命军队建设和军事战略理论

以毛泽东为主要代表的中国共产党人在领导中国革命的过程中，把马克思列宁主义基本原理同中国革命战争实际相结合，科学总结中国革命战争规律和革命军队建设的实践经验，形成了关于革命军队建设和军事战略的理论。这一理论系统回答和创造性地解决了在中国半殖民地半封建社会历史条件下，人民军队建设、人民战争及战略战术原则等一系列根本问题，是中国革命战争走向胜利的指南。

一、革命军队建设理论

以毛泽东为主要代表的中国共产党人在领导中国革命战争和建设人民军队的实践过程中，深入分析和研究人民军队建设的特点和规律，认真总结人民军队建设的实践经验，形成了人民军队建设的基本理论。

（一）建立一支新型的人民军队

“没有一个人民的军队，便没有人民的一切。”① 中国的具体国情决定了中国革命必须坚持武装斗争，以武装的革命反对武装的反革命。为了进行武装斗争，夺取政权和巩固政权，必须建立一支新型的无产阶级性质的人民军队。

第一，武装夺取政权必须建立人民军队。武装斗争是中国革命的特点和主要形式。毛泽东指出：“革命的中心任务和最高形式是武装夺取政权，是战争解决问题。这个马克思列宁主义的革命原则是普遍地对的，不论在中国在外国，一概都是对的。”② 近代中国不是一个独立的民主的国家，而是一个半殖民地半封建的国家，内无民主制度，无产阶级和人民群众无议会可以利用，无组织工人举行罢工的合法权利；外无民族独立，受帝国主义的侵略和压迫。无产阶级和人民群众想要实现自身的解放，就不能“经过长期合法斗争以进入起义和战争”③，而只有直接通过武装斗争而且是长期的武装斗争才能实现革命的彻底胜利。武装斗争是中国革命胜利的三大法宝之一。

---

① 毛泽东选集：第 3 卷 . 2 版 . 北京：人民出版社，1991：1074.

② 毛泽东选集：第 2 卷 . 2 版 . 北京：人民出版社，1991：541.

③ 毛泽东选集：第 2 卷 . 2 版 . 北京：人民出版社，1991：542.

世界上没有哪一个统治阶级甘愿自行退出历史舞台、自动交出政权。因此，要夺取政权，就必须战胜强大的敌人。要战胜敌人和完成革命任务，首先要依靠手里拿枪的军队。毛泽东指出："在中国，主要的斗争形式是战争，而主要的组织形式是军队。"① "枪杆子里面出政权。"② "中国人民要自由，要统一，要联合政府，要彻底地打倒日本侵略者和建设新中国，没有一支站在人民立场上的军队，那是不行的。"③ 大革命时期，我们党开始并不了解掌握枪杆子的极端重要性，结果在国民党反动派叛变革命时吃了大亏，由此才彻底认识到武装斗争的意义，开始建立自己的武装。

第二，巩固人民民主政权需要人民军队。毛泽东指出："军队和其他武装力量，是新民主主义的国家权力机关的重要部分，没有它们，就不能保卫国家。"④ 早在土地革命战争时期，毛泽东就把相当力量的正式红军的存在作为红色政权存在的必要条件，认为虽有很好的工农群众，若没有相当力量的正式武装，便决然不能造成工农武装割据的局面。新民主主义革命胜利后，中国建立了人民民主政权，毛泽东从保卫和巩固新国家新政权出发，强调作为国家机器的人民军队要提高警惕，保卫祖国。他提出，我们国家既要有笔杆子，还要有枪杆子："单拿笔杆不行，一手拿笔杆，一手拿枪杆，又是文化，又是武化。"⑤ 在人民军队的保障下，新中国顺利进行土地革命、镇压反革命、完成三大改造，建立社会主义制度。为了维护国家主权和领土完整，人民军队还发扬敢于斗争、善于斗争的传统，进行了抗美援朝战争、保家卫国战争等，成为保卫社会主义祖国的钢铁长城。

> 国家是阶级统治的机关，军队是阶级的实力。只要有阶级，就不能不搞军队。
> 中共中央文献研究室．毛泽东文集：第 8 卷．北京：人民出版社，1999：130.

第三，人民军队还是国家经济建设的重要力量。毛泽东指出，中国人民解放军既是一个战斗队，也是一个工作队和生产队。如果说战斗队是打仗消灭敌人、保卫祖国安全的话，那么工作队和生产队则是建设国家。新中国成立后，国家进入相对和平的建设时期。人民军队作为工作队和生产队的任务和以前比较显得尤为重要。中国人民解放军除了保卫祖国，还承担起建设国家的使命。中国人民解放军是社会主义建设的重要力量：积极地参加国家重点经济项目建设；全力以赴抢险救灾，保卫人民生命和国家财产的安全；协助地方兴办公益事业，绿化祖国河山；为边疆少数民族地区的发展贡献力量；增产节约，减轻国家和人民的负担；开展军民共建精神文明活动；等等。

（二）人民军队的唯一宗旨

毛泽东指出："紧紧地和中国人民站在一起，全心全意地为中国人民服务，就是这个军队的唯一的宗旨。"⑥ 这是人民军队建设必须坚持的根本方向。

---

① 毛泽东选集：第 2 卷．2 版．北京：人民出版社，1991：543.
② 毛泽东选集：第 2 卷．2 版．北京：人民出版社，1991：547.
③ 毛泽东选集：第 3 卷．2 版．北京：人民出版社，1991：1072.
④ 毛泽东选集：第 3 卷．2 版．北京：人民出版社，1991：1057.
⑤ 中共中央文献研究室．毛泽东文集：第 7 卷．北京：人民出版社，1999：412.
⑥ 毛泽东选集：第 3 卷．2 版．北京：人民出版社，1991：1039.

党领导的人民军队是为着工农劳苦大众翻身求解放而建立起来的，是保护人民、反抗侵略、镇压反动统治阶级的工具。从创建人民军队开始，毛泽东就把确立建军宗旨放在军队建设十分重要的地位，要求军队树立起为人民扛枪打仗的思想。秋收起义部队命名为“中国工农革命军”，就是强调这支军队是为工农求解放的队伍。毛泽东在他起草的古田会议决议中明确指出，红军必须彻底纠正各种非无产阶级的思想，树立为人民打仗、帮助群众建立革命政权的思想。抗日战争时期，毛泽东把我军的宗旨明确地概括为“为人民服务”，要求全体指战员牢牢记住“我们的共产党和共产党所领导的八路军、新四军，是革命的队伍。我们这个队伍完全是为着解放人民的，是彻底地为人民的利益工作的”①。毛泽东反复强调：“我们的军队是真正人民的军队，我们的每一个指战员以至每一个炊事员、饲养员，都是为人民服务的。”② 全心全意为人民服务是人民军队建设的方向和准则，是人民军队一切工作的出发点和落脚点。

全心全意为人民服务的宗旨，是人民军队团结战斗的思想基础。毛泽东认为，在这一宗旨下面，人民军队才具有一往无前的精神，它要压倒一切敌人，而绝不被敌人所屈服，不论在任何艰难困苦的场合，只要还有一个人，这个人就要继续战斗下去；才有一个很好的内部和外部的团结，在内部的官兵之间、上下级之间，军事工作、政治工作和后勤工作之间，在外部的军民之间、军政之间、我友之间，都是团结一致的；才有一个正确的争取敌军官兵和处理俘虏的政策；才形成了为人民战争所必需的一系列的战略战术；才形成了为人民战争所必需的一系列政治工作；等等。人民军队自觉履行全心全意为人民服务的宗旨，为人民、为民族而战斗，赢得了人民群众的拥护和支持，也激发了人民群众争取自身解放的主动精神。人民群众的拥护和支持，是人民军队具有强大战斗力的根本保证。

人民军队的任务体现了为人民服务的宗旨。早在井冈山时期，毛泽东就提出了工农革命军要执行以打仗消灭敌人、打土豪筹款子、做群众工作为主要内容的“三大任务”。古田会议决议指出红军的“三大任务”是：打仗；筹款；宣传群众、组织群众、武装群众，建设革命政权。抗日战争时期，筹款任务改为生产任务，“利用战斗和训练的间隙，从事粮食和日用必需品的生产，达到军队自给、半自给或部分自给之目的，借以克服经济困难，改善军队生活和减轻人民负担”③。解放战争时期，毛泽东发出了“把军队变为工作队”的指示，后来把我军的“三大任务”完整表述为“战斗队、工作队、生产队”。人民军队的“三大任务”就是使军队切实与人民打成一片，全心全意地为人民服务。

> 一、本军三大纪律八项注意，实行多年，其内容各地各军略有出入。现在统一规定，重行颁布。望即以此为准，深入教育，严格执行。至于其他应当注意事项，各地各军最高首长，可根据具体情况，规定若干项目，以命令施行之。

---

① 毛泽东选集：第3卷.2版.北京：人民出版社，1991：1004.

② 中共中央文献研究室.毛泽东文集：第3卷.北京：人民出版社，1996：210.

③ 毛泽东选集：第3卷.2版.北京：人民出版社，1991：1040.

> 二、三大纪律如下：（一）一切行动听指挥；（二）不拿群众一针一线；（三）一切缴获要归公。
>
> 三、八项注意如下：（一）说话和气；（二）买卖公平；（三）借东西要还；（四）损坏东西要赔；（五）不打人骂人；（六）不损坏庄稼；（七）不调戏妇女；（八）不虐待俘虏。
>
> 毛泽东选集：第4卷．2版．北京：人民出版社，1991：1241.

人民军队严格的纪律是实现其宗旨的重要保障。“加强纪律性，革命无不胜。”[①] 人民军队和人民群众打成一片，要求军队时时刻刻遵守群众纪律，对群众利益做到秋毫无犯。1927年10月，毛泽东率领秋收起义的队伍向井冈山进发时，向全体官兵郑重宣布了三条纪律：行动听指挥，不拿群众一个红薯，打土豪要归公。1928年1月，又提出六项注意：还门板，捆铺草，说话和气，买卖公平，不拉伕、请来伕子要给钱，不打人不骂人。同年4月，重申三大纪律六项注意，并将“不拿群众一个红薯”改为“不拿工人农民一点东西”。1929年，在六项注意中又增加了“洗澡避女人”“不搜俘虏腰包”，成为八项注意。解放战争时期，中国人民解放军总部颁发了由毛泽东起草的关于重新颁布三大纪律八项注意的训令。“三大纪律八项注意”是实现人民军队内部高度集中、保持同人民群众鱼水关系的重要条件。

（三）坚持党对人民军队的绝对领导

毛泽东在创建人民军队、指导人民军队建设和发展的实践中，不仅确立并始终坚持党对人民军队绝对领导的原则，而且深刻阐明了这一原则的重要性，解决了如何坚持党对人民军队绝对领导的一系列理论和实践问题。

第一，“党指挥枪”是毛泽东军队建设思想的重要内容。

早在1927年9月，毛泽东在领导秋收起义前就组织成立了中共湖南省委前敌委员会，并亲自担任书记，直接负责组织工农革命军和领导起义工作。在三湾改编中，毛泽东把党对军队的绝对领导作为改编部队、建设新型人民军队的首要原则，创造性地提出了“支部建在连上”的原则，第一次实行班排设党小组，营团设立党委，整个部队由前敌委员会统一领导。1929年12月，毛泽东亲自主持召开了“古田会议”，在古田会议决议中指出：党不仅要管党员，管政治工作，而且要管军事、管打仗。1936年，毛泽东在总结土地革命战争经验时指出：“共产党的这种绝对的领导权，是使革命战争坚持到底的最主要的条件。”[②] 抗日战争时期，毛泽东针对张国焘的分裂主义、军阀主义错误，明确提出：“我们的原则是党指挥枪，而决不容许枪指挥党。”[③] 解放战争时期，毛泽东再次强调：“我全军将士必须时刻牢记，我们是伟大的人民解放军，是伟大的中国共产党领导的

---

① 中共中央文献研究室．毛泽东文集：第5卷．北京：人民出版社，1996：194.

② 毛泽东选集：第1卷．2版．北京：人民出版社，1991：184.

③ 毛泽东选集：第2卷．2版．北京：人民出版社，1991：547.

队伍。只要我们时刻遵守党的指示，我们就一定胜利。”① 新中国成立以后，在党的一系列重要文献中，毛泽东等老一辈无产阶级革命家多次论述和强调了党对人民军队的绝对领导。

第二，“党指挥枪”是人民军队建设的根本原则。

马克思主义认为，军队是阶级统治的工具，是国家机器的重要组成部分。无产阶级的军队是为无产阶级和广大劳动人民的利益服务的，必须接受无产阶级政党领导。中国共产党是无产阶级政党，它集中体现了无产阶级的革命性和先进性。中国共产党的领导决定了我军的无产阶级性质，决定了我军是执行党的政治任务的武装集团，是实现党的纲领、保卫人民利益的工具。军队任何时候都必须置于党的绝对领导之下，只有这样，人民军队才能保持无产阶级性质，完成党交给的历史使命。

> 坚持党指挥枪、建设自己的人民军队，是党在血与火的斗争中得出的颠扑不破的真理。
>
> 习近平．习近平谈治国理政：第 4 卷．北京：外文出版社，2022：11.

“党指挥枪”的内容主要包括：军队必须完全无条件地置于中国共产党的领导之下，在思想上政治上行动上始终与党中央、中央军委保持高度一致，坚决维护党中央、中央军委权威，任何时候任何情况下都坚决听从党中央、中央军委指挥；决不允许向党闹独立性，不允许其他政党在军队中建立组织和进行活动，也不允许任何个人向党争兵权；未经党中央、中央军委授权，任何人不得插手军队，更不得擅自调动和指挥军队。

“党指挥枪”的实现有一整套制度作保证，主要有：军队最高领导权和指挥权属于党中央和中央军委，军委实行主席负责制；实行党委制、政治委员制、政治机关制；实行党委统一的集体领导下的首长分工负责制；实行支部建在连上。军委主席负责制是党对军队绝对领导的最高实现形式，党委、政治委员和政治机关是党从思想上政治上组织上建设和掌握部队的重要组织支撑，党委统一的集体领导下的首长分工负责制是“党指挥枪”的根本制度，支部建在连上是“党指挥枪”原则落地生根的坚实基础。这一整套制度，构成了严密科学完整的组织领导体系，确保了“党指挥枪”的原则落到实处、扎根生效。

第三，坚持党对人民军队在思想上政治上组织上的全面领导。

毛泽东认为，只有从思想上政治上组织上保证党对人民军队的绝对领导，才能使军队一切行动听从党中央和中央军委指挥。

党对军队在思想上的领导，就是用马列主义、毛泽东思想教育部队，统一广大官兵的思想和意志，提高官兵的政治思想觉悟，树立无产阶级世界观，自觉抵制和克服非无产阶级思想，保持军队思想上的纯洁性。思想领导是实施是党对军队绝对领导的思想基础。坚持党的思想领导，才能在广大指战员头脑中树立起坚强的精神支柱，有效地抵制和克服各种非无产阶级思想的侵蚀和影响，保证完成好党的政治任务。

党对军队在政治上的领导，就是用党的纲领、路线、方针、政策统一全军的思想，

① 毛泽东选集：第 4 卷．2 版．北京：人民出版社，1991：1239.

指挥全军的行动，使我军在复杂的斗争环境中，自觉为实现党的纲领、路线而奋斗，保证军队有坚定正确的政治方向，始终同党中央在政治上保持高度一致。政治领导是实施党对军队绝对领导的核心。坚持党的政治领导，就能使我军在党的纲领、路线的指引下，朝着党所指明的正确的政治目标和方向胜利前进。

党对军队在组织上的领导，就是通过党在军队中的各级组织和干部，对部队实施集中统一的领导，发挥党委领导核心作用、基层党组织战斗堡垒作用、党员干部先锋模范作用，团结带领部队完成党赋予的各项任务。组织领导是实行党对军队绝对领导的根本保证。坚持党的组织领导，才能使我军始终置于党的绝对领导之下，保证枪杆子牢牢地掌握在忠于马克思主义的人手里，确保军队永远听党指挥。

（四）人民军队的政治工作

军队的政治工作是党为对军队实施领导而在军队进行的思想工作和组织工作，它为中国人民解放军保持人民军队性质和坚定正确的政治方向提供根本保证，为激发官兵积极完成各项任务提供精神力量。

> 军队的基础在士兵，没有进步的政治精神贯注于军队之中，没有进步的政治工作去执行这种贯注，就不能达到真正的官长和士兵的一致，就不能激发官兵最大限度的抗战热忱，一切技术和战术就不能得着最好的基础去发挥它们应有的效力。
>
> 毛泽东选集：第2卷. 2版. 北京：人民出版社，1991：511.

军队政治工作是人民军队的生命线。在人民军队创建之初，毛泽东就深刻认识到在人民军队中实行强有力政治工作的极端重要性并付诸实践。秋收起义部队受挫后，正是靠强有力的政治工作，才遏止住部队中纪律涣散、悲观失望、慌乱无措的倾向。在古田会议决议中，毛泽东进一步强调了军队政治工作的作用，认为如果不提高广大红军的政治水平，不肃清党内的各种错误倾向，红军便不能建立和扩大，更不能担负起党交给的各项任务。1944 年，毛泽东在修改谭政《关于军队政治工作问题》的报告时，亲笔增写了一段话："共产党领导的革命的政治工作是革命军队的生命线"①，并强调无此则不是真正的革命军队。把政治工作比喻为我军的生命线，生动形象地说明了革命的政治工作就像阳光、空气和水是维持人的生命不可缺少的因素一样，是我军建设不可须臾离开的，是关系着我军的强弱、胜败、生存和发展的根本因素。如果离开了它，我军就有脱离党的领导的危险，就会迷失方向，就不能保持人民军队的性质，就要丧失战斗力。

实行政治、经济、军事三大民主是人民军队政治工作的一项重要制度。在人民军队建军初期，毛泽东就提出了"中国不但人民需要民主主义，军队也需要民主主义"② 的思想。抗日战争时期，毛泽东在《论持久战》中进一步强调："军队应实行一定限度的民主

① 中共中央文献研究室，中央档案馆. 建党以来重要文献选编（1921—1949）：第 21 册. 北京：中央文献出版社，2011：214.

② 毛泽东选集：第 1 卷. 2 版. 北京：人民出版社，1991：65.

化，主要地是废除封建主义的打骂制度和官兵生活同甘苦。”[①] 解放战争时期，毛泽东在为中共中央革命军事委员会起草的《军队内部的民主运动》的指示中，正式把军队内部的民主生活概括为政治、经济、军事三大民主。政治民主，是指官兵只有职务和分工不同，没有高低和贵贱之别，政治上一律平等，干部尊重战士，战士积极参加连队管理。经济民主，是指官兵有权管理和监督经济生活，由连队军人大会选出经济委员会协助连队首长管理伙食和农副业生产，监督经济开支，防止贪污浪费，不断改善生活。军事民主，是指在军事训练中，实行官兵互教，开展评教评学，在战时发动官兵讨论如何完成战斗任务，战后开展战评，总结作战经验；在战备、施工、生产、科研等任务中，发动官兵出主意、想办法，调动指战员积极性。三大民主成为人民军队民主生活的基本内容和政治工作的一项重要制度，也是人民军队内部政治工作的基本方针。这是党的群众路线在军队中的具体体现，是人民军队团结一致、战胜敌人的强大武器。

官兵一致、军民一致、瓦解敌军是人民军队政治工作的三大原则。毛泽东在抗日战争时期同英国记者贝特兰谈话时完整地提出了人民军队政治工作“三大原则”的思想，即官兵一致、军民一致和瓦解敌军三大原则。实行官兵一致的原则，就是要在军队中肃清封建主义，废除打骂制度，建立自觉的纪律，实行同甘共苦的生活，做到官兵平等、官兵团结。官兵一致的原则，是党领导下的人民军队区别于一切旧军队的根本标志之一，是提高人民军队战斗力的基础。实行军民一致的原则，就要求军队奉行秋毫无犯的民众纪律，宣传、组织和武装民众，减轻民众的经济负担，拥护人民政权，积极参加地方建设；军队要同人民群众建立起血肉相连、鱼水相依的关系，处处关心人民群众的利益，取得人民群众的拥护、支持和帮助。军民一致原则是人民军队发展壮大、克服困难、战胜敌人的重要法宝。实行瓦解敌军的原则，就是要求人民军队配合军事打击，开展政治攻势，对敌军官兵进行政治宣传和组织瓦解，动摇其军心、涣散其意志，争取其放下武器投诚、起义，脱离反动阵营。瓦解敌军的原则是人民军队从政治上动摇敌人军心、破坏敌军战斗力的策略和手段。这三大原则是人民军队正确处理内外关系的基本准则，是提高军队战斗力的重要保证。

二、人民战争思想

中国共产党为了中华民族的解放，领导和团结中国人民进行的革命战争和反侵略战争，是一场完全彻底的人民战争。在指导这场人民战争的过程中，毛泽东高度重视广大人民群众在战争中的地位和作用，充分动员、武装广大人民群众参加和支援革命战争，形成了独具特色的人民战争思想。

（一）战争的性质和战争观

以毛泽东为主要代表的中国共产党人，在指导中国革命战争的实践中，创造性地运

① 毛泽东选集：第2卷.2版.北京：人民出版社，1991：511.

用辩证唯物主义和历史唯物主义，观察和分析中国革命战争的问题，形成了具有中国特色的战争观。

第一，战争的起源和性质。

马克思、恩格斯认为，战争是人类社会发展到一定历史阶段，随着私有财产和阶级的出现而产生的。毛泽东在继承马克思主义战争根源理论的基础上，创造性地给战争下了一个科学而完整的定义："战争——从有私有财产和有阶级以来就开始了的、用以解决阶级和阶级、民族和民族、国家和国家、政治集团和政治集团之间、在一定发展阶段上的矛盾的一种最高的斗争形式。"① 指明了战争是阶级社会的必然产物，是人类社会的一种历史现象。在人类社会的发展历程中，自从私有制出现以后，社会就分裂为具有不同经济利益的阶级和社会集团，它们为了保护和争取自己的利益必然发生矛盾和冲突，当这种矛盾和冲突发展到尖锐对抗的程度，其他手段都不能解决时，就会用战争的手段解决问题。因此，战争是一种有组织、有目的地解决阶级矛盾的最高斗争形式。

毛泽东指出："历史上的战争分为两类，一类是正义的，一类是非正义的。一切进步的战争都是正义的，一切阻碍进步的战争都是非正义的。"② 一切为了反抗阶级压迫和民族压迫，谋求阶级解放和民族解放，保卫国家的独立、主权和领土完整，为了人类社会进步而进行的战争，都是正义战争；相反，一切为了实行阶级压迫和民族压迫，维护反动统治，为了侵略扩张和争夺霸权而进行的战争，都是非正义战争。共产党人和革命人民对待战争的根本态度是：坚决反对一切非正义战争，支持并积极参加正义战争。毛泽东指出，共产党人和革命人民支持并参加革命战争的目的是为了最终消灭战争。"就是用战争反对战争，用革命战争反对反革命战争，用民族革命战争反对民族反革命战争，用阶级革命战争反对阶级反革命战争。"③ 对代表广大人民群众利益、符合社会历史发展方向、推动人类社会进步的正义战争，无产阶级要坚决拥护、积极参加，给予政治上、物质上和人力上的支持；对代表反动的腐朽没落阶级的利益、对社会发展起阻碍作用的非正义战争，无产阶级要坚决反对它、制止它。

第二，战争的本质和目的。

> "战争不过是政治通过另一种〈即暴力的〉手段的继续"。这是军事史问题的伟大著作家之一、思想上曾从黑格尔受到教益的克劳塞维茨所下的定义。而这正是马克思和恩格斯始终坚持的观点，他们把每次战争都看做是有关列强（及其内部各阶级）在当时的政治的继续。
>
> 列宁．列宁全集：第 26 卷．2 版增订版．北京：人民出版社，2017：235－236.

毛泽东指出："'战争是政治的继续'，在这点上说，战争就是政治，战争本身就是政治性质的行动，从古以来没有不带政治性的战争。"④ 战争不是单纯的暴力行为，而是和

① 毛泽东选集：第 1 卷．2 版．北京：人民出版社，1991：171.

② 毛泽东选集：第 2 卷．2 版．北京：人民出版社，1991：475－476.

③ 毛泽东选集：第 1 卷．2 版．北京：人民出版社，1991：174.

④ 毛泽东选集：第 2 卷．2 版．北京：人民出版社，1991：479.

政治有着本质上的一致。战争是实现政治目的的一种手段，战争的爆发与结束，皆取决于政治目的。任何战争都离不开一定的政治总方针，离不开一定的政治思想动员，也离不开国内外一切同情和赞助者在政治上与道义上的声援。政治决定战争，有什么样的政治，就有什么样的战争。

“战争不即等于一般的政治。‘战争是政治的特殊手段的继续’。政治发展到一定的阶段，再也不能照旧前进，于是爆发了战争，用以扫除政治道路上的障碍。”① 战争是阶级斗争发展到一定阶段的最高形式，是解决那些用其他，诸如经济的、思想的、文化的、外交的等手段，无法解决的对抗性政治矛盾的一种最残酷、最激烈的暴力手段。毛泽东指出：“政治是不流血的战争，战争是流血的政治。”② 这深刻地揭示了战争的政治本质，强调了战争是完成政治任务的特殊手段。

毛泽东指出，任何战争都有政治目的，但战争还有其本身的目的，这就是“保存自己，消灭敌人”。“消灭敌人是主要的，保存自己是第二位的，因为只有大量地消灭敌人，才能有效地保存自己。”③ 在一定条件下，保存自己会上升为战争的主要目的，而且还要发展自己。

第三，战争制胜的基本规律。

毛泽东认为，战争的胜负涉及很多因素，是各种力量的综合对抗。这些因素大体可分为物质力量和精神力量两大类。物质力量是战争胜负的重要基础。它是指可以用于战争的、有形的、能够用数量来计量的客观存在，主要包括与战争有关的经济、科技等客观因素。经济力量是进行战争的物质基础，经济的条件不仅可以规定战争的特点、规律及其军事上的战略战术，而且还直接关系到战争的胜负。因此，在革命战争中，必须十分重视经济建设。精神力量是战争胜负的重要条件。它是指可以用于战争的、非物质的、难以用数量来计量的东西，主要包括民族的传统特性、民众的政治觉悟、军队的理想信念、统帅的智慧谋略、官兵的战斗作风等因素。毛泽东非常重视发挥精神力量的作用，我军在中国革命战争中形成了坚定执着的革命理想信念、勇于自我牺牲的革命英雄主义、排除万难一往无前的大无畏气概，成为我军战胜一切强敌和克服艰难险阻的重要力量源泉。

> 有人说，武器是第一，人是第二。我们反过来说，人是第一，武器是第二。武器同机器差不多，都是人手的延长而已。
>
> 中共中央文献研究室．毛泽东文集：第8卷．北京：人民出版社，1999：386.

毛泽东指出：“武器是战争的重要的因素，但不是决定的因素，决定的因素是人不是物。”④ 在战争的物质力量中，人力是最重要的因素，无论何种样式、多大规模的战争，都必须以一定的人力为基础。在一定意义上，人力的多少对夺取战场的主动权、赢得战

① 毛泽东选集：第2卷．2版．北京：人民出版社，1991：479.
② 毛泽东选集：第2卷．2版．北京：人民出版社，1991：480.
③ 毛泽东选集：第2卷．2版．北京：人民出版社，1991：482.
④ 毛泽东选集：第2卷．2版．北京：人民出版社，1991：469.

争的最终胜利具有重要作用。我们之所以能用劣势装备战胜国内外的强大敌人，一个重要原因就是，革命战争赢得了人民群众的支持，拥有了源源不断的兵员。此外，人心向背对战争进程和结局有着决定性影响。正义战争代表人民群众根本利益，正义的一方虽然开始时力量比较弱小，甚至会遭受挫折，但人心归向，得道多助，在人民群众的积极参加和支援下，能够越战越强，直至取得最后的胜利。

没有武器就不成其为军队，就不能进行真正的战斗。武器是构成战斗力的要素之一，在战争中具有人难以替代的功能。武器也决定战术，影响战争的进程。毛泽东在领导中国革命战争时，非常重视武器的作用。他在抗战后期指出："中国解放区的军队一旦得到新式武器的装备，它就会更加强大，就能够最后地打败日本侵略者了。"① 抗美援朝战争中，毛泽东深感没有现代的装备，要战胜帝国主义的军队是不可能的。他要求尽快向苏联订购武器装备并加快国内有关装备的生产。尽管武器装备对夺取战争的胜利具有重要作用，但在战争中起决定性作用的因素仍然是人，战争的胜负取决于人与武器的结合。

（二）人民战争是克敌制胜的法宝

毛泽东极其重视人民战争的地位和作用。毛泽东指出，"国家不分大小，只要充分动员人民，坚决依靠人民，进行人民战争，任何强大的敌人都是可以打败的"②。

首先，中国革命战争是广大人民群众自己的事业。中国革命战争是中国人民在党的领导下，为谋求自身解放而进行的战争，因而是人民群众自己的事业。中国共产党作为战争的组织者和领导者，"他们不是为着少数人的或狭隘集团的私利，而是为着广大人民群众的利益，为着全民族的利益，而结合，而战斗的"③。党不但通过革命战争推翻阶级压迫和民族压迫，使人民群众获得政治上和经济上的彻底解放，而且在革命中通过制定一系列方针、政策，使人民群众得到看得见的利益，并自始至终将战争的胜利果实归属于人民。广大人民群众正是通过党的方针、政策，见证人民军队为人民的利益赴汤蹈火、英勇牺牲，逐渐觉悟从而认识到革命战争与自己的前途命运和切身利益紧密相关，于是积极投身到革命战争中来。

毛泽东指出："决定战争胜败的是人民，而不是一两件新式武器。"④ "革命战争是群众的战争，只有动员群众才能进行战争，只有依靠群众才能进行战争。"⑤ 新民主主义革命时期，我们的枪炮不如敌人，却把敌人打败了，主要因为我们动员和组织了人民群众，我们的战争是人民战争。实践证明，"只要我们依靠人民，坚决地相信人民群众的创造力是无穷无尽的，因而信任人民，和人民打成一片，那就任何困难也能克服，任何敌人也不能压倒我们，而只会被我们所压倒"⑥。要真正实现把亿万人民群众都组织到革命战争中来，就必须实行彻底的群众路线，进行长期艰苦细致的动员和组织工作，把战争的政

① 毛泽东选集：第3卷.2版.北京：人民出版社，1991：1041.
② 建国以来毛泽东文稿：第12册.北京：中央文献出版社，1998：458.
③ 毛泽东选集：第3卷.2版.北京：人民出版社，1991：1039.
④ 毛泽东选集：第4卷.2版.北京：人民出版社，1991：1195.
⑤ 毛泽东选集：第1卷.2版.北京：人民出版社，1991：136.
⑥ 毛泽东选集：第3卷.2版.北京：人民出版社，1991：1096.

治目的告诉人民，使党的政策主张被人民群众理解和接受。因此，要宣传群众、组织群众、武装群众。

其次，中国革命战争的胜利必须实行军民的结合。毛泽东指出，人民群众为战争提供的力量取决于民众对待战争的态度。阶级的和民族的革命战争，顺应历史发展的方向，反映了大多数民众的利益和愿望，因而必然得到广大民众的支持和拥护。革命战争所需要的巨大的人力、物力和财力，都蕴藏在广大民众之中，都有赖于广大民众源源不断地供给。离开了民众，也就失去了战争力量的基础。进行革命的正义战争，人民群众就会全力以赴地支持战争，提供取之不尽、用之不竭的兵员、物力和财力。此外，人民群众还可以直接或间接的方式给敌人以军事打击，配合正规军队作战。这是陷敌于灭顶之灾的汪洋大海，是对付敌人的天罗地网。总之，“战争的伟力之最深厚的根源，存在于民众之中”①。

毛泽东指出，中国革命战争的胜利，是人民群众和士兵群众决定的，是军力与民力相结合决定的。这就是说，从事革命的武装斗争，没有一支人民的军队不行，但单纯地依靠军队也不行，必须把军队与民众这两种力量结合起来，从而形成无比强大、所向无敌的整体威力。这样，革命的军力即使暂时弱小，也能使自己立于不败之地。应该看到，建立良好的军民关系是军力与民力相结合的基础。“军队须和民众打成一片，使军队在民众眼睛中看成是自己的军队，这个军队便无敌于天下。”② 在中国共产党的统一领导下，军力和民力在统一的目标下协调行动，形成整体合力，所向无敌。

最后，人民战争是中国革命战争胜利的根本途径。中国共产党领导的新民主主义的革命战争，是拯救中国、解放人民的正义战争。战争的正义性是中国革命战争最大的政治优势；充分发挥革命战争正义性的政治优势，最好的办法就是最广泛、最坚决地发动和依靠群众，开展人民战争。在正义战争的旗帜下，能够最大限度地唤起民众的同情和支持，而任何强大的力量都莫过于觉醒了的民众。为正义而战的亿万民众，同仇敌忾，能产生巨大的向心力和凝聚力。在民族革命战争中，全民族团结一致，反抗侵略，可以赢得国际社会的广泛同情和支持，争取国际援助。声势浩大的人民战争，能够激起敌人营垒的内部分化和对立，最大限度地孤立敌人，使其陷于人民群众的重重包围之中。随着战争进程的推移，这正反两方面的作用向两极发展，就会使革命战争的政治优势得到最充分的发挥，最终取得胜利。

> 真正的铜墙铁壁是什么？是群众，是千百万真心实意地拥护革命的群众。这是真正的铜墙铁壁，什么力量也打不破的，完全打不破的。反革命打不破我们，我们却要打破反革命。在革命政府的周围团结起千百万群众来，发展我们的革命战争，我们就能消灭一切反革命，我们就能夺取全中国。
>
> 毛泽东选集：第1卷. 2版. 北京：人民出版社，1991：139.

“世间一切事物中，人是第一个可宝贵的。在共产党领导下，只要有了人，什么人间

① 毛泽东选集：第2卷. 2版. 北京：人民出版社，1991：511.
② 毛泽东选集：第2卷. 2版. 北京：人民出版社，1991：512.

奇迹也可以造出来。”[①] 在中国革命战争中，广大群众经过主观能动的活动，适应客观环境的需要，产生无穷的创造力，许多克敌制胜的良策妙计和战争所需要的物质财富由此产生；拥有坚强的忍耐力，许多难以想象的艰难困苦都能忍受和克服。在人民战争中，军队有广大群众作依托和掩护，可以从容地与敌人周旋，使自己获得生存和发展，为最终战胜敌人创造一切必需的条件。毛泽东指出：“动员了全国的老百姓，就造成了陷敌于灭顶之灾的汪洋大海，造成了弥补武器等等缺陷的补救条件，造成了克服一切战争困难的前提。”[②] 实践证明，我们正是依靠全面彻底的人民战争，才得以克服战争的困难，赢得了战争的胜利。实行人民战争，是武装夺取政权的胜利途径。

（三）人民战争思想的基本内容

毛泽东人民战争思想独具特色，具有丰富的理论内容，也是党领导革命战争的指导原则。

第一，人民战争必须由中国共产党来领导。中国共产党的正确领导是取得革命战争胜利的根本保证。毛泽东认为，中国社会的各阶层和各种政治集团，“只有无产阶级和共产党，才最没有狭隘性和自私自利性，最有远大的政治眼光和最有组织性，而且也最能虚心地接受世界上先进的无产阶级及其政党的经验而用之于自己的事业”[③]。因此，只有无产阶级和共产党能够领导农民、城市小资产阶级和资产阶级，使革命战争走上胜利的道路。

能否最广泛地发动人民群众真心真意地拥护与参加战争，取决于战争领导者是否真正代表了人民群众的根本利益。中国共产党始终代表着中国最广大人民的根本利益。1936年，毛泽东指出：“中国共产党是英勇坚决地领导了中国的革命战争，在十五年的长岁月中，在全国人民面前，表示了自己是人民的朋友，每一天都是为了保护人民的利益，为了人民的自由解放，站在革命战争的最前线。”[④] 正因如此，中国共产党在领导人民战争时，就能够始终把人民群众作为战争的主体和动力，公开地向人民群众宣传战争的政治目的，充分调动起人民群众参加战争的积极性。以毛泽东为主要代表的中国共产党人在长期的革命战争实践中，把马克思列宁主义同中国具体实际相结合，正确认识和指导战争，找到了农村包围城市、武装夺取政权的正确道路，制定出一整套符合中国革命战争特点的路线、方针、政策和战略战术，形成了人民军队的建军原则，赢得了人民群众的普遍拥护与信任，并引领中国革命战争取得一个又一个的胜利。

第二，人民战争要以人民军队为骨干力量。进行人民战争，如果没有一支强大的人民军队做骨干，就不能对付反革命军队的猖狂进攻，人民群众的斗争就不能得到有力的支持，人民战争就难以蓬勃开展起来和长期坚持下去。人民军队是人民力量在军事上的集中体现，它是在战场上战胜强大敌人的主力军和突击队。中国共产党以无产阶级的世界观教育军队，使全军指战员深刻认识社会发展规律，树立起为共产主义奋斗终生的远

---

① 毛泽东选集：第4卷.2版.北京：人民出版社，1991：1512.
② 毛泽东选集：第2卷.2版.北京：人民出版社，1991：480.
③ 毛泽东选集：第1卷.2版.北京：人民出版社，1991：183-184.
④ 毛泽东选集：第1卷.2版.北京：人民出版社，1991：184.

大理想，坚持全心全意为人民服务的宗旨，从而使人民军队具有高度的政治觉悟，坚强的内外团结，彻底的革命精神，大无畏的英雄气概。

中国革命战争中，我们党总是首先使用人民军队开辟革命根据地，建立红色政权。凡是人民军队在战场上战胜敌人发展壮大之时，革命根据地就发展壮大，红色政权就得到发展巩固；凡是人民军队遭到挫折之时，革命根据地就遭到破坏，红色政权也随之遭受损失。可见，人民军队的兴衰胜败与革命根据地和红色政权的兴衰存亡紧密地联系在一起。毛泽东指出："相当力量的正式红军的存在，是红色政权存在的必要条件。"[①] 我党领导人民战争的实践，正是依靠人民军队在农村建立并保卫革命根据地和红色政权，从而获得巩固的后方，并使这些红色区域从小到大，逐步发展，连成一片，直到推翻整个反动政权，取得全国胜利。

> 这个政治上动员军民的问题，实在太重要了。我们之所以不惜反反复复地说到这一点，实在是没有这一点就没有胜利。没有许多别的必要的东西固然也没有胜利，然而这是胜利的最基本的条件。
>
> 毛泽东选集：第2卷.2版.北京：人民出版社，1991：513.

第三，人民战争必须进行广泛深入的政治动员。只有通过强有力的政治动员，使战争的性质、战争的前途、战争的政治目的、战争与每个人的切身关系，以及进行战争的步骤、方法和政策等，为群众所普遍了解，群众才能明白革命战争的道理，才能认识到自己的利益，才能充分发挥主观能动性，自觉、积极地从事战争的一切活动，团结起来为自己的利益而奋斗，群众的优势才能得以形成和发挥。

为了有效进行战争政治动员，毛泽东提出了许多行之有效的动员方法：其一，把战争的政治目的明确告诉军队和人民。只有让广大军民认识到自己所从事的战争的政治目的，他们才会充满同仇敌忾的战斗热情，精神振奋地去参加和支援战争。其二，说明达到战争政治目的的步骤和政策。主要是形成一个明确、具体的政治纲领，不但要使广大军民知道为什么打仗，还要使他们知道怎样去打仗，真正地把广大人民群众动员和发动起来。其三，要有"合民众口味"的宣传动员方法。充分利用演说、传单布告、报纸书刊、戏剧电影等多种适合人民群众口味的方法，使民众感到亲切而不隔膜。其四，使战争的政治动员保持经常性。联系战争发展和军民生活，把战争的政治动员变成经常的运动，保证参加战争的广大军民始终都有高昂的士气和战斗热情。

共产党的正确政策是对人民群众最好的动员。土地革命战争时期，实行"打土豪，分田地"；抗日战争时期，实行减息减租政策；解放战争时期，实行普遍的土地改革。党的这些政策不仅解决了农民的土地问题，还动员组织人民群众发展生产，不断改善人民群众的物质生活，给人民群众带来实实在在的利益，赢得了人民群众的真心拥护。

第四，人民战争实行"三结合"的武装力量体制。在长期的革命战争实践中，毛泽东创造了主力兵团与地方兵团相结合、正规军与群众武装组织相结合、武装群众与非武

① 毛泽东选集：第1卷.2版.北京：人民出版社，1991：50.

装群众相结合的武装力量体制，充分发挥了人民群众的整体威力。

毛泽东把人民军队划分为主力兵团和地方兵团两个部分。主力兵团是人民军队的骨干力量，有着较好的集中性和较强的组织纪律性，配备较好的武器装备，它可以不受固定区域的限制，随时执行超地方的机动作战任务。地方兵团则是由固定区域军事指挥机关领导的地方部队，其任务是在指定的区域内协同人民群众武装保卫地方，打击敌人。主力兵团与地方兵团担负的作战任务虽然不同，但其作战目的相同，两者紧密结合才能更有效地消灭敌人。土地革命战争时期，毛泽东就把帮助地方武装力量的发展作为红军的一大任务。他认为既有主力红军，又有地方武装，二者相互配合，就能更好地打击敌人。抗日战争时期，毛泽东要求八路军、新四军每到一地，就要立即帮助当地人民组织以本地人民的干部为领导的地方部队和地方兵团。有了地方兵团的作战，可以牵制敌人一部分兵力，也使主力兵团没有了后顾之忧，可以放开手脚寻机歼灭敌人。

群众武装是不脱离生产的人民武装，主要指游击队、民兵等。毛泽东高度重视群众武装在人民战争中的作用。他指出："这个军队之所以有力量，还由于有人民自卫军和民兵这样广大的群众武装组织，和它一道配合作战。……没有这些群众武装力量的配合，要战胜敌人是不可能的。"① 同时，毛泽东还指出，若只有地方的群众武装，而没有正式的红军，就不可能对付正式的白色军队，就不能造成割据局面和坚持、发展割据局面。他要求红军必须在武器上给赤卫队以帮助，在不降低红军战斗力的条件之下，必须尽量帮助群众武装力量发展起来。没有正规军和群众武装的互相配合，革命战争是不可能取得胜利的。

主力兵团、地方兵团、游击队、民兵都可以算作武装群众的组织形式，非武装群众则是指那些不拿枪的、关心和支持革命战争的广大人民群众。为了更好地发挥人民战争的整体威力，毛泽东高度重视武装群众与非武装群众的紧密结合。抗日战争时期，毛泽东号召一切抗日人民组织在工人的、农民的、青年的、妇女的、文化的以及其他职业和工作的团体之中，热烈地从事援助军队的各项工作。这些工作不但包括动员人民参加军队，替军队运输粮食，帮助军队解决物质困难，而且包括动员游击队、民兵和自卫军，展开袭击运动和爆破运动，侦察敌情，清除奸细，运送伤兵和保护伤兵，直接帮助军队的作战。同时，人民群众又热烈地从事政治、经济、文化、卫生等建设工作。一切机关、学校，除有特殊情形者外，也一律于工作或学习之暇，从事生产自给，以配合人民和军队的生产自给，形成伟大的生产热潮，借以长期地支持抗日战争。

第五，人民战争要以武装斗争为主，多种斗争相配合。毛泽东指出："着重武装斗争，不是说可以放弃其他形式的斗争；相反，没有武装斗争以外的各种形式的斗争相配合，武装斗争就不能取得胜利。"② 这就是说，人民战争要以武装斗争为主，政治、经济、思想、文化、外交等各条战线、各种形式斗争相配合。毛泽东认为，在中国革命战争中，没有政治斗争的配合，武装斗争是不可能取得胜利的。他批评了轻视政治斗争的倾向，批评了把战争孤立起来的观点，强调将武装斗争和政治斗争紧密结合起来，切实搞好党

---

① 毛泽东选集：第3卷．2版．北京：人民出版社，1991：1040.

② 毛泽东选集：第2卷．2版．北京：人民出版社，1991：636.

的建设、政权建设、统一战线、锄奸斗争等方面的工作。毛泽东还非常重视经济斗争、文化斗争、外交斗争等对于革命战争的重要配合作用。

第六，人民战争需要建立巩固的革命根据地。革命根据地是中国革命的重要阵地，也是我们党和军队赖以执行自己的战略任务，达到保存和发展自己、消灭和驱逐敌人之目的的战略基地。没有这种战略基地，一切战略任务的执行和战争目的的实现就失去了依托。在长期的革命战争中，人民军队多数情况下处于战略内线作战，没有总的战略后方。在这种情况下，拥有巩固的革命根据地，就显得尤为重要。有了革命根据地，军队就有了备战和训练的可靠基地、休养生息的环境；就有了提供必要的人力、物力和财力，以利坚持长期战争的后方；就能够广泛地组织人民群众开展多种形式的对敌斗争，有效地支援和配合革命战争。

三、人民战争的战略战术

毛泽东在指导长期的中国革命战争实践中，不断进行探索和积累，形成了人民战争的一系列战略战术。它的基本特征，就是善于按照变化的具体情况进行灵活机动的作战。这些灵活机动的战略战术，是人民战争取得胜利的途径和保证。

（一）实行积极防御，反对消极防御

积极防御是毛泽东军事战略思想的核心内容，它使防御作战增添了主动的内容，把积极防御原则上升到指导战争全局，使其发生了质的变化，成为指导中国革命战争和反侵略战争一贯坚持的基本战略。

第一，积极防御是指导中国革命战争的总战略方针。战争过程可划分为不同的战略阶段，积极防御不是指导中国革命战争某一战略阶段的战略方针，而是指导中国革命战争全过程的总的战略方针。积极防御战略方针是在游击战争“十六字诀”基础上发展起来的。毛泽东指出：“十六字诀包举了反‘围剿’的基本原则，包举了战略防御和战略进攻的两个阶段，在防御时又包举了战略退却和战略反攻的两个阶段。后来的东西只是它的发展罢了。”① 中国革命战争在不同阶段不同时期具有不同的特点，在具体执行这一战略方针时就会有所变化和区别。在战略防御阶段，积极防御体现为防御中包含进攻，在战略进攻阶段则体现为进攻中包含防御。红军初期的游击战争，积极防御战略方针是通过“十六字诀”的指导原则来实现的。红军游击队发展成正规军后，就采取了“诱敌深入”和打运动战的方式来实行积极防御。抗日战争时期，在贯彻积极防御战略方针时，毛泽东相应地制定了全国抗日战争的持久战的总战略方针和中国共产党领导的抗日武装力量的独立自主的山地游击战及“基本的是游击战，但不放松有利条件下的运动战”② 的具体战略方针。解放战争时期，提出了“以歼灭敌人有生力量为主要目标，不以保守或

---

① 毛泽东选集：第1卷．2版．北京：人民出版社，1991：204-205.

② 毛泽东选集：第2卷．2版．北京：人民出版社，1991：496.

夺取地方为主要目标”[①] 的战略方针，实行了大踏步前进和大踏步后退的运动战。新中国成立后，积极防御上升为国家战略，内涵得到了进一步拓展。毛泽东提出的这些战略方针，都是以中国革命战争不同阶段不同时期的变化为依据的，是积极防御这一总的战略方针的具体体现。

第二，实行积极防御，反对消极防御。毛泽东指出：“积极防御，又叫攻势防御，又叫决战防御。消极防御，又叫专守防御，又叫单纯防御。消极防御实际上是假防御，只有积极防御才是真防御。才是为了反攻和进攻的防御。”[②] 积极防御是指在敌人向我发动进攻后，我先主动地退让一步，或坚守某些要点，努力创造有利于我而不利于敌的条件和态势，利用人民战争的有利条件，以战役战斗的外线的速决的进攻战，歼灭和消耗敌人的有生力量，争取局部主动和胜利，逐步转化敌我力量对比，改变战略上的被动态势，而后适时地转入战略反攻和战略进攻，在有利条件下实行战略决战，夺取战争的最后胜利。这一战略方针的实质，是在战略防御的过程中实行攻势防御或决战防御。积极防御的积极性体现在被动的战略防御形式中包含主动的进攻作战的内容。消极防御不是为了反攻或进攻，而是为了单纯地挡住敌人的进攻，专以保守地方为目的。由于中国革命战争长期处在敌强我弱的形势下，弱小的红军要想求得生存和发展，就必须保存自己的力量打破敌人的进攻，实行积极防御。毛泽东创造性地阐述了积极防御的战略方针，主张积极防御，反对消极防御。他还指出，进攻与防御是既互相对立、互相排斥，又互相联系、互相依存的。防御以进攻为自己存在的前提，进攻也总以防御为自己存在的前提。同时，在战争中，进攻与防御又是互相渗透的。进攻中包含着防御，防御中也包含着进攻，攻中有防，防中有攻，攻防结合。也就是说，防御和进攻在一定的条件下可以相互转化。实行积极防御而不是消极防御，就能够实现由防御向进攻的转化。

> 完全有计划的战略退却，在形式上是被逼出此的，在内容上是保存军力，待机破敌，是诱敌深入，准备反攻。只有不肯退却，仓卒应战（例如硝石战斗），表面上似乎在力争主动，实际上是被动的。战略反攻，则不但内容是主动的，形式上也放弃了退却时的被动姿态。对于敌军说来，反攻是我军强迫它放弃主动权，同时即给以被动地位的努力。
>
> 毛泽东选集：第 1 卷 . 2 版 . 北京：人民出版社，1991：223.

第三，丰富发展积极防御的实现形式。在具体的战争指导上，毛泽东提出了一系列符合我军实际、有利于扬长避短的战略作战形式，不断创新战略行动方式，及时推动战略转变，使积极防御战略具有极为丰富的战略作战实现形式。比如，战略退却。毛泽东指出，“战略退却，是劣势军队处在优势军队进攻面前，因为顾到不能迅速地击破其进攻，为了保存军力，待机破敌，而采取的一个有计划的战略步骤”[③]。“诱敌深入”就是战略退却，它是形成反攻的重要条件。比如，战略反攻。在战略防御中，战略退却的根本

① 毛泽东选集：第 4 卷 . 2 版 . 北京：人民出版社，1991：1247.
② 毛泽东选集：第 1 卷 . 2 版 . 北京：人民出版社，1991：198.
③ 毛泽东选集：第 1 卷 . 2 版 . 北京：人民出版社，1991：203.

指向和最终价值，在于为战略反攻创造条件。毛泽东指出：“反攻是一个长过程，是防御战的最精彩最活跃的阶段，也就是防御战的最后阶段。所谓积极防御，主要地就是指的这种带决战性的战略的反攻。”[①] 战略反攻虽仍属于战略防御的范畴，但它是战略防御和战略进攻之间的过渡的东西，是战略进攻的重要序幕。比如，战略进攻。积极防御不仅强调在战略防御中实行战役战斗上的进攻，还内在地包含把战略防御转化为战略进攻。由于中国革命战争中敌人极其强大，在相当长的时间中，我方都没有出现全局性的战略进攻。解放战争后期，才出现了具有全国规模的战略进攻。比如，战略决战。毛泽东指出，要决定战争胜败，必须“依靠两军的决战。只有决战，才能解决两军之间谁胜谁败的问题”[②]。他认为能否进行战略决战，主要取决于战争双方的力量对比是否发生了根本变化。解放战争发展到 1948 年秋，敌我双方力量对比发生了巨大变化，同国民党军进行战略决战的时机基本成熟。毛泽东抓住战略决战时机，做出了打前所未有的大歼灭战，即同敌人进行战略决战的决策，先后组织了辽沈、淮海、平津三大战役，基本上解决了解放战争的胜负问题。比如，战略追击。毛泽东把战略追击看作战略进攻的继续，他认为必须根据不同的作战对象和地理条件，采取不同的作战方式，才能取得战略追击的胜利。解放战争后期，对中南、西南地区之敌，他提出了采取远距离大包围大迂回，断敌退路再回打的作战方式；对西北地区之敌，则采取了穷追猛打以小迂回包围的作战方式。比如，战略转变。毛泽东认为，军事战略的转变是由战争情况的变化所决定的，必须依据战争情况的变化适时实施。这些情况的变化，主要有战争的政治因素、敌我双方力量的变化、作战对象的变化等，而敌我双方力量的变化是决定军事战略转变的最根本依据。军事战略转变包括战略指导思想、战略方针等的转变，但主要内容是主要作战形式的转变。

（二）采取灵活机动的战略战术和作战形式

建立在人民战争基础上的战略战术，充分彰显了人民战争的优点，一切从实际出发，创造出有利于减少敌人优势、发挥自己优势的各种条件，有利于夺取战场主动权，赢得战争的胜利。

> 我们的军事原则是：(1) 先打分散和孤立之敌，后打集中和强大之敌。(2) 先取小城市、中等城市和广大乡村，后取大城市。(3) 以歼灭敌人有生力量为主要目标，不以保守或夺取城市和地方为主要目标。…… (4) 每战集中绝对优势兵力（两倍、三倍、四倍、有时甚至是五倍或六倍于敌之兵力），四面包围敌人，力求全歼，不使漏网。…… (5) 不打无准备之仗，不打无把握之仗，每战都应力求有准备，力求在敌我条件对比下有胜利的把握。(6) 发扬勇敢战斗、不怕牺牲、不怕疲劳和连续作战（即在短期内不休息地接连打几仗）的作风。(7) 力求在运动中歼灭敌人。…… (8) 在攻城问题上，一切敌人守备薄弱的据点和城市，坚决夺取之。…… (9) 以俘

① 毛泽东选集：第 1 卷 . 2 版 . 北京：人民出版社，1991：214－215.

② 毛泽东选集：第 1 卷 . 2 版 . 北京：人民出版社，1991：214.

> 获敌人的全部武器和大部人员，补充自己。……（10）善于利用两个战役之间的间隙，休息和整训部队。
>
> 毛泽东选集：第4卷.2版.北京：人民出版社，1991：1247-1248.

第一，打胜仗为总的原则。不打无准备无把握之仗是毛泽东一贯强调的作战指导思想。在总结反“围剿”作战经验的基础上，毛泽东提出了“要有充分的战斗准备”。抗日战争时期，他把作战准备与战争力量的优劣转化联系在一起。解放战争时期，他进一步强调不打无准备无把握之仗的思想。后来，他把这一思想概括为“十大军事原则”之一，指出：“不打无准备之仗，不打无把握之仗，每战都应力求有准备，力求在敌我条件对比下有胜利的把握。”① 有准备，就是要估计到多种情况，从最坏的可能出发，做好多种作战准备，尽最大可能排除失败可能性，为胜利创造重要条件。有准备，还要落到有把握能打胜上。即作战准备要以能够打胜为原则，有准备而无胜利把握的仗不打为好。准备和有把握是相对的，需要灵活把握，既要善抓战机敢打必胜，又不能借口准备贻误战机。毛泽东还强调要慎重初战。初战指战争或战役的第一仗，胜负与否对战争战役的全局影响很大，尤其对于劣势并处于防御的军队而言，更是如此。如何打好初战，毛泽东提出了必须打胜、必须照顾全战役计划、必须照顾下一战略阶段的三个基本原则。毛泽东提出的初战三原则，实质是从有利于战略全局、战役总体的角度来选择和确定首战，确保首战得胜、开局有利，体现了高超的战争指挥艺术。

第二，关照全局，抓住枢纽。毛泽东指出，“凡属带有要照顾各方面和各阶段的性质的，都是战争的全局”②。组成战争的某一方面和某一阶段，则是战争的局部。战争的全局决定局部，局部服从于战争的全局。这种关系反映在战略与战役、战术关系上，就是战略决定战役、战术，战役、战术服从于战略。在战争指导中，最重要的就是要关照好战争的全局。因此，各级作战指导者只有关照好战争的全局，把局部放在战争的全局上来衡量、来考虑，才能取得战争的胜利。同时，全局是由局部组成的，局部的战况直接影响战争的整体形势。这种影响有三种情况：一是局部胜败对战争全局没有重大影响，不起决定作用；二是局部胜败对战争全局虽没有重大影响，但积累多了会对战争全局造成影响；三是少数局部胜败决定战争全局的进程和结局。这种对战争全局具有重要意义的局部是战争指导者首先要重点关注的。毛泽东强调“一个原则，就是注意于那些有关全局的重要的关节”③。毛泽东称这样的重要关节为枢纽，他强调要抓住有关全局的重要关节去部署战役战斗。

> 被动总是不利的，必须力求脱离它。军事上的办法，就是坚决地实行外线的速决的进攻战和发动敌后的游击战争，在战役的运动战和游击战中取得许多局部的压倒敌人的优势和主动地位。通过这样许多战役的局部优势和局部主动地位，就能逐渐

① 毛泽东选集：第4卷.2版.北京：人民出版社，1991：1247.

② 毛泽东军事文集：第1卷.北京：军事科学出版社，1993：695.

③ 毛泽东选集：第1卷.2版.北京：人民出版社，1991：177.

> 地造成战略的优势和战略的主动地位，战略的劣势和被动地位就能脱出了。这就是主动和被动之间、优势和劣势之间的相互关系。
>
> 毛泽东选集：第2卷. 2版. 北京：人民出版社，1991：489-490.

第三，力争主动，力避被动。毛泽东认为，战争中的主动权就是指军队在战争中所处的主动地位，军队只有处于主动地位，才有行动的自由。“行动自由是军队的命脉，失了这种自由，军队就接近于被打败或被消灭。”① 正因为战争中的主动权与战争的胜败关系极大，因此，主动权不仅是敌我双方争夺的焦点和关键，而且这种争夺贯穿于战争的全过程。从一定意义上说，作战指导的关键，就是在敌我互动中争取主动权，陷对方于被动的地位。处于弱势的军队如何在被动中争取主动呢？毛泽东提出了自己的看法。一是要独立自主地组织和使用自己的力量。军事指导者首先要善于保存并集中自己的兵力，其次是灵活地使用兵力。就是按照具体情况及时地实行分散、集中和转移兵力。二是要依靠主观指导的正确。主动权的争夺和作战指导者的主观努力有极大关系。通过正确的主观指导，有计划地造成敌人的错觉，给以出其不意的攻击，就能取得优势和主动。三是实行“你打你的，我打我的”的原则。必须综合分析敌我优劣，结合具体情况，坚持扬长避短、以长击短，冷静找出最适合发挥自己优势、克制敌方优势的打法。

第四，实现多种作战形式的结合与转换。作战形式主要有运动战、游击战和阵地战等。运动战是正规兵团在长的战线和大的战区上，从事于战役战斗的外线的速决的进攻战的形式，具有进攻性和流动性的特点。毛泽东认为，对于力量处于弱势的我军而言，运动战有利于发挥我军轻装机动的优势，减杀敌方装备重火力强的优势，能够调动敌人、创造战机，更好地发挥人的主观能动性。歼灭敌人、转变战争形势主要靠运动战，所以，毛泽东强调：“无疑地应以进攻的运动战为主要的作战形式，而以其他形式辅助之，组成整个的运动战。”② 游击战是以分散流动的袭击为主要手段的非正规作战形式，素来是我军战胜敌人的一种“拿手好戏”，中国共产党领导的革命战争就是从游击战起步的。游击战具有进攻性、灵活性、主动性、速决性、分散性等特点，是弱军保存和发展自己的主要形式，毛泽东创造性地把游击战提升到战略地位，并指出它本身并不能最后解决战争的命运，需要向运动战发展。阵地战是军队依托阵地进行防御或对据有阵地防御之敌实施进攻的作战形式。我军在相当长的时间里存在武器较差、补给较弱的不足，这就决定了我们基本上不能和敌方进行拼消耗的阵地战。当然，在条件适宜、形势需要时，对于必要的和可能的阵地战还是要坚决进行的。毛泽东指出，中国革命战争“基本的是运动战，并不是拒绝必要的和可能的阵地战”③，“我们完全应该提倡那种在情况需要而且许可下的阵地攻击和阵地防御”④。要不要进行阵地战，主要由战争的条件所决定。

① 毛泽东选集：第2卷. 2版. 北京：人民出版社，1991：487-488.
② 毛泽东选集：第2卷. 2版. 北京：人民出版社，1991：497.
③ 毛泽东选集：第1卷. 2版. 北京：人民出版社，1991：230.
④ 毛泽东选集：第1卷. 2版. 北京：人民出版社，1991：231.

> 大抵运动战是执行歼灭任务的，阵地战是执行消耗任务的，游击战是执行消耗任务同时又执行歼灭任务的，三者互有区别。
>
> 毛泽东选集：第2卷. 2版. 北京：人民出版社，1991：501.

毛泽东在指导中国革命战争的不同历史时期，总是以一种作战形式为主，把各种作战形式看作一个整体，相互配合，并根据形势发展适时转换主要作战形式。红军初创时期，由于力量弱小，游击战是主要作战形式。1930年后，随着红军力量的增强和客观情况的改变，运动战成为主要作战形式。到了抗日战争时期，面对军事上远强于我军的日本帝国主义，毛泽东及时把游击战上升到战略地位，作为我军的主要作战形式，而运动战、阵地战就成为辅助和配合的作战形式了。解放战争时期，毛泽东适时把运动战上升为主要作战形式。抗美援朝战争中，根据对手特点和朝鲜半岛战场特性，在力争打好机动性较强的运动战的同时，又创造出依托阵地的、不远离阵地的运动战这种新方式。毛泽东指出："在军事上我们若能运用运动战、阵地战、游击战三种方式互相配合，必能使敌军处于极困难地位。……有人说，我们只主张游击战，这是乱说的，我们从来就主张运动战、阵地战、游击战三者的配合。"①

（三）集中优势兵力，以歼灭敌人有生力量为主要目标

集中优势兵力，各个歼灭敌人，这是毛泽东关于人民战争战略战术的重要原则。它既是我军战役战斗的主要作战方法，也是实现"保存自己，消灭敌人"这一战争目的的重要手段。

第一，集中兵力是战胜强敌的主要方法。毛泽东指出，战争指导必须巧妙地集中兵力。"全线出击""两个拳头打人""六路分兵""全线抵御"，注定是要打败仗的。"中国红军以弱小者的姿态出现于内战的战场，其迭挫强敌震惊世界的战绩，依赖于兵力集中使用者甚大。无论哪一个大胜仗，都可以证明这一点。"② 从战略防御的被动地位中争取主动地位，集中兵力、运动战、速决战、歼灭战，都是必要的条件，而集中兵力是首先的和主要的。

毛泽东指出，敌军力量强大，我军力量弱小，要改变这种状态就要充分发挥人的主观能动性和创造性，集中兵力打歼灭战。集中兵力与打歼灭战是紧密联系在一起的，实行战役战斗的外线的速决的进攻战，就是要打歼灭战。只有集中兵力，方可形成对敌优势，对敌实行围歼。没有足够的优势兵力，就谈不上包围敌人。即使勉强包围了敌人，也会因为力量不足而难以达成歼灭战。所以，集中兵力是为了打歼灭战，要打歼灭战就必须集中兵力。

毛泽东要求指挥员必须胸怀全局，照顾到战争的各个方面和各个阶段。要根据每战的实际情况，正确处理集中与分散、主要与次要、数量与质量的关系，集中兵力要建立在保证对于战场作战的绝对或相对优势的原则上。战场上集中了兵力，还要将主要兵力

---

① 毛泽东军事文集：第2卷. 北京：军事科学出版社，1993：170.

② 毛泽东选集：第1卷. 2版. 北京：人民出版社，1991：225.

集中适用于主要方向上。进攻时防止平分兵力，处处攻击；防御时防止分兵把口，处处设防。毛泽东强调在战役战斗中始终要掌握以多胜少、以优势对劣势的原则。每战集中优势兵力的程度，应根据战略阶段或战争形势的不同，以及敌我情形和自然条件，以能否确有把握歼灭敌人来确定。强调集中兵力的重要性，并不排斥和否定分散兵力的必要性。集中兵力与分散兵力，应该结合运用。

第二，基本的作战方针是歼灭战。毛泽东指出："对于人，伤其十指不如断其一指；对于敌，击溃其十个师不如歼灭其一个师。"① 他确定人民军队作战"基本的方针是歼灭战"②。

毛泽东之所以把歼灭战作为人民军队最基本的作战指导方针，是因为：其一，歼灭战是实现战争目的的主要手段。在战争中，消灭敌人是主要的，一切军事行动和军事原则都必须立足于积极地最大限度地消灭敌人，而歼灭战是消灭敌人的最有效的方法。其二，歼灭战可以有效地转变敌我形势。在敌强我弱的条件下，要改变敌我双方力量的对比，取得战争胜利，只有通过战役及战斗的歼灭战逐步消耗敌人来实现。其三，歼灭战能震撼敌人并鼓舞我方士气。毛泽东指出，"全歼，在敌则士气沮丧，人心不振；在我则士气高涨，人心振奋"③。其四，歼灭战是实现以战养战的最佳途径。我军人力物力资源主要靠歼敌获得，只有歼灭战，才能最充分地获取敌人的武器装备，俘获敌方士兵来补充自己。

毛泽东指出，仗要一仗一仗地打，敌人要一部分一部分地消灭，这就叫各个击破。为了实现各个歼灭敌人，要正确选择打击目标，先打弱敌后打强敌。"拣弱的打"是歼灭战的必要条件，歼灭了弱敌，既能逐步削弱敌人，使强敌变弱；又能不断壮大自己，促使敌我形势的转化，为歼灭强敌创造条件。采取包围迂回战术，也是打歼灭战的必要条件。每战必须集中绝对优势兵力，采取包围迂回战术，实行围攻部署，四面包围敌人，力求全歼，不使漏网。

> 以歼灭敌有生力量为主，不以保守个别地方为主，使主力行动自如，主动地寻找好打之敌作战。
>
> 毛泽东军事文集：第3卷. 北京：军事科学出版社，1993：487.

第三，以歼灭敌人有生力量为主要目标。毛泽东指出，打仗要会算账，"只有丧失才能不丧失"④。土地革命战争时期，毛泽东指出："如果我们丧失的是土地，而取得的是战胜敌人，加恢复土地，再加扩大土地，这是赚钱生意。"⑤ 因此，要实行积极防御，诱敌深入，不惧怕丧失土地，集中优势兵力，歼灭敌人的有生力量。解放战争时期，毛泽东提出了以歼灭敌人有生力量为主要目标，不以保守或夺取城市和地方为主要目标的思想，

① 毛泽东选集：第1卷.2版.北京：人民出版社，1991：237.
② 毛泽东选集：第1卷.2版.北京：人民出版社，1991：237.
③ 毛泽东选集：第4卷.2版.北京：人民出版社，1991：1198.
④ 毛泽东选集：第1卷.2版.北京：人民出版社，1991：211.
⑤ 毛泽东选集：第1卷.2版.北京：人民出版社，1991：211.

认为在歼灭敌人有生力量和保守或夺取城市和地方这对矛盾中，歼灭敌人有生力量是主要的。只有歼灭敌人的有生力量，才能保守或夺取城市和地方。

毛泽东指出，革命的最后目的，是夺取作为敌人主要根据地的城市。要达到这个目的，“不破坏敌人用以向人民作斗争的主要的工具，即敌人的军队，也是不可能的”①。因此，消灭敌人的军队是作战的主要目标。只有消灭了敌人的军队，城市和地方才能牢固地掌握在人民的手中。“有些时机，为着集中兵力歼击敌军的目的，或使我军主力避免遭受敌军的严重打击以利休整再战的目的，可以允许放弃某些地方。只要我军能够将敌军有生力量大量地歼灭了，就有可能恢复失地，并夺取新的地方。”② 无论夺取城市和地方，还是放弃城市和地方，都应服从于歼灭敌人有生力量这个目标。

在毛泽东集中优势兵力、各个歼灭敌人的思想指导下，我军在中国革命战争的不同历史时期，最大限度地集中优势兵力，出其不意地歼灭敌人，打了许多漂亮的歼灭战，创造出了中国革命战争史上的奇迹。

思考题

1. 为什么必须坚持中国共产党对人民军队的绝对领导？
2. 如何评价毛泽东人民战争思想的历史地位？
3. 毛泽东人民战争的战略战术有哪些基本内容？

阅读书目

1. 毛泽东．中国革命战争的战略问题//毛泽东选集：第1卷．2版．北京：人民出版社，1991.

2. 毛泽东．抗日游击战争的战略问题//毛泽东选集：第2卷．2版．北京：人民出版社，1991.

3. 毛泽东．论持久战//毛泽东选集：第2卷．2版．北京：人民出版社，1991.

4. 毛泽东．战争和战略问题//毛泽东选集：第2卷．2版．北京：人民出版社，1991.

---

① 毛泽东选集：第2卷．2版．北京：人民出版社，1991：636.

② 毛泽东选集：第4卷．2版．北京：人民出版社，1991：1199－1200.

第七章

政策和策略理论

政策和策略理论是毛泽东思想的重要组成部分，贯穿于毛泽东思想科学体系的各个方面。以毛泽东为主要代表的中国共产党人在领导中国革命和建设的实践中，深刻认识政策和策略的极端重要性，坚持把马克思列宁主义基本原理同中国具体实际相结合、同中华优秀传统文化相结合，制定和实行了一系列正确的政策和策略，形成了具有中国特色的马克思主义政策和策略理论，指导中国革命和建设事业不断取得胜利。

一、政策和策略的极端重要性

政策是党和国家为了实现一定历史时期内的任务和路线而制定的行动准则。策略是为了实现一定战略任务和基本政策而采取的原则、方法和手段。一定时期的总任务和总路线，决定和制约着各项具体的政策和策略，各项具体的政策和策略服从和服务于总任务和总路线。为了实现党的最终奋斗目标，为了完成党在一定历史时期的战略任务，不仅要有正确的路线，还要有正确的政策和策略。

（一）政策和策略是党的生命

政策和策略是党的生命。一百年来，我们党之所以能够统一思想、统一步调、团结一致向前进，之所以能够取得革命、建设、改革的伟大胜利和辉煌成就，就在于我们党坚持马克思主义指导，高瞻远瞩、见微知著，既解决现实问题，又解决战略问题，准确判断和把握形势，制定切合实际的目标任务、政策策略。

习近平在陕西榆林考察时强调 解放思想改革创新再接再厉 谱写陕西高质量发展新篇章. 人民日报，2021－09－16.

党在领导中国革命和建设的实践中充分认识到政策和策略的极端重要性。1948 年 3 月，毛泽东在为中共中央写的对党内的通报中提出了“政策和策略是党的生命”的重要论断。他告诫全党：“只有党的政策和策略全部走上正轨，中国革命才有胜利的可能。政策和策略是党的生命，各级领导同志务必充分注意，万万不可粗心大意。”① 这是毛泽东正确把握马克思主义理论与中国革命实践的内在联系、深刻总结实践经验得出的重要结论。

从理论与实践的关系看，政策和策略是马克思列宁主义指导中国革命和建设实践的中间环节。实践需要理论指导，理论借助实践才能转变为现实，但从抽象的理论到具体的实践需要一定的中间环节，政策和策略就是这样的中间环节。马克思主义指导中国革命和建设，只有转化为适合中国具体实际的政策和策略，才能更好地发挥作用。毛泽东指出：“人们的实践，特别是革命政党和革命群众的实践，没有不同这种或那种政策相联系的。”② “必须先有人根据客观事实，引出思想、道理、意见，提出计划、方针、政策、战略、战术，方能做得好。”③ 我们党的实践都是在一定的政策和策略指导下进行的，如果没有正确的政策和策略，马克思列宁主义就无法同中国革命和建设实践有机结合起来。

从中国革命实践经验来看，政策和策略关系着党的事业的兴衰成败。在党的历史上，曾发生过多次因政策和策略的失误而导致革命出现挫折，比如 1927 年大革命的失败和 1934 年中央苏区第五次反“围剿”的失败。党在经历挫折后逐渐成熟起来，深刻认识到政策和策略的极端重要性，从而制定出适合中国实际情况的正确的政策和策略，才领导中国革命走向胜利。

任何经验（实践），均是从实行某种政策的过程中得来的，错误的经验是实行了错误政策的结果，正确的经验是实行了正确政策的结果。

中共中央文献研究室．毛泽东文集：第 5 卷．北京：人民出版社，1996：74.

在新民主主义革命时期的不同历史阶段，毛泽东总结中国革命的经验教训，反复论述了政策和策略的重要意义。早在土地革命战争时期，他就把党的“政策的不错误”作为红色政权能够长期存在和发展的“一个要紧的条件”④，并强调：“伟大的革命任务的完成不是简单容易的，它全靠无产阶级政党的斗争策略的正确和坚决。”⑤ 抗日战争时期，他根据民族矛盾和阶级矛盾的复杂关系，制定了抗日民族统一战线政策和统一战线中的各项具体策略，以及巩固解放区的十大基本政策，政策和策略理论逐渐成熟。解放战争时期，他把政策和策略提升到“党的生命”的高度，起草了一系列文件、指示，使党的政策和策略全部走上了正轨。新民主主义革命的胜利，最根本的就在于以毛泽东为主要代表的中国共产党人从中国实际出发，找到了正确的革命道路，制定了正确的总路线、总政策，以及一系列具体的政策和策略。正确的政策和策略，对于党领导的中国革命和建设事业意义重大。

---

① 毛泽东选集：第 4 卷．2 版．北京：人民出版社，1991：1298.
② 毛泽东选集：第 4 卷．2 版．北京：人民出版社，1991：1286.
③ 毛泽东选集：第 2 卷．2 版．北京：人民出版社，1991：477.
④ 毛泽东选集：第 1 卷．2 版．北京：人民出版社，1991：50.
⑤ 毛泽东选集：第 1 卷．2 版．北京：人民出版社，1991：115.

（二）实现党的总路线和总任务的重要保证

有一定之略，然后有一定之功。党和国家的事业要不断取得胜利，除了要制定适合中国实际情况的总路线和总任务，还必须有一整套正确的政策和策略。“倘若无产阶级政党的斗争策略是错误的，或者是动摇犹豫的，那末，革命就非走向暂时的失败不可。”① 只有党的政策和策略全部走上正轨，中国革命才有胜利的可能。

第一，贯彻落实党的总路线和总任务的必然要求。为了实现党在一定时期的总目标、总任务，就需要制定总的路线和政策，并在此基础上根据实际情况和群众需要制定和执行各项具体的政策和策略。离开了具体的政策和策略，总路线和总任务就无法得到真正落实。毛泽东指出：“政策是革命政党一切实际行动的出发点，并且表现于行动的过程和归宿。一个革命政党的任何行动都是实行政策。”② 他还强调，“有了总路线还不够，还必须在总路线指导之下，在工、农、商、学、兵、政、党各个方面，有一整套适合情况的具体的方针、政策和办法”③。在领导中国革命和建设的各个历史阶段，党根据社会主要矛盾和党的主要任务，在规定党的总路线的同时，还正确制定和执行各项具体的政策和策略，从而保证了党的总任务的完成。

第二，教育全党和统一全党思想行动的重要武器。党的路线、方针、政策制定后，还需要对全党进行宣传、教育，使广大党员干部能够正确理解和执行。而且，党要保证强大的组织力、凝聚力和战斗力，也需要全体党员干部在思想认识和具体行动上始终与党中央保持高度一致。因此，对全党进行政策和策略教育，用党的路线、方针、政策统一全党认识，就显得非常重要。为了形象地说明政策和策略在统一思想行动中的作用，毛泽东把政策和策略比作教育干部和群众的“教材”。他指出：“干部和群众，还得不到一整套的教材，得不到系统的政策教育，也就不可能真正有统一的认识和统一的行动。”④ 通过制定和执行正确的政策和策略，并对广大党员干部进行教育，才能使党始终保持认识和行动上的统一，完成不同阶段的历史任务。

第三，党领导人民投身革命和建设事业的基本方式。党是中国革命和建设事业的领导核心，党制定和实行一切政策和策略的实践活动，都是为了更好地领导广大人民群众，争取革命和建设事业的胜利。毛泽东指出：“共产党领导机关的基本任务，就在于了解情况和掌握政策两件大事，前一件事就是所谓认识世界，后一件事就是所谓改造世界。”⑤ “了解情况”是为了更好地制定政策和策略，“掌握政策”是为了在实践中更好地执行政策和策略。党的领导地位是通过党的先进性以及实行正确的政策和策略实现的，没有正确的政策和策略，党对人民群众的领导就无法实现。因此，党必须特别重视研究中国革命和建设的基本规律，正确解决革命和建设中的政策和策略问题。只有制定正确的政策和策略，并通过政策和策略说服教育人民群众，才能把人民群众团结在党的旗帜下，实

① 毛泽东选集：第1卷.2版.北京：人民出版社，1991：115.

② 毛泽东选集：第4卷.2版.北京：人民出版社，1991：1286.

③ 中共中央文献研究室.毛泽东文集：第8卷.北京：人民出版社，1999：304.

④ 中共中央文献研究室.毛泽东文集：第8卷.北京：人民出版社，1999：305.

⑤ 毛泽东选集：第3卷.2版.北京：人民出版社，1991：802.

现中国革命和建设事业的伟大胜利。

（三）制定和执行党的政策和策略的依据

党领导中国革命和建设事业的实践证明，能否正确制定和执行党的政策和策略，对于中国革命和建设事业关系极大。毛泽东把马克思主义认识论应用于党的政策和策略问题，把政策和策略的制定和执行看作一个统一的过程，为正确制定和执行政策和策略确定了基本的原则和依据。

实事求是是正确制定和执行党的政策和策略必须坚持的基本原则。实事求是是党的思想路线，它要求把客观实际作为政策和策略的出发点，在制定和执行政策和策略时从一个国家、一个民族或一个地方的实际情况出发，正确反映事物发展的内部规律。毛泽东非常重视实事求是对于党的政策和策略的重要意义。他指出："我们是马克思主义者，马克思主义叫我们看问题不要从抽象的定义出发，而要从客观存在的事实出发，从分析这些事实中找出方针、政策、办法来。"① 在制定和执行政策策略时，他反对脱离实际的路线和方法，认为教条主义害死人，主观主义是马克思主义的死敌，主张在对社会各阶级的政治经济状况进行深入细致调查研究的基础上，制定政策和策略。同时，他还要求根据不断变化的历史条件及时调整政策，防止政策落后于实际。在执行政策和策略时，他认为："不根据实际情况进行讨论和审察，一味盲目执行，这种单纯建立在'上级'观念上的形式主义的态度是很不对的。"② 要求把政策和策略与不同地方的实际情况结合起来，不能机械地盲目地执行。实践证明，实事求是不仅是党制定各项政策和策略的基础，也是正确理解和执行党的政策和策略的保证。

> 没有民主，就不可能正确地总结经验。没有民主，意见不是从群众中来，就不可能制定出好的路线、方针、政策和办法。我们的领导机关，就制定路线、方针、政策和办法这一方面说来，只是一个加工工厂。大家知道，工厂没有原料就不可能进行加工。没有数量上充分的和质量上适当的原料，就不可能制造出好的成品来。
>
> 中共中央文献研究室．毛泽东文集：第 8 卷．北京：人民出版社，1999：294.

群众路线是党的根本工作路线，也是制定和执行党的政策和策略必须遵循的根本方式。人民群众是历史的创造者，相信群众、依靠群众是制定、执行政策和策略的前提。同时，党的政策和策略只有代表和反映人民群众的根本利益，才能得到人民群众的支持和拥护，才能转化为人民群众的自觉行动。毛泽东指出："一定要每日每时关心群众利益，时刻想到自己的政策措施一定要适合当前群众的觉悟水平和当前群众的迫切要求。凡是违背这两条的，一定行不通，一定要失败。"③ 党的政策和策略虽然是为了实现人民群众的根本利益，但如果人们还没有觉悟，就只能做耐心细致的宣传解释工作，不能强制推行。在制定和执行党的政策和策略时，还要发扬民主，把人民群众正确的意见和经

---

① 毛泽东选集：第 3 卷．2 版．北京：人民出版社，1991：853.

② 毛泽东选集：第 1 卷．2 版．北京：人民出版社，1991：111.

③ 中共中央文献研究室．毛泽东文集：第 8 卷．北京：人民出版社，1999：33.

验作为政策和策略的基础。毛泽东在《党委会的工作方法》中指出："中央领导之所以正确，主要是由于综合了各地供给的材料、报告和正确的意见。如果各地不来材料，不提意见，中央就很难正确地发号施令。"① 正确的政策和策略只能从群众的社会实践中来，党提出的一切正确的政策和策略，总是在发扬民主，充分吸收群众的正确意见，从群众中来，到群众中去的过程中产生的。

实行统一而有区别的政策和策略也是一条重要原则。党在制定和执行各种政策和策略时，既要有统一的要求，坚持全党全国"一盘棋"，也要考虑到特殊的具体的情况，实行区别化的策略，防止"一刀切"。毛泽东指出："必须教育干部善于分析具体情况，从不同地区、不同历史条件的具体情况出发，决定当地当时的工作任务和工作方法。"② 首先，在不同的历史发展阶段实行不同的政策和策略。"当着革命的形势已经改变的时候，革命的策略，革命的领导方式，也必须跟着改变。"③ 其次，对不同阶级和阶层实行不同的政策和策略。比如，党在新民主主义革命时期把中国社会各阶级区分为革命阶级、反动阶级和中间阶级，明确谁是我们的敌人，谁是我们的朋友；把中国革命的主要动力进行分类，明确无产阶级是中国革命的领导阶级，农民是中国革命的主力军，城市小资产阶级是无产阶级的可靠同盟者，民族资产阶级也是中国革命的动力之一，并在此基础上制定不同的政策和策略。毛泽东还认为，不但应当对不同阶级采取不同政策，对同一阶级的不同阶层也要区别情况，分别采取相应的政策和策略。比如，将农民区分为富农、中农和贫农，将资产阶级区分为民族资产阶级和大资产阶级，实行不同的政策和策略。最后，立足中国社会政治经济发展不平衡的特点，在不同地区制定和实行不同的政策和策略。比如，党在 1947 年颁布《中国土地法大纲》后，毛泽东又指示，土地法的实施，应当分老解放区、半老区和新解放区三种地区，这些地区党的群众基础、群众的思想觉悟都有不同，要采取不同的政策和策略。

此外，党还提出了坚持独立自主、原则性和灵活性相结合、调动一切积极因素等原则和依据。

> 解放战争后期，党领导进行土地改革，这是一个争取广大农民支持的战略举措，但怎样把它落到实践中执行，需要采取符合实际的政策措施。土地改革工作开始有些乱，一些地方有些"左"，后来及时纠正了。毛泽东同志提出，要根据不同的地区，采取不同策略。第一种是日本投降以前的老解放区，这种地区大体上早已分配土地，只须调整一部分土地。第二种是日本投降至 1947 年 8 月大反攻前解放的地区，这种地区完全适用土地法，普遍地彻底地分配土地。第三种是大反攻后新解放的地区，因群众尚未发动，不应当企图一下实行土地法，而应当分两个阶段实行土地法。正是实行了有区别的正确的策略，整个土地改革进行得很顺利，无论老解放区还是新解放区，党都赢得了广大农民的真诚拥护和支持。
>
> 习近平. 更好把握和运用党的百年奋斗历史经验. 求是，2022 (13).

① 毛泽东选集：第 4 卷. 2 版. 北京：人民出版社，1991：1441 - 1442.
② 毛泽东选集：第 4 卷. 2 版. 北京：人民出版社，1991：1331.
③ 毛泽东选集：第 1 卷. 2 版. 北京：人民出版社，1991：152.

二、对敌斗争的政策策略

我们党是在长期的革命斗争中成长起来的，敢于斗争、敢于胜利，是我们党不可战胜的强大精神力量。在积极应对中国革命和建设过程中的各种困难和挑战，同敌人进行政治、军事和思想文化等各条战线上的斗争中，党把马克思主义无产阶级革命斗争理论同中国具体实际相结合，积累了宝贵的对敌斗争经验，形成了一系列对敌斗争的政策策略，使我们党在斗争中逐渐发展壮大，在斗争中不断走向胜利。

（一）在战略上藐视敌人，在战术上重视敌人

在战略上藐视敌人，在战术上重视敌人，是毛泽东一个重要的战略策略思想，也是我们党和军队打败一切敌人、克敌制胜的法宝。这一思想是对党长期领导人民进行革命斗争实践的经验总结。

> 一切反动派都是纸老虎。看起来，反动派的样子是可怕的，但是实际上并没有什么了不起的力量。从长远的观点看问题，真正强大的力量不是属于反动派，而是属于人民。
>
> 拿中国的情形来说，我们所依靠的不过是小米加步枪，但是历史最后将证明，这小米加步枪比蒋介石的飞机加坦克还要强些。
>
> 毛泽东选集：第 4 卷 . 2 版 . 北京：人民出版社，1991：1195.

中国革命发生在一个半殖民地半封建的东方大国，国内外反动势力十分强大，而革命的领导阶级——无产阶级一开始非常弱小。暂时弱小的革命力量如何战胜貌似强大的敌人，是党需要长期面对的现实问题。在经历了大革命和土地革命战争时期艰苦卓绝的斗争后，毛泽东于 1936 年在《中国革命战争的战略问题》一文中对党的斗争策略进行概括。他指出："我们的战略是'以一当十'，我们的战术是'以十当一'，这是我们制胜敌人的根本法则之一。"① 战略上"以一当十"，是就整个对敌斗争的局势而言的，说的是在战略上藐视敌人；战术上"以十当一"，是就具体斗争实际而言的，说的是在战术上重视敌人。解放战争时期，面对美帝国主义支持的国民党反动派发动的内战，毛泽东极富战略性地提出"一切反动派都是纸老虎"的著名论断，极大鼓舞了全党全军的斗争意志和必胜信念。为了战胜国内外敌人，毛泽东指出，"我们有把握、有信心战胜中国人民的一切内外敌人。但是在每一个局部上，在每一个具体斗争问题上（不论是军事的、政治的、经济的或思想的斗争），却又决不可轻视敌人，相反，应当重视敌人"②，否则就会在政策上犯"左"或右的错误。新中国成立后，在同国际帝国主义的斗争中，毛泽东又发表了《美帝国主义是纸老虎》《在莫斯科共产党和工人党代表会议上的讲话》《同斯诺的谈话》

① 毛泽东选集：第 1 卷 . 2 版 . 北京：人民出版社，1991：225.

② 毛泽东选集：第 4 卷 . 2 版 . 北京：人民出版社，1991：1267.

等一系列文章和谈话，丰富和发展了这一思想，并把它概括为“战略上藐视敌人，战术上重视敌人”①。

在战略上藐视敌人和在战术上重视敌人，是党在实际斗争中对唯物辩证法的创造性运用，体现了战略与策略、本质与现象、整体与局部、长期与短期的辩证统一。在战略上藐视敌人，是从本质上和长期来看，一切貌似强大的反动势力都不是不可战胜的，而是必然要灭亡的，人民的力量必定战胜它们。这是不以人的意志为转移的客观规律，应从这一点上确立自己的战略思想。战术上重视敌人，是在局部和具体问题上，要认识到斗争的艰难性和复杂性，坚持谨慎的态度和科学的精神，讲究斗争的策略，决不可掉以轻心，应从这一点上确立自己的策略思想。在战略上藐视敌人和在战术上重视敌人的思想实质，是将敢于斗争、敢于胜利的大无畏革命精神与善于破坏旧世界、善于建设新世界的科学精神结合起来，积极应对前进道路上的各种风险挑战，最终取得中国革命和建设事业的胜利。

在战略上藐视敌人和在战术上重视敌人是相辅相成、辩证统一的。在战略上藐视敌人，敢于同敌人作斗争，是取得胜利的前提。毛泽东指出：“怕与不怕，是一个对立统一法则。一点不怕，无忧无虑，真正单纯的乐神，从来没有。……无产阶级，首先是共产党人，除掉怕死鬼以及机会主义的先生们以外，总是将藐视一切，乐观主义，放在他们心目中的首位的。”② 这是对敌斗争应有的革命气概和精神状态，是战胜敌人的前提条件。同时，在战术上重视敌人，善于同敌人作斗争，是取得胜利的保证。沉浸在藐视敌人的乐观中，而忽视同敌人进行切实斗争，是不能消灭现实的敌人的。和敌人作具体斗争时，要重视敌人，采取切实有效的斗争手段与敌人作不懈斗争。因此，两者是统一不可分割的，片面夸大其中一个方面，都会犯错误。如果在战略上过高地估计敌人和轻视人民，不敢斗争，就会犯右倾的错误；如果在战术上轻视敌人，不采取谨慎态度，不讲究斗争策略，就会犯“左”倾的错误。只有结合起来，才能最终战胜敌人，取得胜利。

在战略上藐视敌人和在战术上重视敌人的思想，虽然是在革命时期对敌斗争中形成的，但它的指导作用却有普遍的意义。首先，它要求我们全面地辩证地看待中华民族伟大复兴征程中出现的各种问题和困难。毛泽东在分析国民党反动派和帝国主义等反动势力时，一方面强调它们是纸老虎，要敢于斗争、敢于胜利；另一方面又指出它们是真老虎，要有危险意识、高度重视。只有把纸老虎和真老虎这两面结合起来，才能全面客观地把握困难的实际，制定出符合实际的政策和策略。其次，它要求我们充分发挥人的主观能动性，争取最终胜利。影响战争胜负的因素很多，除了诸多客观因素，“要分胜负，还须加上主观的努力，这就是指导战争和实行战争，这就是战争中的自觉的能动性”③。战争是这样，经济建设、政治斗争和国际斗争也是这样，要发挥人的主观能动性，创造必要的条件，推动事物矛盾的转化和造成敌我力量对比的变化，促成革命和建设事业的成功。最后，它要求我们处理复杂问题时，把敢于斗争的革命精神和实事求是的科学态

---

① 中共中央文献研究室．毛泽东文集：第 8 卷．北京：人民出版社，1999：177.

② 中共中央文献研究室．毛泽东文集：第 7 卷．北京：人民出版社，1999：456－457.

③ 毛泽东选集：第 2 卷．2 版．北京：人民出版社，1991：478.

度结合起来。毛泽东指出："头脑要冷又要热，又是统一性的两个对立面。冲天干劲是热。科学分析是冷。"[①]"冲天干劲"不能脱离"科学分析"，在面对复杂问题时必须坚持实事求是的科学态度，充分考虑现实操作性的问题。他批评有的干部"不愿意做分析，只爱热"，认为这可能会跌筋斗。

（二）掌握斗争方向，不要四面出击

掌握斗争方向，不要四面出击的策略原则包含两方面内容：一是坚持把斗争的总任务、总方向和不同时期的主要斗争任务、斗争方向统一起来。从中国近代以来的历史主题看，党领导人民斗争的总方向、总目标和总任务，就是团结带领中国人民实现中华民族伟大复兴。从中国革命和建设的各个时期看，党的中心任务有所不同，斗争的主要方向又是具体的、不同的。党在不同时期的斗争要为着实现中华民族伟大复兴的总任务，不可脱离斗争的总方向。二是明确斗争的主要对象和方向。在一个时期内为了实现主要斗争任务，要把斗争指向一个或几个最主要的敌人，不可树敌过多。

这一策略原则是在长期对敌斗争实践中形成的。新民主主义革命时期，党面临的主要任务是争取民族独立、人民解放，为实现中华民族伟大复兴创造根本社会条件。但由于长期面临着革命力量比较弱小、敌人异常强大的局面，党必须科学认识中国社会的矛盾和特点，确定不同阶段的斗争任务，把握斗争的主要方向，确保一切斗争的有效性。毛泽东指出："对于矛盾的各种不平衡情况的研究，对于主要的矛盾和非主要的矛盾、主要的矛盾方面和非主要的矛盾方面的研究，成为革命政党正确地决定其政治上和军事上的战略战术方针的重要方法之一，是一切共产党人都应当注意的。"[②] 从为实现中华民族伟大复兴创造根本社会条件的任务来看，帝国主义、封建主义和官僚资本主义等反动势力都是中国革命的对象，都要打击。但当日本帝国主义发动全面侵华战争，日本帝国主义同中华民族的矛盾上升为最主要矛盾时，党根据主要矛盾的变化，适时调整斗争的主要方向，确立了建立抗日民族统一战线、反对日本帝国主义的主要任务。当抗日战争胜利后国民党反动派发动全面内战，国民党反动派同中国人民的矛盾成为最主要矛盾时，党确立了建立人民民主统一战线、打倒国民党反动统治的主要任务，把国民党反动派作为主要斗争对象。正是因为能够根据历史条件的发展变化，确立斗争的主要任务，及时调整斗争的主要方向，党才领导人民取得了新民主主义革命的胜利。

> 我们不要四面出击。四面出击，全国紧张，很不好。我们绝不可树敌太多，必须在一个方面有所让步，有所缓和，集中力量向另一方面进攻。我们一定要做好工作，使工人、农民、小手工业者都拥护我们，使民族资产阶级和知识分子中的绝大多数人不反对我们。这样一来，国民党残余、特务、土匪就孤立了，地主阶级就孤立了，台湾、西藏的反动派就孤立了，帝国主义在我国人民中间就孤立了。
>
> 中共中央文献研究室．毛泽东文集：第6卷．北京：人民出版社，1999：75－76.

① 中共中央文献研究室．毛泽东文集：第7卷．北京：人民出版社，1999：457.

② 毛泽东选集：第1卷．2版．北京：人民出版社，1991：326－327.

新中国成立后，党面临的主要任务是实现从新民主主义到社会主义的转变，进行社会主义革命，为实现中华民族伟大复兴奠定根本政治前提和制度基础。但新中国成立初期，党还面临着许多严重的困难和问题，还有许多紧迫的工作亟待进行。肃清国民党残余、特务、土匪，解放台湾、西藏的军事斗争还要继续进行；占全国人口一多半的新解放区的土改工作尚待进行；由于革命胜利引起的社会经济的改组，以及由此带来的工商业者、失业的知识分子和失业的工人、一批小手工业者的不满，也需要解决。面对这种复杂的情况，为争取国家财政经济状况的基本好转，迅速稳定新中国政治、经济和社会秩序，党的七届三中全会确定了“肃清国民党残余、特务、土匪，推翻地主阶级，解放台湾、西藏，跟帝国主义斗争到底”的总方针和“不要四面出击”的策略方针。在这些方针指导下，党领导人民战胜政治、经济、军事等方面的挑战，在错综复杂的国内国际环境中站稳了脚跟。

实践证明，掌握斗争方向，不要四面出击的策略原则是完全正确的。1956 年，毛泽东在同拉丁美洲一些党的代表谈话时，结合中国革命斗争历史进一步阐述了这一策略原则。他指出：“对买办集团的斗争，要利用帝国主义之间的矛盾，首先对付其中的一个，打击当前最主要的敌人。例如，过去中国的买办资产阶级，有亲英、亲美的和亲日的。我们在抗日战争的时候，就利用英、美和日本的矛盾，首先打倒日本侵略者和依附于它的买办集团。然后，再去反对美、英侵略势力，打倒亲美、亲英的买办集团。地主阶级里头也是有派别的。最反动的是少数，那些爱国的，赞成反对帝国主义的，就不要放在一起打。还必须分别大地主和小地主。在一个时候，打击的敌人不能太多，要打少数，甚至对大地主也只打击少数最反动的。什么都打，看起来很革命，实际上为害很大。”①这些斗争经验，对当前党面临的新的伟大斗争仍然具有重要指导意义。

（三）“利用矛盾，争取多数，反对少数，各个击破”

“利用矛盾，争取多数，反对少数，各个击破”是毛泽东提出的对敌斗争策略原则。这一策略是以马克思主义对敌斗争思想为指导，正确认识中国社会现状尤其是各阶级的力量及其相互关系，经过长期的革命斗争实践而形成的。

> 毛泽东同志始终主张“利用反革命内部的每一冲突，从积极方面扩大他们内部的裂痕”，“反对孤立政策，承认争取一切可能的同盟者”。这些“利用矛盾，争取多数，反对少数，各个击破”的策略原则的运用，在他所领导的历次反“围剿”战争中，尤其在遵义会议后的长征和抗日民族统一战线工作中，得到了光辉的发展。
>
> 毛泽东选集：第 3 卷 . 2 版 . 北京：人民出版社，1991：979.

关于对敌斗争的策略，列宁曾提出，要联合直接的和间接的同盟军，争取团结多数，充分利用敌人营垒中的一切对立和矛盾。毛泽东很重视利用敌人内部矛盾和争取暂时的同盟者的策略。在半殖民地半封建的中国，各帝国主义国家在瓜分中国的过程中必然会产生矛盾和冲突，依附于帝国主义国家的地主买办资产阶级的不同集团和派别也自然会产生许多矛盾和斗争。这就使我们具备了利用敌人内部矛盾进行斗争的条件。反动势力

① 中共中央文献研究室 . 毛泽东文集：第 7 卷 . 北京：人民出版社，1999：134－135.

不是铁板一块，其内部“狗打架”似的矛盾和争斗，“对于革命的人民却是有用的。我们要把敌人营垒中间的一切争斗、缺口、矛盾，统统收集起来，作为反对当前主要敌人之用”①。1940年，他在《论政策》一文中提出了“利用矛盾，争取多数，反对少数，各个击破”② 的策略原则，并要求党根据革命的策略，制定和执行各项具体政策。1945年党的六届七中全会通过的《关于若干历史问题的决议》，对毛泽东成功运用这一策略原则给予高度评价。之后，在解放战争时期的土地改革运动、新中国成立后的“五反”运动以及在国际上同帝国主义的斗争中，这一策略原则得到进一步实践和运用。

“利用矛盾，争取多数，反对少数，各个击破”策略的基本思想是：无产阶级政党在对敌斗争中，必须充分利用敌人内部矛盾，最大限度地孤立敌人和壮大自己，以便夺取对敌斗争的全面胜利。利用矛盾，即利用敌人营垒内部的各种矛盾、冲突和斗争，通过一定的形式与敌人之一部分达成某种程度的合作，以分化瓦解敌人，孤立和打击最主要的敌人。争取多数，即无产阶级政党要团结一切革命力量，同时，还要努力争取和利用敌人营垒中暂时还不是最主要敌人的力量，尽量使他们保持中立或者成为我们的暂时的同盟者。反对少数，即在对敌斗争中分清谁是最主要的敌人，谁暂时还不是最主要的敌人，把斗争的矛头指向少数最主要的敌人，避免在一个时期内树敌太多。各个击破是个军事术语，毛泽东解释为“逐个解决”，即根据革命任务和形势需要，有选择地逐个消灭敌人，直到消灭所有敌人。“利用矛盾，争取多数，反对少数，各个击破”策略是个有机统一的整体，不能割裂开来。其中“利用矛盾”是必要前提，“争取多数，反对少数，各个击破”都需要正确地分析、利用敌人内部矛盾；“争取多数，反对少数”是主要手段，只有成功地做到争取多数和反对少数，才能逐个消灭敌人；“各个击破”是最终目标。

这一策略原则要求对一切需要打倒、消灭和改造的阶级和阶层进行区分，制定有区别的政策。区别是制定政策的基础，没有区别就没有正确的政策。毛泽东运用马克思主义唯物史观，把资产阶级区分为民族资产阶级和官僚资产阶级，又把官僚资产阶级区分为依附于不同帝国主义国家的政治势力；把农村中各阶级区分为贫雇农、中农、富农和地主，又把地主区分为大、中、小地主，一般的地主和恶霸地主，把中农区分为上中农、中农和下中农；把帝国主义区分为法西斯帝国主义和反法西斯的帝国主义；把新中国成立初期的私营工商户区分为守法的、基本守法的、半守法半违法的、严重违法的和完全违法的；等等。在正确区分各阶级和各种政治势力的基础上，制定不同的政策。

此外，党在革命斗争中还形成了用革命的两手反对反革命的两手、武装斗争与非武装斗争相配合、合法的公开斗争同非法的秘密斗争相结合等策略。针对国内外敌人惯用的一边参加革命，一边又打击进步势力和迫害革命群众；一边准备对革命力量发动战争，一边又玩弄“和平”欺骗等反革命的两面手法，毛泽东提出“针锋相对，寸土必争”“边谈边打，谈打结合，只有打好，才能谈好”“一面谈，一面打，在谈判中教育群众”等一系列以革命的两手反对反革命的两手的策略，对揭露敌人阴谋和取得对敌斗争胜利起到了重要作用。根据中国革命的形势和特点，毛泽东阐述了武装斗争和非武装斗争在中国

① 毛泽东选集：第1卷.2版.北京：人民出版社，1991：148.
② 毛泽东选集：第2卷.2版.北京：人民出版社，1991：764.

革命中的地位和作用，强调长期的武装斗争是中国革命的主要形式，但不可以放弃其他的斗争形式。开展其他各种非武装斗争形式，诸如职工运动、农民运动、青年运动、学生运动、妇女运动以及经济和思想战线上的各种斗争等，“都是非常重要的，都是一定不可少，一定不可忽视”①。其他形式的斗争要围绕着武装斗争，而不能脱离武装斗争；反之，没有其他形式的斗争的配合与支持，武装斗争也难以取得最后的胜利。毛泽东还主张把合法的公开斗争与非法的秘密斗争结合起来，提出党在国民党统治区域采取“荫蔽精干，长期埋伏，积蓄力量，以待时机，反对急性和暴露”② 的方针和斗争策略，利用一切可以利用的公开合法的条件，稳扎稳打地进行斗争，不能采取冒险主义的方针。对于国民党反动派控制下的黄色工会，也可以派人加入其组织，参加其工作和活动，利用其合法的招牌来组织工人群众和斗争。总之，就是通过各种不同的斗争形式和手段，广泛地联系群众、教育群众、组织群众，壮大革命的力量。

三、统一战线的政策策略

坚持统一战线，是我们党百年奋斗取得重大成就的基本经验之一。在中国革命和建设中，党科学分析社会各阶级阶层和各种政治力量的基本特点，努力团结一切可以团结的力量、调动一切可以调动的积极因素，结成最广泛的统一战线，形成了统一战线的政策和策略，为党和人民事业不断发展创造了十分有利的条件。

（一）无产阶级必须在统一战线中坚持独立自主

统一战线是党的总路线、总政策的重要组成部分，建立广泛的统一战线是党的一项重要工作。从统一战线内部来看，也有很多具体的策略问题。只有把这些策略问题都处理好，才能更好地坚持和实行统一战线。

无产阶级在统一战线中坚持独立自主，是统一战线中首要的策略问题，也是统一战线的基本原则。在统一战线中，不同的党派和政治团体代表着不同阶级群体的利益和要求，有着各自不同的政治主张，对一些具体问题的认识也存在着较大的差异。在阶级成分和利益关系复杂的统一战线中，是否能够保持无产阶级的独立性以及如何保持这种独立性，直接关系到统一战线的巩固与发展。1938 年党的六届六中全会上，毛泽东根据党在抗日战争中的地位和作用，提出并解释了党在抗日民族统一战线中的独立自主原则。他指出：“我们的方针是统一战线中的独立自主，既统一，又独立。”③ “在一切统一战线工作中必须密切地联系到独立自主的原则”，“这个原则的说明、实践和坚持，是把抗日民族革命战争引向胜利之途的中心一环”④。独立自主原则的提出和实践，极大地丰富和发展了马克思主义统一战线的理论，使党领导的人民抗日力量不断发展壮大。

---

① 毛泽东选集：第 2 卷 . 2 版 . 北京：人民出版社，1991：543.

② 毛泽东选集：第 2 卷 . 2 版 . 北京：人民出版社，1991：756.

③ 毛泽东选集：第 2 卷 . 2 版 . 北京：人民出版社，1991：540.

④ 毛泽东选集：第 2 卷 . 2 版 . 北京：人民出版社，1991：394.

在统一战线中坚持独立自主原则，就是说要坚持党在思想上、政治上和组织上的独立性。这一原则包含着“既统一，又独立”两方面的含义：“统一”是指在统一战线中要讲统一性，各阶级各党派要互相联合，团结起来一致对外。在抗日战争时期，阶级斗争是以民族斗争的形式出现的，阶级斗争的利益要服从于抗日战争的利益，用各阶级和党派的长期合作支持长期战争，直到彻底消灭日本帝国主义在中国的势力。“独立”是指在统一战线中要讲独立性，各阶级各党派必须有相对的独立和自由，“不是因合作和统一而牺牲党派和阶级的必要权利，而是相反，坚持党派和阶级的一定限度的权利”①。统一性和独立性是统一战线的两个方面，两者相互依存：一方面，统一战线中的独立性是相对的，不是绝对的，如果离开统一性来讲独立性，认为独立性是绝对的，就会破坏团结对敌的总方针；另一方面，如果只谈统一性，否认独立性，合作变成了混一，必然牺牲统一战线。对此，周恩来指出：“独立自主，就是指无产阶级的独立性，他有自己独立的政策、独立的思想。他是去联合人家，而不是同化于人家。”② 针对抗日战争时期王明在统一战线认识上的右倾错误，毛泽东进行了坚决抵制，强调正确的原则是要做到既统一，又独立，既不要破裂统一战线，又不能束缚自己的手脚，只有这样，才能在统一战线中真正地坚持独立自主。

> 中国新民主主义的革命要胜利，没有一个包括全民族绝大多数人口的最广泛的统一战线，是不可能的。不但如此，这个统一战线还必须是在中国共产党的坚强的领导之下。没有中国共产党的坚强的领导，任何革命统一战线也是不能胜利的。
>
> 毛泽东选集：第4卷. 2版. 北京：人民出版社，1991：1257.

在统一战线中坚持独立自主，实质上是坚持无产阶级在统一战线中的领导权。坚持无产阶级在统一战线中的领导权，是马克思主义统一战线理论的基本原则。在革命统一战线中，哪一个阶级及其政党掌握了统一战线的领导权，就决定了革命走哪一条道路、采取哪一种方法，这是关系中国革命前途与命运的根本性问题。

党对统一战线的领导主要是政治领导，即政治原则、政治方向和重大方针政策的领导。抗日战争时期，毛泽东还分析了实现党的政治领导的基础和条件：一是根据历史发展进程提出基本的政治口号，以及每一个发展阶段、重大斗争中的动员口号。他强调没有这些政治口号作为全国人民一致行动的具体目标，就无所谓政治领导。二是发挥无产阶级特别是它的先锋队的模范作用。他号召全党“在为抗日民族统一战线和民主共和国的一切任务而奋斗时，共产党员应该作到最有远见，最富于牺牲精神，最坚定，而又最能虚心体会情况，依靠群众的多数，得到群众的拥护”③。三是在不失掉确定的政治目标的原则上，建立与同盟者的适当关系，发展和巩固这个同盟。他强调要进行两条战线的斗争，即同右倾投降主义、“左”倾关门主义的斗争，既不能放弃党的领导，也不能做孤家寡人。四是党的队伍的发展、思想的统一和严格的纪律性。从这些认识出发，党制定

① 毛泽东选集：第2卷．2版．北京：人民出版社，1991：539.
② 周恩来选集：上卷．北京：人民出版社，1980：215.
③ 毛泽东选集：第1卷．2版．北京：人民出版社，1991：263.

了一系列正确的路线和政策。比如，提出新民主主义革命的总路线；确立抗日民族统一战线的基本方针；提出“停止内战”“争取民主”“实现抗战”等政治口号；对资产阶级实行又联合又斗争的政策；反对右倾投降主义和“左”倾关门主义的错误等，从而实现了党对统一战线的政治领导。

（二）具体分析、区别对待、利用矛盾、团结多数

建立统一战线的目的是为了最大限度地团结革命的力量和最大限度地孤立、打击敌人的力量。党在长期领导革命统一战线的过程中，形成了“具体分析、区别对待、利用矛盾、团结多数”的基本策略。具体分析，就是通过社会调查掌握中国社会各阶级阶层、各派政治势力的政治倾向和革命态度，以制定相应的政策和策略。区别对待，就是不能僵化地对待各阶级阶层和各派政治势力，而要根据形势的变化和革命任务的需要，制定有区别的政策和策略。利用矛盾，就是利用敌人内部的各种矛盾和斗争，在敌人内部打开缺口，瓦解敌人。团结多数，就是在具体分析、区别对待、利用矛盾的基础上，把一切革命的、中立的和暂时不是最主要敌人的力量团结起来，壮大革命的阵营和力量。

制定抗日民族统一战线的策略总方针是党成功运用“具体分析、区别对待、利用矛盾、团结多数”这一策略的典范。毛泽东运用马克思主义阶级理论，把参加抗日民族统一战线的各阶级阶层划分为左、中、右三种势力。他指出：左翼集团是党领导的包括无产阶级、农民和城市小资产阶级的革命群众；中间集团是民族资产阶级和上层小资产阶级；右翼集团是大地主和大资产阶级，这是民族投降主义的大本营。在谈到国民党时，毛泽东对国民党做了具体的分析，认为国民党是一个由复杂成分组成的党，其中有顽固派，也有中间派，也有进步派，整个国民党并不等于顽固派，在和国民党合作时要“利用他们的矛盾，采取分别对待的政策，用极大力量去团结国民党中的中间派和进步派”①。据此，毛泽东在1940年做的题为《目前抗日统一战线中的策略问题》的报告，明确提出了抗日民族统一战线的策略总方针，即“发展进步势力、争取中间势力、反对顽固势力”②。

发展进步势力，就是发展无产阶级、农民和城市小资产阶级的力量，放手扩大人民军队，广泛建立抗日民主根据地，向全国发展党的组织，发展各界民众运动，争取全国知识分子。争取中间势力，就是争取中等资产阶级、开明绅士和地方实力派。这三种势力虽然同进步势力有矛盾，但他们同顽固势力也有矛盾，并想利用进步势力和顽固势力的矛盾达到自己的目的。党的政策就是争取他们，作为暂时的同盟者。反对顽固势力，就是反对大地主大资产阶级的势力。对于他们一面主张抗日，一面又打击进步势力的两面政策，要采取革命的两面政策，以斗争求团结。毛泽东指出，发展进步势力、争取中间势力、反对顽固势力是“不可分离的三个环节，而以斗争为达到团结一切抗日势力的手段”③。发展进步势力是整个策略的中心环节，也是一切革命工作的基础。争取中间势力是一项非常重要且复杂的工作，它离不开进步势力的发展，以及我们同顽固势力作坚

① 毛泽东选集：第2卷.2版.北京：人民出版社，1991：750.
② 毛泽东选集：第2卷.2版.北京：人民出版社，1991：745.
③ 毛泽东选集：第2卷.2版.北京：人民出版社，1991：745.

决斗争并一步一步地取得胜利。反对顽固势力，是团结一切抗日力量、争取时局好转、避免大规模内战的不可缺少的手段。

解放战争时期和新中国成立后，“具体分析、区别对待、利用矛盾、团结多数”的策略得到进一步发挥。为了推翻国民党反动统治，解放全中国，党一方面团结一切革命阶级和民主力量，发动反对蒋介石政权内战、独裁、卖国政策的爱国民主运动；另一方面分化瓦解国民党反动势力，对于阻挠全国解放的反动势力坚决斗争、予以歼灭，对于国民党内观望、动摇的势力在斗争的同时进行争取。在新中国成立初期的农业合作化运动中，党制定正确的阶级政策，依靠贫下中农、团结中农、限制富农，推动农业社会主义改造顺利进行。

（三）同资产阶级实行又联合又斗争的策略

处理同资产阶级的复杂关系，是统一战线工作中一项极其重要的内容。在深刻总结大革命时期、土地革命战争时期建立统一战线的经验教训，结合抗日战争时期的严峻形势，党逐渐形成了在同资产阶级联盟时又联合又斗争的策略。

> 我党规定了中国革命的总路线和总政策，又规定了各项具体的工作路线和各项具体的政策。但是，许多同志往往记住了我党的具体的各别的工作路线和政策，忘记了我党的总路线和总政策。而如果真正忘记了我党的总路线和总政策，我们就将是一个盲目的不完全的不清醒的革命者，在我们执行具体工作路线和具体政策的时候，就会迷失方向，就会左右摇摆，就会贻误我们的工作。
>
> 毛泽东选集：第4卷．2版．北京：人民出版社，1991：1316.

毛泽东认为，中国的资产阶级包括民族资产阶级和大资产阶级两部分。大资产阶级是中国革命的对象，他们在一定时期和一定程度上也会参加统一战线，但他们在参加统一战线之后仍然具有反动性。民族资产阶级在民主革命中具有两面性：一方面，他们具有一定的革命积极性，在一定时期和一定程度上能够成为革命的一种力量；另一方面，他们又有妥协性和动摇性，要防止他们转到革命的对立面。因此，党在同资产阶级建立统一战线的问题上，必须实行又联合又斗争的策略。

所谓联合，就是同资产阶级建立统一战线，并尽可能地保持这个统一战线。所谓斗争，就是在同资产阶级联合时，坚持思想上、政治上、组织上的“和平”的“不流血”的斗争；而在被迫同资产阶级分裂时，就转变为武装斗争。统一战线中联合与斗争是辩证统一的。联合是目的，斗争是手段，斗争是为了更好地实现联合。党的政策“既不是一切联合否认斗争，又不是一切斗争否认联合，而是综合联合和斗争两方面的政策”①。毛泽东指出，“斗争是团结的手段，团结是斗争的目的。以斗争求团结则团结存，以退让求团结则团结亡”②。对待民族资产阶级及其他中间势力，联合他们的革命性，斗争他们的软弱性；对待资产阶级顽固派，联合他们的抗日性，斗争他们的反共性；无产阶级及其政党则应在

① 毛泽东选集：第2卷．2版．北京：人民出版社，1991：763.

② 毛泽东选集：第2卷．2版．北京：人民出版社，1991：745.

联合与斗争的关系中保持独立自主，利用敌人阵营内部的争斗，团结一切进步力量。

在同顽固派的斗争中，毛泽东提出了“有理、有利、有节”的策略原则。“有理”即自卫原则，坚持“人不犯我，我不犯人，人若犯我，我必犯人”，这就是斗争的防御性。“有理”能使党在同顽固派的斗争中得到全国人民以及国际上的同情和支持。“有利”即胜利原则，不斗则已，斗则必胜，决不可举行无计划、无准备、无把握的斗争。“有节”即休战原则，对顽固派的斗争要适可而止，不能无止境地每日每时地斗下去。在打退顽固派的进攻后，要主动地和他们讲团结，和他们订立和平协定。这是每一斗争的暂时性。“有理、有利、有节”的原则，是统一战线中对资产阶级又联合又斗争策略的具体运用。

（四）坚持原则的坚定性和政策的灵活性相结合

> 古人所谓“运用之妙，存乎一心”，这个“妙”，我们叫做灵活性，这是聪明的指挥员的出产品。灵活不是妄动，妄动是应该拒绝的。灵活，是聪明的指挥员，基于客观情况，“审时度势”（这个势，包括敌势、我势、地势等项）而采取及时的和恰当的处置方法的一种才能，即是所谓“运用之妙”。
>
> 毛泽东选集：第2卷. 2版. 北京：人民出版社，1991：494.

原则性和灵活性是政策和策略本身的重要特征。坚持原则的坚定性和政策的灵活性相结合，是坚持和发展统一战线的又一条策略原则。从根本上说，这是由政策和策略本身的性质和特点决定的。政策和策略的原则性，首先在于它是无产阶级及其政党的意志的体现，关系其根本利益。如果政策和策略不具有原则的坚定性，就不能很好地体现无产阶级及其政党的意志，就会失去其存在的价值和意义。而且，政策和策略又是无产阶级及其政党领导革命的指导方针和行动准则，是统一思想和行动的工具，这也要求它必须有原则的坚定性，否则政策和策略的执行就会混乱。但政策和策略指向的对象与赖以存在的条件总是复杂的和不断变化的，任何政策和策略都无法适用于一切对象和一切情况，这就决定了政策和策略必须具有一定的灵活性。正如毛泽东所说：“原则性和灵活性的统一，是马克思列宁主义的原则，这是一种对立面的统一。”①

在统一战线中，“原则的坚定性”是指无产阶级及其政党在制定和执行政策和策略时，必须始终坚持马列主义的指导和无产阶级的立场、坚决维护广大人民群众的根本利益、坚持自己的奋斗目标不动摇。毛泽东指出：“所谓原则性的问题，就是反帝反封建”②；“斗争的目的是坚持马克思主义原则，这叫原则性”③；坚持无产阶级在统一战线中的独立自主也是原则性。“策略的灵活性”是指无产阶级及其政党在坚持上述原则的前提下，善于根据客观情况的变化，灵活地运用和变换自己的斗争方式和手段，在必要的时候，可以主动但有条件地妥协和让步。比如，在战斗中暂时的退却，“声东击西”“兵不厌诈”的战法，灵活机动地使用兵力，都属于战争策略的灵活性。

---

① 中共中央文献研究室．毛泽东文集：第7卷．北京：人民出版社，1999：332.

② 中共中央文献研究室．毛泽东文集：第4卷．北京：人民出版社，1996：221.

③ 中共中央文献研究室．毛泽东文集：第7卷．北京：人民出版社，1999：332.

原则的坚定性和政策的灵活性反映了党在统一战线中立场的坚定性和方法的应变性的有机统一。一方面，原则的坚定性是政策的灵活性的基础、前提和界限。灵活性不是随意的，而是受原则规定和制约的，是为“实现原则性”服务的，并且是原则性所“许可的”。忽视原则的坚定性而片面地讲政策的灵活性，在统一战线中就会犯错误。所谓的灵活性，是在一定原则之下的灵活性。无原则的所谓灵活性，超出原则的让步与妥协，是错误的。另一方面，政策的灵活性是原则的坚定性的补充，但这个补充是“必需的”，不是可有可无的。毛泽东指出：“我们的原则性必须是坚定的，我们也要有为了实现原则性的一切许可的和必需的灵活性。”[①] 缺少政策的灵活性，党在统一战线中的一系列重要原则就会变得僵化教条、难以执行。

坚持原则的坚定性和政策的灵活性相结合，就要在统一战线中反对“左”和右的错误倾向。“左”倾主义的错误不懂得策略的灵活性，不善于团结同盟者，不善于同敌人进行灵活斗争，往往把事情弄得很坏。党在土地革命战争后期就犯过这样的错误，在统一战线中采取“关门主义”，反而孤立了自己。右倾主义的错误则是另外一个极端，同敌人只讲联合，不讲斗争，甚至进行无原则地妥协退让，最后走上投降主义的道路。这两种错误虽然具体表现不同，但在思想方法上是相同的，都是割裂了原则的坚定性和策略的灵活性，没能实现二者的有机结合。

四、政策和策略的工作方法

对于政策和策略的制定和执行，在面临着复杂的具体情况时，坚持正确的工作方法是党的政策和策略发挥作用的重要条件。在长期的实践中，党形成了坚持从全局出发，善于把政策和策略变成群众行动自觉，掌握政策和策略的界限等重要工作方法。

（一）坚持从全局出发的观念

> 共产党员在领导群众同敌人作斗争的时候，必须有照顾全局，照顾多数及和同盟者一道工作的观点。共产党员必须懂得以局部需要服从全局需要这一个道理。
>
> 毛泽东选集：第2卷. 2版. 北京：人民出版社，1991：525.

全局是指事物的整体和发展的全过程，局部是指构成事物整体的部分、方面和事物发展过程的阶段。不谋全局者，不足谋一域。作为一位善谋大局的伟大战略家，毛泽东非常注重科学处理和把握全局与局部、多数与少数、整体和部分，以及总政策总路线和具体政策具体路线的关系问题。他指出：“马克思主义者看问题，不但要看到部分，而且要看到全体。”[②] “一个好的共产党员，必须善于照顾全局，善于照顾多数”[③]。坚持从全局出发，是党的政策和策略的重要工作方法。

---

① 毛泽东选集：第4卷. 2版. 北京：人民出版社，1991：1436.
② 毛泽东选集：第1卷. 2版. 北京：人民出版社，1991：149.
③ 毛泽东选集：第2卷. 2版. 北京：人民出版社，1991：526.

在制定和执行党的各项政策和策略时，首先要有全局的观念，照顾全局和多数，坚持局部服从全局。在全局和局部的关系中，全局处于主要的决定的地位。只有把握全局、多数和整体，才能掌握事物的规律性的东西，正确制定和执行党的政策和策略。毛泽东指出："指挥全局的人，最要紧的，是把自己的注意力摆在照顾战争的全局上面。"① "没有全局在胸，是不会真的投下一着好棋子的。"② "如果某项意见在局部的情形看来是可行的，而在全局的情形看来是不可行的，就应以局部服从全局。反之也是一样，在局部的情形看来是不可行的，而在全局的情形看来是可行的，也应以局部服从全局。这就是照顾全局的观点。共产党员决不可脱离群众的多数，置多数人的情况于不顾，而率领少数先进队伍单独冒进；必须注意组织先进分子和广大群众之间的密切联系。这就是照顾多数的观点。"③

坚持从全局出发，并不意味着完全否定局部的地位和作用，而是要充分考虑各方面情况，包括局部。对于制定和执行党的政策和策略而言，全局是第一位的，因为政策和策略是针对全局、面向全局的。"然而全局性的东西，不能脱离局部而独立，全局是由它的一切局部构成的。"④ 没有局部就没有全局，如果对于全局有重要意义的局部失败了，或者组成全局的多个局部失败了，全局就会立刻起变化。因此，毛泽东强调，要认识到某个关键局部或多个局部对于全局的意义，在工作中既要着眼全局、通盘考虑，也要考虑到各个方面和可能，不能顾此失彼。从这一原则出发，党在革命和建设中形成了"统筹兼顾""同时并举""两条腿走路"等一系列具体的方法策略。比如，抗日战争时期，党在农村实行地主减租减息、农民交租交息的政策；新中国成立后，党提出的公私兼顾、劳资两利的经济方针，社会主义工业化和社会主义改造"同时并举"的策略，走中国工业化道路中提出的一整套"两条腿走路"的方针等，都是这一原则的具体体现。

坚持从全局出发还要求政策和策略"有重点"。组成全局的各个局部在全局中的地位和作用是不一样的，有关键性的局部和一般性的局部之分。其中关键性的局部就是全局的重点或是中心部分，它的变化对全局影响很大。所谓"有重点"，就是在制定和执行政策和策略时，要抓重点、抓主要的方面，避免主次不分、喧宾夺主。这是马克思主义方法论的基本要求，也是制定和执行政策和策略不可忽视的原则。因此，在制定政策时要多加考虑，毛泽东所指出的"有重点才有政策，没有重点就没有政策"⑤，讲的就是这个道理。在战争问题上，"应当把自己注意的重心，放在那些对于他所指挥的全局说来最重要最有决定意义的问题或动作上"，"注意于那些有关全局的重要的关节"⑥。在经济工作或者其他工作上，"领导人员依照每一具体地区的历史条件和环境条件，统筹全局，正确地决定每一时期的工作重心和工作秩序，并把这种决定坚持地贯彻下去"⑦。

① 毛泽东选集：第1卷.2版.北京：人民出版社，1991：176.
② 毛泽东选集：第1卷.2版.北京：人民出版社，1991：221.
③ 毛泽东选集：第2卷.2版.北京：人民出版社，1991：525-526.
④ 毛泽东选集：第1卷.2版.北京：人民出版社，1991：175.
⑤ 中共中央文献研究室.建国以来重要文献选编：第18册.北京：中央文献出版社，1998：234.
⑥ 毛泽东选集：第1卷.2版.北京：人民出版社，1991：176，177.
⑦ 毛泽东选集：第3卷.2版.北京：人民出版社，1991：901.

（二）把政策和策略变成人民群众的自觉行动

党的政策和策略是人民群众利益的表达，反映了人民群众的正确意见，同时，政策和策略还要由人民群众去执行，并指导人民群众的实践。因此，把政策和策略变成人民群众的自觉行动，既是制定政策和策略的根本所在，也是实现人民群众利益的根本所在。但是，怎样把党的政策和策略落实到具体实践中，变成人民群众的自觉行动，却是一件十分细致而又复杂的工作，毛泽东称之为“一项马克思列宁主义的领导艺术”①。

首先，让人民群众了解和掌握党的政策和策略。人民群众是社会活动的主体，也是政策和策略的实践主体，对于政策和策略的执行来说，被人民群众充分了解并得到人民群众的理解和支持非常重要。

> 我们的政策，不光要使领导者知道，干部知道，还要使广大的群众知道。有关政策的问题，一般地都应当在党的报纸上或者刊物上进行宣传。我们正在进行土地制度的改革。有关土地改革的各项政策，都应当在报上发表，在电台广播，使广大群众都能知道。群众知道了真理，有了共同的目的，就会齐心来做。
>
> 毛泽东选集：第4卷. 2版. 北京：人民出版社，1991：1318.

由于政策和策略反映的是人民群众的长远利益和眼前利益、全局利益和局部利益的统一，其指向和作用的对象是作为整体的人民群众，具体到各个阶级和阶层、集体和个人，带给他们的利益是不同的，甚至个别阶层和个别人的利益还会有暂时的损失。因此，在执行政策和策略时，就需要向人民群众解释清楚，帮助人民群众理解党的政策和策略是为着实现国家和民族利益的，是为着实现他们的根本利益的。只有这样，政策和策略才会由党推动落实变为人民群众的自觉行动。而政策和策略只有变为人民群众的自觉行动，才能借助人民群众的社会活动成为改造现实的力量。针对有的政策人民群众了解不够的问题，毛泽东告诫党员干部：“有的人认为，党的政策只要领导人知道就行，不需要让群众知道。这是我们的有些工作不能做好的基本原因之一。”② 为了让人民群众掌握党的政策和策略，就要利用基层干部的宣传、媒体的宣传、党员的影响等各种形式。毛泽东特别重视报纸向人民群众宣传党的政策的作用。1948年，他率领党中央机关赴西柏坡，途经晋绥解放区时，还特意抽出时间看望了《晋绥日报》的编辑人员，勉励他们办好报纸，为宣传党的政策和策略做出更大的成绩。

其次，坚持群众路线的工作方法，把党的正确主张变成人民群众的自觉行动。“有了正确的方针政策，如果在工作方法上疏忽了，还是要发生问题。”③ 在领导革命和建设的长期实践中，毛泽东总结了许多有效的工作方法，其中最根本的是坚持群众路线这一工作方法。他在《关于领导方法的若干问题》一文中指出：“从群众中来，到群众中去。这就是说，将群众的意见（分散的无系统的意见）集中起来（经过研究，化为集中的系统

---

① 毛泽东选集：第4卷.2版.北京：人民出版社，1991：1319.

② 毛泽东选集：第4卷.2版.北京：人民出版社，1991：1318.

③ 毛泽东选集：第4卷.2版.北京：人民出版社，1991：1440.

的意见），又到群众中去作宣传解释，化为群众的意见，使群众坚持下去，见之于行动，并在群众行动中考验这些意见是否正确。”[①] 使党的政策和策略变成人民群众的自觉行动，就要把人民群众当作老师，把自己当作小学生，认真地向人民群众学习，把人民群众分散的意见集中起来，再到人民群众中坚持下去。在集中和坚持的过程中，采用一般号召和个别指导相结合、领导和人民群众相结合的重要方法。所谓“一般号召和个别指导相结合”，是指从许多个别指导中形成一般意见（一般号召），又拿这一般意见到许多个别单位中去考验，然后集中新的经验（总结经验），做成新的指示去普遍地指导人民群众。所谓“领导和人民群众相结合”，是指在工作中要充分调动领导和人民群众的积极性，把上下两方面的积极性结合起来。在实践中，毛泽东还提出了“典型试验”“解剖麻雀”“分工统一”等具体的方法。“典型试验”，就是指在政策制定出来后，不急于推广普及，而是先在个别单位和地方试验，总结经验，进一步完善，再逐步推广到其他单位和地方。“解剖麻雀”，就是通过调查带有典型意义的地方或单位，找出带有普遍性的、规律性的东西，据此提出新的工作指导意见。毛泽东认为，麻雀虽小，五脏俱全，解剖麻雀，不需要解剖每一只麻雀，只需要解剖一两只就可以了。“分工统一”，就是在执行政策时，把相关部门和人员都调动起来，既有分工安排，也有统一指导，最终把政策落实下去。

此外，还要反对命令主义、尾巴主义、官僚主义等错误倾向。政策和策略的制定和执行涉及人民群众的实际利益，任何脱离人民群众、脱离实际的工作方法都是要不得的。毛泽东指出：“要联系群众，就要按照群众的需要和自愿。一切为群众的工作都要从群众的需要出发，而不是从任何良好的个人愿望出发。”[②] 由于人民群众所处的地位、个体的社会经历、看问题的角度和深度都有不同，一项新的政策或策略制定后，人民群众的理解程度和支持态度是不一样的。凡是不顾人民群众觉悟程度，违反人民群众意愿，强迫命令人民群众执行政策和策略的，就是命令主义。而当人民群众有了觉悟，跑到我们前面去了，有些同志却落后于人民群众的觉悟程度，不能做广大人民群众的领导者，作了落后分子的尾巴，这就是尾巴主义。在执行党的政策时，官僚主义也是要反对的。毛泽东强调：“不反对官僚主义的工作方法而采取实际的具体的工作方法，不抛弃命令主义的工作方法而采取耐心说服的工作方法，那末，什么任务也是不能实现的。”[③] 命令主义、尾巴主义、官僚主义不会把政策和策略转变为人民群众的自觉行动，只会把人民群众推到党的对立面。

（三）掌握政策和策略的界限

政策和策略的界限，是指由政策和策略所规定的许可做的事情和不许可做的事情，以及为了执行这一政策和策略而规定的目的、对象、条件等内容。政策和策略是党根据其对客观实际的认识和现实斗争的需要制定出来的。由于客观事物之间矛盾的特殊性及其质的不同而存在着一定的界限，这要求政策和策略也必须有一定的界限。如果在制定

---

① 毛泽东选集：第 3 卷 .2 版 . 北京：人民出版社，1991：899.
② 毛泽东选集：第 3 卷 .2 版 . 北京：人民出版社，1991：1012.
③ 毛泽东选集：第 1 卷 .2 版 . 北京：人民出版社，1991：140.

政策和策略时混淆了客观事物本身的质和界限，或者政策和策略规定的界限模糊，在执行中就会出现严重问题。

在领导革命和建设的过程中，党在政策和策略方面出现的偏差，往往是由界限不清导致的。比如，党在早期坚持“城市中心主义”的革命策略，就是因为混淆了中国革命和俄国革命的矛盾特殊性和界限，把仅适用于俄国无产阶级革命斗争的策略照搬到中国革命上来。1937年，毛泽东在《矛盾论》中指出：“用不同的方法去解决不同的矛盾，这是马克思列宁主义者必须严格地遵守的一个原则。教条主义者不遵守这个原则，他们不了解诸种革命情况的区别，因而也不了解应当用不同的方法去解决不同的矛盾，而只是千篇一律地使用一种自以为不可改变的公式到处硬套，这就只能使革命遭受挫折，或者将本来做得好的事情弄得很坏。”① 解放战争时期，随着党对政策和策略界限的认识逐渐深化，毛泽东曾花很大精力在党的政策和策略上纠偏。1948年，他在致刘少奇的信中说：“我感觉各地所犯的许多错误，主要的（坏人捣乱一项原因不是主要的）是由于领导机关所规定的政策缺乏明确性，未将许多可做的事和不许可做的事公开明确地分清界限。”② 因此，他指出：“无论做什么事，凡关涉群众的，都应有界限分明的政策。”③ 这就是说，要掌握政策和策略的界限。

掌握政策和策略的界限，首先要体现在政策和策略的规定上，这有多方面的表现。一是对不同客观事物尤其是有着一些相似之处的不同客观事物要有清晰的界限。比如，民族革命和民主革命、新民主主义革命和旧民主主义革命、新民主主义革命和社会主义革命、俄国无产阶级革命与中国新民主主义革命、革命和建设、新民主主义社会与社会主义社会、革命的敌人与朋友、革命的领导阶级与革命的动力、革命的主力军与非主力军、大资产阶级与民族资产阶级、富农与地主、中农与富农等。政策和策略的规定，对它们要有清晰而不同的认识和表述，混淆不同的客观事物，政策和策略就会出现错误。二是不同政策和策略的目的和要求要有清晰的界限。不同的政策和策略有不同的目的和要求，这种不同的目的和要求需要在政策和策略的规定上予以明确，否则就会影响实践效果。三是政策和策略的作用对象、适用范围、执行条件也要有清晰的界限。一定的政策和策略一般只作用于特定的群体对象，既不能张冠李戴，也不能无限扩大其作用对象。以党在1930年制定的土地革命政策为例，这一政策的主要内容是依靠贫雇农，联合中农，限制富农，保护中小工商业者，消灭地主阶级，变封建半封建的土地所有制为农民的土地所有制。其中“依靠”作用于贫雇农，“联合”作用于中农，“限制”作用于富农，“保护”作用于中小工商业者，“消灭”作用于地主。如果政策和策略的作用对象发生混乱，就会犯错误。政策和策略的适用范围、执行条件也是同样的道理，有的政策只能在某一地区或领域执行，不能硬搬到其他地区或领域；有的政策只能在某一个时期执行，不能拓展到所有时期，尤其是不能把将来才能执行的政策应用到现在；有的政策只能在一定的条件下才能执行，不具备条件的地方或者时期就不能立即执行或只能变通执行。

① 毛泽东选集：第1卷．2版．北京：人民出版社，1991：311.
② 中共中央文献研究室．毛泽东文集：第5卷．北京：人民出版社，1996：74.
③ 中共中央文献研究室．毛泽东文集：第5卷．北京：人民出版社，1996：74.

对于如上这些界限，在政策和策略的规定上要体现出来，而且要做系统的说明。如果政策和策略缺乏明确的规定和界限，就会导致执行过程中的误解和曲解，甚至造成混乱。

> 什么叫“左”？超过时代，超过当前的情况，在方针政策上、在行动上冒进，在斗争的问题上、在发生争论的问题上乱斗，这是“左”，这个不好。落在时代的后面，落在当前情况的后面，缺乏斗争性，这是右，这个也不好。
>
> 中共中央文献研究室．毛泽东文集：第 6 卷．北京：人民出版社，1999：403.

掌握政策和策略的界限，还要体现在政策和策略的执行中，在执行中要防止发生“左”的或右的偏向。正确的政策和策略都有它们确定的界限，在执行过程中，要把握适度原则，注意分寸，掌握火候。如果不顾其界限而随意地执行、应用，不注意坚持适度的原则，不仅不能取得预期的目的，还会给革命和建设事业造成极大的危害。1948 年，毛泽东在写给中央的党内通报中，列举了很多因为没有掌握政策和策略的界限而出现的问题。他说：“现在的‘左’的偏向，主要的是侵犯中农，侵犯民族资产阶级，职工运动中片面强调工人眼前福利，对待地主和对待富农没有区别，对待地主的大中小、恶霸非恶霸没有区别，不按平分原则给地主留下必要的生活出路，在镇压反革命斗争中越出了某些政策界限，以及不要代表民族资产阶级的党派，不要开明绅士，在新解放区忽视缩小打击面（即忽视中立富农和小地主）在策略上的重要性，工作步骤上的急性病等。”① 这些问题，有的是出在政策和策略的规定上，有的则是出在执行中。在制定和执行政策和策略时，既要反“左”，也要反右，这是在具体工作中把握政策和策略界限的基本要求。“左”和右的错误与特定的历史环境有关，也与对政策和策略的界限把握不准有关。党的政策和策略只有在制定、执行等环节都走上正轨，中国革命和建设事业才能取得最终的胜利。

思考题

1. 如何理解政策和策略的极端重要性？
2. 对敌斗争政策和策略的主要内容是什么？
3. 统一战线政策和策略的主要内容是什么？
4. 政策和策略的主要工作方法有哪些？

阅读书目

1. 毛泽东．论反对日本帝国主义的策略//毛泽东选集：第 1 卷．2 版．北京：人民出版社，1991.

2. 毛泽东．统一战线中的独立自主问题//毛泽东选集：第 2 卷．2 版．北京：人民出

① 毛泽东选集：第 4 卷．2 版．北京：人民出版社，1991：1297.

版社，1991.

3. 毛泽东．论政策//毛泽东选集：第 2 卷．2 版．北京：人民出版社，1991.

4. 毛泽东．关于目前党的政策中的几个重要问题//毛泽东选集：第 4 卷．2 版．北京：人民出版社，1991.

5. 毛泽东．关于帝国主义和一切反动派是不是真老虎的问题//中共中央文献研究室．毛泽东文集：第 7 卷. 北京：人民出版社，1999.

第八章

思想政治工作和文化工作理论

思想政治工作和文化工作理论是毛泽东思想的重要内容，是以毛泽东为主要代表的中国共产党人运用马克思主义基本原理，从我国思想政治工作和文化工作的实际出发，在中国革命和建设的长期实践中形成的理论成果，是中国共产党在思想文化领域对马克思主义的丰富和发展，对党在革命和建设时期的思想政治工作和文化工作起到了重要指导作用，具有重要的理论和现实意义。

一、思想政治工作和文化工作的重要性

重视思想政治工作和文化工作，是我们党的优良传统和政治优势。在中国革命和建设实践中，毛泽东多次强调其重要作用，他把思想政治工作比作生命线，把文化工作看作一场必须要打赢的战争。毛泽东之所以如此强调思想政治工作和文化工作的重要意义，有着科学的理论依据。

（一）思想政治工作和文化工作的理论依据

马克思指出："批判的武器当然不能代替武器的批判，物质力量只能用物质力量来摧毁；但是理论一经掌握群众，也会变成物质力量。"① 辩证唯物主义认为，社会意识具有相对独立性，且对社会存在具有能动的反作用，能够为社会实践服务并对其起着指导作用，所以先进的社会意识会推动社会的发展进步。思想政治工作和文化工作，从根本上说就是通过发扬先进的社会意识、批判落后的社会意识来推进社会发展进步，因而是辩证唯物主义和历史唯物主义在中国革命和建设中的贯彻落实和具体实践。毛泽东指出："人们的社会存在，决定人们的思想。而代表先进阶级的正确思想，一旦被群众掌握，就会变成改造社会、改造世界的物质力量。"② "一定的文化（当作观念形态的文化）是一定社会的政治和经济的反映，又给予伟大影响和作用于一定社会的政治和经济"③。毛泽东将思想政治工作和文化工作建立在马克思主义关于社会存在与社会意识、物质与精神、

① 马克思，恩格斯．马克思恩格斯文集：第1卷．北京：人民出版社，2009：11.

② 中共中央文献研究室．毛泽东文集：第8卷．北京：人民出版社，1999：320.

③ 毛泽东选集：第2卷．2版．北京：人民出版社，1991：663-664.

经济基础与上层建筑辩证统一原理的基础上，并注重运用辩证法和唯物史观来考察、分析和解决思想政治工作和文化工作问题，为推进党的思想政治工作和文化工作指明了正确方向。

无产阶级政党历来重视思想政治工作和文化工作。马克思、恩格斯于1847年创建了共产主义者同盟（世界历史上第一个无产阶级政党），并在其章程中提出了“宣传工作”的概念，规定了共产党员进行宣传工作的任务和组织保证。共产党人就是要公开向世界说明自己的观点、目的和意图，宣传党的主张是共产党员的神圣职责。为此，马克思、恩格斯还创办了《新莱茵报》，进行声势浩大的革命宣传和政治教育。列宁也非常注重对群众的宣传教育工作，认为通过广泛、有效地宣传科学社会主义学说，能够提高群众的政治觉悟，加强党和群众的密切联系。他指出，“工人本来也不可能有社会民主主义的意识。这种意识只能从外面灌输进去”①，所以要普遍地、十倍地、不断地加强无产阶级的政治宣传工作，将社会主义思想灌输进他们的头脑中。列宁创造了“灌输论”这一特色宣传工作理论，强调要对工人群众进行马克思主义理论教育和政治教育。

> 指导一个伟大的革命运动的政党，如果没有革命理论，没有历史知识，没有对于实际运动的深刻的了解，要取得胜利是不可能的。
>
> 毛泽东选集：第2卷. 2版. 北京：人民出版社，1991：533.

毛泽东高度重视思想政治工作和文化工作。他始终将思想政治工作和文化工作放在第一位，深刻揭示了加强思想政治工作和文化工作的必要性和紧迫性。早在1928年毛泽东就指出：“我们感觉无产阶级思想领导的问题，是一个非常重要的问题。边界各县的党，几乎完全是农民成分的党，若不给以无产阶级的思想领导，其趋向是会要错误的。”②在他看来，思想领导居于党的一切领导的首位。新中国成立后，他又强调：“思想政治工作，各个部门都要负责任。共产党应该管，青年团应该管，政府主管部门应该管，学校的校长教师更应该管。”③

（二）思想政治工作是经济工作和其他一切工作的生命线

以毛泽东为主要代表的中国共产党人始终将思想政治工作置于生命线的重要地位。早在1932年，党就提出“政治工作不是附带的，而是红军的生命线”④ 的观点。当时，党就是靠着广泛而深入的思想政治工作，动员广大人民群众参加和支援革命战争，支撑红军克服长征途中罕见的艰难险阻。1944年，毛泽东又强调：“我们认为政治工作是我们军队的生命线，无此则不是真正的革命军队。必须使人们懂得，认真的政治工作具有非常重要的意义，任何轻视政治工作的观点，都是不对的。”⑤ 1955年，他在《中国农村的

---

① 列宁．列宁选集：第1卷．3版修订版．北京：人民出版社，2012：317.

② 毛泽东选集：第1卷．2版．北京：人民出版社，1991：77.

③ 中共中央文献研究室．毛泽东文集：第7卷．北京：人民出版社，1999：226.

④ 中央档案馆．中共中央文件选集（1932）：第8册．北京：中共中央党校出版社，1991：310.

⑤ 中共中央文献研究室，中央档案馆．建党以来重要文献选编（1921—1949）：第21册．北京：中央文献出版社，2011：225.

社会主义高潮》中正式提出“政治工作是一切经济工作的生命线”[①] 的著名论断，从根本上确立了思想政治工作在社会主义建设时期的地位和作用，指明了加强党的思想政治工作的理论原则。“生命线”理论贯穿党的革命斗争的全过程，是在这一斗争实践中总结出的宝贵经验。

生命线代表着维系生命生存和发展的根本要素。思想政治工作的生命线作用，主要是指对经济工作和其他一切工作的保证作用。

> 思想政治工作是党的优良传统、鲜明特色和突出政治优势，是一切工作的生命线。加强和改进思想政治工作，事关党的前途命运，事关国家长治久安，事关民族凝聚力和向心力。
>
> 中共中央国务院印发《关于新时代加强和改进思想政治工作的意见》. 人民日报，2021－07－13.

第一，思想政治工作能为其他一切工作指明正确的政治方向。任何一项工作都必须有明确的政治方向，没有政治方向或政治方向错误，就等于失去灵魂，一切也就无从谈起。我国社会主义国家的性质决定我们所做的一切工作都必须坚持社会主义方向，而思想政治工作就是通过思想教育和理论宣传，使人们时刻保持头脑清醒，自觉坚持正确的政治方向，以保证其他各项具体工作始终沿着社会主义道路前进。没有思想政治工作这条生命线的强有力保障，经济工作和其他一切工作就会偏离正确的方向和目标。正如1958年毛泽东所指出的：“不注意思想和政治，成天忙于事务，那会成为迷失方向的经济家和技术家，很危险。……思想和政治又是统帅，是灵魂。只要我们的思想工作和政治工作稍为一放松，经济工作和技术工作就一定会走到邪路上去。”[②]

第二，思想政治工作能调动人民群众投身革命和建设事业的积极性。在现实社会中，一切工作都离不开人的活动。我国革命和建设事业归根到底是人民的事业，广大人民群众的觉悟、智慧和力量是党和人民事业取得成功的坚实力量和可靠保证。毛泽东指出：“武器是战争的重要的因素，但不是决定的因素，决定的因素是人不是物。力量对比不但是军力和经济力的对比，而且是人力和人心的对比。军力和经济力是要人去掌握的。”[③]思想政治工作本质上就是做人的工作，其重大意义就在于能够引导广大人民群众坚定理想，恪守信念，不断提升政治素质、思想素质和道德素质，增强责任意识、奉献意识和事业心，树立顽强斗争精神，时刻保持昂扬的精气神，从根本上保证人民群众始终以主人翁姿态投身革命和建设的伟大事业中，为做好经济工作和其他各项工作提供强大的精神动力。

第三，思想政治工作能帮助人们树立正确的思想观念。在社会主义社会，封建主义、资产阶级和小资产阶级的残余的、落后的、腐朽的思想将长期存在，这意味着以无产阶级的正确思想抵制非无产阶级的错误思想将是一个长期的过程。毛泽东指出：“为了党和

---

① 中共中央文献研究室. 毛泽东文集：第6卷. 北京：人民出版社，1999：449.

② 中共中央文献研究室. 毛泽东文集：第7卷. 北京：人民出版社，1999：351.

③ 毛泽东选集：第2卷. 2版. 北京：人民出版社，1991：469.

人民的利益，采取教育方法，将党内的小资产阶级思想加以分析和克服，促进其无产阶级化，是完全必要的。”① 思想政治工作在一定意义上就是用正确的东西克服错误的东西，因而是有效防范和抵制一切资本主义腐朽思想和封建主义落后思想的侵蚀和渗透，引领人民群众树立健康向上思想观念的重要途径。只有充分发挥思想政治工作的作用，使人们树立正确的理想信念和价值观，才能消除人们的思想困惑，激发其投身社会主义建设事业的巨大热情。

第四，思想政治工作能保证各项工作的顺利进行。思想政治工作是其他一切工作的重要保证，这是我们党在实践中积累和总结出的基本原则。新民主主义革命时期，毛泽东就强调：“掌握思想教育，是团结全党进行伟大政治斗争的中心环节。如果这个任务不解决，党的一切政治任务是不能完成的。”② 思想政治工作是用辩证唯物主义和历史唯物主义的世界观和方法论来武装广大人民群众，这种科学的世界观和方法论的基本点就是贯彻实事求是的思想路线，从客观事物本身的规律出发，推动经济工作和其他一切工作的顺利进行。同时，思想政治工作也能为经济发展、社会稳定扫除思想障碍，化解人民内部矛盾，保证党和国家法规、政策的正确贯彻，为社会主义建设提供安定团结的社会环境。毛泽东指出：“思想工作和政治工作，是完成经济工作和技术工作的保证，它们是为经济基础服务的。”③

（三）革命文化是革命工作的有力武器

革命文化是党和人民在长期革命和建设实践中逐渐形成并传承发展的文化，是革命的有力武器，对党的伟大斗争实践具有重要的影响。

革命文化在革命前是革命的思想准备。革命文化作为中华民族的独特精神标识，既传承了中华优秀传统文化，又发展了社会主义文化，是党领导人民在伟大斗争实践中形成的精神追求和精神力量。毛泽东指出，“革命文化，在革命前，是革命的思想准备”④。这是说，革命文化彰显着崇高的思想境界和革命道德情操，是激发群众价值自省的先进文化、思想源泉，在革命前起着引领前进方向、聚合奋斗力量的巨大作用，能够提高广大人民群众的政治和文化水平，为革命斗争提供思想准备。因此，毛泽东认为，不发展文化是经济、政治和军事受到阻碍的重要原因。

> 革命博物馆、纪念馆、党史馆、烈士陵园等是党和国家红色基因库。要讲好党的故事、革命的故事、根据地的故事、英雄和烈士的故事，加强革命传统教育、爱国主义教育、青少年思想道德教育，把红色基因传承好，确保红色江山永不变色。
>
> 习近平．用好红色资源，传承好红色基因 把红色江山世世代代传下去．求是，2021（10）．

革命文化在革命中是革命的精神动力。从内在功能看，革命文化是中华民族精神在

① 毛泽东选集：第3卷．2版．北京：人民出版社，1991：996.
② 毛泽东选集：第3卷．2版．北京：人民出版社，1991：1094.
③ 中共中央文献研究室．毛泽东文集：第7卷．北京：人民出版社，1999：351.
④ 毛泽东选集：第2卷．2版．北京：人民出版社，1991：708.

革命战争中的重要表现形式，具有凝聚民心、汇聚民力的精神纽带作用。毛泽东认为，革命文化在革命中是革命总战线中的一条必要和重要的战线，能够动员一切力量加入革命斗争中，为战胜敌人和克服困难之共同目标而顽强奋斗，是人民群众支持和参与革命的有力武器。毛泽东在延安文艺座谈会上强调，仅仅依靠手里拿枪的军队“是不够的，我们还要有文化的军队，这是团结自己、战胜敌人必不可少的一支军队”①。谈到如何战胜日本侵略者，毛泽东强调，除了要重视军事、政治和经济外，还必须重视文教工作。

二、思想政治工作的理论

中国共产党的思想政治工作是伴随着党的诞生而产生的。在长期革命过程中，以毛泽东为主要代表的中国共产党人以马克思列宁主义为指导，结合我国革命和建设实际，提出并形成了关于思想政治工作的科学理论，成为毛泽东思想的重要组成部分。

（一）思想政治工作的主要内容

对广大党员、干部和群众进行持续性的思想政治教育是党的思想政治工作的主要内容。

第一，马克思列宁主义教育。马克思列宁主义是无产阶级和广大劳动人民认识世界和改造世界的思想武器。用系统的马克思列宁主义理论教育和武装全党，是中国共产党思想政治工作的基本内容。1957 年毛泽东强调指出：“除了学习专业之外，在思想上要有所进步，政治上也要有所进步，这就需要学习马克思主义，学习时事政治。没有正确的政治观点，就等于没有灵魂。”② 他认为，用马克思列宁主义理论武装党员干部、教育人民，引导全体人民坚定共产主义理想，掌握和运用好马克思主义立场观点方法，并用以分析和解决现实问题，是思想政治工作的基本任务。他告诫宣传战线的同志，宣传马克思列宁主义理论要逐步宣传、好好宣传，不能强迫人接受，而要让人乐于接受。

第二，爱国主义、集体主义、社会主义教育。爱国主义作为民族精神的核心，是增强民族自豪感和自信心的强大思想武器。爱祖国是全体人民的公德，宣传教育要与国家相联系，要提倡爱国主义。同时，个人是集体的一员，个人利益会随着集体利益的增强而改善，所以个人应绝对服从民族利益、国家利益、集体利益。这要求在思想政治工作中，必须“教育人民，不是为了个人，而是为了集体，为了后代，为了社会前途而努力奋斗”③。社会主义教育是思想政治工作的重要内容。1940 年，毛泽东在《新民主主义论》中指出，我们要适当地、有步骤地用社会主义教育群众，在群众中宣传社会主义和共产主义。1957 年，他再一次强调，新的社会制度巩固起来，“必须在政治战线和思想战线上，进行经常的、艰苦的社会主义革命斗争和社会主义教育”④。

---

① 毛泽东选集：第 3 卷 . 2 版 . 北京：人民出版社，1991：847.
② 中共中央文献研究室 . 毛泽东文集：第 7 卷 . 北京：人民出版社，1999：226.
③ 中共中央文献研究室 . 毛泽东文集：第 8 卷 . 北京：人民出版社，1999：134.
④ 中共中央文献研究室 . 毛泽东文集：第 7 卷 . 北京：人民出版社，1999：268.

> 祖国的命运和党的命运、社会主义的命运是密不可分的。只有坚持爱国和爱党、爱社会主义相统一，爱国主义才是鲜活的、真实的，这是当代中国爱国主义精神最重要的体现。
>
> 习近平．大力弘扬伟大爱国主义精神 为实现中国梦提供精神支柱．人民日报，2015-12-31.

第三，党的路线、方针、政策和形势任务教育。党的路线、方针和政策是统一全党全国各族人民思想、意志和行动的重要依据和动力，也是完成革命和建设各项任务的保证。毛泽东指出："善于把党的政策变为群众的行动，善于使我们的每一个运动，每一个斗争，不但领导干部懂得，而且广大的群众都能懂得，都能掌握，这是一项马克思列宁主义的领导艺术。"[①] 思想政治工作的内容之一就是对广大人民群众进行党的路线、方针和政策的宣传。只要人民群众掌握了党的路线、方针、政策，就会有共同目的，就能齐心协力、共克时艰。对人民群众进行形势任务教育，也是党的思想政治工作的重要内容之一。毛泽东一贯重视形势教育，认为正确分析和把握形势对于明确方向、增强信心、鼓舞斗志、推进工作是十分必要的，这就要求学会用科学方法去分析形势。他强调，要"教育党员用马克思列宁主义的方法去作政治形势的分析和阶级势力的估量，以代替主观主义的分析和估量"[②]，让他们明确当前的形势和任务，从而推进革命和建设事业。

第四，世界观、人生观、价值观教育。思想政治工作的基本内容和根本目的就在于教育人们树立正确的世界观、人生观和价值观。世界观是人对其所处世界的一种总体看法。毛泽东指出，"世界观的转变是一个根本的转变"[③]，要引导人们逐步抛弃资产阶级世界观而树立无产阶级和共产主义的世界观。人生观是世界观的重要组成部分。马克思主义人生观主张为绝大多数人谋利益，其核心在于为人民服务，而思想政治工作就是教育人们尤其是党员干部反对和批判个人主义，树立正确人生观，全心全意为人民服务。价值观是一个人对客观事物有无价值和价值大小的总体判断和评价。思想政治工作的任务之一就是培养人们树立集体主义价值观，使人们坚持社会主义价值取向。

第五，革命传统和优良作风教育。革命传统和优良作风是老一辈无产阶级革命家和革命先烈在长期革命和建设的艰苦奋斗中形成的革命精神和行为风尚。传承和弘扬革命传统和优良作风是党思想政治工作的重要内容。毛泽东在长期实践中总结出了党的三大优良作风，即理论联系实际、密切联系群众、批评和自我批评，并一贯倡导克己奉公、拒腐防变、艰苦奋斗、勤俭节约、英勇奋斗、不怕牺牲、勇往直前等精神，构成了党的革命传统的重要组成部分。在革命战争年代，正是党始终以党的革命传统和优良作风教育人民群众顽强斗争、奋发向上、砥砺前行，才凝聚起了革命的巨大力量，最终推翻了"三座大山"，建立了新中国。新中国成立前夕，毛泽东告诫全党："务必使同志们继续地保持谦虚、谨慎、不骄、不躁的作风，务必使同志们继续地保持艰苦奋斗的作风。"[④] 实

---

① 毛泽东选集：第4卷．2版．北京：人民出版社，1991：1319.

② 毛泽东选集：第1卷．2版．北京：人民出版社，1991：92.

③ 中共中央文献研究室．毛泽东文集：第7卷．北京：人民出版社，1999：225.

④ 毛泽东选集：第4卷．2版．北京：人民出版社，1991：1438-1439.

践证明，对广大人民群众进行革命传统和优良作风教育，有利于抵制和克服骄傲自满、贪图享乐、萎靡不振、贪污腐败等不良风气，弘扬社会正气，陶冶民族情操。“只要我们党的作风完全正派了，全国人民就会跟我们学。党外有这种不良风气的人，只要他们是善良的，就会跟我们学，改正他们的错误，这样就会影响全民族。”①

（二）思想政治工作的基本原则

原则是人们观察和处理问题所依据的法则或准绳。毛泽东基于中国革命和建设的具体形势和实际需要，提出了开展思想政治工作的基本原则。

第一，坚持马克思主义为指导。马克思主义是关于自然、社会和思维发展客观规律的科学理论和思想体系，是无产阶级及其政党的科学世界观和方法论，也是党的思想政治工作必须坚持的原则。1954 年毛泽东在一届全国人大一次会议上明确指出：“指导我们思想的理论基础是马克思列宁主义。”② 坚持以马克思列宁主义为指导，是认识和把握党的思想政治工作方向原则、规律方法的根本之道和必然要求。毛泽东深刻认识到这一点，在推进革命和建设事业的过程中始终强调要把思想建设摆在党的建设首位，用思想建设提高党员的马克思主义理论水平。延安整风时期，为了克服党内的错误思想，毛泽东强调必须在整风运动中对全党进行一次马克思主义理论教育，促使每位党员真正从非无产阶级思想中脱胎出来，增强无产阶级的党性原则。刘少奇在《论共产党员的修养》中指出，共产党员思想修养的关键，就是“自觉地以无产阶级的思想意识、共产主义的世界观，去克服和肃清各种不正确的非无产阶级的思想意识”③。

> 既要革命，就要有一个革命党。没有一个革命的党，没有一个按照马克思列宁主义的革命理论和革命风格建立起来的革命党，就不可能领导工人阶级和广大人民群众战胜帝国主义及其走狗。
>
> 毛泽东选集：第 4 卷. 2 版. 北京：人民出版社，1991：1357.

第二，坚持服从于党的中心工作。党的中心工作由于反映了社会主要矛盾和客观需求，代表了人民群众的根本利益与诉求，因而处于党的一切工作的核心位置，能够决定党的路线、方针和政策的重点、走向及其实现，所以党的一切工作的重点都必须服从和服务于党的中心工作。这意味着任何时期的思想政治工作都要围绕党的中心工作进行，将广大人民群众团结到党的周围，发动和组织他们积极为党的中心工作而奋斗，这也是思想政治工作如此重要的主要原因。土地革命战争时期，毛泽东指出：“在现在的阶段上，……革命战争是当前的中心任务，经济建设事业是为着它的，是环绕着它的，是服从于它的”④，因而当时思想政治工作的根本任务就是动员人民群众参加革命战争。新中国成立前夕，基于全国即将解放的现实状况，毛泽东指出，党的一切工作的重点就是动

① 毛泽东选集：第 3 卷. 2 版. 北京：人民出版社，1991：812.
② 中共中央文献研究室. 毛泽东文集：第 6 卷. 北京：人民出版社，1999：350.
③ 刘少奇选集：上卷. 北京：人民出版社，1981：148.
④ 毛泽东选集：第 1 卷. 2 版. 北京：人民出版社，1991：123.

员一切力量恢复和发展生产事业，党的思想政治工作也随之由为革命战争服务转为为社会主义革命和建设服务。

> 我们的责任，是向人民负责。每句话，每个行动，每项政策，都要适合人民的利益，如果有了错误，定要改正，这就叫向人民负责。
>
> 毛泽东选集：第4卷. 2版. 北京：人民出版社，1991：1128.

第三，坚持为人民服务。为人民服务是党的思想政治工作的一项重要原则。只有动员群众、依靠群众才能进行革命战争和建设事业，人民群众是战争和建设的伟力之深厚根源。毛泽东认为，只要我们真正做到为人民服务，广大群众自然会围绕在我们周围。所以他为党制定了“一切为了群众，一切依靠群众，从群众中来，到群众中去”的群众路线，为充分发挥思想政治工作优势奠定了群众基础。全心全意为人民服务是共产党的根本宗旨，也是做好思想政治工作的根本遵循。为充分贯彻全心全意为人民服务的根本宗旨，毛泽东强调：“解决群众的穿衣问题，吃饭问题，住房问题，柴米油盐问题，疾病卫生问题，婚姻问题。总之，一切群众的实际生活问题，都是我们应当注意的问题。”①正是因为真正做到了全心全意为人民服务，党才赢得了民心，激发了人民群众的斗志和创造力，夺取了一个又一个伟大胜利。

> 实事求是，是马克思主义的根本观点，是中国共产党人认识世界、改造世界的根本要求，是我们党的基本思想方法、工作方法、领导方法。不论过去、现在和将来，我们都要坚持一切从实际出发，理论联系实际，在实践中检验真理和发展真理。
>
> 习近平. 习近平谈治国理政：第1卷. 2版. 北京：外文出版社，2018：25.

第四，坚持一切从实际出发、实事求是。思想政治工作的直接任务是解决人的思想问题，而人的思想是客观实在在人脑中的反映，这就决定了思想政治工作必须深入实际，从客观实际出发，实事求是。毛泽东强调思想政治工作应坚持实事求是原则，坚持理论与实际相结合，有的放矢，坚决反对把马克思列宁主义书本上的某些个别字句当成死的教条。他“号召我们的同志学会应用马克思列宁主义的立场、观点和方法，认真地研究中国的历史，研究中国的经济、政治、军事和文化，对每一问题要根据详细的材料加以具体的分析，然后引出理论性的结论来”②。同时还要教育他们到火热的群众革命斗争中进行思想改造，从人民群众的生活实际出发，了解人民群众需求，满足他们的实际生活需要，关心、帮助和解决人民群众的实际困难和问题。

第五，坚持思想政治工作与物质利益相结合。思想政治工作不仅要解决人民群众的思想问题，还必须关注群众的物质利益。只有将思想政治工作与物质利益结合起来，关心群众的切身利益，才能调动广大人民群众的主动性和积极性。毛泽东尤为强调思想政治工作与物质利益相结合的重要性，并阐明了为人民谋利益对于思想政治工作的重要意

---

① 毛泽东选集：第1卷. 2版. 北京：人民出版社，1991：136－137.

② 毛泽东选集：第3卷. 2版. 北京：人民出版社，1991：814－815.

义。他在 1934 年强调，要得到人民群众的拥护，使其全力奋战于战线上，就必须和他们在一起，真心实意地关心他们的痛痒，为其谋利益，解决他们的生产和生活问题。1942 年 12 月，毛泽东在陕甘宁边区高级干部会议上指出："一切空话都是无用的，必须给人民以看得见的物质福利。……并在这个基础上一步一步地提高他们的政治觉悟与文化程度。"[①] 1948 年，他在论述革命统一战线中领导者与被领导者的关系问题时再一次强调，既要给被领导者物质福利，又要对其进行政治教育。

> 只要是大事，就得集体讨论，认真地听取不同的意见，认真地对于复杂的情况和不同的意见加以分析。
>
> 中共中央文献研究室．毛泽东文集：第 8 卷．北京：人民出版社，1999：295.

第六，坚持发扬民主与积极引导相结合。发扬民主与积极引导是紧密结合、不可分割的。在思想政治工作中，发扬民主就是尊重人民群众的主人翁地位和民主权利，以平等的姿态对待人民群众，使人民群众在平等、尊重、亲和、温馨的环境中接受教育，表达自己的意见和需求，讲出自己的心里话，充分激发人民群众的责任心和工作积极性。毛泽东指出："要使全党、全民团结起来，就必须发扬民主，让人讲话。在党内是这样，在党外也是这样。"[②] 在发扬民主的同时，还必须注重积极引导，在民主的基础上分清是非、统一思想。正如毛泽东所强调的，在人民内部不可以没有民主，也不可以没有集中。思想政治工作中的集中就是将人们的思想统一引导到正确的方向上来，所以坚持发扬民主和积极引导相结合是思想政治工作必须遵循的基本原则。

第七，坚持循序渐进。人的思想认识并不是一蹴而就的，思想政治工作作为一种做人的工作，尤其是做人的思想工作，唯有坚持循序渐进原则，才能遵循人的思想认识规律，实现其预期成效。毛泽东指出："'欲速则不达'，这不是说不要速，而是说不要犯盲动主义，盲动主义是必然要失败的。在一切工作中都是如此；在改造群众思想的文化教育工作中尤其是如此。"[③] 在他看来，人民群众的思想观念、思维意识一定是在长期生活实践中形成和巩固的，要彻底改变一个人的世界观需要花费大量时间，不可能通过上几堂课、开几次会就能改变过来。所以在做思想政治工作时，一定不能急于求成、拔苗助长，必须有耐心、够细致，长期坚持下去。

（三）思想政治工作的具体方法

毛泽东指出："我们不但要提出任务，而且要解决完成任务的方法问题。……不解决方法问题，任务也只是瞎说一顿。"[④] 领导工作既要决定方针政策，又要制定正确的工作方法，缺少其中任何一条，我们的工作都要出问题。毛泽东根据思想政治工作的实际提出了一系列具体的方法。

---

① 中共中央文献研究室．毛泽东文集：第 2 卷．北京：人民出版社，1993：467.
② 中共中央文献研究室．毛泽东文集：第 8 卷．北京：人民出版社，1999：307.
③ 毛泽东选集：第 3 卷．2 版．北京：人民出版社，1991：1012－1013.
④ 毛泽东选集：第 1 卷．2 版．北京：人民出版社，1991：139.

第一，调查研究法。这是我们党的基本工作方法。调查研究能够提高思想政治工作的现实性、针对性、具体性和有效性，是做好思想政治工作的一项基本功。为此，毛泽东要求在开展思想政治工作前必须先进行深入细致的调查研究，做到心中有数。他时常强调，做调查研究工作是其他一切工作的基础，没有调查就没有发言权。基于此，新中国成立后他还号召全党大兴调查研究之风。可以说，立足实际情况进行调查研究已经成为党的思想政治工作的突出特点。

第二，理论宣传法。只有通过持续不断地宣传教育才能提高人民群众的思想觉悟，增强人民群众的政治意识。针对理论宣传的手段，毛泽东指出："怎样去动员？靠口说，靠传单布告，靠报纸书册，靠戏剧电影，靠学校，靠民众团体，靠干部人员。"① 从党的理论宣传史可以看出，通过以上方法对广大人民群众和党员干部进行马克思主义理论教育和党的政策宣传教育是党的一项重要工作。如抗日战争时期，鉴于为革命战争实践提供理论指导的需要，毛泽东强调，必须加强共产主义思想的宣传和马克思列宁主义的学习，以指导中国革命取得胜利。毛泽东不仅倡导理论宣传，而且身体力行开展思想政治工作。为反对教条主义和经验主义，他通过撰写《实践论》和《矛盾论》，从马克思主义哲学视角对中国革命经验做了理论总结，并在延安抗日军政大学就其进行了演讲，产生了极强的社会动员效果，极大提高了党员干部的思想理论水平。

第三，说服教育法。思想政治工作解决的是人民群众的思想认识问题，属于解决人民内部矛盾，需要采取民主的方法加以解决。并且，从内在运行机制看，思想政治工作本身就是一个交流情感、传递信息、转化思想、强化意识的过程。毛泽东一贯主张通过开展积极的思想斗争来解决问题，但他也多次强调这种思想斗争不能采取粗暴压迫的方法，而要采用民主的说服教育法。说服教育法是思想政治工作者用民主、疏导、讨论、讲理等寓理于情、以情感人的柔性方式向人民群众摆事实、讲道理，循循善诱、疏通引导，晓之以理、以理服人，以达到教育和团结人民目的的一种思想政治工作方法。1957年毛泽东指出："凡属于思想性质的问题，凡属于人民内部的争论问题，只能用民主的方法去解决，只能用讨论的方法、批评的方法、说服教育的方法去解决，而不能用强制的、压服的方法去解决。"②

> 因为我们是为人民服务的，所以，我们如果有缺点，就不怕别人批评指出。不管是什么人，谁向我们指出都行。只要你说得对，我们就改正。你说的办法对人民有好处，我们就照你的办。
>
> 毛泽东选集：第3卷．2版．北京：人民出版社，1991：1004.

第四，批评与自我批评法。毛泽东指出，"批评和自我批评的方法就是自我教育的基本方法"，"这是一个很好的方法，是推动大家坚持真理、修正错误的很好的方法，是人民国家内全体革命人民进行自我教育和自我改造的唯一正确的方法"③。与此同时，还要

① 毛泽东选集：第2卷．2版．北京：人民出版社，1991：481.

② 中共中央文献研究室．毛泽东文集：第7卷．北京：人民出版社，1999：209.

③ 中共中央文献研究室．毛泽东文集：第6卷．北京：人民出版社，1999：82，81.

善于将这一方法运用于思想政治工作当中，达到教育、引导和团结全党和全体人民的目标。对此，毛泽东强调采取批评和自我批评的方法有助于达到巩固革命统一战线的目的。他曾说，“团结——批评——团结”“就是从团结的愿望出发，经过批评或者斗争使矛盾得到解决，从而在新的基础上达到新的团结。按照我们的经验，这是解决人民内部矛盾的一个正确的方法”①，也是思想政治工作最有效的方法。毛泽东在延安整风运动中提出了“既要弄清思想又要团结同志”和“惩前毖后，治病救人”的方针②，并且还认为，“以‘惩前毖后，治病救人’为宗旨的整风运动之所以发生了很大的效力，就是因为我们在这个运动中展开了正确的而不是歪曲的、认真的而不是敷衍的批评和自我批评”③。

第五，典型示范法。毛泽东十分强调运用先进典型的表率作用来教育和引导群众，坚持言传和身教相结合，以先进带动落后。他认为思想政治工作的威信和作用的发挥有赖于思想政治工作者的模范带头作用，要求思想政治工作者做到言行一致、以身作则、言传身教。思想政治工作者的率先垂范是无声隐性的思想政治工作，也是最令人信服的思想政治工作方法。以正面人物的优秀品质影响和感染教育对象的榜样教育方法，是毛泽东倡导的重要思想政治工作方法。1944 年 3 月，毛泽东在《关于路线学习、工作作风和时局问题》中指出：“有什么好的工作方法呢？我看最近开劳动英雄大会、劳动英雄与模范工作者大会、劳动英雄与战斗英雄大会，就是一种好的工作方法。”④ 在中国革命和社会主义建设实践中，毛泽东高度赞扬了白求恩、张思德、刘胡兰、雷锋、王进喜、焦裕禄等先进典型，他这种及时抓住典型去宣传群众、教育群众的思想和方法，让一大批典型深入人心，在党员、干部和群众中产生了巨大的示范教育作用。

> 学雷锋不是学他哪一两件先进事迹，也不只是学他的某一方面的优点，而是要学他的好思想、好作风、好品德；学习他长期一贯地做好事，而不做坏事；学习他一切从人民的利益出发，全心全意为人民服务的精神。当然，学雷锋要实事求是，扎扎实实，讲究实效，不要搞形式主义。
>
> 中共中央文献研究室. 毛泽东年谱（1949—1976）：第 5 卷. 北京：中央文献出版社，2013：201.

第六，对症下药法。这是毛泽东运用马克思主义“具体问题具体分析”的唯物辩证法来解决人们思想问题的基本方法。毛泽东指出：“俗话说：‘到什么山上唱什么歌。’又说：‘看菜吃饭，量体裁衣。’我们无论做什么事都要看情形办理，文章和演说也是这样。”⑤ 思想政治工作的对象纷繁复杂、特点各异，必须做到对症下药。对症下药也就是思想政治工作者针对不同教育对象的具体情况、特点、问题和状态进行分层次的分析，有的放矢，一把钥匙开一把锁，以有针对性地开展思想政治工作，从而提高工作实效。毛泽东认为，思想宣传工作必须看对象，要了解群众，做到因材施教。1942 年他在《反

① 中共中央文献研究室．毛泽东文集：第 7 卷．北京：人民出版社，1999：210.
② 毛泽东选集：第 3 卷．2 版．北京：人民出版社，1991：996.
③ 毛泽东选集：第 3 卷．2 版．北京：人民出版社，1991：1096.
④ 中共中央文献研究室．毛泽东文集：第 3 卷．北京：人民出版社，1996：97.
⑤ 毛泽东选集：第 3 卷．2 版．北京：人民出版社，1991：834.

对党八股》中强调："射箭要看靶子，弹琴要看听众，写文章做演说倒可以不看读者不看听众吗？我们和无论什么人做朋友，如果不懂得彼此的心，不知道彼此心里面想些什么东西，能够做成知心朋友吗？做宣传工作的人，对于自己的宣传对象没有调查，没有研究，没有分析，乱讲一顿，是万万不行的。"①

三、文化工作的理论

文化是政治和经济的现实反映，对政治和经济工作具有能动的反作用。毛泽东关于文化工作的理论，是以毛泽东为主要代表的中国共产党人对长期文化工作实践的理论概括和经验总结，深刻回答了文化为谁发展、如何发展等重要问题。

（一）文化、教育、科技工作的方针

第一，文化工作的方针。毛泽东在领导中国革命和建设实践中，提出了一系列符合中国国情的文化工作方针。

> 文化是反映政治斗争和经济斗争的，但它同时又能指导政治斗争和经济斗争。文化是不可少的，任何社会没有文化就建设不起来。
>
> 中共中央文献研究室．毛泽东文集：第3卷．北京：人民出版社，1996：109－110.

坚持文艺为人民大众服务。社会主义文化来源于人民群众的创造，也必将为广大人民群众服务，这是社会主义文化的主要特质。1942年，在谈及"文艺是为什么人"这个文化工作中心问题时，毛泽东指出："所以我们的文艺，第一是为工人的，这是领导革命的阶级……这四种人，就是中华民族的最大部分，就是最广大的人民大众。"② 在这里，毛泽东明确了文化工作的发展方向，那就是要为人民大众服务，这个发展方向贯穿社会主义文化工作始终。1944年，毛泽东在陕甘宁边区文教工作者会议上再次强调："我们的文化是人民的文化，文化工作者必须有为人民服务的高度的热忱，必须联系群众，而不要脱离群众。"③ 新中国成立后，文化工作进入新时期，文化工作的发展是为人民大众服务的这一思想认识也越发成为共识。1957年，毛泽东在同文艺界部分代表谈话时指出："有人说为工农兵服务的方向也不要了，我看为工农兵服务是不错的。你不为工农兵还为谁？资产阶级也要改造成工人阶级，知识分子也要是工人阶级，你说不要为他们服务，中国就没有其他人了。"④

坚持百花齐放、百家争鸣。新中国成立后，文化工作也步入快速发展阶段。1956年，毛泽东针对文化工作和发展的现状指出："艺术问题上的百花齐放，学术问题上的百

① 毛泽东选集：第3卷．2版．北京：人民出版社，1991：836－837.
② 毛泽东选集：第3卷．2版．北京：人民出版社，1991：855－856.
③ 毛泽东选集：第3卷．2版．北京：人民出版社，1991：1012.
④ 中共中央文献研究室．毛泽东文集：第7卷．北京：人民出版社，1999：252.

家争鸣，我看应该成为我们的方针。”[①] 同年 5 月，毛泽东在最高国务会议上正式提出了“百花齐放、百家争鸣”的方针。其实，早在 1951 年和 1953 年“双百”方针就已见雏形，毛泽东在分别为中国戏曲研究院题词和答复中国历史问题研究会工作方针时就指出要“百花齐放，推陈出新”和“百家争鸣”，这为“双百”方针的提出奠定了基础。1957 年，在论述如何正确处理人民内部矛盾时，毛泽东指出：“百花齐放、百家争鸣的方针，是促进艺术发展和科学进步的方针，是促进我国的社会主义文化繁荣的方针。”[②] “双百”方针的提出，适应了文化快速发展以及人民大众对文化需要日益提高的迫切需求，体现了文化工作自身发展的内在规律。

坚持古为今用，洋为中用。如何对待古今中外文化成果，是社会主义文化工作面临的重要问题。毛泽东在继承马克思主义文化思想的基础上，根据我国社会主义文化建设实际，提出了“古为今用，洋为中用”的方针。“古为今用”是正确对待我国古代传统文化的方针，它强调汲取中国古代传统文化精粹，为当今时代所用；“洋为中用”则是正确对待外国文化成果的方针，它强调批判吸收外国文化中的有益成果，为社会主义文化建设服务。在 1942 年延安文艺座谈会上，毛泽东就初步从文化的“源”和“流”的角度阐明了“古为今用，洋为中用”的思想。1964 年，毛泽东对中共中央办公厅编印的刊物《群众反映》中《对中央音乐学院的意见》一文作了批示，肯定了中央音乐学院学生陈莲信中反馈的基本观点，并在批示中提出了“古为今用，洋为中用”的文化工作方针，为正确处理传统文化与现代文化、外国文化与中国文化的关系问题指明了方向。

第二，教育工作的方针。毛泽东高度重视教育工作，结合中国具体国情，提出了一系列关于教育工作的方针。

坚持正确的政治方向。早在新民主主义革命时期，毛泽东在为抗大制定教育方针时就指出：“抗大的教育方针是：坚定正确的政治方向，艰苦奋斗的工作作风，灵活机动的战略战术。”[③] 把坚定正确的政治方向放在教育方针首位，无疑体现了教育的政治方向问题的重要性。新中国成立后，在谈及我们的教育方针时，毛泽东进一步指出：“没有正确的政治观点，就等于没有灵魂。”[④] “党的教育方针是教育为无产阶级的政治服务。”[⑤] 坚持正确的政治方向是开展教育工作的首要方针，一切教育活动都要为无产阶级政治服务，这成为社会主义教育区别于其他教育的重要标志。

建立民族的、科学的、大众的新教育。新民主主义革命时期，毛泽东系统总结了五四运动以来我国新文化运动的历史经验，确定了我国国民文化和教育的宗旨。他在《论联合政府》中指出：“中国国民文化和国民教育的宗旨，应当是新民主主义的；就是说，中国应当建立自己的民族的、科学的、人民大众的新文化和新教育。”[⑥] 新中国成立前夕，《中国人民政治协商会议共同纲领》确立了新中国教育制度的内容和性质，指出：“中华

① 中共中央文献研究室．毛泽东文集：第 7 卷．北京：人民出版社，1999：54.
② 中共中央文献研究室．毛泽东文集：第 7 卷．北京：人民出版社，1999：229.
③ 中共中央文献研究室．毛泽东文集：第 2 卷．北京：人民出版社，1993：188.
④ 中共中央文献研究室．毛泽东文集：第 7 卷．北京：人民出版社，1999：226.
⑤ 中共中央党史研究室．中国共产党历史大事记（1919.5—1990.12）．北京：人民出版社，1991：236.
⑥ 毛泽东选集：第 3 卷．2 版．北京：人民出版社，1991：1083.

人民共和国的文化教育为新民主主义的，即民族的、科学的、大众的文化教育。”① 这为新中国成立初期的教育工作指明了发展方向。在新民主主义教育方针指导下，党和国家完成了对旧教育的社会主义改造，从根本上改变了旧中国半殖民地半封建的教育性质，为新中国的教育事业奠定了坚实基础。

要全面贯彻党的教育方针，落实立德树人根本任务，厚植爱党、爱国、爱人民、爱社会主义的情感，努力培养德智体美劳全面发展的社会主义建设者和接班人。

习近平在陕西榆林考察时强调 解放思想改革创新再接再厉 谱写陕西高质量发展新篇章. 人民日报，2021－09－16.

培养全面发展的有社会主义觉悟和有文化的劳动者。毛泽东全面继承和发展了马克思主义关于人的全面发展学说，并在具体实践中将其作为党的教育工作的世界观和方法论，把培养全面发展的人作为党的教育方针。新中国成立后，毛泽东在谈及教育方针时指出：“我们的教育方针，应该使受教育者在德育、智育、体育几方面都得到发展，成为有社会主义觉悟的有文化的劳动者。”② 党在各个历史阶段制定的教育方针，虽然是基于不同的历史需要，反映着不同时代的发展要求，但是始终不变的目标都是为社会主义发展培养有社会主义觉悟的和有文化的劳动者。

第三，科技工作的方针。科学技术是人类社会的一种特殊社会现象和社会活动，对社会发展起着积极的推动作用。以毛泽东为主要代表的中国共产党人高度重视科技工作，从中国科技工作实际出发，提出了一系列重大方针政策。

坚持党对科技工作的领导。随着社会的发展、人类社会的不断向前推进，科技工作的重要性越发凸显，已经成为一个国家综合实力的显著标志。恩格斯指出：“科学是一种在历史上起推动作用的、革命的力量。”③ 毛泽东指出：“自然科学是人们争取自由的一种武装。”④ 在毛泽东看来，自然科学这种武装必然要掌握在无产阶级手中，只有掌握在无产阶级手中，自然科学才不会为极少数人的邪恶政治服务，成为帝国主义殖民扩张的武器。因此，如何处理科技与政治的关系成为党的科技工作必须面临的重大问题。对此，1958 年毛泽东在谈论工作方法时就明确指出：“只要我们的思想工作和政治工作稍为一放松，经济工作和技术工作就一定会走到邪路上去。”⑤ 科技工作要坚持党的领导，为人民服务、为无产阶级政治服务。

有组织、有计划地开展人民科学工作。立足基本国情，走有组织、有计划的科学工作发展道路，是我们党对待科学工作的基本方针。新中国成立后，面对百废待兴的社会局面，尤其是科学技术极度落后的状况，党和政府高度重视科学技术工作。1950 年 8 月，中华全国自然科学工作者代表会议召开。这次会议统一了全国科技工作者的思想，把以前分散的、孤立的、“为学术而学术”的研究团结到有统一组织领导的、结合生产为

① 中共中央文献研究室．建国以来重要文献选编：第 1 册．北京：中央文献出版社，2011：9.
② 中共中央文献研究室．毛泽东文集：第 7 卷．北京：人民出版社，1999：226.
③ 马克思，恩格斯．马克思恩格斯选集：第 3 卷．3 版．北京：人民出版社，2012：1003.
④ 中共中央文献研究室．毛泽东文集：第 2 卷．北京：人民出版社，1993：269.
⑤ 中共中央文献研究室．毛泽东文集：第 7 卷．北京：人民出版社，1999：351.

人民服务的科学工作上。新中国初步确立了有组织、有计划地开展人民科学工作的指导方针，并对科技工作进行有计划的管理，为党和政府开展科技工作奠定了重要基础。

建立无产阶级自己的科技队伍。发展社会主义科学技术，离不开一支庞大的、具有各种专业技能的科技队伍。在社会主义革命和建设过程中，毛泽东始终高度重视知识分子的改造和培养，重视建立无产阶级自己的科技队伍。1948年，他在谈及党的政策中的几个重要问题时指出："学生、教员、教授、科学工作者、艺术工作者和一般知识分子的绝大多数，是可以参加革命或者保持中立的，坚决的反革命分子只占极少数。"① 在他看来，科学工作者们是可以被改造的，是能用来服务于社会主义革命和建设的，他们经过团结和教育是能成为无产阶级的科技队伍的。新中国成立后，为了尽快发展生产，实现社会主义现代化，毛泽东强调，"我国人民应该有一个远大的规划，要在几十年内，努力改变我国在经济上和科学文化上的落后状况，迅速达到世界上的先进水平。为了实现这个伟大的目标，决定一切的是要有干部，要有数量足够的、优秀的科学技术专家"②，"无产阶级没有自己的庞大的技术队伍和理论队伍，社会主义是不能建成的"③。

（二）繁荣社会主义文化

第一，坚持马克思主义在意识形态领域的指导地位。马克思主义认为，任何一种主流文化形态都是基于当时统治阶级需要的，并且反映着统治阶级的思想，其性质和方向由统治阶级的思想所决定。我国是人民民主专政的社会主义国家，文化形态必然以马克思主义为指导。毛泽东曾明确指出，社会主义文化"只能由无产阶级的文化思想即共产主义思想去领导，任何别的阶级的文化思想都是不能领导了的"④。马克思主义是人类社会最先进的文化形态，在社会主义文化建设过程中要坚持马克思主义的指导地位，与其他非主流意识形态划清原则界限，肃清各种错误思潮的影响。毛泽东明确指出："在我们无产阶级专政的国家里，当然不能让毒草到处泛滥。无论在党内，还是在思想界、文艺界，主要的和占统治地位的，必须力争是香花，是马克思主义。毒草，非马克思主义和反马克思主义的东西，只能处在被统治的地位。"⑤

> 我们共产党人，多年以来，不但为中国的政治革命和经济革命而奋斗，而且为中国的文化革命而奋斗；一切这些的目的，在于建设一个中华民族的新社会和新国家。在这个新社会和新国家中，不但有新政治、新经济，而且有新文化。
>
> 毛泽东选集：第2卷．2版．北京：人民出版社，1991：663.

第二，加强社会主义思想道德建设。新中国成立后，人民群众对于经济文化的需求日益提高。毛泽东强调，要把思想道德建设贯穿于社会主义经济和文化建设不同发展阶

---

① 毛泽东选集：第4卷．2版．北京：人民出版社，1991：1269－1270.

② 中共中央文献研究室．毛泽东文集：第7卷．北京：人民出版社，1999：2.

③ 中共中央文献研究室．毛泽东文集：第7卷．北京：人民出版社，1999：309.

④ 毛泽东选集：第2卷．2版．北京：人民出版社，1991：698.

⑤ 中共中央文献研究室．毛泽东文集：第7卷．北京：人民出版社，1999：197.

段，确立思想道德建设在社会主义建设中的战略地位。1957 年，他在《关于正确处理人民内部矛盾的问题》中指出："现在需要加强思想政治工作。不论是知识分子，还是青年学生，都应该努力学习。除了学习专业之外，在思想上要有所进步，政治上也要有所进步，这就需要学习马克思主义，学习时事政治。"① 在毛泽东看来，社会主义建设不能放松对思想政治工作的重视，离开思想政治工作谈经济建设是缺失发展方向的，是搞不清为谁服务的，这是社会主义建设决不允许的。为此，毛泽东指出："思想工作和政治工作，是完成经济工作和技术工作的保证，它们是为经济基础服务的。思想和政治又是统帅，是灵魂。只要我们的思想工作和政治工作稍为一放松，经济工作和技术工作就一定会走到邪路上去。"② 可见，社会主义建设是一项全面、复杂以及动态的社会系统工程，它需要思想政治工作和经济技术工作协同发展，共同促进社会主义建设朝着正确方向又好又快发展。加强思想道德建设，以其作为社会主义文化建设的重要内容，已经成为我们党在社会主义建设过程中取得的一条基本经验。

第三，掀起社会主义文化建设高潮。文化是一个民族和一个国家的灵魂，是推动一个民族和一个国家发展最深层次、最持久的力量。在社会主义革命和建设过程中，毛泽东高度重视文化建设，把其与政治建设和经济建设放到同等重要的位置。早在 1940 年，毛泽东在描绘新中国蓝图时就指出："我们不但要把一个政治上受压迫、经济上受剥削的中国，变为一个政治上自由和经济上繁荣的中国，而且要把一个被旧文化统治因而愚昧落后的中国，变为一个被新文化统治因而文明先进的中国。"③ 新中国成立前夕，毛泽东在新政协筹备会上指出，要有系统、有步骤地在全国范围内进行政治的、经济的、文化的和国防的建设工作。毛泽东预言："随着经济建设的高潮的到来，不可避免地将要出现一个文化建设的高潮。"④ 毛泽东文化建设高潮论的提出，极大促进了新中国文化建设。在新政协闭幕会上，毛泽东进一步指出："我们应当将全中国绝大多数人组织在政治、军事、经济、文化及其他各种组织里，克服旧中国散漫无组织的状态，用伟大的人民群众的集体力量，拥护人民政府和人民解放军，建设独立民主和平统一富强的新中国。"⑤

第四，大力提倡"五爱"道德规范。道德规范是社会主义文化建设的重要内容，它规范了人们的道德行为，有利于全社会形成公序良俗。毛泽东高度重视道德规范建设，提出了许多具体的规范和准则。早在新民主主义革命时期，毛泽东就要求"共产党员无论何时何地都不应以个人利益放在第一位，而应以个人利益服从于民族的和人民群众的利益……大公无私，积极努力，克己奉公，埋头苦干的精神，才是可尊敬的"⑥。在毛泽东看来，共产党人应该全心全意为人民服务，人民利益高于一切，要具备大公无私、克己奉公以及埋头苦干等基本道德规范。1949 年 9 月，中国人民政治协商会议通过的《中国人民政治协商会议共同纲领》明确规定："提倡爱祖国、爱人民、爱劳动、爱科学、爱护

---

① 中共中央文献研究室．毛泽东文集：第 7 卷．北京：人民出版社，1999：226.

② 中共中央文献研究室．毛泽东文集：第 7 卷．北京：人民出版社，1999：351.

③ 毛泽东选集：第 2 卷．2 版．北京：人民出版社，1991：663.

④ 中共中央文献研究室．毛泽东文集：第 5 卷．北京：人民出版社，1996：345.

⑤ 中共中央文献研究室．毛泽东文集：第 5 卷．北京：人民出版社，1996：348.

⑥ 毛泽东选集：第 2 卷．2 版．北京：人民出版社，1991：522.

公共财物为中华人民共和国全体国民的公德。"[①]《新华月报》创刊时，毛泽东题词："爱祖国，爱人民，爱劳动，爱护公共财产为全体国民的公德。"[②]"五爱"道德规范的提出为社会主义文化建设提出了具体道德准则，它概括了社会主义道德的基本方面，继承和发展了中华民族的传统美德和优良的革命传统道德，集中反映了当时我国社会的历史条件、性质等。随着社会主义文化建设的深入推进，"五爱"道德规范逐渐深入人心，社会风气焕然一新。

（三）大力发展教育科技事业

第一，"两条腿走路"发展教育。新中国成立后，毛泽东高度重视发展教育事业。社会主义改造时期，党加强了对旧中国的教育、科学和文化事业的社会主义改造，从根本上改变了旧中国半殖民地半封建的教育性质，逐步建立起社会主义教育制度。1958 年党中央下发《关于教育工作的指示》，强调"为了多快好省地发展教育事业，必须动员一切积极因素，既要有中央的积极性，又要有地方的积极性和厂矿、企业、农业合作社、学校和广大群众的积极性。为此，必须采取统一性与多样性相结合、普及与提高相结合、全面规划与地方分权相结合的原则"[③]。具体来讲，发展社会主义教育事业的原则是"在普及的基础上提高，在提高的指导下普及，是'两条腿走路'，不是'一条腿走路'"[④]。在此，毛泽东具体提出了"两条腿走路"发展教育的思想，即发展社会主义教育事业，在依靠国家办学的前提下，还要充分发挥群众办学的积极性，实现两者协同发展。在毛泽东看来，新中国百废待兴，办好社会主义教育事业不能由国家全权包办，还必须依靠地方、依靠广大人民群众来办学，实现多种形式办学。

第二，坚持教育与生产劳动相结合。毛泽东高度重视教育与生产劳动相结合，在不同时期根据不同需要赋予了其不同内涵。1934 年，毛泽东在总结农民教育运动经验时指出："在于以共产主义的精神来教育广大的劳苦民众，在于使文化教育为革命战争与阶级斗争服务，在于使教育与劳动联系起来，在于使广大中国民众都成为享受文明幸福的人。"[⑤] 1939 年，毛泽东为抗大题词，谈到了"一面学习，一面生产"的问题，认为这就是抗大的作风。"一面学习，一面生产"实质上就是要坚持教育与生产劳动相结合，在生产实践中提高学习，在学习中练就知识技能。新中国成立后，急需培养有知识有技能的社会主义劳动者。1958 年党在《关于教育工作的指示》中提出："党的教育工作方针，是教育为无产阶级的政治服务，教育与生产劳动结合。"[⑥] 这标志着党和国家正式确立了教育与生产劳动相结合的方针，对社会主义教育事业的发展发挥了重要指导

---

① 中共中央文献研究室．建国以来重要文献选编：第 1 册．北京：中央文献出版社，2011：9.

② 中共中央文献研究室．毛泽东年谱（1893—1949）：下卷．修订本．北京：中央文献出版社，2013：582.

③ 中央档案馆，中共中央文献研究室. 中共中央文件选集（1949 年 10 月—1966 年 5 月）：第 29 册．北京：人民出版社，2013：37.

④ 中央档案馆，中共中央文献研究室. 中共中央文件选集（1949 年 10 月—1966 年 5 月）：第 29 册．北京：人民出版社，2013：38.

⑤ 中共中央文献研究室．建国以来重要文献选编：第 11 册．北京：中央文献出版社，2011：363.

⑥ 中央档案馆，中共中央文献研究室. 中共中央文件选集（1949 年 10 月—1966 年 5 月）：第 29 册．北京：人民出版社，2013：34.

作用。

第三，坚持德智体全面发展。毛泽东重视学生的全面发展，他认为“智育”和“德育”、“体育”同样重要。早在青年时期，毛泽东就在《新青年》杂志上发表过题为《体育之研究》的文章，论述“德智体”全面发展的思想。他说：“体育一道，配德育与智育，而德智皆寄于体，无体是无德智也。”① 毛泽东认为，“体育于吾人实占第一之位置”②。新中国成立后，毛泽东反复强调青少年的全面发展问题，特别是学生的身体健康问题。1951 年 1 月，在给时任教育部部长马叙伦的信中，毛泽东说：“提出健康第一，学习第二的方针，我以为是正确的。”③ 他在接见中国新民主主义青年团第二次全国代表会议主席团时指出：“总之，要使青年身体好，学习好，工作好。”④ 毛泽东还指出：“我们的教育方针，应该使受教育者在德育、智育、体育几方面都得到发展，成为有社会主义觉悟的有文化的劳动者。”⑤ 这些思考，符合青少年的成长规律，对于培养全面发展的社会主义建设者和接班人具有重要的指导意义。

> 教育必须为无产阶级政治服务，必须同生产劳动相结合。劳动人民要知识化，知识分子要劳动化。
>
> 中共中央文献研究室．毛泽东著作专题摘编：下卷．北京：中央文献出版社，2003：1639.

第四，坚持科学的教育方法。1938 年 10 月，毛泽东在题为《论新阶段》的报告中指出：“不是学习马克思列宁主义的字母，而是学习他们观察问题与解决问题的立场与方法。”⑥ 坚持科学的教育方法，最重要的就是要坚持理论联系实际。在谈及干部教育方法时，他指出：“一种是教条主义的、抽象学习理论的方法，另一种是联系斗争实际学习理论的方法。过去的方法属于第一种，把人都学笨了。我们现在采用的是后一种方法，能使你们把问题搞通，可以保证你们在两年之内提高一步。”⑦ 在社会主义教育发展过程中，理论联系实际的教学方法被广泛运用于教育实践。1956 年发布的《中共中央关于加强初级党校工作的指示》也规定：“要用理论联系实际的方法，使学员真正领会马克思列宁主义理论的实质，学会运用马克思列宁主义的立场、观点和方法，去分析解决实际工作中的问题，从而提高学员认识客观事物的能力，增强学员的党性修养。”⑧ 坚持科学的教育方法就是要用科学的马克思主义理论作为指导，深入探索并遵循社会主义教育发展客观规律，用科学的方法解决教育实践过程中的问题。

---

① 中共中央文献研究室．毛泽东著作专题摘编：下卷．北京：中央文献出版社，2003：1650.

② 中共中央文献研究室，中共湖南省委《毛泽东早期文稿》编辑组．毛泽东早期文稿（1912.6—1920.11）．长沙：湖南人民出版社，2013：58.

③ 中共中央文献研究室．毛泽东文集：第 6 卷，北京：人民出版社，1999：83.

④ 中共中央文献研究室．毛泽东文集：第 6 卷．北京：人民出版社，1999：278.

⑤ 中共中央文献研究室．毛泽东文集：第 7 卷．北京：人民出版社，1999：226.

⑥ 中共中央文献研究室，中央档案馆．建党以来重要文献选编（1921—1949）：第 15 册．北京：中央文献出版社，2011：650.

⑦ 中共中央文献研究室．毛泽东文集：第 3 卷．北京：人民出版社，1996：62.

⑧ 中央档案馆，中共中央文献研究室．中共中央文件选集（1949 年 10 月—1966 年 5 月）：第 22 册．北京：人民出版社，2013：217.

第五，向科学进军和科技赶超战略。新中国成立初期，旧社会遗留下来的科学研究机构仅仅30多个，科学技术工作人员不到5万人，现代科学技术几乎一片空白。面对如此艰难的情况，以毛泽东为主要代表的中国共产党人高度重视科技工作的发展，创造性地提出了一系列指导科技工作发展的战略思想。1956年底，周恩来在全国知识分子会议上发出“向科学进军”的伟大号召，掀起了社会主义科技建设的浪潮。在广大知识分子的奋斗下，社会主义科技工作稳步前进。但鉴于新中国成立初期社会主义科技工作整体落后，科技工作人员匮乏，综合国力有限，发展科技事业不能全面铺开，必须有所侧重。因此，为了集中有限的科技资源解决关键问题，毛泽东提出了“重点发展，迎头赶上”的战略发展方针。《1956—1967年全国科学技术发展远景规划》（以下简称《规划》）正是在这种思想指导下制定完成的，它为社会主义建设规划了57项重要科技研究任务，又在其基础上确立了12项重点。“向科学进军”的号召和科技赶超战略，符合全体中华儿女的兴国强国愿望，广大知识分子为之振奋，纷纷以实际行动争做社会主义科技赶超的先行者和奋斗者。正是在“向科学进军”的号召和科技赶超战略的指导下，社会主义科技工作快速发展，《规划》的基本科研任务提前5年完成，取得了人工合成牛胰岛素、“两弹一星”、电子计算机等重大科技成果。

（四）建立工人阶级知识分子的宏大队伍

> 中国是一个被民族压迫和封建压迫所造成的文化落后的国家，中国的人民解放斗争迫切地需要知识分子，因而知识分子问题就特别显得重要。而在过去半世纪的人民解放斗争，特别是五四运动以来的斗争中，在八年抗日战争中，广大革命知识分子对于中国人民解放事业所起的作用，是很大的。在今后的斗争中，他们将起更大的作用。因此，今后人民的政府应有计划地从广大人民中培养各类知识分子干部，并注意团结和教育现有一切有用的知识分子。
>
> 毛泽东选集：第3卷. 2版. 北京：人民出版社，1991：1082-1083.

第一，充分认识知识分子在革命和建设中的地位和作用。知识分子是具有专业知识和技术能力的特殊群体，对社会发展具有积极的推动作用。1939年12月，毛泽东谈及知识分子在中国革命中的重要作用时指出：“共产党必须善于吸收知识分子，才能组织伟大的抗战力量，组织千百万农民群众，发展革命的文化运动和发展革命的统一战线。没有知识分子的参加，革命的胜利是不可能的。”① 在毛泽东看来，离开知识分子谈民族解放战争和中国革命的胜利是不可能的，必须在革命的过程中充分吸纳知识分子，发挥知识分子的重要作用。新中国成立后，社会性质发生转变，如何认识知识分子的政治属性成为一个重要问题。1956年，周恩来在《关于知识分子问题的报告》中指出：“我们要又多、又快、又好、又省地发展社会主义建设，除了必须依靠工人阶级和广大农民的积极劳动以外，还必须依靠知识分子的积极劳动，也就是说，必须依靠体力劳动

① 毛泽东选集：第2卷. 2版. 北京：人民出版社，1991：618.

和脑力劳动的密切合作，依靠工人、农民、知识分子的兄弟联盟。”① 在这里，知识分子与工人、农民共同组成社会主义建设兄弟联盟，他们是同样重要的，并成为社会主义建设的力量。

第二，明确知识分子是工人阶级和劳动人民的一部分。如何认识和定位知识分子的政治属性，是必须认真对待的政治问题。相对于一般劳动工人而言，知识分子具有社会分工的特殊性，主要依靠脑力劳动，但从根本属性上看还是属于劳动者的一部分。“知识分子在他们从事非剥削别人的工作，如当教员、当编辑员、当新闻记者、当事务员、当著作家、艺术家等的时候，是一种使用脑力的劳动者。”② 对知识分子政治属性的判断不能简单化。当知识分子所从事的工作是为无产阶级事业服务，且没有参与社会剥削的时候，他们在根本上就属于无产阶级劳动者的一分子。1956 年，周恩来在中央召开的关于知识分子问题会议上对知识分子的政治属性问题做了明确阐述，他指出：“他们中间的绝大部分已经成为国家工作人员，已经为社会主义服务，已经是工人阶级的一部分。”③ 同年颁布的《中共中央关于知识分子问题的指示》也指出：“知识分子的基本队伍已经成了劳动人民的一部分；在建设社会主义的事业中，已经形成了工人、农民、知识分子的联盟。”④ 这一论断对推动知识分子积极参与社会主义建设具有重要推动作用。

> 凡是真正愿意为社会主义事业服务的知识分子，我们都应当给予信任，从根本上改善同他们的关系，帮助他们解决各种必须解决的问题，使他们得以积极地发挥他们的才能。我们有许多同志不善于团结知识分子，用生硬的态度对待他们，不尊重他们的劳动，在科学文化工作中不适当地干预那些不应当干预的事务。所有这些缺点必须加以克服。
>
> 中共中央文献研究室．毛泽东文集：第 7 卷．北京：人民出版社，1999：225.

第三，加强知识分子在思想和政治上的进步性。新中国成立之初，知识分子的数量较少，且大多数都是从旧社会过渡而来，在思想上和政治上还未发生根本性转变。但从整体上看，这些知识分子还是具有爱国倾向的，只是对新的社会事物不了解、不熟悉，其中多数知识分子还是存在着重新学习的愿望，希望深入地了解社会主义、了解中国共产党，以适应社会形势和社会性质发生的巨大变化。1951 年，知识分子“思想改造运动”首先在北京大学发起，这次运动的方式主要是听报告、读文件，联系本人思想和学校状况，开展批评与自我批评。从运动的参与情况来看，知识分子广泛投入其中，在这次运动中他们在思想和政治上受到了马克思主义的洗礼，逐渐学会运用其基本立场、观点和方法去认识和改造世界。毛泽东肯定了这次思想改造运动，他指出：“思想改造，首先是各种知识分子的思想改造，是我国在各方面彻底实现民主改革和逐步实行工业化的

---

① 中共中央文献研究室．建国以来重要文献选编：第 8 册．北京：中央文献出版社，2011：10－11.
② 中共中央文献研究室．建国以来重要文献选编：第 1 册．北京：中央文献出版社，2011：345.
③ 中共中央文献研究室．建国以来重要文献选编：第 8 册．北京：中央文献出版社，2011：13.
④ 中共中央文献研究室．建国以来重要文献选编：第 8 册．北京：中央文献出版社，2011：114.

重要条件之一。"① 知识分子的思想改造运动在毛泽东等党和国家领导人的关注下，逐渐从教育界发展到整个知识界，掀起了知识分子思想改造的浪潮。通过此次运动，大多数知识分子清除了以往残存的帝国主义、封建买办阶级思想的影响，进一步站到人民立场，开始接受和掌握马克思主义科学真理。毛泽东指出："不论是知识分子，还是青年学生，都应该努力学习。除了学习专业之外，在思想上要有所进步，政治上也要有所进步，这就需要学习马克思主义，学习时事政治。"②

第四，采取"团结、教育、改造"的政策。新中国成立后，党接手的是一个满目疮痍、百废待兴的烂摊子。要想实现社会主义建设事业的快速发展，离不开知识分子群体的重要力量。因此，党采取了"团结、教育、改造"的政策，吸收了一大批知识分子参与到社会主义建设中，不仅促进了社会主义建设的发展，还对快速肃清帝国主义和封建买办阶级残余势力产生了积极作用。毛泽东在党的七届三中全会上明确指出："我们一定要做好工作，使工人、农民、小手工业者都拥护我们，使民族资产阶级和知识分子中的绝大多数人不反对我们。"③ 毛泽东强调对知识分子"要使用他们，同时对他们进行教育和改造"④。也就是说，对待知识分子一是要团结，使其紧密围绕在党的周围；二是要教育和改造，使之能为社会主义建设服务。1951 年，毛泽东再次强调："在我国的文化教育战线和各种知识分子中，根据中央人民政府的方针，广泛地开展了一个自我教育和自我改造的运动，这同样是我国值得庆贺的新气象。"⑤ 通过教育和改造，广大知识分子受到了马克思主义洗礼，逐步确立了无产阶级世界观，也逐渐认同中国共产党及其领导的事业，从而促使他们以更加饱满的热情投入到社会主义建设中，推动了社会主义事业的发展。

思考题

1. 如何理解思想政治工作是经济工作和其他一切工作的生命线？
2. 党的思想政治工作的主要内容是什么？
3. 思想政治工作要坚持哪些原则和方法？
4. 党关于文化工作的方针是什么？
5. 如何认识知识分子在革命和建设中的地位和作用？

阅读书目

1. 毛泽东．新民主主义论//毛泽东选集：第 2 卷．2 版．北京：人民出版社，1991.
2. 毛泽东．在延安文艺座谈会上的讲话//毛泽东选集：第 3 卷．2 版．北京：人民出

① 中共中央文献研究室．毛泽东文集：第 6 卷．北京：人民出版社，1999：184.
② 中共中央文献研究室．毛泽东文集：第 7 卷．北京：人民出版社，1999：226.
③ 中共中央文献研究室．毛泽东文集：第 6 卷．北京：人民出版社，1999：75-76.
④ 中共中央文献研究室．毛泽东文集：第 6 卷．北京：人民出版社，1999：74.
⑤ 中共中央文献研究室．毛泽东文集：第 6 卷．北京：人民出版社，1999：183.

版社，1991.

3. 毛泽东．关于陕甘宁边区的文化教育问题//中共中央文献研究室．毛泽东文集：第 3 卷．北京：人民出版社，1996.

4. 毛泽东．关于正确处理人民内部矛盾的问题//中共中央文献研究室．毛泽东文集：第 7 卷．北京：人民出版社，1999.

5. 毛泽东．在中国共产党全国宣传工作会议上的讲话//中共中央文献研究室．毛泽东文集：第 7 卷．北京：人民出版社，1999.

第九章

党的建设理论

党的建设理论是毛泽东思想科学体系的重要内容。以毛泽东为主要代表的中国共产党人以马克思列宁主义党建理论为指导，在领导中国革命和建设的过程中，从党的自身建设实际出发，在无产阶级人数很少而战斗力很强、农民和其他小资产阶级占人口大多数的半殖民地半封建的国家里，成功建设起一个具有广泛群众性的马克思主义政党，开创了党的建设伟大工程，形成了内容丰富的党的建设理论，创新和发展了马克思主义党建理论，为中国化马克思主义党建理论的形成做出了开创性贡献。

一、党的建设理论的形成和发展

毛泽东关于党的建设理论是在中国半殖民地半封建社会的特殊环境中产生的，是在党领导中国革命和建设的实践进程中形成的，有着深刻的时代背景和社会历史背景，经历了一个由形成到逐渐成熟的发展过程。

（一）党的建设理论形成的条件

毛泽东关于党的建设理论的形成，同当时的国际背景、特殊社会历史条件以及马克思列宁主义党建理论的指导密不可分。

党的建设理论形成的国际背景。19 世纪末 20 世纪初，世界进入帝国主义和无产阶级革命的时代。俄国十月革命的胜利，改变了整个世界历史发展的方向，开创了世界历史发展的新纪元，也提出了落后的殖民地半殖民地国家如何进行民主革命的新的重大课题。中国共产党是在俄国十月革命的影响下，在列宁领导的共产国际帮助下诞生的。中国共产党作为共产国际的一个支部，当时受共产国际的直接指导。这种状况对中国共产党的建设具有双重影响：一方面，它使中国共产党一开始就以马克思列宁主义党建理论为指导原则，没有受到欧洲社会民主党第二国际的影响；另一方面，共产国际及其在中国的代表并不真正了解中国的情况，他们提出的一些重要主张脱离中国实际。毛泽东关于党的建设理论，就是在接受正确指导的同时，克服错误影响并深刻总结实践经验的过程中发展和成熟起来的。

党的建设理论形成的国内条件。中国共产党诞生在半殖民地半封建的中国，所处的社会环境既不同于19世纪马克思主义创始人从事革命活动的西方资本主义社会，也不同于十月革命前后的俄国社会，面临着许多特殊的复杂的问题。一方面，中国工人阶级所受剥削和压迫的严重性和残酷性在世界各国中是罕见的，他们的革命彻底性和战斗性都非常突出，这一特点为党的创建和发展提供了坚实的阶级基础；另一方面，中国共产党又是在一个经济文化落后、农民和其他小资产阶级占人口大多数的东方大国中建立起来的，党内农民和小资产阶级出身的党员占了大多数，这就使得党内无产阶级思想与各种非无产阶级思想特别是小资产阶级思想的矛盾十分突出。同时，中国共产党又是在同资产阶级又联合又斗争中、在武装斗争的严酷环境中发展壮大的，这些都是党的建设面临的重大课题。

党的建设理论形成的思想基础。马克思、恩格斯在创立无产阶级政党的实践中，科学地阐明了党的历史使命和党的性质、指导思想、纲领、策略原则、组织原则等重大问题，奠定了马克思主义党建理论的基础。列宁在领导俄国无产阶级夺取政权实践中，创造性地运用马克思主义党建学说，深刻论述了无产阶级政党必须把政治斗争放在首位，强调无产阶级政党必须按照民主集中制原则组织起来，回答了无产阶级政党在民主革命中的策略原则，提出了无产阶级执政党建设的一系列基本原则，探索和解决了建立和巩固新型无产阶级政党的一系列问题，丰富和发展了马克思主义党建理论。马克思列宁主义党建理论，为毛泽东关于党的建设理论的形成奠定了重要思想基础。

（二）党的建设理论的初步形成

中国共产党成立后，立即有组织地开展了各项革命活动。随着党领导的革命运动蓬勃发展，党在思想上、政治上、组织上也很快成长起来。在建党之初和大革命时期，党明确了党的无产阶级先锋队的性质，制定了党的民主革命纲领，规定了党的组织制度和组织原则，提出了党员的基本条件，规定了党的纪律等，为毛泽东关于党的建设理论的初步形成奠定了基础。

土地革命战争时期，党逐步实现了工作重心由城市向农村的转变，成功地解决了在农村革命根据地环境中、农民和小资产阶级出身的党员占党内主要成分条件下，如何保持党的工人阶级先锋队性质，如何建设一个马克思主义政党的问题。这一时期，党在政治建设方面，强调坚持党对军队的绝对领导，提出了党的正确政治路线；在思想建设方面，提出努力克服党内的各种非无产阶级思想，正确理解和开展党内斗争；在组织建设方面，提出把支部建在连上，要求切实解决党的组织松懈问题，确立了正确的干部路线；在作风建设方面，强调人民群众的伟大历史作用，改进党的领导方式和工作方法；等等。以毛泽东为主要代表的中国共产党人创造性地提出的这些重要建党原则和措施，主要体现在《井冈山的斗争》《中国共产党红军第四军第九次代表大会决议案》《反对本本主义》《关心群众生活，注意工作方法》等重要文献中，这标志着毛泽东关于党的建设理论初步形成。

（三）党的建设理论的丰富发展

我们现在有大批的新党员所形成的很多的新组织，这些新组织还不能说是广大

> 群众性的，还不是思想上、政治上、组织上都巩固的，还不是布尔什维克化的。同时，对于老党员，也发生了提高水平的问题，对于老组织，也发生了在思想上、政治上、组织上进一步巩固和进一步布尔什维克化的问题。
>
> 毛泽东选集：第2卷．2版．北京：人民出版社，1991：603.

抗日战争时期，我们党成功开创了党的建设伟大工程，进行了延安整风，确立了毛泽东思想在全党的指导地位，党的建设理论得到系统总结和多方面展开，为建设一个具有广大群众性的、马克思主义的无产阶级政党奠定了理论基础，极大地丰富和发展了马克思列宁主义党建理论。这一时期，我们党提出了“建设一个全国范围的、广大群众性的、思想上政治上组织上完全巩固的布尔什维克化的中国共产党”① 的建党任务，开创了党的建设“伟大的工程”；揭示了党的建设同党的政治路线的内在联系，强调了党的建设必须遵循理论联系实际的原则，论述了党的三大法宝及其相互关系；制定了党的干部路线和政策以及党内建设的规章制度，健全党的民主集中制，巩固党的团结统一；明确了党的作风建设的基本任务，概括了党的三大优良传统作风；等等。这一时期毛泽东写下了《〈共产党人〉发刊词》《新民主主义论》《改造我们的学习》《整顿党的作风》《关于领导方法的若干问题》《论联合政府》等重要著作，标志着毛泽东关于党的建设理论达到成熟，其理论体系基本形成。

解放战争时期是中国革命的两种命运、两种前途的决战时期。为适应中国革命胜利形势的要求，毛泽东为中共中央起草了一系列文件和指示，并发表了许多重要讲话和报告，毛泽东关于党的建设理论得到继续发展。这一时期，我们党开展了整党运动与新式整军运动，取得了建党建军的重要成果和宝贵经验，保证了党的政治路线的实现；完善了党的纲领路线、战略和策略思想，论述了在战略上藐视敌人与在战术上重视敌人的思想，完整地概括了新民主主义革命的总路线；全面阐述了党的领导的原理，强调建立报告制度、维护党的集中统一，健全党委制、实行集体领导，改进工作方法、提高领导艺术；等等。这些重要理论主要体现在《目前形势和我们的任务》《关于建立报告制度》《在晋绥干部会议上的讲话》《关于健全党委制》等重要文献中。

我们党清醒地认识到，无产阶级革命政党取得国家政权不是革命的终点，而是进行新的革命的起点。新中国成立前夕，毛泽东就提出了执政党建设问题。在党的七届二中全会上，毛泽东向全党提出了“两个务必”的要求，即“务必使同志们继续地保持谦虚、谨慎、不骄、不躁的作风，务必使同志们继续地保持艰苦奋斗的作风”②；还立下了“六条规定”，提出要禁止给党的领导者祝寿，禁止用党的领导者的名字作地名、街名和企业的名字等要求，及时向全党敲响了警钟。

新中国成立后，中国共产党从一个领导人民为夺取全国政权而奋斗的党，转变为一个领导人民掌握全国政权并实现由新民主主义向社会主义过渡的执政党。在这样的历史条件下，毛泽东等党的主要领导人密切联系党的政治路线，围绕确立和巩固社会主义制

---

① 毛泽东选集：第2卷．2版．北京：人民出版社，1991：602.

② 毛泽东选集：第4卷．2版．北京：人民出版社，1991：1438－1439.

度，对加强执政党建设进行了艰辛探索，并取得了重要成果。如注重发扬党的优良传统，密切联系群众，防止党蜕化变质；进一步阐述了民主集中制的内涵和目标，强调坚持集体领导原则，反对个人崇拜；加强党员队伍建设，提出为更高的共产党员标准条件而奋斗；加强干部队伍建设，提出培养和造就千百万革命事业接班人；等等。这些思想观点主要体现在《永远保持艰苦奋斗的作风》《论十大关系》《坚持艰苦奋斗，密切联系群众》《在扩大的中央工作会议上的讲话》等重要文献中。

二、党的建设理论的主要内容

毛泽东关于党的建设理论涉及党的政治建设、思想建设、组织建设、作风建设等诸多方面，是毛泽东思想的重要组成部分，是中国共产党的建设经验的科学总结，是马克思列宁主义党建理论在中国的创造性运用和发展。

（一）强调党的领导和党的建设的重要性

党政军民学，东西南北中，党是领导一切的。坚持党的领导，首先是坚持党中央权威和集中统一领导，这是党的领导的最高原则，任何时候任何情况下都不能含糊、不能动摇。

习近平．习近平谈治国理政：第3卷．北京：外文出版社，2020：85－86.

指导伟大革命，要有伟大的党。毛泽东是中国共产党的建设伟大工程的开创者。中国共产党之所以能够从领导人民为夺取全国政权而奋斗的党，转变为领导人民掌握全国政权、进行社会主义革命和建设并长期执政的马克思主义政党，能够历经磨难而不衰、愈战艰险愈坚强，并创造了无数辉煌的业绩，一个重要原因就在于始终坚持党的领导，注重加强党的自身建设。

近代以来，中国社会各阶级曾试图从西方资产阶级革命中寻找思想武器和政治方案，但各种救亡图存的尝试都失败了。中国民族资产阶级虽然也组织了政党，有反对帝国主义和封建主义的革命要求，但由于其与外国资本主义和本国封建势力之间具有千丝万缕的联系，在政治上的软弱性和妥协性决定了其无法担负领导中国革命的重任。毛泽东指出："灾难深重的中华民族，一百年来，其优秀人物奋斗牺牲，前仆后继，摸索救国救民的真理，是可歌可泣的。但是直到第一次世界大战和俄国十月革命之后，才找到马克思列宁主义这个最好的真理，作为解放我们民族的最好的武器，而中国共产党则是拿起这个武器的倡导者、宣传者和组织者。"①

中国共产党的诞生及其对中国革命的领导地位，是中国近代历史发展的客观要求和必然选择。在领导中国革命的实践中，以毛泽东为主要代表的中国共产党人对中国社会

① 毛泽东选集：第3卷．2版．北京：人民出版社，1991：796.

的性质和阶级关系，对中国革命的性质、任务、动力、前途进行深入分析，并以此作为考察和解决中国革命问题的基本依据。毛泽东指出，中国半殖民地半封建的社会性质决定帝国主义和中华民族的矛盾、封建主义和人民大众的矛盾，构成近代中国社会的主要矛盾。这两对主要矛盾决定革命的任务，“就是对外推翻帝国主义压迫的民族革命和对内推翻封建地主压迫的民主革命，而最主要的任务是推翻帝国主义的民族革命”①。但是，“没有一个革命的党，没有一个按照马克思列宁主义的革命理论和革命风格建立起来的革命党，就不可能领导工人阶级和广大人民群众战胜帝国主义及其走狗”②。他强调：“领导中国民主主义革命和中国社会主义革命这样两个伟大的革命到达彻底的完成，除了中国共产党之外，是没有任何一个别的政党（不论是资产阶级的政党或小资产阶级的政党）能够担负的。而中国共产党则从自己建党的一天起，就把这样的两重任务放在自己的双肩之上了”③。

土地革命战争时期，毛泽东创建了党对军队和人民武装力量的领导制度，提出“党指挥枪”的著名论断。早在1927年三湾改编时，毛泽东就在部队建立了各级党的组织，支部建在连上，班排设党小组，营团设立党委，整个军队由前敌委员会统一领导，确立了党对军队的统一领导，保证了军队的无产阶级性质。在革命根据地的发展中，党领导建立了乡县等政权组织，强调党领导一切其他组织如军队、政府与民众团体等，并对领导制度、领导方法和途径进行了探索。在延安时期，中国共产党在陕甘宁边区和全国各解放区创建了共产党领导的“三三制”政权，进一步探索了党对根据地实行全面领导的制度。在社会主义建设时期，毛泽东鲜明提出，领导我们事业的核心力量是中国共产党，进一步阐发了“工、农、商、学、兵、政、党这七个方面，党是领导一切的”④ 思想。

加强党的领导，就必须加强党的建设。以毛泽东为主要代表的中国共产党人把加强党的建设作为中国革命胜利的重要法宝，强调“为了中国革命的胜利，迫切地需要建设这样一个党，建设这样一个党的主观客观条件也已经大体具备”⑤，并成功开创了党的建设伟大工程，为中国革命的胜利提供了重要思想、政治和组织保障。

（二）把思想建设放在党的建设的首位

着重从思想上建党是毛泽东关于党的建设的一条重要指导原则，也是其党建理论中最具中国特点的内容，对中国共产党的巩固和发展起到了决定性作用。正是因为把思想建设放在党的建设的首位，以毛泽东为主要代表的中国共产党人，创造性地解决了在工人成分不占大多数的条件下，建设一个全国范围的、广大群众性的无产阶级新型政党的问题。

第一，加强党的思想建设的重要性。

重视党的思想建设既是马克思主义的建党原则，也是无产阶级政党的鲜明特征和优

① 毛泽东选集：第2卷.2版.北京：人民出版社，1991：637.
② 毛泽东选集：第4卷.2版.北京：人民出版社，1991：1357.
③ 毛泽东选集：第2卷.2版.北京：人民出版社，1991：652.
④ 中共中央文献研究室.毛泽东文集：第8卷.北京：人民出版社，1999：305.
⑤ 毛泽东选集：第2卷.2版.北京：人民出版社，1991：602.

势。在创建无产阶级政党的过程中，马克思、恩格斯就非常重视思想建设的重要作用。因为在世界社会主义运动史上，无产阶级政党无时无刻不面临着各种非马克思主义思潮的攻击，以及形形色色的所谓“社会主义”思想对工人的迷惑。在实际斗争中，共产党人必须注重用共产主义教育和武装工人阶级的先进分子。恩格斯曾指出，“我们党有个很大的优点，就是有一个新的科学的世界观作为理论的基础”①。为了从思想理论上同第二国际右倾机会主义和俄国的经济派彻底划清界限，列宁做了大量的工作来阐述、贯彻无产阶级政党的思想原则。他强调：“没有革命的理论，就不会有革命的运动”②；“只有以先进理论为指南的党，才能实现先进战士的作用”③。无产阶级政党必须坚持以马克思主义为指导，实现全党思想上的团结和统一，将党打造成一个坚强的无产阶级先锋队。

> 回顾党的奋斗历程可以发现，中国共产党之所以能够历经艰难困苦而不断发展壮大，很重要的一个原因就是我们党始终重视思想建党、理论强党，使全党始终保持统一的思想、坚定的意志、协调的行动、强大的战斗力。
>
> 习近平．习近平谈治国理政：第3卷．北京：外文出版社，2020：74.

加强党的思想建设，对于中国共产党来说，有着非同寻常的意义。在半殖民地半封建的中国，由于资本主义发展不充分，中国工人阶级人数较少。在严峻复杂的革命环境中，要完成异常艰巨的革命任务，党必须广泛动员、吸收其他非工人阶级的成员入党、从事革命斗争。而这些党员又不可避免地会在思想上受其阶级出身和社会环境的影响，将一些“非无产阶级思想”带入党内政治生活中。即使是出身于工人阶级的党员，也会受到复杂社会环境的影响，将许多不良倾向带入党内。这种始终处于农民和小资产阶级包围之中的现实环境，造成了党内长期存在着无产阶级思想和非无产阶级思想的矛盾。

大革命失败后，党的工作重心逐渐转移到农村。在创建和发展农村革命根据地的过程中，大量农民成分的党员加入党的组织，工人党员的比例曾一度下降到5%左右。在这种情况下，不仅“边界各县的党，几乎完全是农民成分的党”④，而且“社会组织是普遍地以一姓为单位的家族组织。党在村落中的组织，因居住关系，许多是一姓的党员为一个支部，支部会议简直同时就是家族会议”⑤。由成分问题造成的非无产阶级思想，又与党内政治上、组织上的问题相交织，对执行党的正确路线妨碍极大。对此，毛泽东指出，党内“无产阶级思想领导的问题，是一个非常重要的问题”⑥，直接关系到党的前途和命运。抗日战争时期，中国革命进入了一个新阶段，中国共产党在领导全民族抗日统一战线的过程中愈发壮大。但新发展的党员大多数仍是农民和小资产阶级出身，是“带了他们原来的不符合或不大符合于马克思主义的思想入党的”⑦。这就要求中国共产党必

① 马克思，恩格斯．马克思恩格斯文集：第2卷．北京：人民出版社，2009：599.
② 列宁．列宁选集：第1卷．3版修订版．北京：人民出版社，2012：153.
③ 列宁．列宁选集：第1卷．3版修订版．北京：人民出版社，2012：312.
④ 毛泽东选集：第1卷．2版．北京：人民出版社，1991：77.
⑤ 毛泽东选集：第1卷．2版．北京：人民出版社，1991：74.
⑥ 毛泽东选集：第1卷．2版．北京：人民出版社，1991：77.
⑦ 毛泽东选集：第3卷．2版．北京：人民出版社，1991：1108.

须进一步加强思想建设，将这些新发展的党员、新建立的党组织，在思想上、政治上和行动上统一起来，这样才能锻造一个坚强的领导核心，进而团结和带领全国人民争取抗战胜利、建设一个新中国。

第二，着重解决思想上入党的问题。

解决思想上入党的问题是党的思想建设的重要目标。毛泽东通过提出和解决思想上入党的问题，回答了党如何在大量吸收非无产阶级出身的成员入党的同时，确保党的无产阶级性质、保证无产阶级思想在党内占统治地位的难题。

解决从思想上入党的问题，其实质就是以加强党内教育的方式，解决长期困扰党的党员成分问题。毛泽东在1929年古田会议决议中明确指出，党内种种不正确的思想倾向的总来源，的确是党员组织结构中的成分问题，这一问题可以通过有计划的党内教育，以无产阶级的思想加以克服、纠正。在井冈山时期，毛泽东在红四军中进行了党内教育的实践，并对党内教育的内容和方法做了明确规定，即通过组织党员对党报、政治简报等文件的学习，为不认字的党员读书报，开办训练班，进行个别谈话等方式，教育党员“用马克思列宁主义的方法去作政治形势的分析和阶级势力的估量”①，发现和克服自己存在的问题。后来，在1935年瓦窑堡会议的决议案中，党明确指出，“一切愿意为着共产党的主张而奋斗的人，不问他们的阶级出身如何，都可以加入共产党”，而且要“使党变为一个共产主义的熔炉，把许多愿意为共产党主张而奋斗的新党员，锻炼成为有最高阶级觉悟的布尔什维克的战士”②。也就是说，非无产阶级出身的党员，在入党之后，可以通过党内共产主义教育改造自己的思想意识，从而超越自己阶级出身的局限，真正站到无产阶级的政治立场上来，成为党的忠诚战士。

解决从思想上入党的问题，关键取决于党内教育的实际效果。毛泽东指出，有些党员“在组织上入了党，思想上并没有完全入党，甚至完全没有入党”，是因为他们“头脑里还装着许多剥削阶级的脏东西，根本不知道什么是无产阶级思想，什么是共产主义，什么是党”③。因此，在思想上入党，就是要求加强党员的理论学习教育，使党员确立无产阶级的世界观。一是在党内有计划地进行马克思列宁主义基本理论的学习教育，用马克思主义武装全党。毛泽东强调，要采取各种形式，把马克思主义的科学理论灌输到广大党员的思想中去，帮助党员提高政治水平，树立共产主义的信仰。二是进行政治路线教育，明确党在革命各阶段的主要任务。帮助党员从两条路线的斗争中，认识到各种错误思想的根源和危害，同时加深对党的正确路线、方针和政策的理解。三是进行党的性质和宗旨教育。毛泽东指出，共产党是彻底地为人民的利益工作的，始终坚持与人民群众的密切联系，这是共产党与其他政党相区别的标志之一。所以，共产党员更要服从党的命令和要求，做到坚持向人民负责和向党的领导机关负责相一致，自觉为实现党的目标和任务而奋斗。

解决从思想上入党的问题，就必须反对教条主义和经验主义，确立正确的思想路线。

---

① 中共中央文献研究室．毛泽东年谱（1893—1949）：上卷．修订本．北京：中央文献出版社，2013：291.

② 中共中央文献研究室，中央档案馆．建党以来重要文献选编（1921—1949）：第12册．北京：中央文献出版社，2011：549.

③ 毛泽东选集：第3卷．2版．北京：人民出版社，1991：875.

教条主义脱离具体的实践，经验主义把局部经验误认为普遍真理，二者都违背马克思主义。我们党是在同一切违反马克思主义真理的主观主义作坚决斗争的过程中壮大起来的。毛泽东提出了党的实事求是的思想路线，强调实事求是就是党性的表现，就是理论和实际相统一的马克思列宁主义的作风。实事求是，是马克思主义的基本观点，是中国共产党人认识世界、改造世界的根本要求，是我们党的基本思想方法、工作方法和领导方法。

此外，在思想上入党，也是一个党内教育与革命锻炼相统一的过程。毛泽东认为，党员从事党分配的任务，在实践中锻炼自己的无产阶级思想意识，也是党内教育的重要环节。因此，共产党员在入党以后，在改造客观世界的同时还要不断改造自己的主观世界，确立无产阶级的世界观。而这样一个不断以无产阶级思想改造自己的过程，也就是在思想上入党的过程。

第三，加强党内思想教育的主要形式。

党内思想教育是加强党的思想建设的必要举措，也是团结全党进行伟大政治斗争的中心环节。在长期的革命实践中，毛泽东探索出开展党内斗争和整风运动这两种党内思想教育的主要形式。

在党内开展积极的思想斗争，是加强党内思想教育的重要途径和手段。毛泽东指出："党内不同思想的对立和斗争是经常发生的，这是社会的阶级矛盾和新旧事物的矛盾在党内的反映。党内如果没有矛盾和解决矛盾的思想斗争，党的生命也就停止了。"[①] 在党内开展正确的思想斗争，必须坚持科学的方法。一是必须明确斗争的性质和目的。毛泽东强调，党内开展的无产阶级对非无产阶级的思想斗争，是非对抗性的矛盾。其目的是通过不断清除党内的错误思想倾向，在思想上、组织上进行整顿，维护党的团结和统一，保证党的纯洁性和先进性。二是必须坚持正确的原则和方法。对党内错误思想的斗争，要坚持无产阶级政党的建党原则和目标，以无产阶级党性作为判断党内正确与错误、先进与落后的标准，避免因个人的好恶和无原则的纠纷破坏党的组织。在此过程中，还要坚持与正面教育相结合，激励和团结党员努力推进革命事业。三是正确使用批评与自我批评的武器。毛泽东指出："党内批评是坚强党的组织、增加党的战斗力的武器"[②]，其目的在于指出党员在思想上、政治上、组织上的错误，并科学分析其社会根源，继而提出解决问题的方法。因此，必须坚持"惩前毖后，治病救人"的正确方针，从团结的愿望出发，经过批评，在新的基础上达到新的团结。党员既要勇于开展批评，又要虚心听取意见，互为镜鉴，以"抵抗各种政治灰尘和政治微生物侵蚀我们同志的思想和我们党的肌体"[③]。

> 延安时期，为了解决党内存在的思想分歧、宗派主义等问题，我们党开展了大规模的整风运动，使全党达到了空前的团结和统一，为夺取抗战胜利和全国解放奠定了强大思想政治基础。
>
> 习近平．习近平谈治国理政：第4卷．北京：外文出版社，2022：516.

---

① 毛泽东选集：第1卷．2版．北京：人民出版社，1991：306.

② 毛泽东选集：第1卷．2版．北京：人民出版社，1991：90.

③ 毛泽东选集：第3卷．2版．北京：人民出版社，1991：1096.

以整风运动的方式加强党内思想教育，是中国共产党的伟大创举。1942 年党在延安开展了一场全党范围内的整风运动，把加强党内思想教育与解决党内问题结合起来，这是毛泽东思想建党原则的一次完整、系统的实践。一是把理论学习作为思想教育的基础。对于共产党员来说，理论学习和思想修养是统一的。为了抓好理论学习，党中央不仅对中央机构进行了改革，逐渐完善了相关的规章制度和相应措施，还在全国各地党组织成立了许多高级学习组，作为干部教育的主要抓手，在全党范围内有计划地发起了一系列学习运动，掀起了一场理论学习的热潮。二是明确中心任务是整顿“三风”问题。毛泽东指出：“反对主观主义以整顿学风，反对宗派主义以整顿党风，反对党八股以整顿文风，这就是我们的任务。”① 其中，学风问题既是思想方法问题，又是对待马克思列宁主义的态度问题，党风和文风问题则是其在不同领域的表现。毛泽东强调，整风最重要的目的就是要树立起马克思主义的学风，学会用马克思主义的基本立场、观点和方法来解决中国革命的问题。三是明确党内思想教育的主体内容。为了满足整风运动和革命形势发展的需求，党中央编辑出版了中央文件集和马列著作集，认真选定了许多学习材料和文件，以供党员学习。这对于纠正以王明为代表的把马克思主义教条化、把共产国际决议和苏联经验神圣化的错误倾向，坚持用以毛泽东为代表的党内正确理论对广大党员进行系统的思想教育，具有重要意义。

作为在全党范围内开展的“一个普遍的马克思主义的教育运动”②，延安整风不仅使全党的马克思主义思想理论水平有了极大的提高，也推动了马克思主义中国化的进程。正是在延安整风中，以毛泽东为主要代表的中国共产党人创造了整风这一思想教育的有效形式，并用它来教育全党、武装全党。实践表明，毛泽东着重在思想上建党的思想，以思想斗争和整风的形式加强党内思想教育的方法，为中国共产党解决党内矛盾、保持党的先进性提供了有力武器。

（三）坚持和发展民主集中制原则

民主集中制是由列宁提出并确立的马克思主义政党的根本组织原则。以毛泽东为主要代表的中国共产党人，在党的建设实践过程中始终坚持这一组织原则，不断总结民主集中制的经验，对民主集中制进行了深刻阐释，赋予民主集中制丰富的内涵，极大地丰富和发展了民主集中制理论。

第一，民主集中制是党的根本组织原则。

民主集中制是指民主基础上的集中和集中指导下的民主相结合，它既是党的根本组织原则和领导制度，也是党内政治生活遵循的基本准则。民主集中制的民主，指的是党员意愿的充分表达和积极性、创造性的有效发挥；民主集中制的集中，指的是全党智慧、力量的凝聚和行动的一致。中国共产党是按照民主集中制原则组建起来的马克思主义政党，民主集中制作为党的根本组织原则主要表现在以下几个方面：

---

① 毛泽东选集：第 3 卷．2 版．北京：人民出版社，1991：812.

② 毛泽东选集：第 3 卷．2 版．北京：人民出版社，1991：1108.

> 什么叫集中？首先是要集中正确的意见。在集中正确意见的基础上，做到统一认识，统一政策，统一计划，统一指挥，统一行动，叫做集中统一。
>
> 中共中央文献研究室．毛泽东文集：第8卷．北京：人民出版社，1999：294.

一是将集中制作为民主集中制最重要的条件。民主集中制中最重要的要求，是把党的一切组织的领导集中于党中央，依靠集中统一的领导组织，充分运用和发挥集体智慧，做出正确的决定，实现正确的领导，从而保证党的各项事业的健康发展。中国共产党之所以必须实行集中制，是因为党担负着从根本上改造社会的任务，它必须有计划有组织地领导广大人民群众完成革命和建设事业。为了实现这些任务，就必须以严格的集中制来保证党的各级组织和全体党员在行动中的步调一致。如果在组织上不采取集中制，部分党员身上存在的封建残余思想、资产阶级腐朽思想就会破坏党的统一意志、统一行动和统一纪律，甚至发展到小团体活动和派别斗争，使党与人民的事业受到极大的损害。

中国共产党的集中制不是个人独断专行的集中制，而是党委集体领导与个人分工负责相结合的集中制。毛泽东在《关于健全党委制》一文中明确提出："一切重要问题（当然不是无关重要的小问题或者已经会议讨论解决只待执行的问题）均须交委员会讨论，由到会委员充分发表意见，做出明确决定，然后分别执行。"① 具体来说，就是采取"集体领导、民主集中、个别酝酿、会议决定"的原则，在党委集体领导方面，凡涉及党的路线、方针、政策，重要业务工作的部署，关键干部的任免与调整，重大事件的处理等重要问题，都要进行集体决策，党委的每个成员都有权利和义务根据实际情况发表意见。在决策过程中，各级党委的书记和委员之间的关系是少数服从多数的关系，党委讨论形成的决定，全体成员都要无条件服从，允许个人持保留意见，但不得在外公开反对。在个人分工负责方面，党委的委员在集体决策的安排下进行分工，在各自的工作范围内主动地克服困难、开展工作，完成党组织分派给自己的任务。此时，个人已经成为集体意志的代表，在各个部分保证集体决议的贯彻落实，同时做到分工不分家，既承担好个人分工范围内的责任，又关心全局工作，参与集体领导并协助其他部分工作的推进。

> 我们是干革命的，还怕民主？还怕人家发表意见？你说对了就可以说出一个正确的道理来，说错了也不要紧，说错了还可以让人知道一条错误的道理，所以要实行高度的民主。
>
> 中共中央文献研究室．毛泽东文集：第3卷．北京：人民出版社，1996：399.

二是将党内民主制作为发挥全体党员积极性、主动性、创造性的基础。中国共产党的组织强而有力的重要原因之一，在于党员在任何困难的条件下，都能够对党的事业保持高度的自觉性和积极性，并与群众保持密切的联系。这种高度的主人翁意识的树立正是依靠党内民主的发挥。毛泽东在党的六届六中全会的政治报告中就论述了党内生活的民主化对发挥党员积极性的重要作用，"所谓发挥积极性，必须具体地表现在领导机关、

---

① 毛泽东选集：第4卷．2版．北京：人民出版社，1991：1340－1341.

干部和党员的创造能力，负责精神，工作的活跃，敢于和善于提出问题、发表意见、批评缺点，以及对于领导机关和领导干部从爱护观点出发的监督作用。……而这些积极性的发挥，有赖于党内生活的民主化”①。因此，民主的实质是要发挥全体党员和一切党组织的积极性、主动性和创造性，鼓励党员运用独立思考的、实事求是的、创造性的思维积极参加党的工作，加强上下级之间生动活泼的联系，一方面使许多惯于墨守成规、不尊重党员和广大群众创造性的领导干部改变官僚作风；另一方面使党员以更高的自觉性执行上级组织的指示和决议，推进党在各方面的工作。

在党内政治生活中，党的民主制度具体表现为：（1）民主选举制度与代表大会报告制度。即党的各级领导机关均由选举产生，各级机关向选举自己的大会负责并报告工作；各级领导机关有义务听取下级组织和党员群众的意见；定期举行或根据实际需要召开各级党组织的代表大会、党员大会和党委委员全体会议。（2）自上而下和自下而上地开展批评与自我批评。批评与自我批评是党员在党内政治生活中民主表达的最有效渠道，党内矛盾的解决、党组织的团结与巩固、党员的积极性与觉悟性的提升，都有赖于发扬党内民主和开展党内批评与自我批评。批评与自我批评的常态化，一方面能吸引党员充分讨论党的政策，积极提出意见和建议，促进党的领导的进步；另一方面也能教育普通党员充分理解上级组织的政策和决议，实现上下级之间更加活泼生动的理解与沟通。（3）实行集体领导制度。集体领导在于能够将党组织集体中富于各方面经验的人的智慧集中起来，同时要求领导者必须密切联系群众，否则就不可能实现正确的领导。在遇到重大问题时，经过集体从各个角度进行深入研究和讨论，就可能防止或避免发生偶然性和片面性的错误，从而实现相对正确的领导。同时，实行集体领导，还能使集体领导成员在工作中互相学习，不断获得进步，达到在实践中培养干部的目的。

三是在民主集中制实行过程中要贯彻“四个服从”的组织纪律，明确上下级党组织的关系原则。中国共产党在探索实践民主集中制的过程中，逐渐形成了“四个服从”的组织纪律，即个人服从组织、少数服从多数、下级服从上级、全党服从中央。毛泽东强调指出：“谁破坏了这些纪律，谁就破坏了党的统一。”② 这些纪律虽然形成于革命战争时期，但由于其原则与党的民主集中制相联系，所以在新中国成立后，仍然适用于处理党内包括上下级组织关系在内的各种关系。当然，“四个服从”也不是要求党员盲目地、机械地服从上级，而是建立在充分认识社会前进方向，并愿意为党和人民的事业牺牲个人利益的基础上的自觉服从。正如毛泽东在党的七大的口头政治报告中指出的：“党是人民中优秀分子的结合，大家是自觉地愿意受约束，就是承认党纲、党章，服从党的决议案，愿意自我牺牲。”③ 服从不是封建专制式的无原则服从，而是建立在高度民主的基础上，各级党组织和每个党员在党内都享有充分的民主权利，在少数服从多数的前提下，多数要尊重少数的意见和建议。按照党的章程规定，党员拥有对党的工作提出建议和倡议的权利，也拥有向党的上级组织直至中央提出请求、申诉和控告的权利。

---

① 毛泽东选集：第2卷.2版.北京：人民出版社，1991：529.

② 毛泽东选集：第2卷.2版.北京：人民出版社，1991：528.

③ 中共中央文献研究室.毛泽东文集：第3卷.北京：人民出版社，1996：337.

第二，坚持和发展党的民主集中制。

中国共产党是在一个以农民和小资产阶级为主要成分的国家建立的无产阶级政党，在旧社会的胞胎中成长起来的农民和小资产阶级出身的党员不可避免地会带有个人主义、自由主义等落后思想。民主集中制的意义在于，根据马克思主义原则形成的思想一致是用组织的物质统一来巩固的，它能够从组织层面巩固思想建党的成果，保证党的统一意志、统一纪律和统一行动，并最大限度发挥党员积极性，从而保证党的有效领导。党的二大将民主集中制作为党的组织原则写进党的决议，规定我们党“必须建筑于德莫克乃西的中央集权的原则之上”[①]。“德莫克乃西的中央集权”即是民主集中制的早期译法。1927 年党通过《中国共产党第三次修正章程决案》，第一次在党章上明确规定“党部的指导原则为民主集中制”[②]，并对如何遵循民主集中制提出明确要求。

大革命失败后，党在艰苦的斗争环境中暴露了许多组织方面的不足，毛泽东在《中国共产党红军第四军第九次代表大会决议案》中将这些现象归结为极端民主化、非组织观点、主观主义、个人主义等。针对这些现实问题，毛泽东对党的组织原则提出了许多具体化要求：如领导机关要有正确的指导路线，遇事要拿出办法；要了解下情；解决问题不要太随便，一成决议，就必须坚决执行；重要决议要迅速传达下去；下级机关和党员对上级机关的指示，要了解其意义，有执行的办法；党的纪律之一是少数服从多数；要使党员了解批评的目的。这些措施，对于纠正党内的错误思想，端正党内的民主生活起到了重要作用，也是毛泽东实践民主集中制的重要开端。

在延安时期，毛泽东对民主集中制的论述更为丰富和成熟。这一时期他将“民主”和“集中”两种看似矛盾的要素辩证结合起来，并且从实践角度说明两者的作用以及互动关系。一方面，毛泽东将民主制视为发挥全党积极性的重要武器，指出“集中制应该密切联系于民主制。用民主制的实行，发挥全党的积极性。用发挥全党的积极性，锻炼出大批的干部，肃清宗派观念的残余，团结全党像钢铁一样”[③]。针对党内存在党员不懂得民主生活，党内极端民主和封建专制思想同时存在的问题，毛泽东提出实行民主生活的教育，教育党员正确处理民主制和集中制的关系，从思想教育上实现“确实扩大党内的民主生活”，同时又“不至于走到极端民主化，走到破坏纪律的自由放任主义”[④]。

另一方面，毛泽东又对集中制做了更为深刻的论述。他指出：“我们党的组织原则是团结全党，但同时必须进行斗争，斗争是为了团结。我党干部要做到虽受到打击也要服从组织，就是在一个时期为上级所不了解，并且孤立，都要能够忍耐下去。要能上能下。”[⑤] 在毛泽东的主持下，1941 年 7 月通过的《中共中央关于增强党性的决定》强调“应当在党内更加强调全党的统一性、集中性和服从中央领导的重要性。不允许任何党员

① 中共中央文献研究室，中央档案馆．建党以来重要文献选编（1921—1949）：第 1 册．北京：中央文献出版社，2011：144.

② 中共中央文献研究室，中央档案馆．建党以来重要文献选编（1921—1949）：第 4 册．北京：中央文献出版社，2011：268.

③ 毛泽东选集：第 1 卷．2 版．北京：人民出版社，1991：278.

④ 毛泽东选集：第 2 卷．2 版．北京：人民出版社，1991：529.

⑤ 中共中央文献研究室．毛泽东年谱（1893—1949）：中卷．修订本．北京：中央文献出版社，2013：286.

与任何地方党部，有标新立异，自成系统，及对全国性问题任意对外发表主张的现象”[①]。也就是说，全体党员尤其是党员干部应该在思想上、言论上、行动上同党中央保持一致。中共七大党章也明确规定：“凡关于全国性质的问题，在中央没有发布意见和决定以前，各部分和各地方党的组织及党的负责人，除自行讨论及向中央建议外，均不得自由发布意见和决定。凡关于地方性质的问题，党的地方组织有自主决定之权；但不得和中央及上级的决定相抵触。”[②]

解放战争时期，党的民主集中制得到进一步充实和完善，主要表现在民主集中制以制度形式在党内政治生活中实现常态化。针对党内存在的山头主义、地方主义倾向问题，毛泽东于1948年提出建立请示报告制度，要求必须严格执行少数服从多数、下级服从上级的规定，党的下级组织的代表大会、委员会及代表会议的重要决议，必须呈报党的上级组织批准以后方准执行，各级党的领导机关必须将不同意见的争论及时地、真实地向上级报告。针对党内存在的个人包办和官僚主义的习气，1948年9月毛泽东还专门为中共中央起草《关于健全党委制》的决定，明确提出“党委制是保证集体领导、防止个人包办的党的重要制度”[③]，初步形成了党委集体领导与个人分工负责相结合的制度。党委制与请示报告制度的确立，不仅对当时加强党的集体领导起了重要作用，而且对以后党的领导制度和党内民主生活制度建设也起着长远的指导作用。

新中国成立后，毛泽东在国家政治生活的实践中，对民主集中制进行了更加深入的思考。在1957年最高国务会议的讲话中，毛泽东对民主与集中的问题从哲学高度进行了深入概括，指出民主与集中是共处矛盾统一体中的两个不同侧面，民主集中制是二者的辩证统一，只有实现高度的民主，才能实现高度的集中。但是，民主不是绝对和无限的，党内民主是在集中指导下的民主，这样才能使人民的民主权利得到真正的保证。实行民主集中制所要达到的目标，就是要造成一个又有集中又有民主，又有纪律又有自由，又有统一意志又有个人心情舒畅、生动活泼，那样一种政治局面。

（四）加强党的作风建设

> 党的作风建设始终是摆在我们面前的一项重大而紧迫的任务，抓作风建设一丝都不能放松、一刻都不能停顿。
>
> 习近平．习近平谈治国理政：第1卷．2版．北京：外文出版社，2018：366.

党的作风是指党在活动中一贯表现出来的态度和行为，是党的性质、宗旨和世界观在党的活动中的表现。在马克思主义政党建设史上，毛泽东首次提出了党风概念，概述了党风的主要内容，揭示了党风和党性、世界观的内在联系，强调了党风建设对于推进革命事业的重要性，并在实践中形成了一整套党的作风建设的理论。

---

① 中共中央文献研究室，中央档案馆．建党以来重要文献选编（1921—1949）：第18册．北京：中央文献出版社，2011：445.

② 中共中央文献研究室，中央档案馆．建党以来重要文献选编（1921—1949）：第22册．北京：中央文献出版社，2011：541.

③ 毛泽东选集：第4卷．2版．北京：人民出版社，1991：1340.

第一，党的作风建设的重要性。

党的优良作风是党团结凝聚群众、战胜敌人的重要武器。在《整顿党的作风》一文中，毛泽东指出，党内存在主观主义、宗派主义、党八股的不良作风，并强调党的作风建设的重要性。"我们要完成打倒敌人的任务，必须完成这个整顿党内作风的任务。学风和文风也都是党的作风，都是党风。只要我们党的作风完全正派了，全国人民就会跟我们学。党外有这种不良风气的人，只要他们是善良的，就会跟我们学，改正他们的错误，这样就会影响全民族。只要我们共产党的队伍是整齐的，步调是一致的，兵是精兵，武器是好武器，那末，任何强大的敌人都是能被我们打倒的。"① 毛泽东还揭示了党风和党性、世界观的内在联系，指出党风不正，尤其是学风不正，是党性不纯的一种表现。实事求是的态度是党性的表现，就是理论和实际相统一的马克思列宁主义的作风，强调这是一个共产党员起码应该具备的态度。在西柏坡时期，毛泽东提出了"两个务必"的作风，进一步深化了党的作风建设的内涵。新中国成立后，他反复强调，要保持艰苦奋斗的作风，密切联系群众，提高全党的马克思主义思想水平，以适应社会主义改造和社会主义建设的需要。

第二，党的优良作风的主要内容。

毛泽东在党的七大上对党的优良作风做出简明而又深刻的理论概括，即理论和实践相结合的作风、和人民群众紧密地联系在一起的作风以及自我批评的作风，也就是理论联系实际的作风、密切联系群众的作风以及批评与自我批评的作风，并明确指出这三大作风是我们共产党人区别于其他任何政党的显著标志之一。

理论联系实际是中国共产党克服教条主义和经验主义的根本方法，是中国共产党对待马克思主义理论与实践的基本态度与行为。理论联系实际的作风，就是把马克思列宁主义基本原理同中国具体实际相结合，从实际出发研究和解决中国革命和建设的实际问题的作风。坚持理论联系实际的首要方法就是针对现实问题搞好调查研究，通过调查研究明晰情况，提出相应的解决方法。毛泽东在《大兴调查研究之风》一文中将这种方法归结为："通过调查研究，情况明了来下决心，决心就大，方法也就对。方法就是措施、办法，实现方针、政策要有一套方法。"② 同时，还要认真学习理论，尤其是要认真学习马克思主义经典作家观察问题和解决问题的立场和方法。毛泽东在《整顿党的作风》一文中指出："能够依据马克思列宁主义的立场、观点和方法，正确地解释历史中和革命中所发生的实际问题，能够在中国的经济、政治、军事、文化种种问题上给予科学的解释，给予理论的说明。……这样才是我们真正需要的理论家。"③

> 因为我们是为人民服务的，所以，我们如果有缺点，就不怕别人批评指出。不管是什么人，谁向我们指出都行。只要你说得对，我们就改正。你说的办法对人民有

① 毛泽东选集：第3卷.2版.北京：人民出版社，1991：812.

② 中共中央文献研究室.毛泽东文集：第8卷.北京：人民出版社，1999：235.

③ 毛泽东选集：第3卷.2版.北京：人民出版社，1991：814.

> 好处，我们就照你的办。
> 毛泽东选集：第3卷．2版．北京：人民出版社，1991：1004.

密切联系群众是中国共产党克服官僚主义、命令主义的工作态度，是党的优良作风和根本优势。这种作风是中国共产党全心全意为人民服务的宗旨所要求的一切从人民的利益出发，而不是从个人或者小团体的利益出发，这就使得中国共产党人的一切行为和政策都与人民群众的要求相一致。密切联系群众也要注意防止和克服尾巴主义倾向，辨别群众先进与落后的要求，这样才能广泛深入地动员和组织群众，提高群众的觉悟，带领人民群众为实现自己的根本利益而奋斗。因此，毛泽东提出，要“根据群众的觉悟程度，去启发和提高群众的觉悟，在群众出于内心自愿的原则之下，帮助群众逐步地组织起来，逐步地展开为当时当地内外环境所许可的一切必要的斗争”①。

批评与自我批评是中国共产党开展自我革命，克服错误思想和行为，提高自身觉悟和能力，保持党的先进性和纯洁性的有效手段。以毛泽东为主要代表的中国共产党人在延安整风中，正是运用批评与自我批评这一思想武器，坚持对有错误和缺点的同志实行“惩前毖后，治病救人”的方针，并总结出“知无不言，言无不尽”“言者无罪，闻者足戒”“有则改之，无则加勉”等批评与自我批评的方法，这不仅克服了以往“左”倾教条主义者“残酷斗争，无情打击”的宗派主义作风，而且还达到消除误解、化解矛盾，维护党的团结与统一的目的。

第三，加强党风建设的主要途径。

加强党的作风建设，一要加强马克思主义思想教育和党的宗旨教育，开展整风运动，提高党性觉悟，使广大党员干部明确“共产党的唯一任务，就在团结全体人民，奋不顾身地向前战斗，推翻民族敌人，为民族与人民谋利益，绝无任何私利可言”②，牢牢站在马克思主义立场上，始终坚持全心全意为人民服务，做人民的勤务员。二要坚持“一切为了群众，一切依靠群众，从群众中来，到群众中去”的群众路线，确立一切为了人民群众、一切向人民群众负责、相信群众自己解放自己、向人民群众学习的马克思主义群众观点；坚持领导与群众相结合的基本方法，充分发挥“两个积极性”；坚持物质激励与精神激励相结合，既给人民群众看得见的物质利益又高度重视思想政治工作，使党员干部和群众打成一片。三要加强实践锻炼，深入基层、深入群众开展调查研究，自觉地认定党是人民群众在特定历史条件下完成特定历史使命的工具，不论什么时候，总是以群众的利益为考虑问题的出发点，“与人民利益适合的东西，我们要坚持下去，与人民利益矛盾的东西，我们要努力改掉，这样我们就能无敌于天下”③。

（五）执政条件下党的建设

新中国成立后，中国共产党从领导人民为夺取全国政权而奋斗的党转变为一个领导

① 毛泽东选集：第3卷．2版．北京：人民出版社，1991：1095.
② 中共中央文献研究室．毛泽东文集：第2卷．北京：人民出版社，1993：395.
③ 中共中央文献研究室．毛泽东文集：第3卷．北京：人民出版社，1996：210.

人民掌握全国政权的党，这种变化一方面使得党能够在更广的范围、更深的程度上动员教育群众，通过国家政权实现党的纲领和目标；另一方面，执政条件下党的建设也面临着新的情况和考验，人民政权的国内外形势依旧严峻，执政条件下的党员能否经得起糖衣炮弹的攻击，这些都对中国共产党提出了更高的要求。在以毛泽东为主要代表的中国共产党人的努力下，党不仅经受住了执政考验，成功领导中国人民推进社会主义革命和建设，而且还使党的建设在这个过程中得到进一步发展，并积累了许多宝贵的历史经验。

第一，党的建设面临的新情况和新任务。

尽管革命战争年代党的建设积累了丰富的历史经验，但随着党的工作重心由农村转向城市，在中国这样一个复杂的环境下进行政治、经济、文化建设，执政的中国共产党面临许多新情况和新任务。

> 当革命胜利之后，在工人阶级和共产党已经成为领导全国政权的阶级和政党的时候，我们党和国家的领导工作人员，由于受到官僚主义的多方面的袭击，就面临到有可能利用国家机关独断独行、脱离群众、脱离集体领导、实行命令主义、破坏党和国家的民主制度的这样一个很大的危险性。
>
> 中共中央文献研究室．建国以来重要文献选编：第 8 册．北京：中央文献出版社，2011：198.

一是中国共产党面临着执政考验。新中国成立后，走上全国执政地位的中国共产党面临着诸多严峻考验：军事上，人民解放战争还没有完全结束；经济上，新中国继承的是一个千疮百孔的烂摊子；国际上，妄图称霸全球的美国对新中国实行政治孤立、经济封锁和军事包围；党的自身队伍建设方面，面对艰巨繁重的建设任务，必须尽快学习经济建设和治理国家的全新本领，必须经得起资产阶级“糖衣炮弹”的攻击。总之，新中国已经成立，但新生的人民政权能不能站得住脚，中国共产党能不能管理好国家，党员干部能不能继续保持优良传统和作风，都是执政的中国共产党必须要回答的重大课题。

二是生活条件和党的历史方位变化带来的党员干部腐化堕落的考验。随着党的地位、环境的变化，党员干部的思想出现了新问题，一些党员干部认为革命事业已经完成，对于新中国面临的严峻形势没有足够认识，不求进步，不愿意再艰苦奋斗，生活上追求物质享受，党内出现了骄傲自满、以功臣自居的倾向。正如陈云在党的七届四中全会上指出的，“起初是干革命来的，以后是革命加做官，既革命，又做官。后来官越做越大，味道也越来越大，（笑声）有人就只想做官，不想革命了，把革命忘光了”①。一些干部把个人利益放在党和人民的利益前面，向党争名誉、要地位、争待遇，甚至出现严重的贪污腐化的现象。党员干部的贪污腐化问题虽然是少数，但已经严重侵蚀了党的肌体。

三是党的工作环境变化带来的脱离群众和官僚主义倾向的考验。这是中国共产党成为执政党后面临的最大危险。在新民主主义革命时期，党和人民军队一旦脱离群众，失去群众的支持，马上就会面临覆灭的危险。党员必须深入群众中去动员、宣传和教育群

① 陈云．陈云文选：第 2 卷．北京：人民出版社，1995：231.

众，关心群众的生活，解决群众的实际困难，否则革命队伍就无法得到发展和壮大。新中国成立后，中国共产党掌握国家机器，拥有调动社会资源的强大力量，这就使得一部分党员没有了脱离群众的危机感，容易产生官僚主义、主观主义的作风。一方面自以为是，打压民主，不倾听群众意见，执行政策对群众采取命令主义和压迫办法；另一方面对于人民群众的需求漠不关心，搞形式主义，办事拖沓、效率低下。这些脱离群众的恶劣作风极大损害人民群众对于党的信任，破坏新民主主义革命时期建立起来的良好党群关系。

此外，党的建设中还面临一些新的情况。中国共产党成为执政党后，党的组织空前壮大，到 1956 年党的八大时，党员达到了 1 073 万人，其中 60%左右是 1949 年以后入党的新党员。在严峻的战争环境中，落后分子和投机分子很少愿意加入共产党，发展党员时有一种天然的筛选条件。而在和平年代，在有些人看来，加入共产党不仅没有什么风险，而且执政党能够掌握公权力，他们就会将入党作为谋取个人利益的渠道，变成追名逐利、升官发财的阶梯。这也是执政条件下中国共产党在党的建设中必须解决的一个严峻课题。

第二，执政条件下党的建设的途径和方法。

毛泽东和党中央在领导党和人民完成恢复和发展国民经济，实现社会主义改造，进行社会主义建设的过程中，始终高度重视党的自身建设。针对党的建设面临的新情况、新任务，进一步加强党的思想、作风和组织建设，并初步建立起执政条件下干部管理和监督制度，对执政党建设的理论和实践进行了积极探索。

一是坚持以思想建设为基础，加强党员干部教育。思想建设是毛泽东党建理论的核心内容。在执政条件下，毛泽东多次强调，要加强党员干部的马克思主义理论教育，使广大党员干部能自觉地运用马克思主义的立场、观点、方法分析问题、指导工作。为此，党中央从 1951 年起多次组织开展党员干部的理论教育学习活动，如 1951 年的干部理论学习，1958 年学习社会主义经济理论，1964 年组织高级干部学习马恩列斯著作，等等。正是在中央和各级地方党委的组织动员下，这一时期在党内多次形成了学习马克思主义理论的热潮。

毛泽东还十分重视通过党的宣传工作以加强党员干部教育。从 1951 年第一次全国宣传工作会议后，党对宣传教育工作做了较为全面的部署：一方面，建立党的宣传工作网络，在党的每个支部都设立宣传员，在党的领导机关设立报告员，并且建立宣传报告制度，通过宣传员队伍，将党的方针、政策及时传递到党员和人民群众中去，并将他们的意见及时反馈给上级；另一方面，以党的指导思想以及路线、方针、政策为宣传教育主要内容，通过宣传使广大党员和群众理解当前的中心工作与自身使命，增强对社会主义事业的信心与美好憧憬。

二是开展整党整风运动，密切党与群众的联系。毛泽东在全国革命即将胜利之前就已经认识到，中国共产党在执政条件下能不能继续保持同人民群众的血肉联系，能不能继续保持谦虚、谨慎、不骄、不躁和艰苦奋斗的作风，这是关系到党的立身之本能否避免被权力、地位和名利所腐蚀的关键问题。因此，执政党一定要加强作风建设，克服党员干部中存在的官僚主义和命令主义。为此，毛泽东和党中央采用整党整风的方式来遏制这一危险倾向，如 1950 年的整风运动，1951 年到 1954 年的整党运动，1957 年的整风运动等。在这些运动中，毛泽东和党中央要求充分运用批评与自我批评这个重要思想武器，发动群众来对党和政府进行监督，使党员不脱离群众，保持优良的作风。党还做出《中共中央关于在报纸刊物上展开批评和自我批评的决定》，明确指出要“吸引人民群众在报纸刊物上公开地批评我们工作中的缺点和错误，并教育党员，特别是党的干部在报纸刊物上作关于这些缺点和错误的自我批评，在今天是更加突出地重要起来了”①。

为密切党群联系，毛泽东和党中央还要求严肃处置贪污腐化问题。一方面是坚持党的群众路线，动员广大人民群众参与反腐败斗争。例如，在1951年开展的“三反”运动中，中共中央就发出《关于立即限期发动群众开展“三反”斗争的指示》，要求各单位立即按限期发动群众开展斗争。在这场斗争中，共有23.8万人被开除党籍，并严厉查办了一批贪污腐化的干部，树立了执政党清正廉洁的光辉形象。另一方面，则采取思想教育与纪律惩戒相结合的方法，给予一些党员干部及时认识和改正错误的机会，肃清自身腐朽错误思想，回到为人民服务的队伍中来。党中央也多次指出，要采取“以教育为主，以惩办为辅”的方针，对于犯有一般缺点和错误的同志，要好好帮助他们“洗手洗澡，下楼过关，努力工作”。

三是加强组织建设，发挥基层党组织的战斗堡垒作用。新中国成立后，党的组织经历了一个大发展的过程，但是由于新中国成立初期工作繁重和干部力量不足，导致对新发展的党员把关不严、管理教育不够等问题，极大损害了基层党组织的战斗力。因此，中共中央从1951年下半年开始，用三年时间，以思想教育为主、组织审查为辅，对基层党组织进行了有计划、有步骤的全面整顿。首先用一年时间进行如何做一个共产党员的教育，对党员进行一次党纲、党章的普及教育，在此基础上对每个党员进行登记和组织鉴定，将混入其中的敌特分子、投机分子开除出党或做劝退处理。然后按照新的党员八项条件的要求，在全国共发展107万新党员，使得基层党员的政治素养和思想水平得到明显改善，并在全国职工人数50人以上的工矿企业及高等学校，基本建立起党的组织。同时，党内的组织生活制度也初步建立和健全起来。党的基层组织的整顿与发展，极大地增强了党的战斗力，有利于其更好地发挥战斗堡垒作用。

四是建立党的纪律检查制度，重视党内监督问题。新中国成立伊始，党就成立了中央纪律检查委员会，由朱德兼任书记。此后，各地方党委和解放军团级以上党委均建立了党的纪律检查机构，监察同级及直属各部门的党组织和党员的违法乱纪行为。鉴于“高饶事件”的严重教训，党中央认为亟须健全纪律检查制度，对党的干部进行严格的、经常的、有系统的监督。在1955年3月党的全国代表会议上，党中央决定将纪律检查委员会改为监察委员会，以加强对党员干部尤其是高级干部的监督。监察委员会的主要任务是：检查和处理违反党的章程、党的纪律、共产主义道德和国家法律、法令的案件；决定和取消对党员的处分；受理党员的控诉和申述。监察委员会的设立及其有效工作，使党的纪律工作和反腐工作跃上了一个新台阶，即以制度的形式将纪律工作和廉政建设常态化。

总之，以毛泽东为主要代表的中国共产党人，在长期的革命斗争和建设实践中，不仅成功解决了在工人阶级人数相对较少的国家里建设一个全国范围内、广大群众性的无

① 中共中央文献研究室．建国以来重要文献选编：第1册．北京：人民出版社，2011：163.

产阶级政党的问题，而且在成为掌握全国政权的执政党以后，积极探索执政条件下党的建设问题，在面临执政时如何保持党的先进性和纯洁性等问题上取得了丰硕成果，积累了宝贵的经验。

三、党的建设理论的地位和作用

毛泽东关于党的建设理论是马克思主义党建理论与中国共产党的建设实践相结合而形成的理论成果，是中国共产党建设经验的科学总结，是对马克思主义党建理论的丰富和发展，具有重要历史地位和作用。

（一）丰富和发展了马克思主义党建理论

以毛泽东为主要代表的中国共产党人，在建设党的建设伟大工程的过程中，是以马克思列宁主义建党学说为理论依据的。但是，马克思列宁主义建党学说是无产阶级政党建设的一般原理和指导原则，靠背诵这些原理原则和照搬外国经验，是不可能解决中国共产党的建设实际问题的。毛泽东根据中国社会的历史条件，把马克思列宁主义建党学说创造性地运用于党的建设实践，从多个方面丰富和发展了马克思列宁主义建党学说。

> 在井冈山时期，即红军创建时期，毛泽东同志的建党思想就很明确。大家看看红军第四军第九次党代表大会的决议就可以了解。他的完整的建党学说，是经过实践在延安整风时期建立起来的。毛泽东同志对于建立一个什么样的党，党的指导思想是什么，党的作风是什么，都有完整的一套。
>
> 邓小平．邓小平文选：第 2 卷．2 版．北京：人民出版社，1994：44.

毛泽东关于党的建设理论的独创性的贡献主要体现在，强调从思想上建设党，提出党的建设必须密切联系党的政治路线来进行，创造性地运用民主集中制原则，提出党内斗争的正确方针，概括提出党的“三大作风”，创造了在全党通过批评与自我批评进行马克思主义思想教育的整风形式等，使马克思列宁主义的基本原则在中国展现出独特的光辉。在表达上按照中华民族的思维方式、文化性格、精神气质、语言习惯等特点，表述和体现马克思主义党建理论的基本原理，使之具有鲜明的中国风格和中国气派。比如，党的“实事求是”的思想路线、“任人唯贤”的干部路线、“德才兼备”的用人标准，毛泽东倡导的“鞠躬尽瘁，死而后已”的为民情怀、“知无不言，言无不尽”的坦荡品行、“有则改之，无则加勉”的求实态度等，都是用中国民族语言深入浅出阐释马克思主义党建理论的典范，为中国老百姓所喜闻乐见。

邓小平指出，关于建党的学说，“马克思、恩格斯讲得不多，列宁有个完整的建党的学说”，“把列宁的建党学说发展得最完备的是毛泽东同志”[①]。这不仅说明了毛泽东关于

① 邓小平．邓小平文选：第 2 卷．2 版．北京：人民出版社，1994：44.

党的建设理论同马克思列宁主义建党学说的内在联系，而且充分肯定了毛泽东关于党的建设理论对发展马克思列宁主义建党学说做出的重大贡献。毛泽东关于党的建设理论既开创了马克思主义党建理论中国化之先河，又为中国化马克思主义党建理论的创新发展奠定了坚实基础，提供了重要的方法论。

（二）开创了党的建设伟大工程

中国共产党诞生在半殖民地半封建的旧中国。中国共产党的建设是在农民和其他小资产阶级成分占中国人口大多数的条件下进行的，是在同资产阶级又联合又斗争的复杂环境中进行的，是在农村武装斗争和根据地建设的环境中进行的，还是在抵制、反对把马克思主义教条化、把共产国际决议和苏联经验神圣化的错误倾向的斗争中进行的。这个特殊的社会历史环境，决定了建设一个广大群众性的、思想上政治上组织上完全巩固的马克思主义政党，是一个极其伟大而又艰巨的任务。以毛泽东为主要代表的中国共产党人，在这样特殊的社会历史环境中，以马克思列宁主义建党学说为指导，密切联系党的政治路线，联系党领导的武装斗争和统一战线的实践，独创性地解决了党的建设的一系列特殊矛盾和复杂问题，形成了一系列独创性的具有中国特色的党的建设理论成果，开创了党的建设“伟大的工程”，成功建设了一支团结统一、纪律严明、英勇善战的工人阶级先锋队。

（三）为党和国家事业发展提供了根本保障

毛泽东关于党的建设理论是被实践证明了的关于中国共产党建设的正确的理论原则和经验总结，是党的建设事业胜利发展的根本保障。中国革命的胜利，必须有先进的阶级和革命的政党来领导。毛泽东指出，没有一个革命的党，没有一个按照马克思列宁主义的革命理论和革命风格建立起来的革命党，就不可能领导工人阶级和广大人民群众战胜帝国主义、封建主义和官僚资本主义。以毛泽东为主要代表的中国共产党人，在领导人民进行新民主主义革命的过程中，围绕建设一个什么样的党、怎样建设党进行了艰辛探索，对党的建设经验进行了科学总结，逐步构建起符合中国实际的独具特色的完备的党建理论。我们党用这个科学理论教育全党、全军和人民，建立了一个广大群众性的、思想上政治上组织上完全巩固的马克思主义政党，领导人民取得了新民主主义革命的伟大胜利。新中国成立以后，毛泽东关于党的建设理论又有了新的发展，为党的建设事业发展提供了强大的思想武器。

思考题

1. 为什么要把思想建设放在党的建设的首位？
2. 如何理解毛泽东思想建党的科学内涵与历史意义？
3. 如何理解民主集中制是中国共产党的根本组织原则？
4. 毛泽东执政党的建设理论有哪些重要内容？

阅读书目

1. 毛泽东．关于纠正党内的错误思想//毛泽东选集：第1卷．2版．北京：人民出版社，1991.

2. 毛泽东．《共产党人》发刊词//毛泽东选集：第2卷．2版．北京：人民出版社，1991.

3. 毛泽东．整顿党的作风//毛泽东选集：第3卷．2版．北京：人民出版社，1991.

4. 毛泽东．在扩大的中央工作会议上的讲话//中共中央文献研究室．毛泽东文集：第8卷．北京：人民出版社，1999.

5. 刘少奇．论党//刘少奇选集：上卷．北京：人民出版社，1981.

第十章

实事求是

实事求是，是毛泽东思想的精髓和灵魂。它是以毛泽东为主要代表的中国共产党人，科学地理解马克思主义的思想精髓，在与主观主义斗争的过程中，用中国成语对辩证唯物主义和历史唯物主义的世界观和方法论所做的高度概括。习近平在纪念毛泽东同志诞辰120周年座谈会上指出："实事求是，是马克思主义的根本观点，是中国共产党人认识世界、改造世界的根本要求，是我们党的基本思想方法、工作方法、领导方法。不论过去、现在和将来，我们都要坚持一切从实际出发，理论联系实际，在实践中检验真理和发展真理。"①

一、实事求是思想路线的形成及其发展

实事求是一词，最早出现在东汉史学家班固编纂的《汉书·河间献王刘德传》中，书中用"修学好古，实事求是"称赞河间献王刘德严谨求实的治学态度。唐代颜师古将实事求是解释为"务得事实，每求真是也"，意思就是说研究学问必须掌握充分的事实根据，用事实说话，再从事实中找出真实的结论。后来，实事求是从一种治学态度流布到社会层面，衍生出"一是一，二是二，说老实话，办老实事，做老实人"的民俗含义，并逐渐渗透到政治领域，成为中华优秀传统文化的重要内容。到了近代，由于赵天麟、宾步程等教育家对实事求是的推崇、宣传，实事求是的内涵得以丰富和拓展，具有了"在实践基础上探求科学真理"的意义。新民主主义革命时期，毛泽东将马克思列宁主义基本原理同中国具体实际相结合、同中华优秀传统文化相结合，从辩证唯物主义的哲学高度对实事求是做了科学的解释，赋予了它崭新的时代内容，从而使实事求是这个古老词语得到质的升华，成为毛泽东思想的精髓和灵魂，成为中国共产党的思想路线。

> 马克思、恩格斯创立了辩证唯物主义和历史唯物主义的思想路线，毛泽东同志用中国语言概括为"实事求是"四个大字。
>
> 邓小平．邓小平文选：第2卷．2版．北京：人民出版社，1994：278.

① 中共中央文献研究室．十八大以来重要文献选编：上．北京：中央文献出版社，2014：695.

（一）实事求是思想路线的确立

党的思想路线也叫认识路线，是中国共产党认识问题、分析问题、处理问题所遵循的最根本的指导原则和思想基础。党在长期的革命实践中，确立了一条辩证唯物主义的思想路线，即一切从实际出发，理论联系实际，实事求是，在实践中检验真理和发展真理。实事求是是党的思想路线的实质与核心，因此，我们也把这条思想路线称为实事求是的思想路线。这条思想路线是在毛泽东的倡导下，在长期革命斗争中逐步形成和发展起来的，大体经历了萌芽、初步形成、正式形成并在全党确立三个阶段。

建党之初和大革命时期是实事求是思想路线的萌芽阶段。毛泽东从参加共产主义运动、缔造中国共产党的年代开始，就一直提倡对社会客观情况做调查研究，反对脱离中国社会和中国革命实际去研究马克思主义。1919 年，毛泽东在湖南成立健学会，他在《湘江评论》上发表的《健学会之成立及进行》一文中指出，健学会成立之前湖南的思想界是空虚的思想，“凑热闹成了风，人人思想界，便不容易引入实际去研究实事和真理了”①。同年又主导成立问题研究会，他在《问题研究会章程》中明确提出“同人今设一会，注重解决如斯之问题，先从研究入手，定名问题研究会”②，并列出了影响中国社会发展、亟待从理论上进行分析研究的 60 多种问题。1920 年 3 月，在致周世钊的信中，毛泽东进一步强调：“吾人如果要在现今的世界稍为尽一点力，当然脱不开‘中国’这个地盘。关于这地盘内的情形，似不可不加以实地的调查，及研究。”③ 在长期研究和宣传马克思主义的过程中，毛泽东秉持的躬行实践、务实求真的优秀朴素作风，逐渐转化为实事求是的理论品质。

中国共产党在成立之初，由于革命斗争经验和理论准备的不足，当时党的主要领导人还不能深刻认识近代中国社会的性质和中国革命的特点，看不清民主革命和社会主义革命的区别与联系，在革命道路、路线和政策等方面犯了教条主义错误，导致中国革命出现重大曲折。不过，毛泽东仍然坚持以马克思主义基本观点和方法为指导，深入地调查和分析当时中国社会的客观情况，在大革命时期写出了《中国社会各阶级的分析》《湖南农民运动考察报告》等著作。在《中国社会各阶级的分析》一文中，毛泽东明确提出：“谁是我们的敌人？谁是我们的朋友？这个问题是革命的首要问题。”④ 以往中国历次革命失败的关键在于，没有团结真正的朋友，以攻击真正的敌人，中国革命的胜利必须首先调查分析中国社会各阶级的客观实际情况。1927 年初，为了答复当时党内外对农民运动的责难，毛泽东在湖南开展了 32 天的考察工作，写下了《湖南农民运动考察报告》一

① 中共中央文献研究室，中共湖南省委《毛泽东早期文稿》编辑组．毛泽东早期文稿（1912.6—1920.11）．长沙：湖南人民出版社，2013：334.

② 中共中央文献研究室，中共湖南省委《毛泽东早期文稿》编辑组．毛泽东早期文稿（1912.6—1920.11）．长沙：湖南人民出版社，2013：362.

③ 中共中央文献研究室，中共湖南省委《毛泽东早期文稿》编辑组．毛泽东早期文稿（1912.6—1920.11）．长沙：湖南人民出版社，2013：428.

④ 毛泽东选集：第 1 卷．2 版．北京：人民出版社，1991：3.

文，实事求是地分析了湖南农民运动的具体情况，指出农民运动不是“糟得很”，而是“好得很”，找到了农民阶级这一中国革命走向胜利的主要依靠力量。

> 从实际出发，实事求是，这是我们唯物主义者的根本立场。
> 邓小平．邓小平文选：第1卷．2版．北京：人民出版社，1994：244.

土地革命战争时期和抗日战争初期是实事求是思想路线的初步形成阶段。大革命失败后，在深刻总结革命失败的教训的基础上，以毛泽东为主要代表的中国共产党人日益认识到实事求是思想路线对于中国革命的极端重要性。1929年，面对红四军党内存在的错误倾向，毛泽东在写给林彪的信中明确指出：“我们是唯物史观论者，凡事要从历史和环境两方面考察才能得到真相。我现举出了自有四军以来的历史问题的各方面，以证明近日的问题（军委问题，但原则问题）只是历史的结穴，历史上一种错误的思想路线上的最后挣扎。”① 在这里，毛泽东首次使用“思想路线”的科学概念，表达了同错误思想路线作斗争的决心。为了纠正主观主义的思想方法和工作方法，由毛泽东起草的古田会议决议提出，要用马列主义的方法去做政治形势的分析和阶级势力的估量，以代替主观主义的估量，避免离开实际情况的调查，堕入空想和盲动的深坑。在1930年写作的《反对本本主义》一文中，毛泽东指出，必须从中国革命具体实际出发制定革命的方针政策，没有调查，没有发言权，中国革命斗争的胜利要靠中国同志了解中国情况。毛泽东批评了“以为上了书的就是对的”的本本主义、教条主义倾向，明确指出马克思主义之所以是对的，绝不是因为马克思是所谓的“先哲”，而是因为中国革命的斗争实践证明了马克思主义的正确性。“马克思主义的‘本本’是要学习的，但是必须同我国的实际情况相结合。我们需要‘本本’，但是一定要纠正脱离实际情况的本本主义。”②《反对本本主义》是毛泽东最早的专门讲马克思主义思想方法的著作，标志着党的实事求是思想路线初步形成，具有重要意义。

但是，毛泽东这一重要思想以及他在实际中所代表的马克思列宁主义的思想路线和工作方法，当时并没有被党中央大多数同志所认识和接受，甚至被教条主义者指责为“狭隘经验论”。1931年到1934年，王明“左”倾教条主义错误发展到极端，一度使党陷入生死攸关的境地。1935年在长征路上召开的遵义会议，事实上确立了毛泽东在党中央和红军的领导地位，开始确立了以毛泽东为主要代表的马克思主义正确路线在党中央的领导地位，开启了党从中国实际出发独立自主地解决革命问题的新阶段。红军长征到达陕北后，毛泽东用很大的精力研究马克思主义哲学，从哲学高度总结中国革命的历史经验，批判教条主义，阐发辩证唯物主义的世界观和实事求是的思想路线。在1935年写作的《论反对日本帝国主义的策略》一文中，他科学分析了中国革命的长期性，批判党内长时期存在着的狭隘的关门主义和对于革命的急性病，系统解决了土地革命战争时期党的政治路线问题。在1936年所做的题为《中国革命战争的战略问题》报告中，毛泽东系统地研究了一般战争、革命战争与中国革命战争的规律，阐明了“战争情况的不同，

---

① 中共中央文献研究室．毛泽东文集：第1卷．北京：人民出版社，1993：74.

② 毛泽东选集：第1卷．2版．北京：人民出版社，1991：111-112.

决定着不同的战争指导规律，有时间、地域和性质的差别”，“我们研究在各个不同历史阶段、各个不同性质、不同地域和民族的战争的指导规律，应该着眼其特点和着眼其发展，反对战争问题上的机械论”①。归根结底就是说明了中国的革命要遵循实事求是原则，坚持一切从实际出发。

抗日战争时期，实事求是思想路线正式形成并在全党确立。为了进一步总结革命经验、纠正“左”倾教条主义错误，毛泽东先后写下了《实践论》《矛盾论》，集中阐释了实事求是的思想路线。在《实践论》中，毛泽东分析了认识与实践的辩证关系，科学论述了从实践到认识再到实践以至循环无穷的辩证唯物主义认识论基本原理，通过对中国革命具体实践的经验总结，批判了长期固守自身经验、轻视理论的经验主义和“生吞活剥马克思主义书籍中的只言片语，去吓唬人们”② 的教条主义错误。在《矛盾论》中，毛泽东系统阐释了马克思主义矛盾学说，特别是主次矛盾、矛盾主次方面以及矛盾不平衡性等理论，结合中国革命的特殊实际，具体分析了中国革命的不同矛盾表现形式及其不同斗争方式，集中批判了忽视中国革命矛盾特殊性的教条主义和经验主义的错误。1938年，毛泽东在党的六届六中全会上做了题为《论新阶段》的政治报告，报告中首次使用了“实事求是”概念，并向全党提出了“实现马克思主义中国化”的伟大任务。他指出：“共产党员应是实事求是的模范，又是具有远见卓识的模范。因为只有实事求是，才能完成确定的任务；只有远见卓识，才能不失前进的方向。”③ 1939年10月，毛泽东在《〈共产党人〉发刊词》中明确提出了“马克思列宁主义的理论和中国革命的实践相结合”④ 的概念，并以这个思想为基本线索和依据，系统总结了党的历史经验。随后不久，又在《新民主主义论》中提出了“科学的态度是‘实事求是’”⑤ 的命题，从而使实事求是的思想日臻完善。这些论述，尤其是《实践论》《矛盾论》的集中阐释，为我们党确立了正确的世界观和方法论，为实事求是思想路线的形成奠定了理论基础。

从1941年开始到1945年党的七大前夕结束的延安整风运动，是党的思想作风上的一次革命，也是一次实事求是思想路线的教育运动。毛泽东密切联系党内的思想实际，先后发表了《改造我们的学习》《整顿党的作风》《反对党八股》等一系列重要著作。在《改造我们的学习》报告中，毛泽东不仅集中批判了党内存在的“不注重研究现状，不注重研究历史，不注重马克思列宁主义的应用”⑥ 的主观主义作风，还第一次用中国成语“实事求是”概括了马克思主义的根本观点和方法，要求全党必须要树立从中国革命具体实际出发的实事求是态度。在《整顿党的作风》一文中，毛泽东进一步阐述了实事求是的科学内涵，批判了党内存在的以教条主义和经验主义为代表的主观主义，明确提出必须要善于运用马克思主义的立场、观点、方法，进一步认真研究中国历史实际和革命实际，在现实实践中真正做到理论和实际相联系。经过延安整风运动，实事求是的思想路

① 毛泽东选集：第1卷．2版．北京：人民出版社，1991：173.
② 毛泽东选集：第1卷．2版．北京：人民出版社，1991：282.
③ 毛泽东选集：第2卷．2版．北京：人民出版社，1991：522－523.
④ 毛泽东选集：第2卷．2版．北京：人民出版社，1991：611.
⑤ 毛泽东选集：第2卷．2版．北京：人民出版社，1991：662.
⑥ 毛泽东选集：第3卷．2版．北京：人民出版社，1991：797.

线正式形成并得到普及，党内思想也达到空前统一。

> 无产阶级的最尖锐最有效的武器只有一个，那就是严肃的战斗的科学态度。共产党不靠吓人吃饭，而是靠马克思列宁主义的真理吃饭，靠实事求是吃饭，靠科学吃饭。
>
> 毛泽东选集：第3卷.2版.北京：人民出版社.1991：835-836.

1945年6月，党的七大上通过的《中国共产党党章》总纲中规定："中国共产党，以马克思列宁主义的理论与中国革命的实践之统一的思想——毛泽东思想，作为自己一切工作的指针，反对任何教条主义的或经验主义的偏向。中国共产党以马克思主义的辩证唯物主义与历史唯物主义为基础，批判地接收中国的与外国的历史遗产，反对任何唯心主义的或机械唯物主义的世界观。"[①] 这标志着实事求是正式确立为中国共产党的思想路线。

（二）实事求是思想的丰富和发展

解放战争时期和新中国成立后，实事求是思想路线的科学性进一步得到检验，实事求是思想也不断丰富发展。

经过延安整风运动，全党掌握了毛泽东倡导的实事求是的思想方法和工作方法，保证了中国革命在全国的迅速胜利。解放战争时期，党中央主动撤离延安、刘邓大军挺进大别山和人民解放军转入战略进攻等重大军事部署，都是遵从实事求是思想路线的产物。此外，党直面广大农民的诉求，紧紧抓住与农民利益息息相关的土地问题，在解放区领导农民进行轰轰烈烈的土地改革。毛泽东明确在土地改革工作中，既要及时扼制"左"倾错误冒头，"必须坚持少杀，严禁乱杀"，避免"使我党丧失同情，脱离群众，陷于孤立"，又要将"雇农、贫农、中农和其他劳动人民联合一道"[②]。1950年6月，毛泽东在党的七届三中全会上对土地改革运动做出充分肯定，他强调："我们已经在北方约有一亿六千万人口的地区完成了土地改革，要肯定这个伟大的成绩。我们的解放战争，主要就是靠这一亿六千万人民打胜的。有了土地改革这个胜利，才有了打倒蒋介石的胜利。"[③] 解放战争胜利在即，毛泽东在党的七届二中全会上明确做出"党的工作重心由乡村移到了城市"的规划，并要求广大同志"必须用极大的努力去学会管理城市和建设城市"，"务必使同志们继续地保持谦虚、谨慎、不骄、不躁的作风，务必使同志们继续地保持艰苦奋斗的作风"[④]。

新中国成立以后，毛泽东运用实事求是这一真理领导党继续前进，使得党在革命时期形成的宝贵精神财富在全国推广开来。这一时期，毛泽东反复论述实事求是的思想，

---

① 中共中央文献研究室，中央档案馆．建党以来重要文献选编（1921—1949）：第22册．北京：中央文献出版社，2011：533.

② 毛泽东选集：第4卷．2版．北京：人民出版社，1991：1271，1268.

③ 中共中央文献研究室．毛泽东文集：第6卷．北京：人民出版社，1999：73.

④ 毛泽东选集：第4卷．2版．北京：人民出版社，1991：1427，1438-1439.

亲自召开座谈会，进行调查研究，总结中国革命和建设的实践经验，写下了《论十大关系》《关于正确处理人民内部矛盾的问题》等一系列重要著作。1956 年 4 月，毛泽东在《论十大关系》中，科学分析了影响中国社会主义建设的十对关系，明确提出苏联在社会主义建设过程中暴露了一些缺点和错误，中国社会主义建设要以苏为鉴，“走自己的路”。例如，在处理重工业和轻工业、农业的关系问题上，苏联片面地注重重工业，忽视农业和轻工业，造成国民经济比例的严重失调和人民群众生活水平长期得不到提高。毛泽东在科学总结苏联教训基础上，明确提出必须要正确处理重工业和轻工业、农业的关系。一方面要坚持重工业是我国建设的重点，优先发展生产资料的生产；另一方面也要注重农业、轻工业的发展，使粮食和轻工业原料更多些，积累更多些，最终有利于促进重工业的发展。毛泽东明确提出，中国社会主义建设过程中需要正确处理的十种关系都是矛盾，社会主义社会仍然存在矛盾，必须从现实实际存在的矛盾出发加以正确处理。在处理这些矛盾的过程中，一定会遇到新的矛盾、新的问题。“我们一定要努力把党内党外、国内国外的一切积极的因素，直接的、间接的积极因素，全部调动起来，把我国建设成为一个强大的社会主义国家。”① 同年 9 月，党的八大正确地分析国内外形势和国内主要矛盾的变化，明确指出：国内的主要矛盾，已经是人民对于建立先进的工业国的要求同落后的农业国的现实之间的矛盾，已经是人民对于经济文化迅速发展的需要同当前经济文化不能满足人民需要的状况之间的矛盾。党和全国人民当前的主要任务，就是要集中力量解决这个矛盾，把我国尽快地从落后的农业国变为先进的工业国。这些论述，是以毛泽东为主要代表的中国共产党人坚持实事求是的思想路线，正确认识我国社会主义建设的具体实际得出的结论，成为社会主义制度建立后党确定正确路线的基本依据。1957 年 2 月，毛泽东在《关于正确处理人民内部矛盾的问题》中，从中国社会主义建设的具体实际出发，科学分析了社会主义建设面临的敌我矛盾和人民内部矛盾两种不同类型的矛盾，并提出了不同的矛盾解决办法，极大丰富发展了马克思主义的矛盾学说。在这篇重要文献中，毛泽东进一步提出了探索一条适合中国国情的工业化道路问题，即正确处理重工业和农业、轻工业的关系问题。这条道路是：“我国的经济建设是以重工业为中心，这一点必须肯定。但是同时必须充分注意发展农业和轻工业。”②

> 一个党，一个国家，一个民族，如果一切从本本出发，思想僵化，迷信盛行，那它就不能前进，它的生机就停止了，就要亡党亡国。
>
> 邓小平．邓小平文选：第 2 卷．2 版．北京：人民出版社，1994：143.

毛泽东和全党同志都十分注意认真贯彻实事求是的思想路线，因而党不仅创造性地开辟了一条适合中国特点的社会主义改造道路，取得了生产资料私有制社会主义改造的历史性胜利，而且提出了探索适合中国国情的建设社会主义道路的任务，从而继续深化了党对实事求是思想路线的理解。但是，思想路线的解决不是一劳永逸的，可能会出现反复。“大跃进”、人民公社化运动及其之后纠“左”过程中出现的失误就反映了这种反

① 中共中央文献研究室．毛泽东文集：第 7 卷．北京：人民出版社，1999：44.
② 中共中央文献研究室．毛泽东文集：第 7 卷．北京：人民出版社，1999：241.

复。经济社会发展和生产关系的变革有它所必须遵循的客观规律，生产力的发展也需要有一个不断积累的过程，不坚持实事求是的思想路线，不实事求是地看待客观规律和具体实际，即使动机美好也会带来惨痛教训。

毛泽东是较早地通过调查研究觉察到“大跃进”运动中出现严重问题并努力加以纠正的主要领导人。从1959年12月10日到1960年2月9日，毛泽东组织了一个读书小组，先后在杭州、上海和广州读苏联《政治经济学教科书》。通过一边读书、一边联系中国具体实际的方式，总结社会主义建设过程中的经验教训。1961年初，毛泽东号召全党“大兴调查研究之风，一切从实际出发”①。根据毛泽东讲话的精神，党中央发出了《关于认真进行调查工作问题给各中央局、各省、市、区党委的一封信》，并随信印发了毛泽东《调查工作》（公开发表时改为《反对本本主义》）一文，重申“一切从实际出发，不调查没有发言权，必须成为全党干部的思想和行动的首要准则”②。经过党中央和毛泽东的积极倡导和身体力行，党内很快形成了浓厚的调查研究风气。在全党调查研究的基础上，党中央陆续制定了各个方面的工作条例。这样，才使党在相当程度上纠正了1958年以来的“左”的错误，继续坚持了实事求是思想路线。可惜的是，不久之后，正确的思想路线又受到更大的干扰和破坏，以致发生了“文化大革命”这样的严重曲折。正如邓小平所指出的：“这条思想路线，有一段时间被抛开了，给党的事业带来很大的危害，使国家遭到很大的灾难，使党和国家的形象受到很大的损害。”③

“文化大革命”结束后，以邓小平为主要代表的中国共产党人不仅恢复了实事求是的思想路线，实现了党思想路线上的拨乱反正，还立足改革开放新时期的具体实际，先后提出解放思想、与时俱进、求真务实的口号，丰富了实事求是思想的内涵，为改革开放和社会主义现代化建设提供了重要思想保障。党的十八大以来，以习近平同志为核心的党中央把实事求是提高到党性高度，反复强调实事求是的重要地位和作用，坚持把实事求是贯穿到治国理政各个方面、各个环节，坚持用马克思主义之“矢”射新时代中国之“的”，进一步丰富和发展了实事求是思想。

二、实事求是的基本内容

> 历史不外是各个世代的依次交替。每一代都利用以前各代遗留下来的材料、资金和生产力；由于这个缘故，每一代一方面在完全改变了的环境下继续从事所继承的活动，另一方面又通过完全改变了的活动来变更旧的环境。
>
> 马克思，恩格斯．马克思恩格斯选集：第1卷．3版．北京：人民出版社，2012：168.

1941年5月，毛泽东在《改造我们的学习》一文中，第一次对实事求是的含义做了

① 中共中央文献研究室．毛泽东文集：第8卷．北京：人民出版社，1999：234.

② 中央档案馆，中共中央文献研究室．中共中央文件选集（1949年10月—1966年5月）：第36册．北京：中央文献出版社，2013：382.

③ 邓小平．邓小平文选：第2卷．2版．北京：人民出版社，1994：278.

科学的解释。他指出："'实事'就是客观存在着的一切事物，'是'就是客观事物的内部联系，即规律性，'求'就是我们去研究。"① 这一论断把实事求是的思想方法、工作方法和领导方法，提高到辩证唯物主义的高度，赋予它科学的内涵和理论的形态，使这一古老的成语成为党的辩证唯物主义思想路线的简明概括。

（一）实事求是的科学内涵及实质

"实事"就是客观存在着的一切事物，也就是我们通常所说的具体实际。坚持从实际出发是马克思主义的唯物辩证法区别于一切唯心主义和形而上学的本质特征。毛泽东在马克思主义指导下，把一切从实际出发、尊重客观规律作为我们做好一切工作的原则和前提，坚持从中国革命和建设的具体实际出发去分析问题、解决问题。所谓具体实际，它首要是指中国现实的政治、经济和社会等条件。以新民主主义革命为例，其具体实际就是中国半殖民地半封建社会的基本国情，以及由这一基本国情所决定的中国革命的实际情况。19 世纪中叶，由于帝国主义的侵入，中国封建社会内部发生了重大变化。外国资本的侵入，不仅破坏了中国自给自足的自然经济的基础，而且促进了中国城乡商品经济的发展。但与此同时，帝国主义入侵中国也带来另一个方面的变化，这就是帝国主义勾结中国封建势力压迫中国资本主义的发展。因为帝国主义入侵中国的目的是要把中国变成帝国主义的原料市场和商品倾销市场，变成它们的半殖民地和殖民地。因此，帝国主义列强侵略中国，一方面促使中国封建社会解体，促使中国发生了资本主义因素，把一个封建社会变成了一个半封建的社会；另一方面，它们又残酷地统治了中国，把一个独立的中国变成了一个半殖民地的中国，这是中国革命所面临的最大具体实际。以毛泽东为主要代表的中国共产党人，之所以能够带领中国人民取得新民主主义革命的胜利，关键在于科学分析了近代中国半殖民地半封建社会的基本国情，并立足于中国社会的具体实际找到了一条科学的革命道路。同时，具体实际还要包括中国历史和传统文化的情况。今天的中国是历史中国的一个发展。马克思主义的唯物史观高度重视历史因素的延续性与继承性。中国共产党是历史主义者，从不割断历史。实事求是作为中国共产党的思想路线，就是毛泽东坚持将马克思列宁主义基本原理同中华优秀传统文化相结合的典范，是用马克思列宁主义激活中华优秀传统文化，推动中华优秀传统文化创造性转化、创新性发展的重大成果。

"是"就是客观事物的规律性。从实际出发的根本目的是为了认识事物内部固有的而非臆想的联系，就是为了科学把握事物的客观规律。规律是事物之间内在的必然联系。主体实践的根本目的是通过感性认识逐步上升到理性认识，逐步把握事物的内在矛盾，进而了解事物运动变化和发展的内在规律性。规律具有客观必然性，是不以人的意志为转移的客观存在，人们只能通过实践去发现和认识规律，并不能发明规律。规律并不是偶然出现的，而是在实践中反复出现的东西，是彰显事物运动变化发展趋势的内在必然性。规律是普遍性和特殊性的有机统一。无产阶级革命运动的规律既有彰显一般性的普遍特征，同时各个国家和民族在推动无产阶级革命实践中也存在不同的表现形式、不同

① 毛泽东选集：第 3 卷．2 版．北京：人民出版社，1991：801.

的发展路径。因为各个国家和民族具有不同的历史文化特点、不同的革命实际状况，因此在选择何种革命道路上必然存在着不同特征。例如，中国革命与俄国十月革命具有不同的条件，中国工人阶级力量相对弱小，农民阶级人数众多，敌人在城市的力量异常强大，这些特殊的实际条件综合决定了中国革命不可能照搬照抄俄国十月革命经验取得成功，而只能走一条具有中国特点、符合中国实际的农村包围城市、武装夺取政权的革命道路。教条主义者不懂得实事求是原则，寄希望于从马克思主义个别论断和苏俄革命经验中找到现成答案，最终给中国革命带来严重损失。因此，中国革命的规律既具有无产阶级革命的一般特征，同时也具有具体的、历史的特殊表现形式。只有坚持实事求是、充分了解中国革命具体实际的同志才能科学认识中国革命发展的规律，找到指引中国革命胜利的科学道路。

> 要反对教条主义。在政治上我们是吃过亏的。什么都学习俄国，当成教条，结果是大失败，把白区搞掉几乎百分之百，根据地和红军搞掉百分之九十，使革命的胜利推迟了好些年。这就是因为不从实际出发，从教条出发的原故。教条主义者没有把马克思列宁主义的基本原理同中国革命实际相结合。
>
> 中共中央文献研究室．毛泽东文集：第7卷．北京：人民出版社，1999：79.

“求”就是去研究、去探求。规律不会自动呈现，需要主体充分发挥主观能动性去发现和认识。实践是主观见之于客观的物质活动，既彰显客观存在的决定性以区别于唯心主义，同时也充分尊重主体的能动性以区别于形而上学。正如毛泽东所说：“思想等等是主观的东西，做或行动是主观见之于客观的东西，都是人类特殊的能动性。这种能动性，我们名之曰‘自觉的能动性’，是人之所以区别于物的特点。一切根据和符合于客观事实的思想是正确的思想，一切根据于正确思想的做或行动是正确的行动。我们必须发扬这样的思想和行动，必须发扬这种自觉的能动性。”① 充分发挥自觉能动性，必须建立在对客观规律的充分尊重基础之上，科学认识事物运动变化发展的实际情况，这是正确发挥自觉能动性的基本前提。只有从具体实际出发，充分认识客观规律，才能按照客观规律办事情，才能正确了解事物运动变化的趋势并作出科学预见，使主观符合客观进而推动实践的成功。毛泽东指出：“我们要从国内外、省内外、县内外、区内外的实际情况出发，从其中引出其固有的而不是臆造的规律性，即找出周围事变的内部联系，作为我们行动的向导。而要这样做，就须不凭主观想象，不凭一时的热情，不凭死的书本，而凭客观存在的事实，详细地占有材料，在马克思列宁主义一般原理的指导下，从这些材料中引出正确的结论。”②

实事求是是党的思想路线的实质与核心。坚持实事求是的思想路线就是要做到一切从实际出发，理论联系实际，实事求是，在实践中检验真理和发展真理；就是要将马克思列宁主义基本原理同中国具体实际相结合、同中华优秀传统文化相结合，用马克思主义理论之“矢”射中国革命和建设之“的”，从具体实际中找到中国革命和建设的规律。

---

① 毛泽东选集：第2卷．2版．北京：人民出版社，1991：477.

② 毛泽东选集：第3卷．2版．北京：人民出版社，1991：801.

马克思主义是放之四海而皆准的真理，其中的真理性主要不是指马克思主义的具体结论和个别观点，而是指科学的世界观和方法论。“马克思主义理论从来不是教条，而是行动的指南。它要求人们根据它的基本原则和基本方法，不断结合变化着的实际，探索解决新问题的答案，从而也发展马克思主义理论本身。”[①] 从来只有具体的马克思主义，而没有抽象的马克思主义。马克思主义产生于 19 世纪欧洲发达资本主义工业生产条件基础之上，这一先进的理论运用于以自给自足的自然经济为基础的半殖民地半封建社会的中国，必须要推动马克思列宁主义基本原理同近代中国半殖民地半封建社会的基本国情相结合。“使马克思主义在中国具体化，使之在其每一表现中带着必须有的中国的特性，即是说，按照中国的特点去应用它，成为全党亟待了解并亟须解决的问题。”[②] 新民主主义革命时期，毛泽东运用马克思列宁主义基本原理分析中国革命的具体实际，提出了一系列指导中国革命实践的科学路线、方针和政策，并对中国革命实践中取得的丰富经验进行了系统化、理论化总结，形成了毛泽东思想，实现了马克思主义中国化第一次历史性飞跃。同样，我国的社会主义脱胎于半殖民地半封建社会，建立社会主义制度之初我国经济文化发展水平相对落后，经历一个漫长的社会主义初级阶段是无法避免的。因此，用马克思主义指导中国特色社会主义事业，也必须要推动马克思列宁主义基本原理同当代中国处于社会主义初级阶段的基本国情相结合，不断推进马克思主义中国化时代化。

（二）坚持实事求是的原则与方法

党坚持和发展实事求是思想路线的历史经验告诉我们，实事求是是毛泽东思想的根本点和精髓，是毛泽东思想方法论的基础。我们要做到在任何时候、任何情况下都能坚持实事求是的原则，不仅要充分认识实事求是在毛泽东思想中犹如“命根子”一样重要的地位，了解实事求是的含义和内容，而且必须弄清坚持和发展实事求是的基本原则和要求。具体可从四个方面把握：

坚持实事求是，就要深入实际了解事物的本来面貌。事物的本来面貌就是事物内部固有的而非臆想的必然联系，就是事物运动变化发展过程中呈现出的内在规律。坚持实事求是的根本目的，就是为了认识事物的客观规律，提升主体认识世界、改造世界的能力，实现从必然王国向自由王国的飞跃。认识事物的客观规律不是一蹴而就的，而是需要经历一系列的发展过程，需要从实践到认识再到实践，循环往复以至无穷。认识事物的客观规律，还需要透过现象看本质，从零乱的现象中发现事物内部存在的必然联系。从人类认识发展的一般规律来看，认识往往都是从感性认识开始，而感性认识主要是由人的感觉器官直接感受到的主观认识，主要是关于事物的现象、事物的外部联系、事物的各个方面的认识。感性认识一般包括感觉、知觉和表象三种形式，这些都是对事物外在表象或现象的认知，是关于事物外在方面的认识，是表面的、多变的，而本质则是事物内在方面的，是深藏的、相对稳定的内容。坚持实事求是就是要通过感性认识上升到理性认识，实现认识从现象到本质的跃升。只有充分认识事物的本质，才能科学把握事

① 邓小平．邓小平文选：第 3 卷．北京：人民出版社，1993：146.

② 毛泽东选集：第 2 卷．2 版．北京：人民出版社，1991：534.

物存在和发展的客观规律，才能真正按照客观规律办事。毛泽东之所以对中国革命的本质有着清晰认识，关键在于能够深刻扎根中国革命的具体实际，深刻把握中国革命发展的形势并及时做出符合实际的科学判断，按照中国革命发展的客观规律指导革命实践活动。

坚持实事求是，就要按照辩证发展的观点看问题。实践处于永无止境的运动变化发展过程之中，具有动态的开放性特征。坚持实事求是，从实际出发，必须要用发展的眼光对待具体实际。具体实际不是一成不变的，而是随着实践的发展而变化，因此人们的认识也必须要随着实际的变化而变化。习近平指出：“坚持实事求是不是一劳永逸的，在一个时间一个地点做到了实事求是，并不等于在另外的时间另外的地点也能做到实事求是，在一个时间一个地点坚持实事求是得出的结论、取得的经验，并不等于在变化了的另外的时间另外的地点也能够适用。”[①] 中国革命的具体实际不断随着中国革命形势的发展而变化，以故步自封、一成不变的态度对待具体实际，只能造成主观认识远远超前或滞后中国革命实际的窘境，进而造成“左”倾或右倾的错误，不利于革命事业的顺利发展。在中国共产主义革命运动中，一些人不注意情况的变化，不注意新事变的特点，还是按照老办法去思考问题、看待新事变，忽略了新事变中所包含的性质上的变化，因而陷入了完全错误的境地。毛泽东坚持辩证发展的观点对待中国革命的具体实际，始终从动态变化的实际情况出发分析问题、谋划工作，使主观认识不断符合处于运动变化发展之中的具体实际。

> 社会主义初级阶段不是一个静态、一成不变、停滞不前的阶段，也不是一个自发、被动、不用费多大气力自然而然就可以跨过的阶段，而是一个动态、积极有为、始终洋溢着蓬勃生机活力的过程，是一个阶梯式递进、不断发展进步、日益接近质的飞跃的量的积累和发展变化的过程。
>
> 习近平．习近平谈治国理政：第4卷．北京：外文出版社，2022：165.

坚持实事求是，就要清醒认识和正确把握我国的基本国情。近代中国半殖民地半封建社会的基本国情，从根本上决定了中国革命的对象、任务、动力、性质、前途和转变，只有科学认识中国的基本国情，才能对中国革命做出符合实际的科学谋划。因此，正确把握中国的基本国情，是解决中国革命问题的基本前提。毛泽东指出：“认清中国社会的性质，就是说，认清中国的国情，乃是认清一切革命问题的基本的根据。”[②] 近代中国半殖民地半封建社会的基本国情决定了中国社会的主要矛盾是帝国主义与中华民族的矛盾、封建主义与人民大众的矛盾，决定了中国革命的性质仍然是资产阶级民主革命，但这是区别于一般的资产阶级民主革命的新民主主义革命，具有鲜明的时代特征。因为一方面，俄国十月革命之后，中国资产阶级民主革命具有新的时代背景，已经成为世界无产阶级社会主义革命的一部分；另一方面，五四运动爆发标志着资产阶级民主革命进入了新民主主义革命的崭新阶段。立足于对中国近代基本国情的科学分析，毛泽东为中国革命谋

① 习近平．习近平谈治国理政：第1卷．2版．北京：外文出版社，2018：26.

② 毛泽东选集：第2卷．2版．北京：人民出版社，1991：633.

划了“两步走”的科学方略。第一步是完成反帝反封建的新民主主义革命任务，第二步是完成社会主义革命任务，二者性质不同但又相互联系。坚持实事求是必须要科学认识我国正处于并将长期处于社会主义初级阶段的基本国情。一方面，1956 年社会主义改造完成后，我国已经进入社会主义社会；另一方面，与经典作家关于未来理想社会的理论设想相比，我国仍然处于社会主义初级阶段，仍然需要坚持以经济建设为中心，解放和发展生产力。社会主义初级阶段“不是泛指任何国家进入社会主义都会经历的起始阶段，而是特指我国在生产力落后、商品经济不发达条件下建设社会主义必然要经历的特定阶段。我国从五十年代生产资料私有制的社会主义改造基本完成，到社会主义现代化的基本实现，至少需要上百年时间，都属于社会主义初级阶段”①。当然，必须要看到的是，社会主义初级阶段并非一成不变，而是始终存在着运动、变化和发展的过程。推进改革发展、制定方针政策，必须始终立足社会主义初级阶段的最大实际，敏锐把握社会主义初级阶段不同时期的阶段性特征，使主观认识不断符合基本国情。

坚持实事求是，就要不断推进实践基础上的理论创新。实践永无止境，理论创新也永无止境，必须要用发展的观点对待理论，保持理论创新与实践创新的同频互振、同向同行。开放性是马克思主义的本质特征，马克思主义是不断发展的开放的理论。“一部马克思主义发展史就是马克思、恩格斯以及他们的后继者们不断根据时代、实践、认识发展而发展的历史，是不断吸收人类历史上一切优秀思想文化成果丰富自己的历史。”② 马克思主义科学洞察了人类社会历史发展的一般规律，深刻揭示了资本主义运行的特殊规律，为人类指明了从必然王国向自由王国飞跃的途径和实现自由和解放的道路。但是，马克思主义经典作家并没有穷尽真理，而是不断为寻求真理和发展真理开辟道路。马克思主义中国化就是中国共产党不断将马克思主义基本原理同中国具体实际、同中华优秀传统文化相结合的产物。中国特色社会主义新时代是我国社会发展新的历史方位，是一个需要理论而且一定能够产生理论的时代，是一个需要思想而且一定能够产生思想的时代。当代中国的伟大社会变革，不是简单延续我国历史文化的母版，不是简单套用马克思主义经典作家设想的模板，不是其他国家社会主义实践的再版，也不是国外现代化发展的翻版。在全面建设社会主义现代化国家新的历史征程上，必然会遇到可以预见和难以预见的各种困难与风险，必然会提出许多新的时代课题和实践任务，迫切需要以发展的眼光对待马克思主义，总结新鲜的实践经验，持续推进马克思主义中国化时代化，不断开辟马克思主义中国化时代化新境界。

（三）坚持实事求是，反对主观主义

实事求是思想路线是毛泽东在领导中国革命的实践过程中，同主观主义、经验主义作坚决斗争的产物。毛泽东深刻揭露了主观主义的性质、特点和社会历史根源，深入剖析了主观主义对中国革命产生的严重危害，并提出了克服主观主义的途径和方法。

主观主义就是实际工作中的唯心主义和形而上学。毛泽东早在 1929 年《关于纠正党

---

① 中共中央文献研究室．十三大以来重要文献选编：上．北京：人民出版社，1991：12.

② 习近平．在纪念马克思诞辰 200 周年大会上的讲话．北京：人民出版社，2018：9.

内的错误思想》中就深刻剖析了红四军中存在的主观主义危害，认为主观主义脱离中国革命的具体实际，对于政治形势进行主观主义的分析、对于工作进行主观主义的指导，产生的结果不是机会主义就是盲动主义。对此，毛泽东提出了纠正主观主义的方法："（一）教育党员用马克思列宁主义的方法去作政治形势的分析和阶级势力的估量，以代替主观主义的分析和估量。（二）使党员注意社会经济的调查和研究，由此来决定斗争的策略和工作的方法，使同志们知道离开了实际情况的调查，就要堕入空想和盲动的深坑。（三）党内批评要防止主观武断和把批评庸俗化，说话要有证据，批评要注意政治。"① 在《实践论》一文中，毛泽东进一步对主观主义展开了系统性批评，明确提出主观主义是"以主观和客观相分裂，以认识和实践相脱离为特征的"②。所谓主观性，就是不知道客观地看问题，不是从客观具体实际出发去分析问题、解决问题，而是从抽象的书本或既往的经验出发抽象地看问题，不知道运用唯物主义的观点去看问题，因而本质上是唯心主义的认识观。不仅唯心主义是主观主义，形而上学也是主观主义，因为形而上学坚持片面的、表面的观点看问题，本质是思想的绝对化。在 1937 年写作的《矛盾论》一文中，毛泽东进一步批评了形而上学的主观性。所谓片面性，就是不知道全面地看问题。教条主义者固守马克思主义的只言片语，忽视从中国革命的具体实际出发，不了解中国革命中矛盾各方的特点，只见局部、不见全体，只见树木、不见森林。所谓表面性，就是看不清矛盾总体和矛盾各方的特点，否认深入研究矛盾的本质特征，而仅仅看到矛盾的表面情况就去解决矛盾。教条主义和经验主义之所以导致中国革命遭受巨大挫折，关键在于他们看事物的方法是主观的、片面的和表面的。"片面性、表面性也是主观性，因为一切客观事物本来是互相联系的和具有内部规律的，人们不去如实地反映这些情况，而只是片面地或表面地去看它们，不认识事物的互相联系，不认识事物的内部规律，所以这种方法是主观主义的。"③

> 主观主义是共产党的大敌，是党性不纯的一种表现。
>
> 中国共产党中央委员会关于建国以来党的若干历史问题的决议．北京：人民出版社，1981：47.

主观主义的产生有特定的社会历史根源。鸦片战争之后，近代中国逐步沦为半殖民地半封建社会，农民和小资产阶级数量庞大。但是，中国却没有强大的小资产阶级政党，因而大批小资产阶级革命民主分子必然向无产阶级革命队伍寻找出路，这使得党内小资产阶级出身的分子占了大多数。毛泽东认为，主观主义是小资产阶级思想的反映。"小资产阶级革命分子的狂热性和片面性，如果不加以节制，不加以改造，就很容易产生主观主义、宗派主义，它的一种表现形式就是洋八股，或党八股。"④ 小资产阶级的思想方法具有主观性、片面性，不是从客观的全面的情况出发，而是从主观的意愿出发，将片面

① 毛泽东选集：第1卷．2版．北京：人民出版社，1991：92.
② 毛泽东选集：第1卷．2版．北京：人民出版社，1991：295.
③ 毛泽东选集：第1卷．2版．北京：人民出版社，1991：313－314.
④ 毛泽东选集：第3卷．2版．北京：人民出版社，1991：833.

当作全面、将局部当作整体、将树木当作森林。小资产阶级要么脱离具体生产实际、固守书本结论，进而走向教条主义误区；要么固守狭隘的感性知识，进而走向经验主义的误区。

主观主义具有教条主义和经验主义两种表现形式。所谓教条主义，就是固守马克思主义的“本本”，从书本上的个别词句出发，脱离中国革命的具体实际，不是根据马克思主义的立场、观点和方法来分析中国的政治、军事、经济、文化的过去和现在，不是认真研究中国革命的实际经验、得出结论并作为中国革命的行动指南，而是将马克思主义书本上的具体词句照搬到中国当作教条，毫不研究这些词句是否符合中国革命的具体实际。所谓经验主义，就是从狭隘的经验出发认识问题，过分依赖感性经验而忽视科学理论的指导作用，而不是全面客观地分析整体实际。尽管教条主义和经验主义具有不同的出发点和表现形式，但本质上都具有相同的思想方法，都割裂马克思主义基本原理与中国革命具体实践，“都违背辩证唯物论和历史唯物论，把片面的相对的真理夸大为普遍的绝对的真理；他们的思想都不符合于客观的全面的实际情况”①。毛泽东指出，教条主义和经验主义都可能成为党内主要的危险，必须用实事求是的态度加以具体的历史的分析。延安整风时期，毛泽东指出，在两种主观主义表现中，教条主义在党内更为危险。“因为教条主义容易装出马克思主义的面孔，吓唬工农干部，把他们俘虏起来，充作自己的用人，而工农干部不易识破他们；也可以吓唬天真烂漫的青年，把他们充当俘虏。”② 只有克服了教条主义，才能使理论与实践相结合，才能使经验上升为理论，从而避免经验主义的错误。

坚持实事求是，必须反对主观主义。主观主义是中国革命的大敌，给中国革命造成了极大危害。在中国革命早期，中国共产党人因为主客观经验和理论准备的相对不足，主观主义在党内一定时期极端盛行，特别是教条主义忽略中国革命的具体实际，照搬照抄马克思主义个别词句和苏俄革命经验，使中国革命遭受了巨大损失。在中国共产党的历史上，受主观主义影响，曾多次出现“左”倾错误，尤其是以王明为代表的“左”倾教条主义，把中国共产党和中国革命推到极其危险的境地，直到遵义会议事实上确立了毛泽东在党中央和红军的领导地位，党才开始确立马克思主义正确路线在党中央的领导地位。延安整风时期，毛泽东对主观主义的实质和危害进行了系统剖析，他指出：“这种作风，拿了律己，则害了自己；拿了教人，则害了别人；拿了指导革命，则害了革命。总之，这种反科学的反马克思列宁主义的主观主义的方法，是共产党的大敌，是工人阶级的大敌，是人民的大敌，是民族的大敌，是党性不纯的一种表现。大敌当前，我们有打倒它的必要。只有打倒了主观主义，马克思列宁主义的真理才会抬头，党性才会巩固，革命才会胜利。”③ 克服主观主义，必须坚持实事求是思想原则，从中国革命的具体实际出发，加强调查研究，不断从对实际情况的充分思考中分析问题、解决问题，实现感性认识与理性认识的有机统一、理论与实践的有机统一。

---

① 毛泽东选集：第3卷.2版.北京：人民出版社，1991：989.

② 毛泽东选集：第3卷.2版.北京：人民出版社，1991：819.

③ 毛泽东选集：第3卷.2版.北京：人民出版社，1991：800.

三、实事求是是毛泽东思想的精髓

实事求是是贯穿于毛泽东思想各个组成部分的立场、观点和方法，是毛泽东思想的精髓，它与群众路线、独立自主共同构成了毛泽东思想活的灵魂。邓小平指出："实事求是，是毛泽东思想的出发点、根本点"①，"是无产阶级世界观的基础，是马克思主义的思想基础"②。习近平指出："实事求是，是马克思主义的根本观点"③，"坚持从实际出发、实事求是，不只是思想方法问题，也是党性强不强问题"④。邓小平、习近平的这些科学论断精辟地阐明了实事求是在马克思主义、毛泽东思想科学体系中的重要地位。

（一）马克思主义的根本观点

> 实事求是是马克思主义的精髓，是我们共产党人的重要思想方法。我们过去取得的一切成就都是靠实事求是。今天，我们要把中国特色社会主义事业继续推向前进，还是要靠实事求是。全党同志一定要坚持解放思想、实事求是、与时俱进，随时准备坚持真理、修正错误。
>
> 习近平．在纪念朱德同志诞辰130周年座谈会上的讲话．北京：人民出版社，2016：9-10.

实践的观点是马克思主义认识论首要的、基本的观点，实践性是马克思主义理论区别于其他理论的根本属性。马克思在《关于费尔巴哈的提纲》这个包含着新世界观的天才萌芽的第一个文件中确立了实践的根本观点，对以往一切旧唯物主义和唯心主义展开了系统批判。其中，旧唯物主义只是从客体或直观的形式去理解对象、现实和感性，而不是把它们当作感性的人的活动，不是当作实践去理解，不是从主体方面去理解。相反，唯心主义则抽象发展了能动的方面，但这种发展并不了解现实的、感性的活动本身。可见，实践是主观与客观的有机统一，马克思主义的世界观是在实践基础上的对人与世界关系的认识。

实事求是肯定了"实事"的客观基础性。现实存在的一切事物是不以人的意志为转移的客观存在，是人类认识活动的根本出发点和立足点。马克思主义区别于其他形形色色理论的关键在于，从实践特别是物质生产活动出发去理解人类社会发展的内在规律。马克思主义认为，人类社会发展的前提是现实的个人，是他们的活动和他们的物质生活条件，包括他们已有的和由他们自己的活动创造出来的物质生活条件。而以一定的方式进行物质生产活动的个人，也必将在参与物质生产活动的过

① 邓小平．邓小平文选：第2卷．2版．北京：人民出版社，1994：114.

② 邓小平．邓小平文选：第2卷．2版．北京：人民出版社，1994：143.

③ 中共中央文献研究室．十八大以来重要文献选编：上．北京：中央文献出版社，2014：695.

④ 习近平．习近平谈治国理政：第4卷．北京：外文出版社，2022：527.

程中发生一定的社会关系和政治关系。不是人们的社会意识决定社会存在，而是社会存在决定社会意识。存在是第一性的，思维是第二性的，思维是对存在的主观反映。马克思指出，“人应该在实践中证明自己思维的真理性，即自己思维的现实性和力量，自己思维的此岸性。关于思维——离开实践的思维——的现实性或非现实性的争论，是一个纯粹经院哲学的问题”①。列宁在批判马赫主义的过程中强调，“生活、实践的观点，应该是认识论的首要的和基本的观点”②。毛泽东在《实践论》中进一步强调：“实践的观点是辩证唯物论的认识论之第一的和基本的观点。”③ 实践是人类社会历史发展的基础和最终动力，也是认识的来源。认识是随着人类物质生产活动实践的发展而发展，不断由低级到高级、由感性认识上升到理性认识的螺旋式上升过程。

实事求是肯定了客观事物运动的规律性。马克思主义认为规律是事物内部固有的联系，存在于事物运动变化发展过程的始终，并具有不同的表现形式和特点。不同事物在运动变化发展过程中具有不同的矛盾形态，这是矛盾特殊性的表现。毛泽东在《矛盾论》中明确指出，矛盾的特殊性不仅表现为各种物质运动形式中的矛盾带有特殊性，而且表现为同一矛盾在不同发展阶段也具有特殊性。因此，坚持实事求是必须要具体地、历史地分析问题，要从不断变化发展着的实际情况出发，从不同事物的不同特点、不同矛盾的不同样态出发解决问题。实事求是的根本目的是为了从实际出发，科学认识事物内部的客观规律，提高主观活动的合目的性和科学性，这肯定了人们改造世界的能动性。马克思主义哲学坚持可知论，认为立足于人的客观实践活动基础之上，客观事物及其内部规律是可以被认识的。实事求是强调主体一方面要立足具体实际之上，另一方面要发挥自觉能动性，去研究事物发展的客观规律。

实事求是肯定了实践是检验真理的唯一标准。马克思主义认为，社会生活在本质上是实践的，人的思维是否具有真理性，不是一个理论的问题，而是实践的问题。因为实践既是认识的来源，更是推动认识发展的动力。人们只有经过实践才能接触到客观事物的各种现象，才能改造客观对象，才能准确把握客观对象的本质属性和规律，形成正确的认识并指导实践活动的顺利开展。离开实践，认识就成了无源之水、无本之木，是不可能获得正确认识的。实践不仅是认识的来源，更是认识发展的动力。人们对事物的认识之所以能够不断提升，关键在于实践需要的内在推动，现实的客观需要推动主体认识宽度和广度的发展。实践之所以高于理论并成为检验真理的唯一标准，关键在于实践具有普遍性和直接现实性特征。所谓普遍性就是指，相同实践在相同条件下会产生相同的结果，因而可以运用实践去检验认识正确与否；所谓直接现实性就是指，实践是主观见之于客观的过程，能够将主观认识、思想理论等客观化、现实化。毛泽东指出：“判定认识或理论之是否真理，不是依主观上觉

① 马克思，恩格斯．马克思恩格斯选集：第1卷．3版．北京：人民出版社，2012：134.
② 列宁．列宁选集：第2卷．3版修订版．北京：人民出版社，2012：103.
③ 毛泽东选集：第1卷．2版．北京：人民出版社，1991：284.

得如何而定，而是依客观上社会实践的结果如何而定。真理的标准只能是社会的实践。”①

（二）中国共产党人认识世界、改造世界的根本要求

马克思主义是中国共产党人认识世界、改造世界的科学方法论，掌握马克思主义理论是中国共产党人的“看家本领”。唯物史观和剩余价值理论，构成了马克思主义理论的两大基石，为中国共产党人认识世界、改造世界提供了科学的理论武器。中国共产党在近代求索中华民族复兴的伟大历史征程中，经过反复比较最终选择了马克思主义理论，这是合乎历史发展规律、反映人民意愿的必然选择。“自从中国人学会了马克思列宁主义以后，中国人在精神上就由被动转入主动。”② 实事求是是马克思主义的根本观点，是中国共产党人认识世界、改造世界的根本要求。

实事求是是中国共产党人认识世界的根本要求。认识世界有两种方式：一种是通过书本知识的学习，掌握间接经验；另一种是通过亲身参与实践活动，掌握直接经验。从归根结底的意义上来说，书本知识也是源自前人的实践活动，因而由实践所催生的直接经验是人类认识的根本来源。以毛泽东为主要代表的中国共产党人，深刻扎根中国革命的伟大实践，从实践中汲取经验的养分并及时进行系统化的理论总结，形成了关于中国革命的科学理性认识。毛泽东在《人的正确思想是从哪里来的?》一文中明确指出：“人的正确思想是从哪里来的？是从天上掉下来的吗？不是。是自己头脑里固有的吗？不是。人的正确思想，只能从社会实践中来，只能从社会的生产斗争、阶级斗争和科学实验这三项实践中来。人们的社会存在，决定人们的思想。”③ 以毛泽东为主要代表的中国共产党人坚持从实际出发的实事求是精神，本质上是唯物主义的思想路线，强调存在决定思维的“唯实”态度，与教条主义、本本主义固守的“只唯书”“只唯上”的思想路线之间存在着本质区别。只有从具体的实际出发，才能真正了解中国的社会性质、中国的基本国情，才能找到符合中国实际的科学革命道路。而从书本上获得的结论或从外国经验出发的拿来主义，不可能完成科学认识世界的目的。

> 全部社会生活在本质上是实践的。凡是把理论引向神秘主义的神秘东西，都能在人的实践中以及对这种实践的理解中得到合理的解决。
>
> 马克思，恩格斯．马克思恩格斯选集：第1卷．3版．北京：人民出版社，2012：135-136.

实事求是是中国共产党人改造世界的根本要求。中国共产党是以马克思主义武装起来的先进政党，马克思主义的本质特征是实践性。马克思指出：“哲学家们只是用不同的方式解释世界，问题在于改变世界。”④ 中国共产党不仅善于破坏一个旧世界，更善于建

---

① 毛泽东选集：第1卷．2版．北京：人民出版社，1991：284.

② 毛泽东选集：第4卷．2版．北京：人民出版社，1991：1516.

③ 中共中央文献研究室．毛泽东文集：第8卷．北京：人民出版社，1999：320.

④ 马克思，恩格斯．马克思恩格斯选集：第1卷．3版．北京：人民出版社，2012：136.

设一个新世界。在领导中国革命的伟大斗争中，中国共产党坚持实事求是，从中国革命具体实际出发，运用马克思列宁主义理论科学分析中国半殖民地半封建社会的基本国情，探索出一条符合中国实际的科学革命道路，最终领导人民取得了新民主主义革命的胜利，完成了“站起来”的历史目标，为实现中华民族伟大复兴创造了根本的社会条件。在领导中国人民探索一条符合中国具体实际的社会主义建设道路的过程中，中国共产党继续发扬实事求是精神，修正错误、总结经验，开辟了中国特色社会主义事业发展的新局面，并推动中国特色社会主义进入新时代，中华民族迎来了从站起来、富起来到强起来的伟大飞跃。

（三）党的基本思想方法、工作方法、领导方法

实事求是是我们党的基本思想方法、工作方法、领导方法，能否始终坚持实事求是，对我们党的自身发展和党的事业至关重要。

实事求是是党的基本思想方法。思想方法是指导实践活动的“总开关”，正确的思想方法有助于形成科学的实践活动，错误的思想方法只能给实践活动带来阻碍作用。思想方法尽管是人们头脑中的主观存在，但从根本上来说是对现实存在的集中反映，是由现实实践活动所决定的，现实实践的深度和广度直接决定思想方法的深度和广度。主观主义、教条主义的思想方法从根本上违背了实事求是原则，是理论与实际相脱离的主要表现，是反马克思主义的学风。毛泽东指出：“学风问题是领导机关、全体干部、全体党员的思想方法问题，是我们对待马克思列宁主义的态度问题，是全党同志的工作态度问题。”[①] 科学的思想方法离不开科学的实践活动，中国共产党始终高度重视从实际出发，通过对具体实际深刻而全面的把握，实现从感性认识到理性认识、从现象到本质的飞跃，从而科学把握事物运动变化发展的内在客观规律。

> 坚持从实际出发，前提是深入实际、了解实际，只有这样才能做到实事求是。同样，只有有实事求是的态度才能重视深入实际、了解实际。要了解实际，就要掌握调查研究这个基本功。现在，各方面对调查研究是重视的，但还要下更大功夫，关键是把调查研究做深做实，避免浮在表面、流于形式。
>
> 习近平．习近平谈治国理政：第4卷．北京：外文出版社，2022：526.

实事求是是党的基本工作方法。实事求是要求从具体实际出发，理论联系实际，离不开对现实实际的深入调查研究。调查研究是中国共产党的传家宝，是党做好各项工作的基本功，是党推动实践的基本工作方法。毛泽东早在革命战争年代就十分重视并躬行调查研究，通过对中国社会各阶级状况的调查、对湖南农民运动实际情况的调查，分清了中国革命的敌友问题、为中国革命找到了可靠的同盟力量。在《反对本本主义》一文中，毛泽东指出，“离开实际调查就要产生唯心的阶级估量和唯心的工作指导，那末，它的结果，不是机会主义，便是盲动主义”[②]。正是通过对中国革命具体实

① 毛泽东选集：第3卷．2版．北京：人民出版社，1991：813.

② 毛泽东选集：第1卷．2版．北京：人民出版社，1991：112.

际情况的深入细致的调查研究，中国共产党才实现了对中国革命的性质、对象与任务的科学分析，找到了新民主主义革命的正确道路。进入社会主义革命和建设时期，调查研究的优良传统被继续传承和发展，中国共产党科学分析了社会主义建设的具体实际，敏锐研判了社会主要矛盾的动态历史变化，不断推进社会主义建设事业迈向新的历史阶段。习近平进一步强调："调查研究是谋事之基、成事之道。没有调查，就没有发言权，更没有决策权。"① 可见，调查研究是为了对客观实际情况有全面的科学认识，为了将事情的真相和全貌搞清楚，从而科学认识事物内在的客观规律，最终找到解决问题的正确思路和对策。

实事求是是党的基本领导方法。实事求是强调实践的基础性作用，推动实践发展的根本力量不是少数英雄人物，而是广大人民群众。人民群众是实践的主体，是历史的创造者，这是历史唯物主义的基本原理。实事求是与党的群众路线在本质上是统一的，二者相辅相成、有机联系。毛泽东指出，必须要"将群众的意见（分散的无系统的意见）集中起来（经过研究，化为集中的系统的意见），又到群众中去作宣传解释，化为群众的意见，使群众坚持下去，见之于行动，并在群众行动中考验这些意见是否正确。然后再从群众中集中起来，再到群众中坚持下去。如此无限循环，一次比一次地更正确、更生动、更丰富。这就是马克思主义的认识论"②。一方面，实事求是强调实践在认识世界过程中的基础性作用，而认识世界离不开"从群众中来"的工作方法。对于人民群众在实践中取得的鲜活的丰富经验，需要进行及时系统的理论总结，使其从特殊成为一般、从具体成为抽象，进而形成对事物内部规律的科学认识，并最终形成指导实践的科学决策。另一方面，实事求是不仅强调立足实践认识世界，更强调改造世界，这离不开"到群众中去"的工作方法，因为科学的理论只有深入到群众中去，被群众所接受和掌握并被群众的实践进一步证明是正确的，才能转化为指导实践的科学理论，才能真正推动实践活动的发展。

思考题

1. 实事求是思想路线是如何确立的？
2. 实事求是的科学内涵和本质要求是什么？
3. 为什么说实事求是是毛泽东思想的精髓？

阅读书目

1. 毛泽东．反对本本主义//毛泽东选集：第1卷．2版．北京：人民出版社，1991.
2. 毛泽东．实践论//毛泽东选集：第1卷．2版．北京：人民出版社，1991.

① 中共中央文献研究室．习近平关于全面深化改革论述摘编．北京：中央文献出版社，2014：37－38.

② 毛泽东选集：第3卷．2版．北京：人民出版社，1991：899.

3. 毛泽东．改造我们的学习//毛泽东选集：第 3 卷．2 版．北京：人民出版社，1991.

4. 邓小平．解放思想，实事求是，团结一致向前看//邓小平．邓小平文选：第 2 卷．2 版．北京：人民出版社，1994.

5. 习近平．坚持实事求是的思想路线．学习时报，2012－05－28.

第十一章

群众路线

一切为了群众，一切依靠群众，从群众中来，到群众中去，这是中国共产党在长期革命和建设的实践中形成的群众路线。群众路线是毛泽东思想活的灵魂的三个基本内容之一，也是中国共产党百年奋斗的历史经验。“群众路线是我们党的生命线和根本工作路线，是我们党永葆青春活力和战斗力的重要传家宝。”[①] 群众路线是中国共产党长期执政的根本保证，也是新时代中国共产党治国理政的根本遵循。

一、群众路线的形成及其发展

群众路线萌芽于建党之初和大革命时期，形成于土地革命战争时期，成熟于抗日战争时期，在解放战争时期、社会主义革命和建设时期得到进一步丰富和发展。群众路线与党的历史发展相联系，党的历史既是群众路线形成和发展的历史，也是群众路线成功运用和实践的历史。

（一）群众路线的形成

人民群众是中国革命的主体，也是中国共产党的力量源泉。随着中国革命的深入，中国共产党深切感受到人民群众的力量和作用，党的群众路线的内涵日渐明朗和清晰。

建党之初和大革命时期是群众路线的萌芽阶段。为中国人民谋幸福、为中华民族谋复兴是党的初心和使命。党的一大通过的第一个纲领明确提出：“党的根本政治目的是实行社会革命”[②]，为了争取、维护和实现工农群众的利益，要把工农劳动者和士兵组织起来，消灭私有制，实行无产阶级专政。党的二大通过的党的组织章程决议案提出：“我们既然是为无产群众奋斗的政党，我们便要‘到群众中去’要组成一个大的‘群众党’”，“党的一切运动都必须深入到广大的群众里面去”[③]。深入群众才能接近群众、联系群众，

---

① 中共中央文献研究室．十八大以来重要文献选编：上．北京：中央文献出版社，2014：697.

② 中共中央文献研究室，中央档案馆．建党以来重要文献选编（1921—1949）：第1册．北京：中央文献出版社，2011：1.

③ 中共中央文献研究室，中央档案馆．建党以来重要文献选编（1921—1949）：第1册．北京：中央文献出版社，2011：162.

了解群众的利益诉求，进而赢得群众的信任和支持。1925 年 10 月，中央执行委员会扩大会议制定的《组织问题议决案》进一步提出："中国革命运动的将来命运，全看中国共产党会不会组织群众，引导群众。"① 这里将组织群众、引导群众提到关系中国革命成败的高度，表明党对人民力量的深刻认识。1926 年 4 月，中共中央发出《我们今后怎样工作》的小册子，强调从事群众宣传，"要时刻留心听取他们的意见。领导群众的本领，只有在群众中虚心领受他们的指教才能够学得"②。虚心听取群众意见，是对人民智慧的尊重，也是联系群众的方法。

早在党成立之前，毛泽东就认识到了民众的力量。他在《湘江评论》创刊宣言中提出："什么力量最强？民众联合的力量最强。"③ 在《民众的大联合》一文中，毛泽东强调民众大联合是改造国家、改造社会的根本方法。从湖南农民运动的实地考察中，毛泽东直接感受到农民的力量。1927 年 3 月，毛泽东在《湖南农民运动考察报告》一文中，提出了相信群众、依靠群众和动员组织群众的思想。在他看来，农民运动暴风骤雨般的强大力量与发展形势，"无论什么大的力量都将压抑不住。他们将冲决一切束缚他们的罗网，朝着解放的路上迅跑"④。这是对农民力量的充分信任和高度评价，为党的群众路线形成提供了现实依据。

> 党是阶级的先锋队；它的任务决不是反映群众的一般水平，而是带领群众前进。
> 列宁．列宁全集：第 33 卷．北京：人民出版社，1985：88.

土地革命战争时期是群众路线的形成阶段。大革命失败后，党的基层组织遭到破坏，党联系群众的途径也深受影响。1928 年 6 月，周恩来在党的六大所做的组织报告中指出，中国共产党有脱离群众的危险，这种危险还很大，"党应改变旧的一切命令群众、压迫群众的方法，而坚决的去执行说服群众、引导群众的实际工作"⑤。这里涉及的是群众工作方法，说服群众、引导群众是依靠群众的基础。1928 年 10 月，《中央通告第七号》批评了党员与群众相脱离或强迫命令群众的现象，提出"党员职业化"⑥ 的要求。也就是说，每个党员学习一种职业，打入社会特别是工厂，置身于群众中做群众的领导者，从广大的产业工人群众中建立党的群众基础。同年 11 月，中共中央告全体同志书批评了命令主义不去说服群众、鼓动群众，而用机械式的命令去恐吓群众的工作作风，再次号召"党员的职业化"，通过职业化"深入群众中去，把党的影响到群众中去扩大，同时能把

① 中共中央文献研究室，中央档案馆．建党以来重要文献选编（1921—1949）：第 2 册．北京：中央文献出版社，2011：522.

② 中共中央文献研究室，中央档案馆．建党以来重要文献选编（1921—1949）：第 3 册．北京：中央文献出版社，2011：161.

③ 中共中央文献研究室，中共湖南省委《毛泽东早期文稿》编辑组．毛泽东早期文稿（1912.6—1920.11）．长沙：湖南人民出版社，2013：270.

④ 毛泽东选集：第 1 卷．2 版．北京：人民出版社，1991：13.

⑤ 中共中央文献研究室，中央档案馆．建党以来重要文献选编（1921—1949）：第 5 册．北京：中央文献出版社，2011：350.

⑥ 中共中央文献研究室，中央档案馆．建党以来重要文献选编（1921—1949）：第 5 册．北京：中央文献出版社，2011：671.

群众的意识正确的反映到党里来，使党成为真正群众的党”①。在建立农村革命根据地、开辟中国革命新道路的过程中，党对人民群众的力量和作用有了更为深切的感受和更为清晰的认识。1929 年 9 月，根据中央会议精神和周恩来多次谈话的要点，由陈毅起草、周恩来审定的《中共中央给红四军前委的指示信》三次提到“群众路线”，这是在党的正式文件里第一次出现“群众路线”的概念。比如，“关于筹款工作亦要经过群众路线，不要由红军单独去干”；“没收地主豪绅财产是红军给养的主要来源，但一定要经过群众路线”；“对于需用品可渐次做到由群众路线去找出路，红军自己办固然好，但同时要能由群众供给与募集才能建立红军与群众的更密切关系”②。这里所说的“群众路线”，主要是指经过群众、依靠群众，解决红军的给养与经济问题。

土地革命战争时期，毛泽东、周恩来、刘少奇等党的领导人对群众路线进行了具体阐释。1934 年 1 月，毛泽东在第二次全国工农兵代表大会上的讲话指出：“真正的铜墙铁壁是什么？是群众，是千百万真心实意地拥护革命的群众。这是真正的铜墙铁壁，什么力量也打不破的，完全打不破的。”③ 革命根据地的建立和发展，靠的是人民群众的支持。在推崇人民力量和作用的同时，毛泽东强调关心和改良群众生活。“我们是革命战争的领导者、组织者，我们又是群众生活的领导者、组织者。组织革命战争，改良群众生活，这是我们的两大任务。”④ 这里表达了对人民生活、人民利益的关切，是一切为了群众的现实表达。1937 年 5 月，刘少奇在《关于白区的党和群众工作》的报告中，着重谈到了“党和群众的关系”问题，认为这是关系到“组织和领导千百万群众”⑤ 的大问题，要求党员干部信任群众、了解群众、尊重群众、争取群众。如果“我们不尊重群众，不信仰群众，就不能和群众打成一片，就不能取得群众对于我们的相信和尊重”⑥。尊重群众、信任群众，和群众打成一片，是联系群众的具体方法。

> 我们要胜利，一定还要做很多的工作。领导农民的土地斗争，分土地给农民；提高农民的劳动热情，增加农业生产；保障工人的利益；建立合作社；发展对外贸易；解决群众的穿衣问题，吃饭问题，住房问题，柴米油盐问题，疾病卫生问题，婚姻问题。总之，一切群众的实际生活问题，都是我们应当注意的问题。
>
> 毛泽东选集：第 1 卷 . 2 版 . 北京：人民出版社，1991：136 - 137.

抗日战争时期是群众路线走向成熟的阶段。“七七事变”爆发后，抗日战争进入全民族抗战阶段，全体中华儿女都投入到这场关系民族存亡的伟大斗争中。毛泽东 1938 年在《论持久战》一文中指出：“兵民是胜利之本”，“战争的伟力之最深厚的根源，存在于民

① 中共中央文献研究室，中央档案馆 . 建党以来重要文献选编（1921—1949）：第 5 册 . 北京：中央文献出版社，2011：720.

② 中共中央文献研究室，中央档案馆 . 建党以来重要文献选编（1921—1949）：第 6 册 . 北京：中央文献出版社，2011：516，518 - 519，519.

③ 毛泽东选集：第 1 卷 . 2 版 . 北京：人民出版社，1991：139.

④ 毛泽东选集：第 1 卷 . 2 版 . 北京：人民出版社，1991：139.

⑤ 刘少奇选集：上卷 . 北京：人民出版社，1981：59.

⑥ 中共中央文献研究室，中央档案馆 . 建党以来重要文献选编（1921—1949）：第 13 册 . 北京：中央文献出版社，2011：327.

众之中"[①]。这是对人民在民族解放战争中地位和作用的高度评价。党在这一时期的群众路线，集中体现在发动群众和武装群众，开展游击战争，巩固和扩大抗日根据地，使日寇陷入人民战争的汪洋大海。1943 年 5 月，针对群众工作存在的主观主义、形式主义、官僚主义现象，中共中央西北局发出《关于边区群众工作的指示》，要求确立群众观点，养成与群众打成一片的工作作风，切实注意调查研究，了解民情，替老百姓谋利益出主意[②]。同时，要求党加强对群众工作的领导，"特别是党的支部是群众的核心，必须以群众工作为其基本工作，切实领导，定期检查"[③]。6 月，中央政治局通过毛泽东起草的《中共中央关于领导方法的决定》，从辩证唯物主义认识论的高度，对党的群众路线工作方法进行了精辟概括："在我党的一切实际工作中，凡属正确的领导，必须是从群众中来，到群众中去。"[④] 这是诠释群众路线工作方法的经典表达。10 月，毛泽东在中共中央西北局高级干部会议上指出："有无群众观点是我们同国民党的根本区别，群众观点是共产党员革命的出发点与归宿。从群众中来，到群众中去，想问题从群众出发就好办。"[⑤] 这里强调了群众观点的重要性，重申了"从群众中来，到群众中去"的工作方法。

1945 年 4 月，毛泽东在党的七大所做的《论联合政府》的政治报告中，强调密切联系群众是中国共产党区别于其他政党的显著标志，要求全党必须"全心全意地为人民服务，一刻也不脱离群众；一切从人民的利益出发，而不是从个人或小集团的利益出发；向人民负责和向党的领导机关负责的一致性；这些就是我们的出发点"[⑥]。在此基础上，党的七大通过的党章第一次比较全面地概括了建党以来实践群众路线的基本经验，第一次系统阐明了群众路线的基本内容，要求每一个党员，具有全心全意为人民服务的精神，与工人、农民及其他革命人民建立广泛的联系，并经常注意巩固与扩大这种联系；理解党的利益与人民利益的一致性，对党负责与对人民负责的一致性；用心倾听人民群众的呼声和了解他们的迫切需要，并帮助他们组织起来；决心向人民群众学习，并以革命精神不疲倦地去教育人民群众，启发与提高人民群众的觉悟；经常警戒自己脱离人民群众的危险性，注意防止脱离群众的错误倾向[⑦]。对群众路线基本内涵的界定，标志着党的群众路线走向成熟。

（二）群众路线的发展

解放战争时期和新中国成立后，随着新民主主义革命的胜利和社会主义革命、社会主义建设的展开，党的群众路线继续得到丰富和发展。

---

① 毛泽东选集：第 2 卷 . 2 版 . 北京：人民出版社，1991：509，511.

② 中共中央文献研究室，中央档案馆 . 建党以来重要文献选编（1921—1949）：第 20 册 . 北京：中央文献出版社，2011：308.

③ 中共中央文献研究室，中央档案馆 . 建党以来重要文献选编（1921—1949）：第 20 册 . 北京：中央文献出版社，2011：309.

④ 中共中央文献研究室 . 毛泽东年谱（1893—1949）：中卷 . 修订本 . 北京：中央文献出版社，2013：442.

⑤ 中共中央文献研究室 . 毛泽东文集：第 3 卷 . 北京：人民出版社，1996：71.

⑥ 毛泽东选集：第 3 卷 . 2 版 . 北京：人民出版社，1991：1094 - 1095.

⑦ 中共中央文献研究室，中央档案馆 . 建党以来重要文献选编（1921—1949）：第 22 册 . 北京：中央文献出版社，2011：535.

解放战争时期群众路线得到丰富。1945 年 10 月，毛泽东在延安干部会上就重庆谈判指出，共产党人好比种子，人民好比土地，我们到了一个地方，就要同那里的人民结合起来，在人民中间生根、开花。“我们的同志不论到什么地方，都要把和群众的关系搞好，要关心群众，帮助他们解决困难”，“中国的事情，要靠共产党办，靠人民办”，“只要我们同全体人民更好地团结起来了，中国的事情就好办了”①。这是对党和人民关系的形象表达，也是对人民力量的充分信任。1948 年 4 月，毛泽东在同晋绥日报编辑人员谈话时，严肃批评了群众路线得不到贯彻的一些现象。如有人认为“党的政策只要领导人知道就行，不需要让群众知道”②，有人“做一件事情，总不愿意向被领导的人讲清楚，不懂得发挥被领导者的积极性和创造力”，“报上天天讲群众路线，可是报社自己的工作却往往没有实行群众路线”③。毛泽东认为，要解决这个问题，就要深刻认识到教育群众的重要性，“善于把党的政策变为群众的行动，善于使我们的每一个运动，每一个斗争，不但领导干部懂得，而且广大的群众都能懂得，都能掌握，这是一项马克思列宁主义的领导艺术”④。“善于把党的政策变为群众的行动”是群众路线的重要内容。群众路线的作用，在解放战争时期得到充分体现。陈毅曾深情并形象地说过，淮海战役的胜利是人民群众用小车推出来的。新民主主义革命的胜利，说到底是人民的胜利。1949 年 6 月，毛泽东在新政治协商会议筹备会上郑重向全世界宣告：“中国的命运一经操在人民自己的手里，中国就将如太阳升起在东方那样，以自己的辉煌的光焰普照大地，迅速地荡涤反动政府留下来的污泥浊水，治好战争的创伤，建设起一个崭新的强盛的名副其实的人民共和国。”⑤ 这是对人民在新中国建设中主体地位和主体作用的最好肯定。

单有党还不行，党是一个核心，它必须要有群众。我们的各项具体工作，包括工业、农业、商业、文化教育等等工作，百分之九十不是党员做的，而是非党员做的。所以，要好好团结群众，团结一切可以团结的人一道工作。

中共中央文献研究室．毛泽东文集：第 7 卷．北京：人民出版社，1999：88.

社会主义革命和建设时期群众路线得到继续发展。新中国的成立揭开了中国历史新的篇章，人民群众成为国家主人。毛泽东指出，“中国已归人民，一草一木都是人民的”⑥。社会地位的根本变化，调动了人民投身社会主义建设的积极性、主动性、创造性，成为推动社会主义革命和建设的主体力量。新中国成立初期国民经济恢复的实现，充分展现了人民的力量、人民的作用。1953 年《人民日报》为庆祝中华人民共和国成立四周年发表的社论指出：“国民经济的迅速恢复直接地是依靠全国职工和农民的创造性劳动，人民民主制度使他们在劳动中发挥了高度的积极性。”⑦ 基于国民经济恢复的实践经验，关于

① 毛泽东选集：第 4 卷．2 版．北京：人民出版社，1991：1162.
② 毛泽东选集：第 4 卷．2 版．北京：人民出版社，1991：1318.
③ 毛泽东选集：第 4 卷．2 版．北京：人民出版社，1991：1319.
④ 毛泽东选集：第 4 卷．2 版．北京：人民出版社，1991：1319.
⑤ 毛泽东选集：第 4 卷．2 版．北京：人民出版社，1991：1467.
⑥ 中共中央文献研究室．毛泽东年谱（1949—1976）：第 1 卷．北京：中央文献出版社，2013：27.
⑦ 中共中央文献研究室．建国以来重要文献选编：第 4 册．北京：中央文献出版社，2011：353.

党在过渡时期总路线的学习和宣传提纲提出，把我国建设成为伟大的社会主义国家的任务是极端复杂而繁重的，要实现这一任务，没有全国人民的一致努力是不可能的。1954年9月，刘少奇在解释宪法草案时也指出：实现社会主义工业化和社会主义改造，是十分艰巨复杂的任务，“必须动员全国人民的力量，发挥广大人民群众的积极性和创造性”①。将人民的积极性、创造性与艰巨复杂任务的完成联系起来，彰显了人民在社会主义革命和建设过程中的主体地位。

1955年4月30日，《唐山农民报》发表《书记动手，全党办社》一文，介绍河北省遵化县王国藩合作社的情况。毛泽东读后十分高兴，在主持编辑《中国农村的社会主义高潮》一书时，将其作为第一篇，并在按语中指出：“社会的财富是工人、农民和劳动知识分子自己创造的。只要这些人掌握了自己的命运，又有一条马克思列宁主义的路线，不是回避问题，而是用积极的态度去解决问题，任何人间的困难总是可以解决的。”② 依据合作化后劳动者和生产资料获得解放，劳动生产率提高的事实，毛泽东强调，“人民群众有无限的创造力。他们可以组织起来，向一切可以发挥自己力量的地方和部门进军，向生产的深度和广度进军”③。这里对人民力量的肯定，主要是从经济建设方面来说的，诠释了人民是新中国经济建设的主体力量。

在探索社会主义建设道路过程中，毛泽东一方面强调发挥广大人民群众的积极性、主动性和创造性；另一方面强调关心人民群众的生活。他在《论十大关系》的报告中指出：“我们历来提倡艰苦奋斗，反对把个人物质利益看得高于一切，同时我们也历来提倡关心群众生活，反对不关心群众痛痒的官僚主义。”④ 要求处理好国家、生产单位和生产者个人的关系，兼顾国家、集体、个人三个方面的利益。

1956年9月，邓小平在党的八大关于修改党的章程的报告中，对群众路线实践经验进行了系统总结，对群众路线的内涵、地位做出了新的概括：一是深化了对党和人民群众关系的认识，将党作为人民群众在特定历史时期完成特定任务的工具。他指出：“工人阶级的政党不是把人民群众当做自己的工具，而是自觉地认定自己是人民群众在特定的历史时期为完成特定的历史任务的一种工具。”⑤ 二是进一步强调人民群众的主体地位，分析了如何实现人民群众的主体地位和党的领导作用的结合。人民群众必须自己解放自己，“党对于人民群众的领导作用，就是正确地给人民群众指出斗争的方向，帮助人民群众自己动手，争取和创造自己的幸福生活”⑥。三是进一步明确了密切联系群众的工作作风。“党必须密切联系群众和依靠群众，而不能脱离群众，不能站在群众之上；每一个党员必须养成为人民服务、向群众负责、遇事同群众商量和同群众共甘苦的工作作风。”⑦ 四是进一步阐明了群众路线工作方法的重要性。“党的领导工作能否保持正确，决定于它

① 中共中央文献研究室．建国以来重要文献选编：第5册．北京：中央文献出版社，2011：412.

② 建国以来毛泽东文稿：第5册．北京：中央文献出版社，1991：490.

③ 中共中央文献研究室．毛泽东文集：第6卷．北京：人民出版社，1999：457.

④ 中共中央文献研究室．毛泽东文集：第7卷．北京：人民出版社，1999：28.

⑤ 中央档案馆，中共中央文献研究室．中共中央文件选集（1949年10月—1966年5月）：第24册．北京：人民出版社，2013：133.

⑥ 中共中央文献研究室．建国以来重要文献选编：第9册．北京：中央文献出版社，2011：105.

⑦ 中共中央文献研究室．建国以来重要文献选编：第9册．北京：中央文献出版社，2011：105.

能否采取‘从群众中来，到群众中去’的方法。”[①] 将党的领导保持正确与群众路线工作方法直接联系起来，这是对群众路线工作方法重要性的提升。五是进一步明确了群众路线在党内生活中的地位，强调群众路线是“党的组织工作中的根本问题，是党章中的根本问题，是需要在党内反复进行教育的”[②]。“两个根本”彰显了群众路线的地位。由于党已经成为在全国执政的党，脱离群众的危险比以前大大地增加了，而脱离群众对于人民可能产生的危害，也比以前大大地增加了。因此，在全党认真宣传和贯彻执行群众路线，也就有特别重大的意义。党的八大强调发扬群众路线的传统，既是对历史经验的总结，也是新的环境下党的执政要求。

1958 年 1 月，毛泽东在《工作方法六十条（草案）》中，对实践群众路线提出了一些具体方法。如要求干部“打掉官风，实事求是，同人民打成一片”。“任何人不论官有多大，在人民中间都要以一个普通劳动者的姿态出现。决不许可摆架子。”“对于下级所提出的不同意见，要能够耐心听完，并且加以考虑，不要一听到和自己不同的意见就生气，认为是不尊重自己。”[③] 这些是实践群众路线的具体方法。对“制定和修改各种规章制度的群众路线的方法”[④]，即对新的规章制度的总结和推广、对不合理规章制度的修改或废除，毛泽东进行了具体阐释，从而进一步拓展了群众路线工作方法。

> 有无群众观点是我们同国民党的根本区别，群众观点是共产党员革命的出发点与归宿。从群众中来，到群众中去，想问题从群众出发就好办。
>
> 中共中央文献研究室．毛泽东文集：第 3 卷．北京：中央文献出版社，1996：71.

但是，从 1958 年开始，出现了将群众路线简单地等同于“群众运动”的错误倾向，给党和人民的事业造成了极大损失。在纠正“左”的错误过程中，毛泽东对群众路线实践过程中出现的偏差提出了批评，并结合民主集中制对群众路线进行了阐释。1962 年，毛泽东在七千人大会的讲话中，总结“大跃进”以来工作中的教训时指出：“不依靠群众，不发动群众和干部的积极性，就不可能克服困难。但是，如果不向群众和干部说明情况，不向群众和干部交心，不让他们说出自己的意见，他们还对你感到害怕，不敢讲话，就不可能发动他们的积极性。”[⑤] 在毛泽东看来，没有生动活泼的政治局面，群众的积极性不可能发动起来。同时，没有民主，意见不是从群众中来，“就不可能制定出好的路线、方针、政策和办法。我们的领导机关，就制定路线、方针、政策和办法这一方面说来，只是一个加工工厂”[⑥]。这就把群众路线的工作方法与民主集中制联系起来，是群众路线的发展。

---

① 中央档案馆，中共中央文献研究室．中共中央文件选集（1949 年 10 月—1966 年 5 月）：第 24 册．北京：人民出版社，2013：133.

② 中央档案馆，中共中央文献研究室．中共中央文件选集（1949 年 10 月—1966 年 5 月）：第 24 册．北京：人民出版社，2013：132.

③ 中共中央文献研究室．毛泽东文集：第 7 卷．北京：人民出版社，1999：354，355，355.

④ 中共中央文献研究室．毛泽东文集：第 7 卷．北京：人民出版社，1999：354.

⑤ 中共中央文献研究室．毛泽东文集：第 8 卷．北京：人民出版社，1999：293.

⑥ 中共中央文献研究室．毛泽东文集：第 8 卷．北京：人民出版社，1999：294.

“文化大革命”时期，群众路线的发展遭遇重大挫折。在拨乱反正过程中，邓小平反复强调坚持群众路线对改革开放和社会主义现代化建设的重要性，指出“群众路线和实事求是这两条是最根本的东西”①。党的十一届六中全会通过的《关于建国以来党的若干历史问题的决议》，把党的群众路线的内涵概括为“一切为了群众，一切依靠群众，从群众中来，到群众中去”②，并将其确定为毛泽东思想活的灵魂的三大基本内容之一。党的群众路线作为毛泽东思想活的灵魂，是中国革命和建设经验的总结，并为中国特色社会主义理论体系、习近平新时代中国特色社会主义思想继承和发展。

二、群众路线的基本内容

习近平在纪念毛泽东同志诞辰 120 周年座谈会上的讲话指出：“不论过去、现在和将来，我们都要坚持一切为了群众，一切依靠群众，从群众中来，到群众中去，把党的正确主张变为群众的自觉行动，把群众路线贯彻到治国理政全部活动之中。”③ 揭示了群众路线的基本内涵，阐明了群众路线的实践要求。

（一）群众路线的科学含义

党的群众路线的核心要义，可从四个方面来把握，每一方面既有其理论内涵，也有其实践要求。

“一切为了群众”是党的群众路线的价值取向和根本出发点。一切为了群众，是由党的性质和宗旨决定的。中国共产党是中国工人阶级的先锋队，也是中国人民和中华民族的先锋队。党的性质决定了全心全意为人民服务的根本宗旨，全心全意为人民服务转化为实践要求、实践自觉就是一切为了群众。1925 年 12 月，毛泽东在阐释《政治周报》发刊理由时指出：“为什么要革命？为了使中华民族得到解放，为了实现人民的统治，为了使人民得到经济的幸福。”④ 这是中国共产党初心和使命的表达。1939 年 2 月，毛泽东在给张闻天的信中谈到孔子的道德论时，使用了“为人民服务”的概念。1944 年 9 月，毛泽东出席中央警备团为张思德举行的追悼会，并在演讲中指出：“我们这个队伍完全是为着解放人民的，是彻底地为人民的利益工作的”，“因为我们是为人民服务的，所以，我们如果有缺点，就不怕别人批评指出”⑤。这里从诠释党的宗旨的维度，正式提出“为人民服务”的命题。从讲演来看，为人民服务的根本在于为人民谋利益，“为人民利益而死”，“为人民的利益坚持好的，为人民的利益改正错的”，“想到人民的利益”等表达，诠释了为人民服务的内涵和本质。1945 年 4 月，毛泽东在《论联合政府》的报告中，第一次把“为人民服务”提到党的宗旨的高度，并用“全心全意”来修饰“为中

---

① 邓小平．邓小平文选：第 2 卷．2 版．北京：人民出版社，1994：45.
② 中共中央文献研究室．改革开放三十年重要文献选编：上．北京：中央文献出版社，2008：209.
③ 中共中央文献研究室．十八大以来重要文献选编：上．北京：中央文献出版社，2014：697.
④ 中共中央文献研究室．毛泽东文集：第 1 卷．北京：人民出版社，1993：21.
⑤ 毛泽东选集：第 3 卷．2 版．北京：人民出版社，1991：1004.

国人民服务”，说明为人民服务的彻底性。党的七大通过的党章规定，“中国共产党人必须具有全心全意为中国人民服务的精神”[①]，并从广泛联系群众、理解党的利益与人民利益的一致性、用心倾听人民群众的呼声、向人民群众学习、警戒脱离人民群众的危险等方面，诠释了全心全意为人民服务的实践要求。一切为了群众，决定了中国共产党在制定路线、方针、政策时，将人民利益及其实现放在首位，党的一切工作都是为了实现好、维护好、发展好最广大人民的根本利益，人民利益是中国共产党一切工作的根本出发点和最终落脚点。

> “群众利益无小事”。群众的一桩桩“小事”，是构成国家、集体“大事”的“细胞”，小的“细胞”健康，大的“肌体”才会充满生机与活力。……我们是党的干部，是人民的公仆，一定要把群众的安危冷暖挂在心上，以“天下大事必做于细”的态度，真心诚意地为人民群众办实事、做好事、解难事。
>
> 习近平．之江新语．杭州：浙江人民出版社，2007：26.

“一切依靠群众”是党对人民主体地位的科学认知与高度肯定。人民是中国革命、建设的主体力量，是中国共产党的力量源泉。一切依靠群众，包含两方面的含义：一是人民群众是历史的创造者与推动者，是“真正的英雄”。毛泽东明确指出：“人民，只有人民，才是创造世界历史的动力。”[②] 凭借自身的生活经历和中国革命、建设的实践感悟，毛泽东充分肯定人民群众的历史地位和社会作用，将人民视为中国革命、建设的主体。二是人民群众是党的事业的力量源泉，是党需要紧紧依靠的“铜墙铁壁”。高度相信群众、注重教育引导群众、善于组织群众、尊重群众意愿、保护群众的首创精神，是“一切依靠群众”的实践创造与实践要求。

一切依靠群众，要求相信人民群众的力量。毛泽东反复强调：“我们应当相信群众，我们应当相信党，这是两条根本的原理。如果怀疑这两条原理，那就什么事情也做不成了。”[③] 一切依靠群众，需要教育引导群众，激发群众的积极性、主动性和创造性。教育引导群众并非易事，要讲究方式方法，采取民主说服、和风细雨的方法，不能采取命令主义的态度和强制手段。抗战胜利前夕，毛泽东在延安干部会议上发表演讲时指出：“人民的觉悟不是容易的，要去掉人民脑子中的错误思想，需要我们做很多切切实实的工作。对于中国人民脑子中的落后的东西，我们要去扫除，就像用扫帚打扫房子一样。从来没有不经过打扫而自动去掉的灰尘。我们要在人民群众中间，广泛地进行宣传教育工作，使人民认识到中国的真实情况和动向，对于自己的力量具备信心。”[④] 教育群众，要用先进的思想武装群众、启发群众，这是发挥群众主体力量的思想基础。一切依靠群众，需要将群众组织起来，凝聚群众力量，这是发挥群众主体作用的组织基础。毛泽东在中共

---

① 中共中央文献研究室，中央档案馆．建党以来重要文献选编（1921—1949）：第22册．北京：中央文献出版社，2011：535.

② 毛泽东选集：第3卷．2版．北京：人民出版社，1991：1031.

③ 中共中央文献研究室．毛泽东文集：第6卷．北京：人民出版社，1999：423.

④ 毛泽东选集：第4卷．2版．北京：人民出版社，1991：1131.

中央招待陕甘宁边区劳动英雄大会上的讲话指出，“把群众力量组织起来，这是一种方针。还有什么与此相反的方针没有呢？有的。那就是缺乏群众观点，不依靠群众，不组织群众，不注意把农村、部队、机关、学校、工厂的广大群众组织起来”①。将群众组织起来，形成强大力量，才能开展创造性的实践。一切依靠群众，需要尊重群众的意愿。毛泽东在陕甘宁边区文教工作会议上指出：“要联系群众，就要按照群众的需要和自愿。一切为群众的工作都要从群众的需要出发，而不是从任何良好的个人愿望出发。”② 从群众的实际需要出发，尊重群众意愿，才能发挥群众的主体作用。

“从群众中来，到群众中去”是贯彻群众路线的路径与方法。毛泽东指出：“在我党的一切实际工作中，凡属正确的领导，必须是从群众中来，到群众中去。这就是说，将群众的意见（分散的无系统的意见）集中起来（经过研究，化为集中的系统的意见），又到群众中去作宣传解释，化为群众的意见，使群众坚持下去，见之于行动，并在群众行动中考验这些意见是否正确。然后再从群众中集中起来，再到群众中坚持下去。如此无限循环，一次比一次地更正确、更生动、更丰富。这就是马克思主义的认识论。”③ “从群众中来，到群众中去”，是党的群众工作实践经验的总结凝练，也是判断工作方法正确与否的重要准则，内含深入实践、调查研究、集思广益、尊重民意、验证理论等本质要求。“从群众中来，到群众中去”的过程，就是倾听群众意见、集中群众智慧的过程。毛泽东要求领导干部深入群众之中，和群众打成一片，细心倾听群众的呼声。在毛泽东看来，完成各种任务、解决各种问题的路径，“不是脑子里头想得出来的，这依靠于从动员群众执行各种任务的过程中去收集各种新鲜的具体的经验，去发扬这些经验”④。毛泽东十分重视听取群众意见，总结群众经验。在探索中国社会主义建设道路的过程中，人民的实践创造、实践智慧对于中国共产党人而言显得更为重要。毛泽东在《工作方法六十条（草案）》中指出：“任何英雄豪杰，他的思想、意见、计划、办法，只能是客观世界的反映，其原料或者半成品只能来自人民群众的实践中，或者自己的科学实验中，他的头脑只能作为一个加工工厂而起制成完成品的作用，否则是一点用处也没有的。人脑制成的这种完成品，究竟合用不合用，正确不正确，还得交由人民群众去考验。如果我们的同志不懂得这一点，那就一定会到处碰钉子。”⑤ 这是毛泽东基于中国革命、建设经验而对党的工作方法的阐释，道出了人民实践、人民智慧对于党制定路线方针政策的重要作用。“从群众中来，到群众中去”的工作方法，是建立在科学把握认识运动基本规律基础上的，强调了群众实践对正确认识形成的基础性与决定性作用。

> 群众有伟大的创造力。中国人民中间，实在有成千成万的“诸葛亮”，每个乡村，每个市镇，都有那里的“诸葛亮”。我们应该走到群众中间去，向群众学习，把

---

① 毛泽东选集：第3卷．2版．北京：人民出版社，1991：930.

② 毛泽东选集：第3卷．2版．北京：人民出版社，1991：1012.

③ 毛泽东选集：第3卷．2版．北京：人民出版社，1991：899.

④ 中共中央文献研究室．毛泽东文集：第1卷．北京：人民出版社，1993：276.

⑤ 中共中央文献研究室．毛泽东文集：第7卷．北京：人民出版社，1999：358－359.

> 他们的经验综合起来，成为更好的有条理的道理和办法。
>
> 毛泽东选集：第3卷.2版.北京：人民出版社，1991：933.

“把党的正确主张变为群众的自觉行动”是群众路线的实践指向和目的。人民群众的实践，是创造物质财富和精神财富、推动社会发展的决定性力量。一方面，人民群众的实践需要党的正确主张、党的理论作指导，否则人民群众的实践将是盲目的实践，无法达成实践的目标，党的理想和奋斗目标也无法实现。另一方面，党的正确主张只有变为群众的自觉行动，经过人民群众的实践，才能体现其指导实践、改造世界的作用，党的正确主张才能由理论变为现实，接受实践的检验。

总之，党的群众路线四个层面的内涵是一个相互衔接的有机整体，是价值取向、力量基点、认识方法、实践指向的有机统一。

（二）群众路线的实质

群众路线的基本内涵，诠释了群众路线的实质。群众路线体现了历史唯物主义和辩证唯物主义的基本原理，体现了坚持人民至上的价值立场，是民主集中制原则的创造性运用。

群众路线体现了人民群众是历史创造者的基本原理。马克思、恩格斯在《神圣家族》一书中就指出：“历史活动是群众的活动，随着历史活动的深入，必将是群众队伍的扩大”①，肯定了人民群众在人类历史发展、社会变革过程中的作用，肯定了人民群众的历史地位。在马克思、恩格斯看来，人民群众是社会物质财富的创造者，正是人民群众的生产活动创造了人类生存和发展所需的物质条件。同时，人民群众是社会精神财富的创造者，在满足基本物质需要之后，人民群众开始从事政治、科学、艺术、宗教等活动，促进了人类精神生活的发展。再者，人民群众是实现社会变革的决定力量，没有千百万觉悟群众的革命行动，不可能推翻旧制度。人民群众在革命中焕发出来的巨大毅力和自我牺牲精神，决定了革命运动的结局，而无产阶级是唯一彻底革命的阶级。马克思列宁主义基本原理是毛泽东思想的理论来源，党的群众路线体现了人民群众是历史创造者的基本原理，是这一基本原理在中国革命、建设实践中的具体运用。

群众路线体现了辩证唯物主义认识论和方法论。“从群众中来，到群众中去”的过程，是实践—认识—再实践—再认识的过程，是由感性认知到理性认知的飞跃过程，其实质就是发现真理、修正错误、完善决策、强化实践的过程。“从群众中来，到群众中去”既是一种认识方法，也是一种工作方法。1964年9月25日，毛泽东在给刘少奇的信中明确指出：简单地说，马克思主义的认识论就是从群众中来，到群众中去。“下决心长期下去蹲点，就能听到群众的呼声，就能从实践中逐步地认识客观真理，变为主观真理，然后再回到实践中去，看是不是行得通。如果行不通，则必须重新向群众的实践请教。这样就可以解决框框问题，即教条主义问题了，就可以不信迷信了。”②“从群众中来，到群众中去”的循环往复，正是辩证唯物主义认识规律的体现。

---

① 马克思，恩格斯.马克思恩格斯文集：第1卷.北京：人民出版社，2009：287.

② 中共中央文献研究室.毛泽东文集：第8卷.北京：人民出版社，1999：324.

群众路线体现了坚持人民至上的价值立场。坚持人民至上，是中国共产党百年奋斗的历史经验之一。党的群众路线蕴含人民地位至上、人民利益至上、人民力量至上、人民评价至上等价值理念。一切为了群众，体现了人民地位至上、人民利益至上，表达了对人民地位、人民利益的关切。一切依靠群众，体现了人民力量至上，表达了对人民力量的推崇。“从群众中来，到群众中去”，体现了人民评价至上，表达了对人民意见、人民智慧的尊重。党的群众路线从多个维度诠释了人民至上的价值立场。

群众路线是民主集中制原则在群众工作中的创造性运用。民主集中制是党的根本组织原则，“从群众中来，到群众中去”，蕴含民主与集中的有机统一。深入群众、虚心听取群众意见、集中群众智慧的过程，是充分发扬民主的过程；将群众意见经验进行加工提炼、形成党的政策主张的过程，是集中的过程。将党的政策主张付诸实践，接受实践检验和人民群众评价的过程，又是充分发扬民主的过程；经过实践检验、人民评价，对党的政策主张进行修正和调整的过程，又是集中的过程。如此反复，是民主集中制原则在群众工作中的创造性运用。同时，发扬民主才能调动人民群众的积极性、主动性和创造性，做到一切依靠群众，使党的正确主张变为群众的自觉行动。

群众路线的实质，诠释了群众路线的理论来源、哲学基础，彰显了中国共产党的价值取向和政治品格。把握群众路线的实质，有利于深化对群众路线科学内涵的理解。

三、群众路线是党的根本路线

群众路线使中国共产党赢得了人民的拥护和支持，确保了党的路线方针政策的正确性。群众路线既是党的生命线和根本工作路线，也是党永葆青春活力和战斗力的传家宝，既具重要历史价值，也有重要的现实意义。

（一）党的生命线和根本工作路线

群众路线是党的根本认识路线、政治路线和组织路线，直接关系党的生存和发展，由此决定群众路线是党的生命线。

群众路线是党的根本认识路线。正确的认识路线是制定正确的路线方针政策的前提和基础。人民群众既是实践的主体，也是认识的主体。认识来源于实践，实际上就是来源于人民群众的实践。在制定路线方针政策的过程中，领导者要善于向人民群众学习，通过调查研究，发现人民群众的实践经验和实践智慧。同时，领导者要善于“加工制作”从群众那里得来的“原料”“半成品”，对“原料”“半成品”进行科学抽象和概括。认识回到实践，就是使经过科学抽象和概括而获得的理性认识回到群众中去，化为群众改造世界的实践，这是检验认识和发展认识的过程。“从群众中来，到群众中去”，要求尊重群众的首创精神，虚心向群众学习，甘当群众的小学生，善于发现、总结和升华群众智慧。

群众路线是党的根本政治路线。党的政治路线是党在一定历史阶段的总目标、总任务以及实现总目标、总任务的方针和原则。不同历史阶段因面临的历史任务不同，党的政治路线存在差异。但不同历史阶段政治路线的基础是一致的，即代表最广大人民群众的根本利益，团结带领最广大人民群众，通过共同奋斗来实现总目标、总任务。中国共产党的政治是人民的政治，离开人民的拥护和支持，中国共产党无法完成其政治任务、实现其政治目标。毛泽东指出："一切问题的关键在政治，一切政治的关键在民众，不解决要不要民众的问题，什么都无从谈起。"① 新民主主义革命时期，党在长期实践中形成了无产阶级领导的，人民大众的，反对帝国主义、封建主义和官僚资本主义的总路线。这条总路线体现了群众路线的核心要义，新民主主义革命的胜利是实践群众路线的结果。社会主义革命和建设时期，实现社会主义现代化是最大的政治任务。毛泽东在党的七届二中全会上，就提出"使中国稳步地由农业国转变为工业国，把中国建设成一个伟大的社会主义国家"② 的任务。实现农业国向工业国转变的国家，实质上是现代化国家。新中国成立后，中国共产党将现代化国家建设提上议事日程。1954 年 9 月，周恩来在一届全国人大一次会议的《政府工作报告》中指出："我国的经济原来是很落后的；如果我们不建设起强大的现代化的工业、现代化的农业、现代化的交通运输业和现代化的国防，我们就不能摆脱落后和贫困，我们的革命就不能达到目的。"③ 从经济、国防现代化入手推进现代化国家建设，既是基于中国国情和冷战格局背景的选择，也体现了世界各国现代化的一般规律。随着世界科学技术的快速发展和国际竞争加剧，中国共产党人将科学技术现代化纳入国家现代化的范畴。"四个现代化"概念的提出、演化与实践展开，反映了社会主义革命和建设时期中国共产党人对现代化国家、现代化道路的探索，"四个现代化"既是现代化国家的目标定位，也是现代化道路的具体选择。实现社会主义现代化既是为了满足人民日益增长的物质文化需要，也有赖于人民积极性、主动性和创造性的发挥。社会主义现代化包含人的现代化，人民群众是推动现代化的主体力量。党的政治路线的实现是以群众路线为基础的，贯彻执行党的政治路线一刻离不开群众路线。

> 中国共产党领导人民取得革命胜利，是赢得了民心，是亿万人民群众坚定选择站在我们这一边。我们要继承发扬革命传统和优良作风，始终把人民利益放在最高位置，不忘初心、牢记使命，贯彻党的群众路线，尊重人民主体地位，始终同人民站在一起、想在一起、干在一起。
>
> 习近平．习近平谈治国理政：第 4 卷．北京：外文出版社，2022：64.

群众路线是党的根本组织路线。无产阶级的力量在于组织，中国共产党是按民主集中制建立起来的，实行民主基础上的集中和集中指导下的民主。新民主主义革命时期，党特别重视发展党内民主以发挥党员的积极性、主动性、创造性。毛泽东在六届六中全会上的讲话，集中阐释了发挥领导机关、党员干部积极性和党内生活民主化问题。他指出："所谓发挥积极性，必须具体地表现在领导机关、干部和党员的创造能力，负责精神，工作的活跃，敢于和善于提出问题、发表意见、批评缺点，以及对于领导机关和领导干部从爱护观点出发的监督作用。没有这些，所谓积极性就是空的。而这些积极性的

① 中共中央文献研究室．毛泽东文集：第 3 卷．北京：人民出版社，1996：202.
② 毛泽东选集：第 4 卷．2 版．北京：人民出版社，1991：1437.
③ 中共中央文献研究室．建国以来重要文献选编：第 5 册．北京：中央文献出版社，2011：503.

发挥，有赖于党内生活的民主化。党内缺乏民主生活，发挥积极性的目的就不能达到。大批能干人材的创造，也只有在民主生活中才有可能。”① 群众路线内在包含党内民主要求，实践群众路线必然要求发展党内民主。党的八大党章明确规定：“中国共产党的组织原则是民主集中制。这就是在民主基础上的集中和在集中指导下的民主。党必须采取有效的办法发扬党内民主，鼓励一切党员、党的基层组织和地方组织的积极性和创造性，加强上下级之间的生动活泼的联系。只有这样，党同人民群众的联系才能有效地扩大和加强，党的领导才能正确和及时，才能灵活地适应各种具体情况和地方特点，党的生活才能生机勃勃，党的事业才能得到更大更快的发展。”② 这里阐明了民主集中制与实践群众路线的关系，实行民主集中制为实践群众路线提供保障，实践群众路线为实行民主集中制提供支撑。

（二）党永葆青春活力和战斗力的传家宝

群众路线是中国共产党过去成功的秘诀，也是中国共产党未来成功的保证。坚持群众路线，才能使党永葆青春活力和战斗力。

坚持群众路线就要坚持人民主体地位。人民群众是历史发展和社会进步的主体力量，群众路线是建立在人民主体地位基础之上的，新时代坚持群众路线，必须坚持人民主体地位。习近平指出：中国人民是具有伟大创造精神、伟大奋斗精神、伟大团结精神、伟大梦想精神的人民，这是对中国人民精神气质的系统阐释。正是凭着这种精神气质，中国人民创造了历史伟业、成就了历史辉煌。习近平指出，“坚持人民主体地位，充分调动人民积极性，始终是我们党立于不败之地的强大根基”③。全面建成社会主义现代化国家、实现中华民族伟大复兴，仍有赖于人民主体力量的发挥。

> 党的一切工作，必须以最广大人民根本利益为最高标准。检验我们一切工作的成效，最终都要看人民是否真正得到了实惠，人民生活是否真正得到了改善，人民权益是否真正得到了保障。
>
> 习近平．习近平谈治国理政：第1卷．2版．北京：外文出版社，2018：28.

坚持群众路线就要坚持全心全意为人民服务的根本宗旨。全心全意为人民服务，是中国共产党一切行动的根本出发点和落脚点，是中国共产党区别于其他一切政党的根本标志。习近平指出，“全党同志要把人民放在心中最高位置，坚持全心全意为人民服务的根本宗旨”④。新时代全心全意为人民服务的根本，是贯彻新发展理念，实现高质量发展，满足人民日益增长的物质文化需要，使发展成果更多更公平地惠及全体人民，扎实推进共同富裕，促进人的全面发展。

---

① 毛泽东选集：第2卷．2版．北京：人民出版社，1991：529.

② 中央档案馆，中共中央文献研究室．中共中央文件选集（1949年10月—1966年5月）：第24册．北京：人民出版社，2013：227.

③ 中共中央文献研究室．十八大以来重要文献选编：上．北京：中央文献出版社，2014：697.

④ 中共中央党史和文献研究院．十八大以来重要文献选编：下．北京：中央文献出版社，2018：352.

坚持群众路线就要关注人民群众的切身利益。利益决定立场，立场决定态度，这是人类政治活动的基本法则，也是执政党的基本遵循。《中共中央关于党的百年奋斗重大成就和历史经验的决议》在阐释百年奋斗历史经验时，强调“党代表中国最广大人民根本利益，没有任何自己特殊的利益，从来不代表任何利益集团、任何权势团体、任何特权阶层的利益，这是党立于不败之地的根本所在”①。“三个代表”昭示中国共产党为最广大人民谋利益，而不是为少数人谋利益。人民利益至上，体现了中国共产党对人民利益的关切，彰显了坚持人民至上的价值立场。立足人民对美好生活的向往和全面建成社会主义现代化强国的现实要求，保障和实现人民切身利益，既要切实重视基础性民生的供给安全，又要注意民生诉求的多样性需要，并为广大群众共享人生出彩机会创造条件。

坚持群众路线就要保持党同人民群众的血肉联系。中国共产党的最大政治优势是密切联系群众，党执政后的最大危险是脱离群众。密切联系群众是实践群众路线的内在要求，也是中国共产党长期执政的内在要求。习近平在党的群众路线教育实践活动工作会议上的讲话指出：“密切联系群众，是党的性质和宗旨的体现，是中国共产党区别于其他政党的显著标志，也是党发展壮大的重要原因；能否保持党同人民群众的血肉联系，决定着党的事业的成败。”② 保持党与人民群众的血肉联系，要求树立群众观点、站稳群众立场、涵养人民情怀，时刻把人民的冷暖安危放在心上，下最大气力解决人民群众最关心的问题，使党永远赢得人民群众的信任和拥护。

坚持群众路线就要让人民来评判党的工作。时代是出卷人，党是答卷人，人民是阅卷人，中国共产党的理论与实践的社会效果如何，能否满足人民日益增长的美好生活需要，不能由自己说了算，要由人民来评价，人民是党的工作的最高裁决者和最终评判者。中国共产党时刻注意倾听人民的声音，自觉接受人民的监督。习近平指出：我们必须始终坚持人民立场，“把人民拥护不拥护、赞成不赞成、高兴不高兴、答应不答应作为衡量一切工作得失的根本标准”③，这是人民评价至上的集中体现。让人民来评判党的工作，是对人民主体地位的尊重，是新时代实践群众路线的内在需要。

群众路线是毛泽东思想活的灵魂，也是中国共产党的精神财富。准确把握群众路线的科学内涵，遵循群众路线的实践要求，既是建设长期执政的马克思主义政党的内在要求，也是全面建成社会主义现代化强国、实现中华民族伟大复兴的现实需要。

思考题

1. 党的群众路线是如何形成的？
2. 如何理解群众路线的内涵与实质？
3. 如何理解群众路线是党的生命线和根本工作路线？

---

① 中共中央关于党的百年奋斗重大成就和历史经验的决议．北京：人民出版社，2021：66.
② 中共中央文献研究室．十八大以来重要文献选编：上．北京：中央文献出版社，2014：309.
③ 习近平．习近平谈治国理政：第3卷．北京：外文出版社，2020：142.

阅读书目

1. 毛泽东．关心群众生活，注意工作方法//毛泽东选集：第1卷.2版．北京：人民出版社，1991.

2. 毛泽东．为人民服务//毛泽东选集：第3卷.2版．北京：人民出版社，1991.

3. 毛泽东．关于领导方法的若干问题//毛泽东选集：第3卷.2版．北京：人民出版社，1991.

4. 毛泽东．对晋绥日报编辑人员的谈话//毛泽东选集：第4卷.2版．北京：人民出版社，1991.

第十二章

独立自主

独立自主是中华民族精神之魂，是我们立党立国的重要原则，也是毛泽东思想活的灵魂的重要内容。在领导中国革命和建设的实践中，以毛泽东为主要代表的中国共产党人坚持马克思列宁主义基本原理，立足中国所处的时代背景和具体实际情况，走自己的路，探索出一条适合中国特点的革命和建设道路，形成了独立自主的思想。在新时代坚持和发展毛泽东思想，推进中国特色社会主义伟大事业，必须始终坚持独立自主，把中国发展进步的前途和命运牢牢掌握在自己手中。

一、独立自主思想的形成及其发展

独立自主思想是党在探索适合中国国情的革命和建设道路的实践中产生的，它形成于新民主主义革命时期，在社会主义革命和建设时期不断丰富和发展，成为指导我国内政外交的基本原则。

（一）独立自主思想的形成

鸦片战争以后，中国逐渐沦为半殖民地半封建社会，中华民族陷入屈辱蒙难的深渊。面对西方列强的侵略，无数仁人志士前赴后继，发起了洋务运动、戊戌变法、辛亥革命等救国运动，寄希望于学习西方器物和制度挽救民族危亡，但均以失败告终。辛亥革命后建立的中华民国，幻想通过列强外部力量维持统治，但巴黎和会外交也以失败收场。之后的新文化运动则希望通过文化西化改造中国，虽然各种西方思潮和理论粉墨登场，但均无法从根本上解决中国问题。近代中国曾以西方为师，但“先生老是侵略学生”，“帝国主义的侵略打破了中国人学西方的迷梦”[①]。这些探索和尝试证明，中华民族必须独立自主地探索救国救民的道路。

十月革命一声炮响，给中国送来了马克思列宁主义。自此之后，在中国共产党领导下，“以俄为师”，“走俄国人的路”成为中国人民的选择。1921 年《中国共产党第一个

① 毛泽东选集：第 4 卷 .2 版 . 北京：人民出版社，1991：1470.

决议》在“对现有政党的态度”一节中，强调“我们应始终站在完全独立的立场上”①。1923年党的三大在共产国际建议下提出了建立国共合作统一战线，共同反对国外帝国主义和国内军阀反动统治的策略。会议通过的《关于国民运动及国民党问题的决议案》提出：“我们加入国民党，但仍旧保存我们的组织，并须努力从各工人团体中，从国民党左派中，吸收真有阶级觉悟的革命分子，渐渐扩大我们的组织，谨严我们的纪律，以立强大的群众共产党之基础。”② 这表明党在成立之初就有了一定程度的独立自主的政治觉悟，提出了既不依附于帝国主义，也不依附于国民党，而是通过国共合作来壮大党的群众基础和革命力量，完成革命任务。但由于党尚处幼年，无论是革命力量和革命经验，还是对革命形势的判断和对国民党的认识都不充分和成熟，也不熟悉如何与国民党建立统一战线，如何在统一战线中坚持自己的独立性和争取革命领导权，如何积极应对国民党右派叛变革命的行为，轰轰烈烈的大革命最终失败。

土地革命战争时期，党独立自主的思想开始形成。作为共产国际的一个支部，中国共产党无论在组织还是政治上，自主性都受到很大限制。大革命失败的惨痛教训使毛泽东等人深刻地认识到，中国革命不能按照马克思主义书本、共产国际指示和俄国革命经验来进行，必须从中国具体实际出发，独立地走自己的革命道路。1927年秋收起义失败后，毛泽东正确认识中国革命形势的发展要求，率领中国工农红军到井冈山开展游击战争，进行土地革命，开辟农村革命根据地，探索中国革命的正确道路。在调查研究基础上，1928年到1930年，毛泽东先后完成《中国的红色政权为什么能够存在?》《井冈山的斗争》《星星之火，可以燎原》《反对本本主义》等重要著作，精辟地分析了中国的具体国情、帝国主义对中国的统治、敌我力量对比等情况，提出了中国革命必须走农村包围城市、武装夺取政权的道路，经过长期斗争取得胜利。在领导创建井冈山革命根据地和后来的中华苏维埃共和国长期复杂艰苦的革命实践中，尤其是在经历了第一次国内革命战争惨痛失败后，毛泽东深刻认识到独立自主对中国革命的重要意义。他在《反对本本主义》中强调指出，“中国革命斗争的胜利要靠中国同志了解中国情况”③。这是毛泽东关于独立自主思想的最初表达，为党继续探索中国革命道路奠定了思想基础。但当时毛泽东提出的反对本本主义，主张将马克思主义与中国实际相结合的思想路线还没有被党中央大多数同志认识和接受。由于党对共产国际仍有较大依赖，也不能较好地处理作为共产国际支部的中国共产党与共产国际的关系，思想认识上一度将共产国际决议和苏联经验神圣化，在“左”倾错误路线的指挥下，中央苏区第五次反“围剿”失利，党中央和中央红军被迫进行长征。

独立自主是中华民族的优良传统，是中国共产党、中华人民共和国立党立国的

① 中共中央文献研究室，中央档案馆．建党以来重要文献选编（1921—1949）：第1册．北京：中央文献出版社，2011：6.

② 中共中央文献研究室，中央档案馆．建党以来重要文献选编（1921—1949）：第1册．北京：中央文献出版社，2011：259.

③ 毛泽东选集：第1卷．2版．北京：人民出版社，1991：115.

重要原则。在中国这样一个人口众多和经济文化落后的东方大国进行革命和建设的国情与使命，决定了我们只能走自己的路。

习近平．习近平谈治国理政：第1卷．2版．北京：外文出版社，2018：29.

1935年1月召开的遵义会议事实上确立了毛泽东在党中央和红军的领导地位。遵义会议是党自成立后第一次没有受到共产国际干预的重要会议，也是党第一次独立自主地运用马克思列宁主义基本原理解决中国革命的路线、方针和政策方面的问题。1963年毛泽东在会见外宾时指出："中国人不懂中国情况，这怎么行？真正懂得独立自主是从遵义会议开始的，这次会议批判了教条主义。教条主义者说苏联一切都对，不把苏联的经验同中国的实际相结合。"① 以遵义会议为转折点，党开始更加自主地认识中国革命的特点和规律，把握中国革命的主动权和领导权，标志着党独立自主解决中国革命实际问题进入新阶段。

抗日战争时期，党独立自主的思想逐渐成熟。党推动国共第二次合作，号召各个阶级阶层、各种政治力量团结起来共同抗日。党依据中日双方力量对比和战争形势，确定实行持久抗战的总方针，坚持统一战线中的独立自主和实行独立自主的游击战争策略。1935年底到1937年，毛泽东发表《论反对日本帝国主义的策略》《中国革命战争的战略问题》《中国共产党在抗日时期的任务》《实践论》《矛盾论》等讲话或论著，研究中国革命战争的路线和政策。其中，《实践论》《矛盾论》从马克思主义哲学和党的思想路线高度阐述中国革命问题。在《中国革命战争的战略问题》中，毛泽东使用了"独立自主"的概念，指出："无论处于怎样复杂、严重、惨苦的环境，军事指导者首先需要的是独立自主地组织和使用自己的力量。"② 此后，"独立自主"多次出现在毛泽东的讲话和文章中。在党的六届六中全会上，毛泽东对王明提出的"一切经过统一战线"，"一切服从统一战线"的错误路线进行了深刻批评，指出这是"自己把自己的手脚束缚起来"③，所谓独立自主就是在统一战线中无产阶级及其政党必须保持在思想上、政治上和组织上的独立性，坚持独立自主实质是坚持无产阶级在民主革命中的领导权。自此之后，独立自主原则在党内正式确立下来，并被绝大多数干部、党员理解和接受。后来，他又在《中国革命和中国共产党》《新民主主义论》《论联合政府》等著作中，立足中国的具体实际更加系统地阐述中国社会的性质、革命的性质、革命的领导和依靠力量、革命的步骤和前途等基本问题，形成完整的新民主主义革命理论。这标志着毛泽东思想趋于成熟，也标志着党独立自主的思想走向成熟。

解放战争时期，中国面临着两种命运、两种前途的总决战。党坚持并发展新民主主义革命路线方针政策，独立领导人民开展反对国民党的斗争。当时，国民党决定用反革命战争消灭人民的革命力量，国际上一种观点认为共产党应当与国民党讲和，否则中华民族就有灭亡的危险。面对貌似强大的敌人和各种压力，毛泽东坚决抵制了错误主张，

① 中共中央文献研究室．毛泽东文集：第8卷．北京：人民出版社，1999：339.

② 毛泽东选集：第1卷．2版．北京：人民出版社，1991：222-223.

③ 毛泽东选集：第2卷．2版．北京：人民出版社，1991：540.

以独立自主的精神和将革命进行到底的英雄气概，通过人民革命战争打败了国民党，取得了人民解放战争的胜利，赢得了民族独立和人民解放，为实现中华民族伟大复兴创造了根本社会条件。

总之，在新民主主义革命时期，党依靠独立自主，解决了中国革命的道路和理论问题，领导中国革命取得了胜利。新中国成立前夕，毛泽东和党中央将独立自主精神运用于新中国建设，着手建立人民当家作主的国家政权，实行独立自主的外交政策。在1949年6月新政治协商会议筹备会上的讲话中，毛泽东指出："中国必须独立，中国必须解放，中国的事情必须由中国人民自己作主张，自己来处理，不容许任何帝国主义国家再有一丝一毫的干涉。"① 同年9月中国人民政治协商会议通过的《中国人民政治协商会议共同纲领》规定："中华人民共和国外交政策的原则，为保障本国独立、自由和领土主权的完整，拥护国际的持久和平和各国人民间的友好合作，反对帝国主义的侵略政策和战争政策。"② 毛泽东等领导人的讲话以及《中国人民政治协商会议共同纲领》的规定，标志着新中国独立自主外交政策的确立，也标志着独立自主被确立为我们立党立国的重要原则。

（二）独立自主思想的发展

独立自主是新民主主义革命胜利的基本经验，也是社会主义革命和建设的基本经验。新中国成立以后，党将独立自主思想贯彻到内政外交各个领域，进行国家建设，探索具有中国特点的社会主义革命和建设道路，对外实行独立自主的和平外交政策。由此独立自主的思想内涵更加丰富，成为党和国家整个事业发展的基本方针。

一是正确对待苏联经验，确立了从中国实际出发，走自己路的社会主义建设思想。新中国成立后，我国在短短三年内就迅速医治了战争创伤和恢复国民经济，完成新民主主义革命的遗留任务，还从实际出发探索出一条符合中国特点的社会主义改造道路，确立了社会主义基本制度。在进行社会主义改造的同时，党一方面学习借鉴苏联社会主义建设经验，另一方面立足中国实际，积极探索适合中国特点的社会主义建设道路。1956年召开的苏共二十大暴露了苏联社会主义建设中的一些问题，毛泽东对此非常重视。他经过几个月的调查研究，写下了《论十大关系》，明确提出"以苏为鉴"，独立自主地探索适合中国特点的社会主义建设道路。他指出："特别值得注意的是，最近苏联方面暴露了他们在建设社会主义过程中的一些缺点和错误，他们走过的弯路，你还想走？过去我们就是鉴于他们的经验教训，少走了一些弯路，现在当然更要引以为戒。"③ 1957年毛泽东在《关于正确处理人民内部矛盾的问题》中还提出，要走一条有别于苏联的工业化道路。毛泽东的这两篇重要文献以及党的八大，从理论和实践结合上明确了建设社会主义必须从中国实际出发，走自己路的正确思想。

---

① 毛泽东选集：第4卷.2版.北京：人民出版社，1991：1465.

② 中共中央文献研究室，中央档案馆.建党以来重要文献选编（1921—1949）：第26册.北京：中央文献出版社，2011：768.

③ 中共中央文献研究室.毛泽东文集：第7卷.北京：人民出版社，1999：23.

> 自力更生为主，争取外援为辅，破除迷信，独立自主地干工业、干农业、干技术革命和文化革命，打倒奴隶思想，埋葬教条主义，认真学习外国的好经验，也一定研究外国的坏经验——引以为戒，这就是我们的路线。
>
> 中共中央文献研究室．毛泽东文集：第7卷．北京：人民出版社，1999：380.

二是正确认识独立自主、自力更生与争取外援的关系，提出“独立自主地搞建设”和“自力更生为主，争取外援为辅”的基本方针。如何在发展过程中正确处理自身发展与国际援助的关系，是所有国家都要面对的重要问题，而对于一个人口众多但经济文化比较落后的大国尤为重要。新中国成立之初，党和国家领导人就对这一问题有着鲜明的态度。1949年12月，周恩来在谈到内外关系时明确指出：“国家建设是以国内力量为主还是以国外援助为主？我们的回答是以国内力量为主，即自力更生为主。小国应该这样，有四亿五千万人口的大国更应该这样。毫无疑问，生产建设上要自力更生，政治上要独立自主。”我们欢迎友邦在平等互助基础上的帮助，“现在同帝国主义国家也可以在有利的条件下做买卖，对此我们不拒绝，也不强求”①。因此，我们一方面与苏联、东欧的社会主义国家签订经济互助友好协议，苏联援建了新中国156个大型项目，提供了大量低息贷款。20世纪70年代初，我国与西方主要国家改善外交关系后，又实施“四三方案”，即从西方国家引进高达43亿美元的先进技术和设备。这些措施有力地促进了我国工业化发展和现代化进程。另一方面，党又反复强调国内发展以自我力量为主，独立自主地搞建设。毛泽东号召全党全国各族人民独立自主、艰苦奋斗，自力更生、艰苦创业，用自己勤劳的双手建设社会主义现代化国家。1958年6月，毛泽东在对第二个五年计划要点报告写的批语中进一步明确了坚持独立自主，“自力更生为主，争取外援为辅”的基本方针。依靠独立自主精神，通过实施几个五年计划，我国建立了独立的比较完整的工业体系和国民经济体系，成功研制出“两弹一星”等国防尖端科技成果，发展了经济和文化，为我们后来创造经济奇迹和成为工业强国奠定了坚实的物质基础和宝贵经验。

> 既然说平等，大国就不应该损害小国，不应该在经济上剥削小国，在政治上压迫小国，不应该把自己的意志、政策和思想强加在小国身上。既然说平等，互相就要有礼貌，大国不能像封建家庭里的家长，把其他国家看成是它的子弟。
>
> 中共中央文献研究室．毛泽东文集：第6卷．北京：人民出版社，1999：378.

三是提出新中国独立自主外交的根本方针和以和平共处五项原则处理同世界各国外交关系的基本准则。独立自主是新中国外交的根本方针，是区别于旧中国外交的最主要特征，它贯穿于新中国外交的整个时期和各个领域。周恩来在筹建新中国外交部时曾说，旧中国是“跪着办外交”，现在中国人民站起来了，我们要“站着办外交”。“我们对外交问题有一个基本的立场，即中华民族独立的立场，独立自主、自力更生的立场。”② 新中

① 周恩来选集：下卷．北京：人民出版社，1984：10.

② 周恩来选集：上卷．北京：人民出版社，1980：321.

国成立初期，我国外交坚持“另起炉灶”“打扫干净屋子再请客”，废除了帝国主义强加在中国人民头上的一切特权和不平等条约。在处理与社会主义国家的外交关系时，我国实行“一边倒”战略，但始终坚持独立自主。中国捍卫国家核心利益，也尊重其他国家的合法权益，维护世界和平稳定和公平正义。1953 年 12 月，周恩来在会见印度代表团时第一次提出和平共处五项原则，后得到印度、缅甸政府共同倡导。互相尊重主权和领土完整、互不侵犯、互不干涉内政、平等互利、和平共处五项原则成为国际社会公认的处理国际关系的重要原则。毛泽东指出：“国家不应该分大小。我们反对大国有特别的权利，因为这样就把大国和小国放在不平等的地位。”① 从这一立场出发，虽然我国外交政策先后经历“一边倒”“两线作战”“一条线、一大片”等变化，但我国外交独立自主和维护世界公平正义的基本立场一直没有改变。

1981 年 6 月，党的十一届六中全会通过的《中国共产党中央委员会关于建国以来党的若干历史问题的决议》，把实事求是、群众路线和独立自主概括为毛泽东思想活的灵魂的三个方面，指出：“独立自主，自力更生，是从中国实际出发、依靠群众进行革命和建设的必然结论。”② 这标志着我们党把独立自主确立为具有普遍指导意义的立场、观点和方法，深化了对独立自主原则的理解和认识。100 多年来，党坚持独立自主，开拓前进道路，坚持把国家和民族发展放在依靠自己力量的基点上，坚持中国的事情必须由中国人民自己作主张、自己来处理，既虚心学习借鉴国外的有益经验，又坚定民族自尊心和自信心，不信邪、不怕压，把中国发展进步的命运始终牢牢掌握在自己手中。

二、独立自主的基本内容

邓小平指出：“中国的事情要按照中国的情况来办，要依靠中国人自己的力量来办。独立自主，自力更生，无论过去、现在和将来，都是我们的立足点。”③ 这概括表达了独立自主思想的基本内涵和实践要求。

（一）独立自主的基本内涵

第一，按照中国具体情况，走自己的革命和建设道路。一个国家和民族选择什么样的发展道路，是由本国本民族的历史条件决定的，应由本国本民族的人民来决定，别国经验和指导只能作为参考和借鉴，而不能成为决定性因素。1893 年，恩格斯在谈到爱国主义和国际主义的关系时使用了“独立自主”的概念，认为国际主义并不排斥各个国家在内部事务上的自主性，他说：“国际联合只能存在于国家之间，因而这些国家的存在、它们在内部事务上的自主和独立也就包括在国际主义这一概念本身之中。”④ 列宁从俄国实际出发发展了这一思想，认为各国无产阶级政党“需要独立地探讨马克思的理论，因

① 中共中央文献研究室．毛泽东文集：第 6 卷．北京：人民出版社，1999：378.

② 中国共产党中央委员会关于建国以来党的若干历史问题的决议．北京：人民出版社，1981：49.

③ 邓小平．邓小平文选：第 3 卷．北京：人民出版社，1993：3.

④ 马克思，恩格斯．马克思恩格斯全集：第 39 卷．北京：人民出版社，1974：84.

为它所提供的只是总的指导原理，而这些原理的应用具体地说，在英国不同于法国，在法国不同于德国，在德国又不同于俄国”[①]。他还说：“一切民族都将走向社会主义，这是不可避免的，但是一切民族的走法却不会完全一样，在民主的这种或那种形式上，在无产阶级专政的这种或那种形态上，在社会生活各方面的社会主义改造的速度上，每个民族都会有自己的特点。”[②] 深谙中国实际的毛泽东在坚持独立自主解决中国革命问题的过程中，一直同脱离中国实际、把马克思主义教条化、把共产国际决议和苏联经验神圣化的错误倾向作斗争，领导中国人民找到了农村包围城市、武装夺取政权的新民主主义革命道路和有中国特点的社会主义革命道路。毛泽东认为，马克思主义基本原理至今未变，但历史条件的发展变化和各国实际情况的特殊性决定了马克思主义的个别结论可以改变。因此，马克思主义必须同中国具体实际相结合，实现马克思主义中国化，用中国化的马克思主义理论指导中国革命和建设，探索适合中国自己的发展道路。社会主义基本制度建立后，他又提出“以苏为鉴”，按照中国实际情况探索社会主义建设道路。邓小平在总结历史经验的基础上指出：“中国革命的成功，是毛泽东同志把马克思列宁主义同中国的实际相结合，走自己的路。现在中国搞建设，也要把马克思列宁主义同中国的实际相结合，走自己的路。”[③]

马克思活着的时候，不能将后来出现的所有的问题都看到，也就不能在那时把所有的这些问题都加以解决。俄国的问题只能由列宁解决，中国的问题只能由中国人解决。

中共中央文献研究室．毛泽东文集：第 8 卷．北京：人民出版社，1999：5.

第二，依靠本国人民进行革命和建设，把事业发展建立在依靠自己力量的基点上。一个国家的革命和建设，不但要由本国人民来决定自己的发展道路，而且要发挥本国人民自己的能动性，主要依靠本国人民自己的力量来进行。新民主主义革命时期，以国民党为代表的政治势力脱离人民群众，看不到人民群众中蕴含的革命伟力，幻想依靠帝国主义的同情和支持维护国家利益；在中国共产党内，也有人看不到我们自己的优势和力量，寄希望于共产国际和苏联的帮助。前者，实质上是出卖国家和民族利益来谋求本阶级本集团的反动统治；后者，实质上是对革命的前途悲观失望。对于这两种现象，毛泽东进行了深刻分析和尖锐批判，强调中国革命只有依靠中国共产党的领导以及对中国人民的组织动员才能成功，任何幻想只依靠外部力量同情和帮助都只会使中国革命陷入失败。他指出：“对于中国这个客观世界，我们自己在很长时间内都认识不清楚，何况外国同志呢？”[④] 中国的事情，要靠共产党办，靠人民办。只要我们同全体人民更好地团结起来了，中国的事情就好办了。我们希望有外援，但是我们不能依赖它。我们不能学国民党那样，自己不动手专靠外国人。“我们的根本方针和国民党相反，是在坚持独立战争和

① 列宁．列宁选集：第 1 卷．3 版修订版．北京：人民出版社，2012：274－275.
② 列宁．列宁选集：第 2 卷．3 版修订版．北京：人民出版社，2012：777.
③ 邓小平．邓小平文选：第 3 卷．北京：人民出版社，1993：95.
④ 中共中央文献研究室．毛泽东文集：第 8 卷．北京：人民出版社，1999：300.

自力更生的原则下尽可能地利用外援，而不是如同国民党那样放弃独立战争和自力更生去依赖外援，或投靠任何帝国主义的集团。”① 新中国成立后，党继续坚持独立自主，把自己的力量作为社会主义建设的基本立足点，调动一切积极因素为社会主义事业服务。在中苏关系恶化，苏联中断对中国的援助后，我们没有被困难吓倒，反而在党的领导下激发了党和人民的力量，不仅没有中断中国的工业化进程，反而在一些高科技领域实现了突破，比如研制出“两弹一星”。实践证明，主要依靠自己的力量搞革命和建设，是党和国家克服困难、战胜敌人，取得胜利的重要保障。

（二）独立自主的基本要求

第一，坚持独立自主，要求深入实际，调查研究。这是独立自主的基础。这样才能了解中国国情，使主观认识与客观实际相一致，做到实事求是，确定合理的目标和任务，制定正确的路线和政策。为此需要调查研究，独立思考、解放思想，坚持理论联系实际，运用马克思主义解决中国实际问题。在新民主主义革命时期，毛泽东坚持实事求是的思想路线，强调调查研究、注重实际，用马克思主义之“矢”射中国革命之“的”，找到了中国革命规律。他强调：“我们要从国内外、省内外、县内外、区内外的实际情况出发，从其中引出其固有的而不是臆造的规律性，即找出周围事变的内部联系，作为我们行动的向导。”② 在社会主义革命和建设时期，他也多次强调要调查研究，掌握国情特点，认识社会主义建设的必然王国，增强行动的自觉性。

> 中国的命运一经操在人民自己的手里，中国就将如太阳升起在东方那样，以自己的辉煌的光焰普照大地，迅速地荡涤反动政府留下来的污泥浊水，治好战争的创伤，建设起一个崭新的强盛的名副其实的人民共和国。
>
> 毛泽东选集：第4卷.2版.北京：人民出版社，1991：1467.

第二，坚持独立自主，要求自力更生、艰苦奋斗。这是独立自主的精神动力。中国革命和建设是全新的事业，任务艰巨复杂，困难超乎寻常。这就要求党和人民坚定理想信念和必胜决心，充分发挥能动性、创造性，自力更生、艰苦奋斗，以坚强意志一步步战胜困难、走向胜利。抗日战争时期，毛泽东坚持持久抗日方针，以愚公移山故事教育全党发扬长期奋斗精神。他强调指出，“共产党有艰苦奋斗的作风”③，“中国抗战主要地依靠自力更生”④。面对敌人对抗日根据地的残酷封锁，党提出“自己动手，丰衣足食”，开展大生产运动，发展经济以支援战争。新民主主义革命胜利前夕，毛泽东在党的七届二中全会上告诫全党同志，革命胜利以后的路程更长，工作更伟大，更艰苦。“务必使同志们继续地保持谦虚、谨慎、不骄、不躁的作风，务必使同志们继续地保持艰苦奋斗的

① 毛泽东选集：第2卷.2版.北京：人民出版社，1991：765.
② 毛泽东选集：第3卷.2版.北京：人民出版社，1991：801.
③ 中共中央文献研究室.毛泽东文集：第2卷.北京：人民出版社，1993：193.
④ 毛泽东选集：第2卷.2版.北京：人民出版社，1991：588.

作风。”[①] 新中国成立以后，党和人民发扬“一不怕苦，二不怕死”精神，艰苦创业，发展经济文化和科学技术，开采石油，冶炼钢铁，成功研制原子弹、氢弹、导弹和人造卫星。改革开放以来，党继续弘扬这种精神，“自力更生、艰苦奋斗”是党的基本路线的重要组成部分，永远是我们攻坚克难的强大精神力量。

第三，坚持独立自主，要求捍卫国家权利和利益。这是独立自主的保证。自近代以来，中国遭受了百余年的外来侵略，党带领人民经过长期浴血奋战，赢得了国家独立和人民解放。我们无比珍惜国家和民族的独立地位，独立自主是我国外交最鲜明的立场，维护国家和民族利益是我国外交的首要目标。我国坚持和平共处五项原则，与世界一切国家发展平等互利关系。我们从中国人民和世界人民的根本利益出发，根据是非曲直决定对国际事务的态度，维护本国利益也尊重他国利益，不搞霸权主义也反对他国的霸权主义行为。新中国成立以后，毛泽东和党中央做出“抗美援朝，保家卫国”的重大决策，坚决抵制西方国家的封锁政策，坚定反对美国、苏联的霸权主义政策，成功维护了我国独立和领土完整。改革开放以后，邓小平尖锐指出：“中国人民珍惜同其他国家和人民的友谊和合作，更加珍惜自己经过长期奋斗而得来的独立自主权利。任何外国不要指望中国做他们的附庸，不要指望中国会吞下损害我国利益的苦果。”[②] 党确定处理党际关系的四项原则，实行合作、发展、互利、共赢的开放战略，都是独立自主的重要体现。

> 中国的团结十世界的援助十日本国内的困难＝中国的胜利。这个公式是有意义的。当然，自力更生的口号是对的，但中国不能孤立也同样要注意到。
>
> 中共中央文献研究室．毛泽东文集：第2卷．北京：人民出版社，1993：109.

第四，坚持独立自主，要求正确处理独立自主与争取外援的关系。这是独立自主的必要条件。强调独立自主并不是排除外援，更不是闭关锁国、拒绝对外交往。在自力更生的基础上，争取和利用外援，是搞好革命和建设的外在条件。在新民主主义革命时期，毛泽东指出中国革命是世界无产阶级革命的一部分，是世界反法西斯战争的主力军，与其他国家的革命是相互支援的。毛泽东强调：“国际援助对于现代一切国家一切民族的革命斗争都是必要的。”[③] 抗日战争胜利后，毛泽东总结中国革命的经验，指出：“我们的方针要放在什么基点上？放在自己力量的基点上，叫做自力更生。我们并不孤立，全世界一切反对帝国主义的国家和人民都是我们的朋友。但是我们强调自力更生，我们能够依靠自己组织的力量，打败一切中外反对派。”[④] 我国革命实行国际统一战线政策，得到了苏联等国家的大力支援。在社会主义革命和建设时期，毛泽东确立“自力更生为主，争取外援为辅”的方针，包含着学习外国经验、利用外援的思想。他指出：“我们的方针是，一切民族、一切国家的长处都要学，政治、经济、科学、技术、文学、艺术的一切

① 毛泽东选集：第4卷．2版．北京：人民出版社，1991：1438－1439.
② 邓小平．邓小平文选：第3卷．北京：人民出版社，1993：3.
③ 毛泽东选集：第1卷．2版．北京：人民出版社，1991：161.
④ 毛泽东选集：第4卷．2版．北京：人民出版社，1991：1132.

真正好的东西都要学。”[①] 从历史经验看，处理独立自主与争取外援的关系，一方面要立足本国独立自主，不能依赖外援，更不能迷信外援和外国经验；另一方面利用外援要坚持原则，维护国家独立和利益，有选择有创新，有助于增强本国的自主创新能力。

三、独立自主是革命和建设的立足点

“独立自主是我们党从中国实际出发、依靠党和人民力量进行革命、建设、改革的必然结论。”[②] 党的十九届六中全会通过的《中共中央关于党的百年奋斗重大成就和历史经验的决议》，把坚持独立自主作为党百年奋斗的重要历史经验，指出：“独立自主是中华民族精神之魂，是我们立党立国的重要原则。”[③] 中国革命和建设必须以独立自主为根本立足点。

（一）革命和建设的必然结论

中国在历史上曾经长期是世界文明古国，有自己的发展道路和文明底蕴。鸦片战争后中国逐步沦为半殖民地半封建社会，国情特殊，多种社会矛盾交织并存。中国共产党成立之前的一切仁人志士都没有真正探索出救国救民的正确道路。中国共产党成立后，始终坚持以马克思主义为指导，认识到必须以彻底的革命推翻旧制度，建设新中国。但是，究竟怎样进行革命和建设，马克思主义书本上没有现成答案，其他国家没有先例，必须独立探索。独立自主、自力更生，既是中国革命和建设的必然要求，也是其经验总结，是党坚持实事求是、走群众路线的必然结论。没有独立思考和探索精神，不敢于和不善于走新路，就不会有中国革命和建设的胜利。

独立自主是中国革命的必然结论。十月革命以后，列宁认为东方国家革命具有特殊性，不能照搬俄国革命经验。他指出：“在东方那些人口无比众多、社会情况无比复杂的国家里，今后的革命无疑会比俄国革命带有更多的特殊性。”[④] 特殊的国情、强大的内外敌人、革命的独特性质等，决定了中国革命必须走独创性道路。毛泽东把马克思列宁主义基本原理同中国具体实际相结合，研究中国国情和社会矛盾，认识到中国革命既不同于西欧资产阶级革命，也不同于俄国社会主义革命，而是新民主主义革命。他进一步揭示了新民主主义革命的性质、对象、路线、步骤、前途等，找到了中国革命的道路，创造了坚持党的领导、武装斗争和统一战线三大法宝，制定和执行正确路线政策，领导革命取得胜利。没有独立自主，就不会有革命的成功。

这种独立自主的探索和实践精神，这种坚持走自己的路的坚定信心和决心，是

---

① 中共中央文献研究室．毛泽东文集：第 7 卷．北京：人民出版社，1999：41.

② 习近平．习近平谈治国理政：第 1 卷．2 版．北京：外文出版社，2018：29.

③ 中共中央关于党的百年奋斗重大成就和历史经验的决议．北京：人民出版社，2021：67.

④ 列宁．列宁选集：第 4 卷．3 版修订版．北京：人民出版社，2012：778.

> 我们党全部理论和实践的立足点，也是党和人民事业不断从胜利走向胜利的根本保证。
> 习近平．习近平谈治国理政：第1卷．2版．北京：外文出版社，2018：29.

独立自主是中国社会主义建设的必然结论。独特的国情和独创性革命道路，决定我国社会主义建设也必须走独立自主的道路。新中国成立后，经济文化落后，没有建设经验，以美国为首的西方国家对我国实行孤立和封锁政策。党依靠人民，发扬独立自主、自力更生精神，艰苦创业、勤俭建国。毛泽东和党中央其他领导，对我国社会主义奋斗目标、发展阶段、主要矛盾、现代化建设道路和指导方针、各个领域建设的具体方针等，都提出了符合国情的思想观点。在对外关系中，我国坚持独立自主的和平外交政策，维护本国独立和发展利益，促进世界和平与发展。改革开放以前的探索虽然经历了曲折，甚至犯了错误，但是这种独立自主精神永远是我们搞好社会主义建设的宝贵经验。

中国革命和建设的实践表明，只有坚持独立自主，才能掌握党和国家的命运，确保党和人民的事业不断走向胜利。独立自主是党的全部奋斗历程的根本经验，是各项事业发展的可靠保证。而且，中国共产党独立自主搞革命和建设，所开创的道路、创立的理论以及积累的经验，对世界社会主义发展也具有重要意义。

（二）中华民族的优良传统

中华民族在五千多年的发展历程中，形成和发展了独立自主的优良传统。独立自主是中华文明生生不息、不断发展进步的精神标识和力量之源，是中华民族精神之魂。中华文明之所以历经五千多年而没有中断，中华民族之所以历尽艰险磨难而没有衰亡，中国人民之所以不屈不挠、一次次从挫折中奋起，靠的就是独立自主精神。

中华民族自古重视独立自主。春秋战国时期，随着生产力的进步，人支配自然的能力有了提高，摆脱天命、独立自主的思想开始萌芽。老子提出“道”是天地万物的本源，对原始的人命由天的天命观进行变革，开启人的自主探索的序幕。《老子》中说：“有物混成，先天地生。寂兮廖兮，独立而不改，周行而不殆。”① 其中的“独立”一词，指的是以自己的方式存在，不因周围环境的改变而更改。孔子特别强调人要有主观能动性，即自主精神，指出：“君子求诸己，小人求诸人。”② 这是说人们在思考和处理问题时要保持自己的独立性和自主性，不能因其他因素而丧失独立人格。同时，中国古代的独立自主还蕴含浓厚的自强不息精神。《周易》有云：“天行健，君子以自强不息。”③ 唐朝的李鼎祚指出：“故尧舜一日万机，文王日昃不暇食，仲尼终夜不寝，颜子欲罢不能，自此以下莫敢淫心舍力，故曰自强不息矣。”④ 在这里，尧舜、文王、孔子、颜回等日理万机、废寝忘食、勤勉自律等优秀品行就是对自强不息的形象注解。南宋的朱熹也指出，盖学者自强不息，则积少成多；中道而止，则半途而废。这也充分体现了自强不息的重要性。

---

① 老子．北京：中国书店，1988：90.
② 杨伯峻．论语译注．北京：中华书局，2015：241.
③ 周易．北京：中华书局，2006：3.
④ 李鼎祚．周易集解：卷一．北京：中华书局，1985：3.

总之，我国古代的独立自主精神表达了一种自主、自立、自强的处世态度。

近代以来，独立自主有了国家独立、民族解放的内涵。1840 年鸦片战争以后，中华民族濒临亡国灭种的危险境地。中华民族的优秀儿女，以宁死不屈的抗争精神顽强抵御外来侵略，捍卫国家和民族独立，从来没有屈服和被压垮。康有为、梁启超等人纷纷发出维新变法、振兴中华的呐喊，推动中华民族求独立、求解放进程。梁启超自问自答："独立者何？不籍他力之扶助，而屹然自立于世界者也"①；以孙中山为代表的资产阶级革命派喊出了"振兴中华，维护国本"② 的口号。革命者邹容则直接提出，"我中国欲独立，不可不革命；我中国欲与世界列强并雄，不可不革命"③。中华民族反对外来侵略奴役、谋求自主自强的斗争，前赴后继、可歌可泣。这种追求独立自主的精神是融入中国人民和中华民族血脉、代代相传的骨气和志气，是实现中华民族振兴和富强的精神支柱。由于历史的、阶级的局限性，近代仁人志士都没有完成民族独立的任务。这个伟大历史使命落到了中国共产党人的肩上。

中国共产党继承和发扬中华民族独立自主的优良传统，又坚持以马克思主义世界观方法论为指导，实现了爱国主义与社会主义的有机统一，独立自主成为革命和建设的强大力量。中国共产党是中国工人阶级的先锋队，同时是中国人民和中华民族的先锋队。中国共产党人是中华民族的优秀儿女，根植于中华大地，来自人民大众，承袭独立自主的优良传统。他们既坚信马克思主义真理，又具有浓厚的爱国主义情怀。中华民族的一切优良传统，尤其是独立自主、死而后已的传统，深深影响了共产党人的人格和追求，也深深影响了中国共产党独立自主思想的形成和发展。中国共产党的杰出代表毛泽东，一生都对中华民族的优秀传统文化，尤其对独立自主、自强不息等内容特别推崇。例如青年时期的毛泽东曾对"贵我"一词加注为"求己""不责人"，意思是凡事要依靠自己的力量而不能依赖别人。在摘录《周易》中的"独立不惧，遁世不闷"后，他注解道："狂澜滔滔，一柱屹立。醉乡梦梦，灵台昭然。泰山崩于前而色不动，猛虎踯于后而魂不惊，独立不惧之谓也。"④ 这种"独立不惧"的大无畏精神，是中国共产党独立自主精神的重要渊源。

正是依靠独立自主精神，毛泽东带领人民独立解决革命和建设问题，实现了国家解放和民族独立，开启了社会主义建设的新征程。在新时代新征程上，大力弘扬中华优秀传统文化，坚持独立自主、开拓创新，才能永葆党和国家事业发展活力。

（三） 立党立国的重要原则

独立自主是立党立国的重要原则。从本党本国实际出发，坚定理想信念和奋斗目标，坚决维护党的利益、人民利益和国家利益，坚持走自己选择的道路，符合马克思主义基本原理，体现了马克思主义政党实事求是的原则立场和工作方法。

---

① 梁启超．饮冰室合集：第 1 册．北京：中华书局，1989：62.

② 孙中山．孙中山自述．北京：人民日报出版社，2014：40.

③ 邹容．革命军．北京：华夏出版社，2002：7.

④ 中共中央文献研究室，中共湖南省委《毛泽东早期文稿》编辑组．毛泽东早期文稿（1912.6—1920.11）．长沙：湖南人民出版社，2013：535.

第一，独立自主体现了马克思主义的基本原理，是马克思主义政党的基本立场、观点和方法。马克思主义辩证唯物论认为，物质第一性，意识第二性，认识事物必须从客观实际出发，实事求是。在中国搞革命和建设，必须从中国实际出发，认清中国国情和社会矛盾，找到正确的道路和办法，解决中国问题。马克思主义历史唯物论认为，人民群众是历史的创造者，是社会变革的主力军，无产阶级的解放是无产阶级自己的事业。在中国搞革命和建设，必须依靠人民群众，调动人民群众的力量，确信人民群众是真正的铜墙铁壁。马克思主义唯物辩证法认为，内因是事物变化的根据，外因是事物变化的条件，外因通过内因起作用。无产阶级解放是国际性事业，但首先要在民族范围内进行，各国无产阶级要依靠自己的力量开展斗争。在中国搞革命和建设，要求我们党带领人民自力更生，独立探索，依靠本国力量，办好自己的事情。独立自主作为毛泽东思想活的灵魂的重要方面，是马克思主义立场、观点和方法在党的工作中的运用和发展，是我们党一切活动的基本原则。

第二，坚持独立自主原则是我们立党立国的一项基本国策，也是正确处理党际关系和国家关系的基本准则。毛泽东指出，在帝国主义时代，各国的革命事业紧密联系在一起，需要相互援助，我们十分珍惜各国无产阶级的团结合作，十分珍惜国际援助。但是，中国人民的命运首先应该由自己来争取、来掌握。中国共产党是爱国主义者，又是国际主义者，独立领导本国革命，同时支援世界各国的革命。这是中国共产党领导革命的基本原则，也是革命成功的基本经验。进入社会主义革命和建设时期，我们党坚持和发展独立自主原则，独立决定内政外交政策，选择适合本国国情的社会制度、发展道路和价值观念，捍卫国家利益，建设社会主义，同时支援世界各国的革命和建设事业。我们珍惜党和人民经过长期奋斗得来的独立自主权利，维护国家和民族利益，同时也尊重他国的人民利益，不干涉他国内政，不把自己的经验强加于人。总体来说，党和国家性质、特殊国情、革命和建设经验以及复杂国际因素等，决定了中国共产党必须坚持独立自主原则，实现自己的历史使命。

> 特别是像我们这样第三世界的发展中国家，没有民族自尊心，不珍惜自己民族的独立，国家是立不起来的。
>
> 邓小平．邓小平文选：第3卷．北京：人民出版社，1993：331.

第三，独立自主原则经受住了长期实践检验，是实现国家独立富强、人民幸福和民族振兴的根本原则。依靠独立自主，坚定信仰信念，党带领人民战胜了许多艰难困苦，应对了各种风险挑战，推翻了三座大山，使中华民族站起来，在社会主义制度下建设自己的国家，开创新生活。20世纪80年代，邓小平在向外宾介绍我国经济建设的历史经验时，指出第一条经验就是自力更生为主，“这样，就可以振奋起整个国家奋发图强的精神，把人民团结起来，就比较容易克服面临的各种困难”①。如果不坚持独立自主，而是照搬外国经验，甚至依附于外国，我国的革命和建设不可能取得胜利，国家不可能发展

① 邓小平．邓小平文选：第2卷．2版．北京：人民出版社，1994：406.

起来。在人类历史上，没有哪一个民族、哪一个国家可以通过依赖外部力量实现强大和振兴。那样做必然遭到失败，或者成为他国的附庸。

正如习近平所指出的，“不论过去、现在和将来，我们都要把国家和民族发展放在自己力量的基点上，坚持民族自尊心和自信心，坚定不移走自己的路”[①]。汲取历史经验，立足现实、面向未来，坚持独立自主，毫不动摇地坚持和发展中国特色社会主义，是实现中华民族伟大复兴的必由之路。

四、实事求是、群众路线和独立自主的关系

实事求是、群众路线和独立自主这三者不是孤立存在的，而是相互联系、相互贯通、密不可分的，形成一个有机整体，共同构成毛泽东思想的活的灵魂，成为中国共产党的根本立场、观点和方法。缺少哪一个方面，都不能科学地把握毛泽东思想。

（一）实事求是是坚持群众路线和独立自主的基础

实事求是是马克思主义世界观方法论的基础，是毛泽东将辩证唯物主义和历史唯物主义原理运用于革命实践所提出的科学思想方法和工作方法。邓小平指出：“马克思、恩格斯创立了辩证唯物主义和历史唯物主义的思想路线，毛泽东同志用中国语言概括为‘实事求是’四个大字。”[②] 实事求是是做好一切工作的基础。只有从实际出发、实事求是，才能从人民群众的实践和需要出发，走群众路线，调动人民群众的力量，独立自主地制定路线方针政策，搞好中国革命和建设。

群众路线和独立自主是实事求是在党的工作中的运用和体现，分别从党的依靠力量和工作方针体现实事求是。就实事求是与群众路线的关系来说，从实际出发、尊重实践，就必须尊重群众的实践和创造，从群众中来，到群众中去，集中群众的力量和智慧，办好自己的事情。就实事求是与独立自主的关系来说，从中国实际出发、实事求是，就必须有独立探索和创新的精神，掌握实情，依靠人民力量，找到中国革命和建设的规律。

（二）群众路线是坚持实事求是和独立自主的条件

群众路线是实事求是的条件。一切从实际出发是实事求是的前提。要做到从实际出发，而不从主观愿望出发，就必须走群众路线，深入群众，调查研究，了解国情民意，掌握群众的愿望和需要，听取群众的意见和建议。这样才能制定出符合实际、反映群众愿望、实事求是的路线方针政策。不走群众路线，主观做决策，就做不到从实际出发、实事求是。

群众路线是独立自主的条件。独立自主是从本国实际出发，依靠本国人民的力量，探索革命和建设道路。独立自主的关键，是把人民群众的力量充分调动起来，形成革命

① 习近平．习近平谈治国理政：第1卷．2版．北京：外文出版社，2018：29.

② 邓小平．邓小平文选：第2卷．2版．北京：人民出版社，1994：278.

和建设的磅礴伟力。这就要求坚持群众路线，密切党和人民群众的关系，赢得人民群众的拥护和支持，使党和国家事业有立足之本。不走群众路线，没有群众的支持和拥护，就办不成任何事情，独立自主就无从谈起。

（三）独立自主是坚持实事求是和群众路线的体现

独立自主是实事求是的体现。从实际出发、实事求是，是指想问题、出主意、做事情，必须从客观实际出发，研究事物发展变化的过程和规律，做到主观与客观相一致、思想和实践相统一。这就必然要求独立自主。独立自主是从实际出发、实事求是的具体表现，就是要尊重实际、尊重实践、尊重人民，从本国实际和条件出发，开动脑筋，做决策、定目标，依靠本国人民的力量完成任务。如果依靠外来力量办本国事情，就违背了实事求是原则，不能取得成功。

独立自主是坚持群众路线的体现。坚持群众路线，就是坚持一切为了群众，一切依靠群众，从群众中来，到群众中去。这是独立自主的思想基础，而独立自主是群众路线的要求和体现。从工作路线和方法上说，独立自主就是独立走自己的路，依靠党和人民自力更生、艰苦创业，发展自己。这就要独立思考，制定正确路线和政策，走出正确的道路。不走群众路线，就很难做到独立自主，不独立自主，就不能更好地贯彻党的群众路线。

总之，实事求是、群众路线、独立自主是毛泽东思想科学体系活的灵魂的三个方面，是毛泽东思想的立场、观点和方法。在中国特色社会主义新时代，全面建设社会主义现代化国家、实现中华民族伟大复兴的征程中，我们要坚持和运用毛泽东思想活的灵魂，把党建设成为中国特色社会主义事业的坚强领导核心，把中国特色社会主义伟大事业继续推向前进。

思考题

1. 独立自主的内涵是什么？
2. 如何理解独立自主的基本要求？
3. 为什么说独立自主是立党立国的重要原则？
4. 怎样正确处理独立自主与对外开放的关系？

阅读书目

1. 毛泽东．中国共产党在民族战争中的地位//毛泽东选集：第2卷．2版．北京：人民出版社，1991.

2. 同缅甸总理吴努的谈话//中共中央文献研究室．毛泽东文集：第6卷．北京：人民出版社，1999.

3. 毛泽东．革命和建设都要靠自己//中共中央文献研究室．毛泽东文集：第8卷．北京：人民出版社，1999.

后　记

毛泽东思想是马克思列宁主义基本原理同中国具体实际相结合的理论成果，是马克思列宁主义在中国的运用和发展，是被实践证明了的关于中国革命和建设的正确的理论原则和经验总结，是中国共产党集体智慧的结晶。毛泽东思想以独创性的理论丰富和发展了马克思列宁主义，是中国共产党的科学指导思想，是马克思主义中国化时代化的开篇之作。

毛泽东思想形成和发展于中国共产党领导的中国革命和建设实践过程。在毛泽东思想的指引下，中国共产党领导中国人民推翻了帝国主义、封建主义和官僚资本主义的统治，取得了新民主主义革命的伟大胜利，建立了中华人民共和国，实现了民族独立、人民解放；完成了农业、手工业和资本主义工商业的社会主义改造，确立了社会主义基本制度，实现了中华民族有史以来最为广泛而深刻的社会变革，实现了一穷二白、人口众多的东方大国大步迈进社会主义社会的伟大飞跃；把马克思列宁主义基本原理同中国具体实际进行“第二次结合”，推进了社会主义建设，形成了关于社会主义建设的一系列独创性理论成果。这些实践、理论和制度的巨大变革和伟大成就，为实现中华民族伟大复兴创造了根本社会条件，奠定了根本政治前提和制度基础，为在新的历史时期开创中国特色社会主义提供了宝贵经验、理论准备、物质基础，至今仍具有重要的指导意义。

2023 年是毛泽东同志 130 周年诞辰。在这样一个特殊的时间节点上，编写一本供高校马克思主义理论专业、思想政治教育专业、中共党史专业本科生以及广大毛泽东思想研究者和学习者参考使用的《毛泽东思想概论》教材，正当其时、意义重大。本教材也是编写团队献给毛泽东同志 130 周年诞辰的一份礼物。

本教材由中央马克思主义理论研究和建设工程首席专家，清华大学习近平新时代中国特色社会主义思想研究院常务副院长、马克思主义学院教授肖贵清担任主编，从研究编写大纲到最后成稿，历时一年有余。编写组成员均为马克思主义中国化研究领域的中青年学者，在毛泽东思想研究领域成果丰硕。

本教材编写以毛泽东著作、党的历史上通过的三个历史决议关于毛泽东思想的论述为基础，也吸收了学界关于毛泽东思想研究的最新成果。在编写组的通力合作下，本教材编写体例、章节安排合理，纲目要点明确，力图系统准确地阐述毛泽东思想科学体系和基本原理。本书由肖贵清教授和贾绘泽教授起草编写大纲。各章执笔人如下：

第一章，肖贵清教授、北京理工大学马克思主义学院江大伟教授、清华大学马克思主义学院车宗凯助理教授；

第二章，北京理工大学马克思主义学院李永进副教授、中国人民大学马克思主义学院欧阳奇教授；

第三章，湘潭大学毛泽东思想研究中心李佑新教授、吴璇副教授；

第四章，北京师范大学马克思主义学院刘洪森教授；

第五章，山西师范大学马克思主义学院贾绘泽教授；

第六章，军事科学院研究生院郭修起教授、沈阳师范大学马克思主义学院赵美艳教授；

第七章，天津师范大学马克思主义学院于江涛副教授、湖南大学马克思主义学院龙兵教授；

第八章，广西师范大学马克思主义学院田旭明教授；

第九章，北京大学马克思主义学院周良书教授；

第十章，南京大学马克思主义学院张明副教授；

第十一章，华南师范大学马克思主义学院陈金龙教授；

第十二章，山东师范大学马克思主义学院高继文教授。

本书初稿完成后，贾绘泽教授、江大伟教授、于江涛副教授协助主编进行统稿，清华大学马克思主义学院的博士研究生薛添仁、米占民、林晨、冯梦麒、张鉴洲等同学帮助核对了全书的引文，车宗凯助理教授负责协调编辑。本书出版还得到了中共河北省委党校张勇教授、中国人民大学出版社牛晋芳编审的大力支持。为了便于师生更好地使用本教材，本次重印配备了丰富的数字资源，包括电子教材、PPT、知识点与关键词、教学指南、教学大纲、习题集、教学案例和扩展阅读等，这些资源由于江涛副教授、江大伟教授、李永进副教授共同制作完成。在此，一并表示衷心感谢！也欢迎使用本教材的师生、读者朋友提出宝贵的修改意见。

肖贵清

2024 年 6 月于清华园·照澜院

图书在版编目（CIP）数据

毛泽东思想概论/肖贵清主编. --北京：中国人民大学出版社，2024.1
高校思想政治理论课重点教材
ISBN 978-7-300-32302-2

Ⅰ. ①毛… Ⅱ. ①肖… Ⅲ. ①毛泽东思想-高等学校-教材 Ⅳ. ①A84

中国国家版本馆 CIP 数据核字（2023）第 211360 号

高校思想政治理论课重点教材
毛泽东思想概论
肖贵清　主编
Mao Zedong Sixiang Gailun

出版发行	中国人民大学出版社		
社　址	北京中关村大街 31 号	**邮政编码**	100080
电　话	010－62511242（总编室）		010－62511770（质管部）
	010－82501766（邮购部）		010－62514148（门市部）
	010－62515195（发行公司）		010－62515275（盗版举报）
网　址	http://www.crup.com.cn		
经　销	新华书店		
印　刷	唐山玺诚印务有限公司		
开　本	787 mm×1092 mm　1/16	**版　次**	2024 年 1 月第 1 版
印　张	16.25 插页 1	**印　次**	2025 年 5 月第 4 次印刷
字　数	370 000	**定　价**	49.80 元